U0432114

江晓原作品系列

江晓原学术四十年集

江晓原　著

生活·讀書·新知 三联书店

Copyright © 2020 by SDX Joint Publishing Company.
All Rights Reserved.
本作品版权由生活 · 读书 · 新知三联书店所有。
未经许可，不得翻印。

图书在版编目（CIP）数据

江晓原学术四十年集 / 江晓原著. —北京：生活 · 读书 · 新知三联书店，2020.8
（江晓原作品系列）
ISBN 978-7-108-06862-0

Ⅰ. ①江… Ⅱ. ①江… Ⅲ. ①江晓原-文集 Ⅳ. ① Z427

中国版本图书馆 CIP 数据核字（2020）第 073601 号

责任编辑 徐国强
装帧设计 康 健
责任校对 张 睿
责任印制 徐 方
出版发行 生活 · 讀書 · 新知 三联书店
（北京市东城区美术馆东街 22 号 100010）
网 址 www.sdxjpc.com
经 销 新华书店
印 刷 河北鹏润印刷有限公司
版 次 2020 年 8 月北京第 1 版
2020 年 8 月北京第 1 次印刷
开 本 635 毫米 × 965 毫米 1/16 印张 33.25
字 数 493 千字
印 数 0,001-3,000 册
定 价 98.00 元
（印装查询：01064002715；邮购查询：01084010542）

目　录

自　序

出版学者的“三十年集”，原是复旦大学出版社贺圣遂社长的创意，非常有趣。今逢再版，三联徐国强先生推而广之，遂有“四十年集”之议，欣然从之。

四十年前，我在南京大学天文系念天体物理专业，整天做着无穷无尽的物理和数学习题，还没有开始通常意义上的“写文章”呢。

编这个集子，倒是好好地回顾了一番自己四十年来的心路历程，感慨良多。那些有点儿意思的具体事情，大都写在各年的“纪事”中了，但从长时段来看自己的成长过程，亦稍有可得而言者。

大体上说，直到1990年前后，我才开始有“思想”，此前则是一个泥瓦匠——只知道埋头为那座名为“科学技术史”的大厦添砖加瓦，自己并没有什么独特的见解和想法。虽然我比较快就成为科学史界一个熟练的工匠（我原是工匠出身——17岁就进工厂当电工了），但我的性格中一直潜藏着向往“创造性工作”的冲动，所以添砖加瓦之余，经常在思考一些问题。也曾被前辈告诫，认为我当时思考某些问题“为时过早”。

这些思考大多是无果而有益的。无果是指它们没有产生直接的成果，有益是指它们毕竟让我保持着思想活跃的状态，而且最终还是间接带来了成果。

到1990年，我放开手脚一气呵成写了《天学真原》一书，第一次尝试将自己的一些思考化为成果。如果继续沿用大厦和工匠的比喻，则《天学真原》之作，好比一个泥瓦匠在埋头添砖加瓦数年之后，停下手中的活儿，开始对这座大厦发表评论了，甚至还认为这座大厦中有许多地方的设计、结构是错误的……这在我的学术生涯中是一个转折。

《天学真原》由辽宁教育出版社初版于 1991 年,1992 年第二次印刷,此后多次再版或重印,有 1995 年新版、台湾繁体字版(洪叶文化事业有限公司,1995 年)、2004 年新版、2007 年中国文库版、2011 年修订版(译林出版社)、2018 年新版(上海交通大学出版社)。此书 1992 年获中国图书奖一等奖,算是某种"半官方"的荣誉,但二十年来更大的荣誉来自学术界的评价。例如,多年来《天学真原》一直是北京大学、清华大学相关专业研究生"科学史经典选读"课程中唯一入选的中国人著作。而国际科学史研究院院士、台湾师范大学洪万生教授,在他为淡江大学开设的"中国科技史"课程中,专为《天学真原》安排了一讲,题为"推介《天学真原》兼论中国科学史的研究与展望";称《天学真原》一书"开了天文学史研究的新纪元"。

《天学真原》之所以在学术界略邀虚誉,北京大学吴国盛教授在其名著《科学的历程》第二版中的评价,或许道出了部分原因:"中国科学史家写作的关于中国科学技术的分科史、断代史著作不胜枚举,这里只提到江晓原的《天学真原》和《天学外史》,因为它们可能是社会史纲领在中国古代科学史研究中少有的成功范例。"而中国当代科学史界泰斗、已故的席泽宗院士则在《中国科学史通讯》上发表评价称:"《天学真原》才真正是'究天人之际,成一家之言'。作者运用和分析资料的能力,尤其令人叹服;由分析资料所得的结论,又是独具慧眼,自成一家言。一改过去的考证分析方法,使人耳目一新。出版之后,引发了一系列研究课题,并波及其他学科领域。"

在我后来的价值标准中,"有思想"当然是比较高的境界。不过"思想"这件事情,很多情况下只能操练,经常没有具体结果。适合表现思想成果的题目和机会,都是可遇不可求的。在《天学真原》之后,我仍然干了不少工匠性质的活儿。例如,那个给我带来不少社会知名度的夏商周断代工程中的"武王伐纣"课题——最后的总结性成果是《回天——武王伐纣与天文历史年代学》一书,其实也没有太多思想,只是体现了工匠的严谨和一些技巧。

1999 年，我从中国科学院上海天文台调入上海交通大学，创建中国第一个科学史系——上海交通大学科学史与科学哲学系。这是我学术生涯中的又一重要转折，是年新华社三次播发了和我有关的全球通稿（参见本书 1999 年纪事）。

进入 21 世纪之后，学术上的“体力活儿”我渐渐干得少了，因为我身边那些优秀的青年学者和我密切合作，更多地承担了“体力活儿”。我开始更多地思考一些问题。在反对唯科学主义、提倡科学文化、倡导对科幻的科学史研究等方面，我发表了大量非学术文本——学术文本当然也发表了一些。在这些文本中，最有价值的不再是添砖加瓦，而在于呈现、表达思想探索的过程和结果。

我自幼胸无大志，更没有什么对自己的“人生设计”，浑浑噩噩许多年，过着基本上无忧无虑的快乐时光。后来虽然做成了一些事情，但基本上都是随缘而行、见机而作。自从我开始学术生涯之后，人生的大方向当然是治学——无非读书、思考、写作、讲课、培养学生；但具体到每件事（比如创建科学史系），每本书，甚至每篇文章，又都是随缘而作的。

在我的学术生涯中，如果要说有什么与通常的学者稍稍不同之处，我想有一点儿大概可以算，即我比较早就开始进行大众阅读文本的写作，这些年我发表了大量书评、影评、文化评论等等，并在京沪等地的报纸杂志上长期撰写个人专栏。事实上，我在 20 世纪 90 年代初就开始定期为杂志写专栏文章了。不少人以为我写作甚勤，其实，我常常感谢媒体朋友帮助我克服惰性——没有这些约稿、组稿、催稿甚至逼稿，我的许多文章就不会写出来。所以这类写作中，实际上更加随缘。

文章编入此集时，凡发现当初发表时未及校正的误植等，此次都作了修订。

各文发表时，格式不尽相同，比如参考文献有的是脚注，有的是尾注，以及标题的设置，等等，基本上俱仍其旧，以存其真。

本书中共收入文章 42 篇，署名根据如下原则：

绝大部分是当初我个人单独署名发表的文章，在本书中就不再署名；

当初和他人共同署名发表的文章，在本书中保持原来的署名不变；

有两篇集体商议执笔、最后由我定稿的文章，当初用了集体的笔名发表，在本书中也保持原来的署名不变。

江晓原

2019 年 3 月 20 日

于上海交通大学科学史与科学文化研究院

三十年集自序

江晓原

出“三十年集”是贺圣遂社长的创意，非常有趣。当然具体来说也因人而异，比如三十年前的我，在南京大学天文系念天体物理专业，整天做着无穷无尽的物理和数学习题，还没有开始通常意义上的“写文章”呢。

编这个集子，倒是好好地回顾了一番自己三十年来的心路历程，感慨良多。那些有点儿意思的具体事情，大都写在各年的“纪事”中了，但从长时段来看自己的成长过程，亦稍有可得而言者。

大体上说，直到 1990 年前后，我才开始有“思想”，此前则是一个泥瓦匠——只知道埋头为那座名为“科学史”的大厦添砖加瓦，自己并没有什么独特的见解和想法。虽然我比较快就成为科学史界一个熟练的工匠（我原是工匠出身——17 岁就进工厂当电工了），但我的性格中一直潜藏着向往“创造性工作”的冲动，所以添砖加瓦之余，经常在思考一些问题。也曾被前辈告诫，认为我当时思考某些问题“为时过早”。

这些思考大多是无结果而有益的。无结果是指它们没有产生直接的成果，有益是指它们毕竟让我保持着思想活跃的状态，而且最终还是间接带来了成果。

到 1990 年，我放开手脚一气呵成写了《天学真原》一书，第一次尝试将自己的一些思考化为成果。如果继续沿用大厦和工匠的比喻，则《天学真原》之作好比一个泥瓦匠在埋头添砖加瓦数年之后，突然停下手中的活儿，开始对这座大厦发表评论了，甚至还认为这座大厦中有许多地方的设计、结构是错误的……这在我的学术生涯中是一个转折。

《天学真原》由辽宁教育出版社初版于 1991 年，1992 年第二次印刷，此后多次再版或重印，有 1995 年新版、台湾繁体字版（洪叶文化事业有限公司，1995 年）、2004 年新版、2007 年中国文库版。2011 年修订版即将由译林出版社出版。此书 1992 年获中国图书奖一等奖，算是某种“半官方”的荣誉，但二十年来更大的荣誉来自学术界的评价。例如，多年来《天学真原》一直是北京大学、清华大学相关专业研究生“科学史经典选读”课程中唯一入选的中国人著作。而国际科学史研究院院士、台湾师范大学洪万生教授，在他为淡江大学开设的“中国科技史”课程中，专为《天学真原》安排了一讲，题为“推介《天学真原》兼论中国科学史的研究与展望”；称《天学真原》一书“开了天文学史研究的新纪元”。

《天学真原》之所以在学术界略邀虚誉，北京大学吴国盛教授在其名著《科学的历程》第二版中的评价，或许道出了部分原因：“中国科学史家写作的关于中国科学技术的分科史、断代史著作不胜枚举，这里只提到江晓原的《天学真原》和《天学外史》，因为它们可能是社会史纲领在中国古代科学史研究中少有的成功范例。”而中国当代科学史界泰斗、已故的席泽宗院士则在《中国科学史通讯》上发表评价称：“《天学真原》才真正是‘究天人之际，成一家之言’。作者运用和分析资料的能力，尤其令人叹服；由分析资料所得的结论，又是独具慧眼，自成一家言。一改过去的考证分析方法，使人耳目一新。出版之后，引发了一系列研究课题，并波及其他学科领域。”

在我后来的价值标准中，“有思想”当然是比较高的境界。不过“思想”这件事情，很多情况下只能操练，经常没有具体结果。适合表现思想成果的题目和机会，都是可遇不可求的。在《天学真原》之后，我仍然干了不少工匠性质的活儿。例如，那个给我带来不少社会知名度的夏商周断代工程中的“武王伐纣”课题——最后的总结性成果是我和钮卫星合著的《回天——武王伐纣与天文历史年代学》一书，其实也没有太多思想，只是体现了工匠的严谨和一些技巧。

1999 年，我从中国科学院上海天文台调入上海交通大学，创建中国第一个科学史系——上海交通大学科学史与科学哲学系。这是我学术生涯中的又一重要转折，是年新华社三次播发了和我有关的全球通稿

（参见本书1999年纪事）。

进入21世纪之后，学术上的“体力活儿”我渐渐干得少了。我开始更多地思考一些问题。在反对唯科学主义、提倡科学文化、倡导对科幻的科学史研究等方面，我发表了大量非学术文本——学术文本当然也发表了一些。在这些文本中，最有价值的不再是添砖加瓦，而在于呈现、表达思想探索的过程和结果。

本集之取名，我想应该试图为自己这三十年来的心路历程概括出一个特征来。但此事甚难，只能勉强为之。

我自幼胸无大志，更没有什么对自己的“人生设计”，浑浑噩噩许多年，过着基本上无忧无虑的快乐时光。后来虽然做成了一些事情，但基本上都是随缘而行、见机而作。自从我开始学术生涯之后，人生的大方向当然是治学——无非读书、思考、写作、讲课、培养学生；但具体到每件事（比如创建科学史系），每本书，甚至每篇文章，又都是随缘而作的。

在我的学术生涯中，如果要说有什么与通常的学者稍稍不同之处，我想有一点儿大概可以算，即我比较早就开始进行大众阅读文本的写作，这些年我发表了大量书评、影评、文化评论等等，并在京沪等地的报纸杂志上长期撰写个人专栏。事实上，我在20世纪90年代初就开始定期为杂志写专栏文章了。不少人以为我写作甚勤，其实，我常常感谢媒体朋友帮助我克服惰性——没有这些约稿、组稿、催稿甚至逼稿，我的许多文章就不会写出来。所以这类写作，实际上更加随缘。

因此，想来想去，就取名《随缘集》，虽然听上去似乎有点故作淡泊，其实大体上还是比较真实地表达了我的人生态度。

文章编入此集时，凡发现当初发表时未及校正的误植等，此次都作了修订。

2010年9月22日

于上海交通大学科学史系

一九七八～一九八二

[**纪事**] 作为七七级的大学生，我从1978年春到1982年春，都在南京大学天文系读书，专业是天体物理。

在这四年中，我只有纪事，没有文章。

因为那时我不写文章，也不写日记——大多数理科学生都是这样。而且，我基本上不记课堂笔记。

那四年是我生命中非常快活的时光。虽然因为我是天文系七七级19个学生中唯一没有念过高中的，所以第一年学习比较艰苦，我甚至不得不从学校图书馆借来高中课本自己补课，但从第二年起，学习步入正轨，我逐渐“行有余力”，于是就开始经常干各种“不务正业”的事情。

比如，我在四年里都是学校象棋队的成员，即使没有外出比赛任务时，系里的同学们也经常以“群策群力”将我击败为乐，所以我几乎天天下棋。又如，在这四年间，我临写了七遍唐代孙过庭的《书谱》——这是草书的经典作品之一，《景福殿赋》我也临写过两遍，但不如对《书谱》那样能有五七分得其要领的感觉。后来我甚至尝试临写过怀素的《自叙帖》和宋徽宗的《草书千字文》，但那类狂草很难掌握。

这四年间我还曾经花费了大量时间研读中国古典文学作品，也精读了几种《中国文学史》，比如游国恩的、刘大杰的、郑振铎的，以及中国社会科学院文学研究所编的那种。那时我很想报考复旦大学中文系的研究生，所以很认真地做了准备。我平时不喜欢上教室，读书做作业就在宿舍里，但有时同学也会在自修教室里见到我，那种情形下我大都是在看“不务正业”的书。

从大学二年级起，我的学习成绩基本上保持在天文系19个同学中的第9、第10名，我之所以如此名副其实地“甘居中游”，一是因为对天体物理专业并不十分热爱，二是为了“节省”下时间、精力好去杂学旁骛。

如果一定要寻找那四年中我留下的文字，其实也能找到，因为我们天体物理专业的学生必须做无穷无尽的数学、物理和天文学习题。这些习题中，有些当然是各门课程的任课教师布置的，但是也有许多是我们自己从美国、苏联和国产的各种习题集里面找来做的，事实证明这种“加码”练习确实有助于提高解题能力。

我这个人很早就有收藏的癖好，或许也可以美言谓之“档案意识”，所以我竟保留了数十册大学期间的作业本。下面是我从中选出的两道习题——好歹也算那时留下的文字吧。

两道习题

一、“电动力学”习题

题：在弱引力场中时钟变慢，试从量纲分析出发，并运用相对论知识，估算变慢公式，并由此推出引力红移公式。

解：我们设想

$$\frac{\Delta t}{t}=f(G,M,c,R),$$

其中 G 为万有引力常数，M 为产生引力的物体质量，R 为天体表面某一点到引力中心的距离，又由于本问题与相对论理论有关，故必和光速 c 有关。

上式左边为无量纲数，则其右边也应为无量纲数。

注意 G，M，c，R 的量纲分别为：$\mathrm{M^{-1}T^{-2}L^{3}}$，$\mathrm{M^{1}}$，$\mathrm{L^{1}T^{-1}}$，$\mathrm{L^{1}}$。

显然，$\frac{\Delta t}{t}=\frac{GM}{c^2R}$正好满足上述条件。

根据常识，该式也不无道理：M 越大，则引力越强，$\frac{\Delta t}{t}$ 也应该越大；R 越大，则表面引力势就越弱，$\frac{\Delta t}{t}$ 也应越小。

再注意到频率ν是单位时间的震荡次数，时钟变慢，表示有引力场时时钟读数比无引力场时小，这就使得ν变大，因而有理由认为：

$$\frac{\Delta\nu}{\nu}=-\frac{\Delta t}{t}=-\frac{GM}{c^2R}。$$

又，$\nu=\frac{c}{\lambda}$（λ 为波长），微分两边得：

$$\frac{\mathrm{d}\nu}{\nu}=-\frac{\mathrm{d}\lambda}{\lambda}。$$

当 $\Delta\nu$，Δt 很小时，可以认为有：

$$\frac{\Delta\nu}{\nu}=-\frac{\Delta\lambda}{\lambda}。$$

现在是弱引力场，故可得：

$$Z=\frac{\Delta\lambda}{\lambda}=\frac{GM}{c^2R}。$$

这与用广义相对论导出的 Z 较小时的表达式吻合。

二、“理论天体物理学”习题

题：利用“转移方程”证明恒星光球向外辐射流量大于零，即辐射能量由里向外转移。

解：假定恒星处于局部热动平衡。

首先，如果S_ν是常数，则“转移方程”的解分别化为：

$$I_\nu(\theta,\tau_\nu)=S_\nu e^{\tau_\nu\sec\theta}\int_\infty^{\tau_\nu}e^{-t_\nu\sec\theta}\mathrm{d}(-t_\nu\sec\theta)=S_\nu, \qquad (\mathrm{I})$$

$$I'_\nu(\Psi,\tau_\nu)=S_\nu e^{-\tau_\nu\sec\Psi}\int_0^{\tau_\nu}e^{t_\nu\sec\Psi}\mathrm{d}t_\nu\sec\Psi=S_\nu(1-e^{-\tau_\nu\sec\Psi})。 \qquad (\mathrm{II})$$

再由辐射流$\pi F_\nu=\int_{4\pi}I_\nu\cos\theta\mathrm{d}\omega$立即可以看出：

$$\pi F_\nu(\theta)>\pi F'_\nu(\Psi)。$$

也就是：$\pi F_\nu(\theta)-\pi F'_\nu(\Psi)>0$，即能量向外转移。

如果S_ν不是常数，则由 LTE 假设，其表达式为：

$$S_\nu = B_\nu(T) = \frac{2h\nu^3}{c^2 \exp(h\nu/kT) - 1}。$$

其值随着 T 的增大而增大。而恒星向外 T 又随 t_ν 增大而增大。

再注意到：

I_ν 是所有 $t_\nu > \tau_\nu$ 的层的辐射叠加，

I'_ν 是所有 $t_\nu < \tau_\nu$ 的层的辐射叠加。

就可看出，令 $S_\nu = B_\nu(T)$ 后，只会使 $\pi F_\nu > \pi F'_\nu$ 的情况更加显著。于是，能量仍然向外转移。

一九八二～一九八五

［**纪事**］1982年春我从南京大学天文系毕业。在我念四年级时，我手中已经有了北京中国科学院自然科学史研究所的研究生入学通知书，但我执意要将大学“完完整整”念完再去读研究生，所以到1982年春我才前往北京入学。

我的硕士研究生是提前答辩毕业的，1984年我进入中国科学院上海天文台工作，成为天文台的正式员工。当我去天文台报到时，我手里还有博士研究生的录取通知书。按照中国科学院自然科学史研究所和上海天文台双方领导事先商定的安排，我于1985年初再次前往北京，到中国科学院自然科学史研究所注册入学，成为该所的博士研究生，同时继续保持上海天文台的员工身份。1985年我在天文台获得了助理研究员职称。

我写的第一篇所谓的学术论文，是在1986年发表的；下面这篇是我的第二篇学术论文，是完全属于天文学史专业“正道”的，不过这篇发表得比较早，所以在发表年份上反而成了第一篇。

中国古代对太阳位置的测定和推算

中国古代历法一向以冬至为起算点，需要尽可能准确地定出冬至点的位置，即冬至时刻太阳的位置。又，起源于战国时期的二十四节气制度也取决于太阳的周年运动。上述两事都要求解决这样一个问题：

确定任意时刻太阳在天球上的坐标。

坐标以恒星为参照背景，但太阳不可能出现在这样的背景之上（日食时偶尔有可能）。所以解决上面的问题并非易事。本文打算对中国古代解决这一问题的方法及其沿革作初步的探讨。

一、昏旦中星法

先秦时代如何测定太阳位置，目前尚未发现明确史料。但至迟在东汉时已使用“昏旦中星法”。南朝梁大同九年（543）虞劆等人在奏议中回顾确定太阳位置的困难时有“汉世课昏明中星”等语。[①] 编䜣、李梵等在东汉元和二年（85）指定的《四分历》中载有一张表，据二十四节气分成二十四栏，给出一年中二十四个日子的“日所在”“黄道去极”“晷景”“昼漏刻”“夜漏刻”“昏中星”“旦中星”等项内容。[②] 我们姑名之为“日度表”，以别于后世之日躔表。值得注意的是表中“日所在”“昏中星”“旦中星”三项，说明昏、旦中星与太阳位置的密切关系（详见本文第五节）。这种表后世许多历法中都有，内容大同小异。

昏旦中星法是在昏、旦时刻测出当时上中天的恒星赤经，由此按比例推算出夜半时刻上中天的经线，则与之差半周天（按照中国古度，即差 182 又 5/8 度）的方向即太阳赤经。

实施此法当然可以用浑仪。因在给定时刻上中天的经线上未必刚好有可见星（中国古代不论其上有无可见星，都称该经线为该时刻的“中星”，这在“日度表”中非常明显），所以必须测出附近的可见星（当然尽可能选已经测定赤经的标准星）与子午线的赤经差。不过，天体中天还可用表在子午面内“参望”测出；只要有比较精确的漏壶相配合，测赤经差也不是非用浑仪不可。事实上，要测定 t 时刻的子午线赤经，只要让漏壶自 t 时刻起持续运行着，直到用“参望”确定附近某标准星中

---

① 一行：《大衍历议·日度议》，见《历代天文律历等志汇编》，第 7 册，中华书局，1976 年，第 2198 页。

② 《续汉书·律历志下》，见《历代天文律历等志汇编》，第 5 册，第 1531—1533 页。

天时为止，这一段 Δt 所对应的就是 t 时刻子午线与标准星的赤经差。

这样看来，先秦时代即使还没有浑仪，仍有可能使用昏旦中星法。对此有一点值得注意:《礼记·月令》中已经给出了每月的太阳位置和昏、旦中星，如“孟春之月，日在营室（这当指特定的某一天而言），昏参中，旦尾中”，只是太阳位置比较粗略，未精确到度而已。这可视为“日度表”的先声。

昏旦中星法的精度不可能很高，有如下几个误差来源:

1. 漏壶的误差。宋代漏壶高度发达，每昼夜的积累误差还大于 1.5 分钟，读数则只能精确到 1—2 分钟。[①] 此前误差无疑更大。秦汉以后的定义，“昏”是日落后二刻半，“明”为日出前二刻半。因只需要使用二刻半略多的时间，积累误差当比一昼夜的小很多，故误差主要来自读数。设读数精度达到 2 分钟，则在天球上已对应 30′（弧度）的误差。

2. 确定日出、日落的误差。日轮弧度共 30′，无论以日轮上下缘或以日轮水平中分线来和地平线比较，对有长期观测经验的专业工作者来说，误差不至于超过 10′。问题是地平线本身。由于在内陆观测，极目东西，都有海拔高度，因而不可能是真正的地平线。这一因素可导致很大误差，其数值恐怕只有到当地去进行实测才能估计。此外，朝云晚霞，人目幻觉，都可能引入误差。

3. 浑仪的误差。因可选择子午线附近已测定赤经的标准星，浑仪在此只需要用来测一小段赤经值，故误差主要在刻度上。明以前浑仪实物今皆不存，难以考察其刻度情况。明浑仪最小刻度相当于 6′，以前的可能更大些。此外，刻度的均匀与否、刻线的粗细等因素也直接影响读数的精确。如不用浑仪而用竖表和漏壶来测赤经，则误差更大。因而估计这一项的数值也很困难。但可间接推得，详见下文。

二、夜半中星法

昏旦中星法之后，又出现夜半中星法，即改在夜半时分测定子午线

---

① 全和钧:《中国科学院上海天文台年刊》第 4 期（1982），第 345 页。

的赤经，则与之差半周天的方向即为太阳赤经。

此法虽较简便，消除了上节所讨论的误差 2，却使误差 1 大为增加。因现在要求漏壶至少运行半昼夜，这样积累起来的误差，在虞劆时代，估计为 1 分钟是绝不过分的（宋代仍有 0.75 分钟，见前文）。再加上读数误差，将达 3 分钟左右。上节所讨论的误差 3 不变。但此法又引入误差 4，即用圭表或浑仪校正漏壶的误差。因现在要求漏壶长时间运行，这一校正变得极为重要。校正一般在正午进行。据研究，宋代圭表测定太阳正午的最大误差为 40 秒钟，用浑仪作子午线观测所产生的赤经误差也有 5.6′，对应时间为 22 秒钟。[①] 宋代如此，梁应过之。设虞劆用浑仪测定日中以校正漏壶，误差 4 可假定为 30 秒钟左右。

据上节及本节的分析，即可将昏旦中星法的误差 E_h 和夜半中星法的误差 E_y 做比较：

$$E_h = E_1 + E_2 + E_3 = 2\text{分钟} + E_2 + E_3; \qquad (1)$$

$$E_y = E_1 + E_3 + E_4 = 3\text{分钟} + E_3 + 30\text{秒钟} = E_3 + 3.5\text{分钟}。 \qquad (2)$$

仅从（1）（2）两式尚不能确定 E_h 和 E_y 之值，所幸在虞劆奏议中留下了珍贵史料："汉世课昏明中星，为法已浅，今候夜半中星以求日冲，金鱼得密。……臣等频夜候中星，而前后相差或至三度。"从这段记载可知：

$$E_h > E_y,$$

$$E_y = 1.5°\text{（对应于时间为6分钟）}。$$

代入（2）式可求得：

$$E_3 = 2.5\text{分钟（对应于天球上的弧度为}37'\,30''\text{）}。$$

注意到（1）（2）两式中的 E_2 之值相等，可知：$E_2 > 1.5$ 分钟。

上面的讨论表明，至迟在公元 6 世纪中叶，已经使用夜半中星法，在精度上比昏旦中星法有改进。

---

① 全和钧：《中国科学院上海天文台年刊》第 4 期（1982），第 345 页。

三、月食冲法

中星法精度虽不甚高，但只要晴天皆可实施，所以虽在虞劆之前一百五十余年即有更精确的方法问世，却一直未能完全取代中星法。

公元 384 年，后秦姜岌造《三纪甲子元历》，提出在月食时测出月亮赤经，则月之冲即日所在。[①] 此法简洁明了，为测定太阳位置提供了一个有力手段。正如一行所说："岌以月食冲知日度，由是躔次遂正，为后代治历者宗。"[②]

一行晚于虞劆百数十年，对于月食冲法和两种中星法的优劣都可了然。照他的意见，"躔次"是有了月食冲法才正的，这表明月食冲法的精度应该明显高于两种中星法。月食冲法根除了中星法误差中的第 1、第 2、第 4 三项，然而第 3 项有所增加。因为现在不是做子午线附近的经度测量（做此种测量时误差甚小），而是估计 30′ 左右的月面中心，也会有角分级的误差。考虑到那时浑仪的制造、安装工艺，刻度、取准、定平等方面的误差都不能忽视。

还必须注意，月食冲法有一个重大局限：实施机会极少。包括半影月食在内，一年只能有 2—5 次月食，每次又只有半个地球可见，对某一确定地点而言，每年只能遇到极少几次，甚至一次也遇不到。考虑到这一点，如果月食冲法的误差和中星法不相上下，它就毫无意义，绝不会被一行、郭守敬（参见本文第四节）等天文学家所重视。所以，月食冲法的误差可望远小于 1.5°，殆无疑问。

四、中介法

姜岌之后直到北宋末年，测定太阳位置的方法一直没什么革新。

---

① 《晋书・律历志下》，见《历代天文律历等志汇编》，第 5 册，第 1648 页。顺便订正一下，《晋书・律历志下》谓："后秦姚兴时，当孝武太元九年，岁在甲申，天水姜岌造《三纪甲子元历》。"李淳风在此记载有误，"姚兴"应作"姚苌"。按：姚兴即位于后秦姚苌建初八年（393）阴历十二月，当东晋孝武帝司马曜太元十八年，岁在癸巳。

② 一行：《大衍历议・日度议》，见《历代天文律历等志汇编》，第 7 册，第 2198 页。

1106年，姚舜辅造《纪元历》，首创用观测金星来确定太阳位置。在金星成为晨星或昏星的日子里，于日出后或日没前测得金星与太阳的角距，又在日出前或日没后的恒星背景上测出金星位置，再考虑此两测间金星的移动，即可推知太阳位置。

此法的误差来源有浑仪、漏壶、行星运动表等方面，精度显然比月食冲法低。其优点则在实施机会较月食冲法为多。

此法要以对行星视运动掌握得较为精确为前提，所以直到12世纪初方才出现。这种以某个天体（当然不必限于金星）为中介使恒星背景与太阳联系起来的思想，古希腊人已有之。希伯斯（Hippuchus）曾以月亮为中介做过这种测量。15世纪末，贝纳德·瓦尔脱（Bernard Walther）开始用金星作中介。[①] 不过，他们的目的却与姚舜辅相反，是借助太阳运动表和中介天体来求恒星赤经。

郭守敬的观测活动对考察中介法很有价值。1277年4月发生月食，他用月食冲法测定太阳位置，推得冬至时刻太阳赤经为箕宿十度（中国古度，周天为365又1/4度，下同）。然后持续三年用月亮、木星及金星等中介天体测求太阳位置，共134次观测，推得冬至时刻太阳位置赤经“皆躔箕宿，适与月食冲法允合”[②]。这段史料表明：

1．将中介天体从金星推广到月亮和其他行星之后，观测机会颇多。

2．中介法的精度较月食冲法为低。后者得出“箕宿十度”，而前者虽有百数十次观测，仅得“皆躔箕宿”。当时箕宿所跨度数，据郭守敬所测为十度四十分（中国古度）[③]，故可认为，当时中介法所得结果弥散在月食冲法所得位置附近，一侧可达40′。亦即中介法的最大可能误差约比月食冲法大24′。姚舜辅时代可能更大些。

3．中介法未能取代月食冲法。郭守敬是将月食冲法所得结果视作标准的。

---

① J. L. E. Dreyer, *Tycho Brahe: A Picture of Scientific Life and Work in the Sixteenth Century*, New York: Dover Publications, 1963.

② 郭守敬：《授时历议》，见《历代天文律历等志汇编》，第9册，第3325—3326页。

③ 同上书，第3323页。

五、日度表

上述四种方法，都只是在太阳运动中进行“抽查”，欲知任意时刻的太阳位置，必须推算。

古人最初将日运动视作均匀的：每年在恒星背景上东行 365 又 1/4 中国古度，每昼夜运行一度。这样，只要测定某一时刻的太阳位置，即可推知任意时刻的位置。历法中通常先推出冬至时刻的太阳位置，然后依次为起算点，其他时刻的太阳位置只要按比例推求即得。自《三统历》以后，各历所载“推日度术”大同小异，都不出上述思路。祖冲之《大明历》（463）引入岁差计算，冬至点成为时间的函数，但从冬至点出发推算太阳位置，思路仍无改变。前述在后汉《四分历》中开始出现的“日度表”，就是太阳均匀运动概念的产物。制作“日度表”看来是为了工作方便，因为不用此表也不难推算出太阳位置。

“日度表”给出一年中 24 个日子的太阳赤经，这 24 个值很容易通过一年的实测获得。表中“昏中星”“旦中星”两项下经度值的中分线，正是夜半时刻当地子午线的赤经值，与之差半周天的方向，正是“日所在”栏中给出的太阳赤经。虽然只测昏中星（或旦中星）也可推算出夜半的太阳位置，但要加上从昏（或旦）到夜半太阳已经东行约四分之一度这一改正，而用求昏、旦中星中分线的方法即已自动消除了这一误差。

很可能，“日度表”大多是推算出来的，并非出自实测。因为既然太阳周年视运动是均匀的，测一次即可推得其余，又何必每个值都去实测呢？直到公元 6 世纪，中国天文学家才知道事情远没有这么简单。

六、张子信的发现

公元 526—528 年，张子信开始在一个海岛上进行天文观测[1]，持续

---

① 《隋书·天文志》说张子信“因避葛荣乱，隐于海岛中，积三十许年……”，见《历代天文律历等志汇编》，第 2 册，第 599 页。葛荣之乱持续三年，在公元 526—528 年间。

三十年左右（比第谷在汶岛的观测时间还长）。期间他发现太阳周年视运动的不均匀性。牵一发而动全身，他的发现使传统历法中许多方面都需要重新考虑，于是有隋唐历法改革高潮出现。“后张胄玄、刘孝孙、刘焯等，依此差度，为定入交食分及五星定见定行，与天密合，皆古人所未得也。”①

张子信究竟用什么方法做出了上述发现，可惜史料极少，只提到他用了浑仪。② 当时还没有中介法，他只能使用中星法和月食冲法。不过，要发现太阳周年视运动的变化，靠一年一两次的月食机会是不行的，他必定主要依靠中星法。不难设想，他为了便于长期观测，也事先算制了一张“日度表”。如果他坚持每天（或几天一次）用中星法测定太阳位置，并将所得值与“日度表”对照，那么，虽然中星法有 1.5° 左右的误差，但只要注意经过适当长的一段日子，比如每一节气的积累值，就不难发现“日行在春分后则迟，秋分后则速”③。

还必须注意，由于张子信是在海岛上观测，有理想的地平线，从而可使昏旦中星法的误差 2 明显减小，两种中星法的误差可能不相上下。所以我们可以推断的是：

张子信借助浑仪和漏壶，用中星法对太阳位置致长期观测，发现了太阳周年视运动的不均匀性。

事实上，这个发现几百年前就已完全有条件致出。很可能之前的天文学家毫不怀疑太阳运动的均匀性，根本没有想到对算制的“日度表”进行实测检验。本来，对日运动掌握得不精确，必然会影响交食预报的准确性，而古人也早就知道将交食预报作为检验历法的重要手段之一，但因交食预报还牵涉月运动、回归年与朔望月的取值、冬至时刻和冬至点的确定等许多因素，天文学家们对这些问题注意得更多，以至未曾将怀疑的目光投向太阳运动。

---

① 《隋书·天文志》说张子信“因避葛荣乱，隐于海岛中，积三十许年……”，见《历代天文律历等志汇编》，第 2 册，第 599 页。葛荣之乱持续三年，在公元 526—528 年间。

② 同上。

③ 同上。

七、日躔表

公元604年，刘焯撰《皇极历》，首创“日躔表”和“等间距二次内插法”，用来处理太阳周年视运动的不均匀性。“日躔表”和“日度表”的继承关系是显然的：也依二十四节气分成二十四栏。刘焯在每栏下给出了“躔衰”“衰总”“陟降率”“迟速数”四项[①]，依次为每经一节气太阳实行度与平行度之差及其积累值，和因日运动不均匀而对平朔望的改正值及其积累值（乘以某些常数因子）。历代“日躔表”基本上都依此结构，只是各项名称常有不同而已。自《崇天历》起又加入太阳每经一节气的平行度积累值一项[②]，这一项实即“日度表”的“日所在”项。

如前所述，张子信发现的关键在勤测。既如此，他的发现很快就会普及。而由于太阳周年运动是不均匀的，“日躔表”就不能闭门造车地算制出来，必须通过实测获得24个“躔衰”值。所用方法，显然离不开中星法。后世“日躔表”的改进，主要在“躔衰”值如何能更精确地描述实际情况。

“日躔表”可以说是给出了一个函数在24个点上的值，其余点上之值则用近似函数表示。这就要借助于内插法。从《皇极历》开始，推算任意时刻的太阳位置都是依靠“日躔表”（用“躔衰”“衰总”两项即可）和内插法。[③]尽管后代的表和内插法有所改进，但整个方法却不再变，历一千余年之久。直到明末传入西方天文学，才改为几何方法。

原载《中国科学院上海天文台年刊》第7期（1985）

① 刘焯：《皇极历》，见《历代天文律历等志汇编》，第6册，第1937—1938页。

② 陈美东：《日躔表之研究》，《自然科学史研究》第3卷第4期（1984）。

③ 关于内插法在这方面的应用和成就，已有很多人做过研究。除前引陈美东文外，还可参阅如下文献。钱宝琮：《中国数学史》第二编第五章，科学出版社，1984年；中国天文学史整理研究小组：《中国天文学史》第七章，科学出版社，1981年。

一九八六

[纪事] 本文是我写的第一篇所谓的“学术论文”，不过发表时比我写的第二篇论文《中国古代对太阳位置的测定和推算》反而晚了。

本文的写作动机颇不纯洁，最初完全是出于游戏心态。那时我在中国科学院自然科学史研究所念研究生，一众师兄——其中有两位后来成为著名人物——都处在与太太两地分居的煎熬中，所以天天谈性作为排遣；他们认为自己是“过来之人”，而我们几个（七七级）大学毕业后考进来的同学是“小青年”，这种事是不懂的。我为了争强斗胜，就在宿舍里悄悄写了这篇论文，想发表后好“镇住”他们。

本文后来被认为是中国改革开放以来第一篇研究房中术的文献，而且正面肯定了中国古代房中术的某些科学价值。本文发表之后，虽谈不到“洛阳纸贵”，但刊登本文的那期杂志，在许多学校的图书馆被偷走或将本文所在的那几页撕去（那时复印还非常少见而且昂贵），一时倒也相当轰动。而“镇住”师兄们的效果据说也达到了。

我的这篇游戏之作，引起了刚刚起步的中国性学界同人的注意，并招来了出版社和报纸杂志的不少约稿，我也开始以比较认真的心态，在科学史的“正业”之余，步入性学领域，这被朋友们称为“第二专业”。我甚至成为“中国性学会”的发起人之一。

中国10世纪前的性科学初探

引言

中国古代医学非常发达，性科学——古代称为“房中术”——作为医学的一个重要分支，也不例外。但很久以来，只要一提起房中术，人们往往大摇其头，将它和炼丹、求仙等视为一路货，甚至更坏，斥之为“诲淫”“色情”“腐朽糜烂”。结果造成了性神秘，使许多人的身心健康受到不应有的损害。这种情况今天已经改变，由于现代科学的发展，性神秘的帷幕逐渐被拉开。目前国内的书店、图书馆中都有不少介绍性知识的读物，报纸杂志上也时常刊载普及性知识、性卫生的文章。

房中术中固然有非科学的糟粕，但也不乏科学的内容和成就。如果从科学史的角度出发对之加以研究和探讨，应该说也是有意义的。

一、史料及流布情况

史志书目

《汉书·艺文志》成于东汉时，其方技略中载有“房中八家”，这无疑是秦汉间或更早期的著作：

《容成阴道》二十六卷
《务成子阴道》三十六卷
《舜阴道》二十三卷
《汤盘庚阴道》二十卷
《天老杂子阴道》二十五卷
《天一阴道》二十四卷
《黄帝三五养阳方》二十卷
《三家内房有子方》十七卷

还附有一小段议论："房中者，情性之极，至道之际，是以圣王制外乐以禁内情，而为之节文，传曰：'先王之作乐，所以节百事也。'乐而有节，则和平寿考；及迷者弗顾，以生疾而陨性命。"[1] 这种节制的主张，一直为后代所继承。不难看出，班固并未将房中术视为"诲淫"邪道，而是和其他学术分支一视同仁的。可惜他所记这八家著作今天都已佚亡。

魏晋南北朝期间，性科学继续发展，出现了一批新的房中术著作。成于唐显庆元年（656）的《隋书·经籍志》子部医方类中有[2]：

《序房内秘术》一卷（葛氏撰）
《玉房秘诀》八卷
《徐太山房内秘要》一卷
《素女秘道经》一卷（并《玄女经》）
《新撰玉房秘诀》九卷
《素女方》一卷
《彭祖养性经》一卷[3]
《郯子说阴阳经》一卷

等书。其中有的流传至今（详见下文），再注意到上述诸书与《汉书·艺文志》所载无一相同，我们可以推测：中国古代房中术的格局大约是在魏晋南北朝时期确定下来的。这还有另一个证据：成书于宋嘉祐五年（1060）的《新唐书·艺文志》子部医术类中有：

《葛氏房中秘书》一卷
《冲和子玉房秘诀》十卷（张鼎）

① 《汉书》卷三〇。
② 《隋书》卷三四。
③ 此书即使不是房中术专著，至少也和房中术有关。彭祖是古代房中术著作中经常称引的人物（参见附表 I），说他因善房中"采补"之术而得长生。又"养性"亦为与房中术关系密切的话头，如《备急千金要方》中房中术的章节即放在"养性"卷（卷二七）中。

《彭祖养性经》一卷

等书，皆为《隋书·经籍志》中已著录者，而不再出现成批的新著作。《冲和子玉房秘诀》当即《隋书·经籍志》中的《玉房秘诀》，后者今存一种，内屡称“冲和子曰”;《旧唐书·经籍志》(945年成书)中亦载有《房秘录诀》八卷，云冲和子撰，盖是同书异名。

《医心方》

有关性的知识在古代医书中常有收载，唐代尤甚。如孙思邈的《备急千金要方》卷二七、甄权《古今录验》卷二五、王焘《外台秘要》卷一七等，都有若干记载。不过，作者们通常总是把性知识作为很小的一节，并且往往在书靠近末尾部分才出现。史志书目中房中术著作也多半著录在子部医方类的接近末尾处。

今天我们能在其中找到最系统的房中术材料的医书，当推《医心方》。此书由日本人丹波康赖于公元984年（中国宋太平兴国九年）写成，但直到1854年方才刊行。[1]其中收录了《素女经》《玉房秘诀》《洞玄子》等房中术专著中的大量内容，按不同方面的问题分类编排，并在每一段之首载明出于何书。多亏了《医心方》，中国10世纪以前的房中术理论才得以保存其主要内容直至今日。照叶德辉的意见，“大抵汉、隋两志中故书旧文十得八九”[2]。说“十得八九”虽未必确，但《医心方》作为今天研究中国10世纪以前的房中术的主要材料来源则无可疑。

叶德辉的工作

叶德辉酷好收集古代医书，对房中术著作也有极大兴趣。他从《医心方》和其他医书中辑录出《素女经》《素女方》《玉房秘诀》《玉房指要》《洞玄子》等著作，连同敦煌卷子中的白行简的《天地阴阳交欢大乐赋》

---

① 见《医心方》序，人民卫生出版社影印本，1955年。李约瑟云此书成于982年，恐误，见 *Science and Civilisation in China*，Ch.10（i，4），Cambridge，1956。

② 见叶德辉:《新刊素女经序》，载《双梅景暗丛书》第一种。

残卷，于1903—1914年间刻入《双梅景暗丛书》中。[1] 每种都附有他写的序或跋。其中对史料做了一些初步的考证工作，都还正确。还发表了一些评论，也不无可取。比如他已知有普及性知识的西方读物东来，指出其中有些内容中国“古已有之”，即房中术，又主张普及性知识对人民健康有帮助。这些都不失为正确的见解。

性知识在唐代相当普及

白行简的《天地阴阳交欢大乐赋》残卷在20世纪初发现于敦煌鸣沙山藏经洞，这篇赋在文学史上虽无多大价值可言，却为研究房中术在唐代的流传情况提供了不少信息。此赋专门描写性生活，文辞浮艳，极尽铺陈之能事。其中多处出现房中术专著中的术语，如“九浅一深”之类，而且在有些地方白行简还加了注，注中提到《交接经》、“素女曰”和“洞玄子曰”等语。可以推知白行简是看过或至少知道《素女经》《洞玄子》之类著作的。还可推知唐代流传的房中术著作除《医心方》中所涉及的之外还有一些，《交接经》即其一。

白行简（776—826），白居易之弟，新旧《唐书》皆有传。《新唐书》本传十分简略，关于其为人只说“敏而有辞，后学所慕尚”[2]。《旧唐书》稍详，也只说“有文集二十卷。行简文笔有兄风，辞赋尤称精密，文士皆师法之。居易友爱过人，兄弟相待如宾客”[3]。没有他对房中术或医学感兴趣的任何记载。他贞元末进士及第，做过幕僚，担任过校书郎、左拾遗、司门员外郎、主客郎中等官职，写了传世唐人小说中的名篇《李娃传》。这是当时很典型的文士，没什么奇特的经历和造诣。《天地阴阳交欢大乐赋》多半是他的游戏笔墨，正如他在赋前序中所说：“唯迎笑于一时。”但在赋中竟有大量房中术术语，对这一现象最好的解释恐怕只能是：房中术著作在白行简时代普遍流行，至少在士大夫阶层是如此，否则白行简不会那么熟悉。

---

① 《素女经》《素女方》《玉房秘诀》《玉房指要》《洞玄子》依次为《双梅景暗丛书》之第一、二、三、四、五种。以下凡引上列诸书皆据此。

② 《新唐书》卷一一九。

③ 《旧唐书》卷一六六。

联系到唐代两部重要医学著作，孙思邈的《备急千金要方》和王焘的《外台秘要》中都有相当大的篇幅（与一般医学著作相比而言）论述房中术，加之当时又有许多房中术专著流传，我们可以推想性知识在唐代是相当普及的。

二、主要内容的初步分析

“多交少泄”可以延年

所谓“多交少泄”，就是主张男子多性交，越多越好，但少泄精，认为这样可以益寿延年。《素女经》说：“法之要者在于多御少女而莫数泻精，使人身轻，百病消除也。”这是古代性学家一个普遍信念，即所谓“采阴补阳”。几乎每部房中术著作中都有这种观点。这种观点不仅反映了对妇女的轻视，而且本身也是违背今天的科学常识的。事实上，过度频繁的性生活（无论男方射精与否），将对男女双方产生一系列不良后果，对健康有害无利，更毋论益寿延年。

上述错误信念是如何产生的呢？很可能，它一方面来源于某些观察归纳，另一方面来源于传统的哲学思辨。古代性学家已经知道性压抑的害处，《素女经》说：“黄帝问素女曰：今欲长不交接，为之奈何？素女曰：不可。”同书中还注意到长期性压抑造成的精神恍惚状态，称之为“鬼交之病”：“由于阴阳不交，情欲深重，即鬼魅假像与之交通。”《备急千金要方》也说“阴阳不交伤也”[①]。性压抑既不可取，中国古代又早有阴阳之说，地与天、女与男等都是和阴、阳对应的，而阴阳交合才是好事，是事物的生机，《周易》里就有这种思想。也许就是这两方面引导性学家确立了“多交益寿”的信念。

上述猜测的可靠程度目前尚难断定，如能发现早期的房中术著作（比如《汉书·艺文志》中所著录者），或许可以得到较为明确的线索和证据（参见本文末附注二）。

在“多交少泄可以延年”的错误信念支配下，古代性学家把控制

---

① 孙思邈：《备急千金要方》卷二七，人民卫生出版社影印本，1982年。

射精作为重要课题来研究。他们追求“坚持勿施”(《玉房秘诀》)、“动而不施”(《素女经》),甚至还有“但能御十二女而不复施泻者,令人不老,有美气;若御九十三女而自固者,年万岁矣”(《备急千金要方》卷二七)这样荒诞不经的说法。孙思邈等人主张在即将射精的瞬间做各种动作以阻止射精,如屏住呼吸、紧握两手等。①

又有“还精补脑”之说,主张在将要射精的瞬间用手于阴囊与肛门之间处压迫输精管,使精液不从阴茎射出,认为这样精液就会上行而达脑子,起滋补作用。② 这无疑是没有科学根据的,实际上这是现代仍在采用的避孕方法之一(但并不可靠),在这种情况下,精液进入膀胱,以后随小便排出,根本谈不到什么“补脑”。

多交少泄延年之说带有明显的封建统治阶级烙印。“御女”越多越好——谁能做到这一点?恐怕只有后宫佳丽上万的封建帝王、侍妾成百的富豪显贵才能如此。而且这种说法把妇女视为附庸,《玉房秘诀》和《备急千金要方》中都对女性身体的外观做了细致的描述,提出与有某些特征的女子交接可以“益寿延年”,而与有另一些特征的女子交接则“贼损人”。《玉房秘诀》中还列举了17种“不御”的情况。当然,有时也有男女平等的思想,如《玉房秘诀》说“非徒阳可养也,阴亦宜然”,《备急千金要方》中也谈到“男女俱仙之道”。

多交少泄可以延年这一信念可以说是房中术理论中最成问题的。③ 然而,很可能正是这个信念成为推进中国古代性科学发展的重要动力。由于相信“多交”可以祛病延年,就促使性学家们以极大的兴趣对性知识作深入的探讨,取得了不少科学成就——这将在下文依次论及。这一点也可以帮助解释房中术的流传。在宋明理学盛行之后,道学家们高唱“存天理,灭人欲”,而性又是人欲中被视为最低下者,一方面是普遍的性神秘,另一方面却是研究房中术者仍代不乏人,房中术的著作仍能代代流传,以至于我们今日还能读到。

---

① 《备急千金要方》卷二七,以及《玉房秘诀》中都有这样的建议。
② 较详细的描述见《玉房指要》,《玉房秘诀》及《备急千金要方》卷二七中亦有此说。
③ 现代医学认为,男性在性交时长期忍精不射是有害的。

性生活的和谐

古代性学家在这一点上达到了很高的成就，几乎和现代的认识完全一致。

首先是认识到不和谐的性生活之不可取："若男摇而女不应，女动而男不从，非直损于男子，亦乃害于女人。"（《洞玄子》）因此"交接之道无复他奇，但当从容安徐，以和为贵"（《玉房指要》）。不仅在整个过程中要力求"安徐"，更重要的是在达到性高潮之前要做一系列准备工作，以使高潮逐步到来："必须先徐徐嬉戏，使神和意感。"（《备急千金要方》卷二七）

关于这些准备工作，《洞玄子》中论述甚详，诸如拥吻、爱抚等，和现代普及性知识的读物中所建议的几乎毫无二致。古代性学家对性知识探讨之深入细致，于此可见一斑。《洞玄子》还注意到男女性欲高潮的配合："凡欲泄精之时，必须候女快，与精一时同泄"，这正是现代性知识的结论，各种普及读物几乎一致主张夫妇之间应力求达到这一状态。

由于男性通常很容易达到高潮，因此《洞玄子》主张男方在女方未达高潮时应控制射精，这和现代的主张完全吻合。它建议采用"闭目内想，舌拄下腭，局脊引头，张鼻歙肩，闭口吸气"的方法，这和孙思邈等人的"坚持勿施"的方法颇相类似。这不奇怪，因为两者基本上是一回事。

女方达到高潮需要较长时间，判断女方是否已达高潮，是一项重要内容。中国古代性学家对此十分重视。《素女经》用了大量篇幅来探讨此事，提出女方在逐渐达到高潮时出现的"五征"："面赤""乳坚鼻汗""嗌干咽唾""阴滑""尻传液"，与现代科学的研究颇相合。当然，现代的研究更加细密，趋于定量，如乳房的外形变化等。[①] 此外，还有女方的"五欲""九气""十动"，男方的"四至"（《素女经》）之类，都与"五征"相仿，力求通过对某些动作和现象的观察来确定男女（主要是女方）在整个性反应周期中所处的阶段。

---

① 科洛德尼等著，吴阶平等编译：《性医学》，第1章，科技文献出版社，1983年。

高潮未必每次都能达到（特别是女方），双方同时达到更不易，有时一方甚至无意于过性生活。《素女经》主张在这种“男欲接而女不乐，女欲接而男不欲，二心不和，精力不感”的情况下，不要进行性交。

性生活与健康

中国古代性学家虽有多交少泄可以延年的错误信念，倒也使他们对过多射精会造成危害这一点有了认识。各种房中术著作几乎一致认为过于频繁的射精将对身体健康造成损害，因此纷纷提出以几天射精一次为好，我们姑称之为“射精周期”。较典型的可举《备急千金要方》为例：“人年二十者四日一泄，三十者八日一泄，四十者十六日一泄，五十者二十一日一泄，六十者闭精勿泄，若体力犹壮者一月一泄。”《素女经》中的“素女法”与此完全一样。一般说来，各家周期中对应相同年龄的天数出入颇大。比较详细的一种见于《素女经》，将人分成盛、衰两类（详见附表Ⅱ）。

机械地规定几天射精一次并不科学，因为各人身体状况千差万别，绝非盛、衰两类所能概括。现代医学主张每人自己建立自己的周期——以每次性交后第二天不感疲劳为原则。事实上，各家周期的天数大有出入，这本身就反映了不同的人之间差异之大。因为古代性学家不可能像今天的医学家那样通过调查成千上万人的情况来获得统计资料，他们的研究对象（毫无疑问，首先是他们本人）肯定局限在很小的范围之内，因此一到定量的问题，很容易以偏概全。

上述周期理论主张年纪越大越少射精，这也是符合客观情况的。随着年龄增大，性机能一般总要衰退。孙思邈在谈到老年人的性生活时特别强调不要射精，如果有一个阶段突然觉得性欲大增，他认为这对老年人来说是回光返照，十分危险，“必谨而抑之，不可纵心竭意以自贼也，若一度制得，则一度火灭，一度增油；若不能制，纵情施泻，即是膏火将灭，更去其油，可不深自防”①！

古代性学家几乎都把在何种情况下不宜性交作为房中术理论的重

① 但这个说法能否得到现代性学理论的支持，是很可疑的。

要组成部分。各家论述大同小异，内容则科学与谬误杂陈。照他们的理论，忌性交的情况名目繁多，主要可分成人的状态和外界环境两类。

附表Ⅲ中搜集了14种不宜性交的状态，包括双方的情绪、身体状况等方面。这些说法未必都有科学根据，但和房中术的其他论点是自洽的，于此也可见中国古代性科学理论相当完备。

据前所述，古代性学家主张性生活要“从容安徐”“神和意感”，力求双方和谐，获快感，既然如此，双方在性交时的情绪就非常重要。如大喜大怒、无性欲或性欲极强烈等情况，自然不可能“从容安徐”“神和意感”。

关于性交时身体的状况，附表Ⅲ中有些说法也是科学的。比如酒醉后性交、受孕的害处，现代已有明确结论。又如刚吃饱饭就性交，必然不利于消化。劳作之后身体疲乏，不宜性交，这在今天的健康常识来看也是正确的。至于性交之前的大小便问题，在现代性科学理论中虽不重要，但从在性交前应力求身体舒适这一点来看，附表Ⅲ中的说法也无不妥。对于在这些不宜性交的状况下进行了性交会造成什么后果，《素女经》提出“七损”之说：绝气、溢精、裸脉、气泄、机关厥伤、百闭、血竭，不过对症状（多半是性功能障碍）的描述都很简略。

另一类不宜性交的情况是就外界环境而言的，其中科学成分可能不多。如《素女经》提出在晦朔弦望、大风、大雨、雷电霹雳、大寒大暑、地震、四季节变之日、每年五月十六日等时刻皆不宜性交。其他著作也有类似说法。若说雷电风雨地震等使人惊怕，大寒大暑使人不适，因而会妨碍“从容安徐”，还讲得过去；但四季节变之日或一年中的某一天性交了就会有灾殃，就没有什么道理。至于太阳、月亮的相对位置对人有什么影响，因而在晦朔弦望之时性交是否有损健康，现在下结论可能还为时过早。注意到古代性学家曾提到这一点，或许会对性科学的研究有一点启发也未可知。

受孕

在这个问题上房中术理论主要研究两个方面：一是什么情况下不宜受孕，二是在月经周期中的哪些天宜于受孕。

凡前一节所述不宜性交的情况都不宜受孕，这在古代性学家看来是显而易见的，因为理论上的自洽要求如此。《素女经》提出受孕时“必避九殃”：日中、夜半、日食、雷电、月食、虹霓、冬夏至日、弦望、醉饱。《玉房秘诀》中的说法更详，列有十几种情况，认为在这些情况下受孕所生的孩子都不好，有“大醉之子必痴狂”“劳倦之子必夭伤”等说法，其中有些为现代科学所支持，也有些并无什么根据。当然，说“必”是错误的，按照现代的理论，只能说大醉之子中出现痴呆的概率比较大。

关于受孕时刻，各家之说有截然相反者。如《素女经》把“夜半”列为“九殃”之一，认为不可受孕，应在“夜半之后，鸡鸣之前”，孙思邈在《备急千金要方》中也主张夜半后受孕。但《洞玄子》却说“夜半得子为上寿，夜半前得子为中寿，夜半后得子下寿”。在今天看来，这种争论可能没什么重要意义。

关于在月经周期中的哪些日子才可能受孕，古代性学家几乎人人皆错。他们异口同声地主张“以妇人月事断绝洁净三日而交”，孙思邈甚至说：“待妇人月经绝后一日三日五日……有子皆男；……二日四日六日施泻，有子皆女，过六日后，勿得施泻，既不得子，亦不成人。”这和现代科学理论明显相左。妇女排卵一般在月经周期的中间阶段，这段日子里方能受孕。上述错误在中医著作中代代相传，直到明清时才获改正。

怀孕之后的注意事项，也是房中术理论的内容。《洞玄子》中谈到“胎教”，主张女子孕后应“端心正念，常听经书”，和现在很流行的“胎教”理论相比，具体内容当然随时代而异，但在认为孕妇的心理、精神状态会对胎儿产生影响这一点上是完全一致的。封建时代以听“经书”为尚，现在则建议孕妇听音乐、欣赏艺术品等。《洞玄子》还列举出许多孕后的禁忌，颇为科学：视恶色、听恶语、淫欲、诅咒、詈骂、惊恐、劳倦、妄语、忧愁、食生冷醋滑、乘车马、登高、临深、下坂、急行、服饵、针灸，几乎没有一点荒诞玄虚的成分，全与今天的卫生常识相合。

性功能障碍及其治疗

房中术理论描述了阳痿、阴冷、射精不能等性功能障碍，并主张通过性行为来治疗。男方一般不要射精，并且双方要采取一些特定的性交姿势。这些并非全是谬说，有些与现代性医学十分吻合。比如《素女经》中有“八益”之说：固精、安气、利藏、强骨、调脉、蓄血、益液、道体，用八种不同的性交姿势，来治疗女方阴冷、月经不利等症。其中“蓄血”主张采取女上位姿势，这正是现代性医学在治疗女性性欲高潮障碍时建议采取的方法之一。① 此书在谈到“七损”的治疗时，对气泄、机关厥伤、百闭也都建议采用女上位姿势，尤其是对于百闭，指出是由于“自用不节，数交失度”导致射精不能，这和现代理论及推荐的治疗方法完全一致。《素女经》对“七损”（皆为男性性功能障碍）的治疗方法，都要求双方用特定的姿势多次交接（男方不射精），“日九行，十日愈”。这种多次“操练”的方法，正是现代一些性医学家向男方有性功能障碍的夫妇推荐的重要的治疗方法之一。②

古代中国和现代西方在治疗方法的一些细节上吻合得令人叹为观止，如对“百闭”即射精不能的治疗，《素女经》主张采用女上位姿势，并且由女方来完成插入动作，而在科洛德尼（R. Kolodny）等人所著的《性医学》中，对治疗射精不能（以及阳痿）推荐了完全相同的方法。③ 可见，中国古代性学家在这些问题上曾作过广泛的探索。

和现代性医学理论一样，房中术著作也主张用药物来治疗性功能障碍。许多书中有治阳痿之方④，还有壮阳之方⑤，治妇女“阴肿疼痛方”⑥ 等。这些药方在古代中医著作中也常可见到。但还有一些如“阴长方”“令女玉门小方”之类⑦，危言耸听，恐无太多科学成分可言。

---

① 科洛德尼等著，吴阶平等编译：《性医学》，第 18 章。

② 同上书，第 17 章。

③ 同上。

④ 如《素女方》《玉房秘诀》《洞玄子》等。

⑤ 如《素女经》《玉房指要》等。

⑥ 如《玉房秘诀》等。

⑦ 如《玉房秘诀》《玉房指要》《洞玄子》等。

三、结论

以上对中国10世纪之前的性科学——房中术作了初步探讨，大略可得如下结论：

秦汉间或更早即有房中术专著问世。

房中术理论大约在魏晋南北朝期间形成目前的格局，以后日臻完善。房中术理论中“多交少泄可以延年”之说是最不可取的部分，但在性生活的和谐、性生活与健康、受孕、性功能障碍及其治疗四方面，中国古代性学家有过很多科学的成就。

上述五方面构成中国10世纪以前房中术的主要内容。

房中术在唐代十分普及。

孙思邈是非常重要的性学家。

有一些重要的性学家已佚其名。

最后有一点需要特别指出，在古代中国的房中术研究者中，除早期情况不甚明确外，道教徒几乎可以说是主力军。附表Ⅰ中出现的大多是道教人物，也可间接证明这一点。但道教典籍芜杂浩繁，本文又仅限于10世纪之前，故还有不少道教徒的研究工作未能论及。笔者不揣浅陋，姑以此文作为引玉之砖。

附表Ⅰ 《双梅景暗丛书》所收五种古代房中著作称引人物表

	黄帝	素女	玄女	采女	彭祖	高阳负	冲和子	青牛道士	巫子都	道人刘京	洞玄子	老子
素女经	●	●	●	●	●							
素女方	●	●				●						
玉房秘诀					●		●	●	●			
玉房指要					●					●		
洞玄子											●	●

附表 II　《素女经》射精周期表

	15岁	20岁	30岁	40岁	50岁	60岁	70岁
盛	1日2次	1日2次	1日1次	3日1次	5日1次	10日1次	30日1次
衰	1日1次	1日1次	2日1次	4日1次	10日1次	20日1次	勿施

附表 III　房中理论中十四种不宜性交之状况

	备急千金要方	素女经	素女方	玉房秘诀
愤怒	●	●		
极度喜悦		●		
阴茎尚不坚硬		●		
女方月经未净	●			
男方无性欲		●		
男方性欲极强烈				●
双方未能情投意合		●		
忍着大小便	●			
刚解过大小便		●	●	●
醉		●		●
饱		●	●	●
疲乏	●	●	●	●
劳作后汗未干		●	●	
刚洗过澡、刚洗过头		●	●	●

原载《大自然探索》第5卷第2期（1986）

修订附注

一、本文作于1985年，发表于《大自然探索》杂志第5卷第2期（1986），当时曾在国内外引起很大轰动，被认为是国内最早对房中术理论进行客观学术研究的成果。

二、本文写作时，笔者尚未看到刚刚由文物出版社正式出版的《马王堆汉墓帛书·肆》中的房中术文献。本文发表后不久，笔者得到了这些文献，其中《十问》《合阴阳》《天下至道谈》等早期文献，完全证明了笔者在本文中的猜测——中国房中术理论的基本观念早在秦汉之际甚至先秦时代已经形成。另外，关于现代性学的材料，那时对于一个非专业研究者来说，能够得到的也只能是吴阶平编译的《性医学》一书了，而今天比《性医学》更全、更新的现代性学著作早已司空见惯。

一九八七

[纪事] 这年是我攻读博士学位的第三年，已经开始进入“学术论文”的高产期。

我的业师席泽宗院士对我非常宽容，那时我写了文章，往往并不告诉席先生，“自说自话”就拿去发表了。据我所知，有很多老师不喜欢这样，他们要求学生写文章必须让自己看过，自己同意了才能发表。但席先生不是这样。有时他自己在刊物上见到了我的文章，还会打电话给我，鼓励一番。

那时，我写了一篇与何兆武先生商榷的文章，文章我拿给席先生看了，问他意见如何，他说你这篇文章还是不要发表了，里面有几处不妥。其中有一处，我觉得没有错误，心里不服。回去以后我钻研了一番，专门就这个问题又写了一篇文章，就是这篇《天文学史上的水晶球体系》。我把这篇文章又呈给席先生。

不料过了几天，席先生给我打电话，他说你那个文章，我已经推荐到《天文学报》去了。我听了颇感意外，因为我写这篇文章只是为了给自己辩护，根本没打算把这篇文章投稿。但是席先生说，你这第二篇文章不错。于是这篇文章成为我在《天文学报》发表的第一篇论文。

事后我特别感动。我觉得席先生不仅允许我和他争论，而且在争论中，他发现我有片善可取就加以鼓励，这种宽广的胸怀，我一直觉得我终身都要学习。我后来自己带研究生，也努力照着席先生的方法去做。

天文学史上的水晶球体系

一、水晶球体系从形成到成为钦定

水晶球体系的形成

同心天球体系的概念可以追溯到古希腊的巴门尼德（Parmenides），甚至更早的毕达哥拉斯（Pythagoras）。[①②] 但真正建立起可以定量描述天体运动的体系是欧多克斯（Eudoxus），他的工作在注②文中保存了一个梗概，较详细的内容则见于公元6世纪时辛普利修斯（Simplicius）对亚里士多德（Aristotle）《论天》一书所作的注释。欧多克斯采用一套以地球为中心的同心球组，通过各球转轴的不同取向以及转速（皆匀速）和转向的不同组合来描述天体视运动。这一体系的建立在小轮理论的奠基人阿波罗尼奥斯（Apollonius）之前百余年，比托勒密（Ptolemy）早四个世纪以上。后来小轮理论大行于世，欧多克斯体系遂湮没无闻。直到19世纪才由斯其亚帕雷利（Schiaparelli）做了系统研究[③]，发现欧多克斯体系已能描述行星的顺、留、逆等视运动，其中对土星、木星很成功，水星亦尚可，金星很差，火星则完全失败。有的学者持论稍严，认为只有土星、木星令人满意。[④]

欧多克斯并未提出水晶球的概念。一般认为他只是用几何方法来表示和计算天象，不过，这个结论是从亚里士多德和辛普利修斯著作中的第二手材料得出的，由于欧多克斯原著皆已佚失，第一手材料不可得。

卡利普斯（Callippus）对欧多克斯体系做过一些改进，而亚里士多德在两人工作的基础上建立了水晶球体系。他的发展大致可归结为三个方面：

第一，他把欧多克斯假想的球层变为实体，并认为诸球层皆由不生不灭、完全透明、硬不可入的物质构成，水晶球之名即由此而来。日月

① J. L. E. Dreyer, *A History of Astronomy from Thales to Kepler*, Dover Publications (1953), p. 21.

② 亚里士多德：《形而上学》，吴寿彭译，商务印书馆，1983年，第13页。

③ Schiaparelli, *Ie Sfere Omocentriche di Eudosso, di Callippo e di Aristotle*, Milano (1875).

④ O. Neugebauer, *A History of Ancient Mathematical Astronomy*, Springer–Verlag (1975), IV Cl, 2B.

行星和恒星则附着于各自的球层上被携带着运转，整个宇宙是有限而封闭的，月球轨道以上的部分万古不变。这意味着新星爆发、彗星、流星等天象只能是大气层中的现象。

第二，亚里士多德把欧多克斯原来各自独立转动的诸球变成一个整体，其转动皆由最外层的天球传递下来。不过我们发现，在亚里士多德原著中并没有“宗动天”这一球层。他的安排是：“第一天为恒星天……恒星天为宗动天”，并阐述说：“第一原理或基本事实是创作第一级单纯永恒运动，而自己绝不运动，也不附带地运动。……又因为我们见到了所说不动原始本体所创作的宇宙单纯空间运动以外，还有其他空间运动——如行星运动——那也是永恒的。”[①] 这段话并不难理解，“不动原始本体所创作的宇宙单纯空间运动”即指恒星天球的周日运动，由此带动其他天球运动。可见，恒星天球之上的“宗动天”当是后人所加，这一点值得注意。

第三，由于各天球不再是独立转动，他不得不引入一系列“平衡天球”来抵消上一层天球的运动，“而使每一天球下层诸行星得以回复其位置”[②]。不过，平衡天球何以能反转，他未说明。

托勒密与水晶球体系

把托勒密的名字和水晶球体系连在一起，这在国内外著作中都很常见，但这样做是有问题的。在《至大论》中，我们没有发现任何水晶球的观念。托勒密在全书一开头就表示他的研究将用“几何表示”（geometrical demonstrations）之法进行。在开始讨论行星运动时他说得更明白：“我们的问题是表示五大行星和日、月的所有视差数——用规则的圆周运动所生成。”[③] 他把本轮、偏心圆等视为几何表示，或称为“圆周假说的方式”。显然，在他心目中并无任何实体天球，而只是一些假想的空中轨迹。

---

① 亚里士多德：《形而上学》，第249—250页。

② 同上书，第251页。

③ Ptolemy, *Almagest*, IX, 2, Great Books of the Western World, Encyclopaedia Britannica (1980), 16, p. 270.

托勒密另一部著作《行星假说》在希腊文手稿中仅保存下前一部分，但在9世纪的阿拉伯译本中却有全璧。阿文译本中的后一部分通常被称为“假说Ⅱ”。其中出现了许多实体的球，但又与亚里士多德的体系不同。这里每个天体有自己的一个厚球层，各厚层之间又有“以太壳层”（ether shell），厚层中则是实体的偏心薄球壳，天体即附于其上。这里的偏心球壳实际上起了《至大论》中本轮的作用。① 不过“假说Ⅱ”在欧洲失传已久，阿文译本直到1967年才首次出版；况且其中虽有实体球壳，但与水晶球体系大不相同，因此，托勒密的名字何以会与水晶球体系连在一起，和“假说Ⅱ”并无直接关系。其原因应该另外寻找。

然而，“假说Ⅱ”对中世纪阿拉伯天文学的影响却不容忽视。阿拉伯天文学家曾提出过许多类似水晶球的体系。比较重要的有Al Battani，他主张亚里士多德的体系。② 稍后有Ibn-al-Haytham，他对《至大论》中的几何表示之法大为不满，试图寻求物理机制，因而主张类似“假说Ⅱ”中的体系。③ Nasir al-Din al-Tusi则主张一种由许多大小不同的球相互外切或内切组成的体系，各球以不同的方向和速度旋转，他自认为这是前人未得之秘。④ 此外，还有Al Qazwini、Abu al-Faraj和Al Jagmini等，都详细讨论过水晶球体系。

“假说Ⅱ”既与《至大论》大异其趣，偏偏又只保存在阿文译本中，而类似的体系在阿拉伯天文学中又如此流行，因此有人怀疑“假说Ⅱ”中可能杂有阿拉伯天文学家的工作。⑤ 这是有道理的。

水晶球体系成为教条

水晶球体系所以会成为教会钦定的教条，主要和大阿尔伯图斯

---

① O. Neugebauer, *A History of Ancient Mathematical Astronomy*, VB 7, 7.

② J. L. E. Dreyer, *A History of Astronomy from Thales to Kepler*, p. 257.

③ N. M. Swerdlow, O. Neugebauer, *Mathematical Astronomy in Copernicus's* De Revolutionibus, Springer Verlag (1984), p. 44.

④ J. L. E. Dreyer, *A History of Astronomy from Thales to Kepler*, p. 268.

⑤ O. Neugebauer, *A History of Ancient Mathematical Astronomy*, VB 7, 6.

（Albertus Magnus）及托马斯·阿奎那（T. Aquinas）师徒两人的工作有关。大阿尔伯图斯以亚里士多德庞大的哲学体系为基础，创立了经院哲学体系。[①] 阿奎那则几乎把亚里士多德学说全盘与神学相结合。他也写了一部对亚里士多德《论天》的注释，巧妙地将亚里士多德的天文学说与《圣经》一致起来[②]，并特别引用托勒密的著作来证明地心和地静之说。[③]

这里必须强调指出，亚里士多德的学说直到 13 世纪初仍被教会视为异端，多次下令禁止在大学里讲授。此后情况才逐渐改变[④⑤]，1323 年，教皇宣布阿奎那为"圣徒"，标志着他的学说得到了教会官方的认可，这也正是亚里士多德学说——包括水晶球体系在内——成为钦定之时。这一点在许多哲学史著作中都是很清楚的，但在科学史论著中却广泛流行着"亚里士多德和托勒密僵硬的同心水晶球概念，曾束缚欧洲天文学思想一千多年"[⑥] 之类的说法，而且递相祖述，这种说法有两方面的问题。

首先，在 13 世纪之前亚里士多德和托勒密的学说与其他古希腊学说一样，在欧洲还鲜有人知，根本谈不到"束缚"欧洲的天文学思想。即使从 14 世纪获得钦定地位算起，能起束缚作用的时间也不到四百年。其次，水晶球体系是亚里士多德的学说，虽然阿奎那兼采了托勒密的著作，但若因此就把水晶球的账摊一份（甚至全部）到托勒密头上，至少是过于简单化了。特别是在科学史论著中，更应以区分清楚为妥。

事实上，水晶球体系与托勒密的"几何表示"是难以相洽的。前者天球层层相接，毫无间隙；而后者是天体自身运动，在空间中画出轨迹。普尔巴赫（C. Purbach）在 1473 年已经明确指出这一点，为了调和两者，他主张一种中空的水晶球壳，其内可容纳小轮。[⑦] 然而，理论上

---

① 梯利：《西方哲学史》，葛力译，商务印书馆，1975 年，第 218 页。

② J. L. E. Dreyer, *A History of Astronomy from Thales to Kepler*, p. 232.

③ Ptolemy, *Almagest*, IX, 2, pp. 15, 17.

④ 丹皮尔：《科学史及其与哲学和宗教的关系》，李珩译，商务印书馆，1975 年，第 138 页。

⑤ 罗素：《西方哲学史》，何兆武等译，商务印书馆，1982 年，第 550 页。

⑥ 李约瑟：《中国科学技术史》第四卷，科学出版社，1975 年，第 115 页。

⑦ A. Berry, *A Short History of Astronomy*, Dover Publications (1961), Ch. Ⅲ, § 68.

的不相洽并不妨碍两者在实际上共存，天文学家可以一面在总的宇宙图式上接受水晶球体系，一面用本轮均轮体系来解决具体的天文学计算问题，这种现象在水晶球体系最终被抛弃之前相当普遍。

二、几位著名近代天文学家对水晶球体系的态度

哥白尼在这个问题上的态度

最近有人提出，哥白尼（Copernicus）主张以太阳为中心的——同心水晶球体系。不仅各行星皆由实体天球携载，而且诸天球层层相接，充满行星际空间[①]，理由是哥白尼那张著名的宇宙模式图[②]多了一个环。我们认为，这一说法未免穿凿附会，很难成立。理由有四：

1. 由于行星与太阳的距离有一个变动范围，因此图中两环之间的空间完全可以理解为行星的活动范围；又因该图只是示意图，也就没有必要给出精确的比例。

2. 如果对图的解释有歧义，那显然原书的文字论述更重要，但哥白尼在这一章中根本未谈到过实体天球，文献（《天体运行论》）全书的其他部分也没有任何这类主张。相反他一直使用“轨道”（orbital circles）一词，还谈到“金星与火星轨道之间的空间”[③]，这些都是与实体密接天球完全不相容的概念。罗森（Rosen）也曾指出，哥白尼即使使用“sphaera”“orbit”等词，多数情况下也是指二维圆环，即天体的运行轨道。[④]

3. 哥白尼既然主张日心地动，地球已成行星之一，那么，如果设想既有公转又有自转的地球是被一个实体水晶球所携载，无论如何无法与人们的直接感觉相一致，除非认为地球及其上的万物都被“浇铸”于

---

① N. M. Swerdlow, O. Neugebauer, *Mathematical Astronomy in Copernicus's* De Revolutionibus, pp. 56, 474.

② Copernicus, *De Revolutionibus*, p. 110. Great Books of the Western World, Encyclopaedia Britannica (1980), 16, p. 526. 又，该图手稿影印件可见上注文献，p. 572。

③ Ibid., p. 110.

④ E. Rosen, *3 Copernican Treatises*, Dover Publications (1959), p. 11.

水晶球体之内，如同琥珀中的小虫那样才行。

4. 哥白尼在《要释》中说得更明确："卡利普斯和欧多克斯力图用同心球来解决这个问题，但他们未能解释行星的所有运动……因此看来还是使用大多数学者最后都接受了的偏心圆和本轮体系为好。"①

第谷对水晶球体系的打击

第谷并不主张日心地动之说，但他却给水晶球体系以致命打击。1572年超新星爆发，他用各种方法反复观测，断定该星必在恒星空间，而按水晶球体系的理论，这种现象只能出现在月球下界。不过翌年他发表其观测工作时，尚未与水晶球体系决裂。② 1577年又出现大彗星，第谷的观测无可怀疑地表明：该彗星在行星际空间，且穿行于诸行星轨道之间。于是他断然抛弃了水晶球，发表了他自己的宇宙新体系（1588）。他明确指出："天空中确实没有任何球体。……当然，几乎所有古代和许多当今的哲学家都确切无疑地认为天由坚不可入之物造成，分为许多球层，而天体则附着其上，随这些球运转。但这种观点与事实不符。"③ 第谷反对水晶球的三条主要理由，后来开普勒（Kepler）曾概述如下：

（1）彗星穿行于诸行星轨道间，故行星际空间不可能有实体天球。

（2）如真有层层水晶球，则必有巨大折射，天象将大异于实际所见者。

（3）火星轨道与太阳轨道相割（这是第谷体系的特点），表明没有实体天球。④

第谷对超新星和彗星的观测，是那个时代对水晶球教条最有力的打击。对于其他反对理由，水晶球捍卫者皆可找到遁词，比如折射问题，

---

① Copernicus, *Commentariolus*, see E. Rosen, *3 Copernican Treatises*, p. 57.

② Tycho, *De Nova stella*, H. Shapley, H. E. Howarth, A Source Book in Astronomy, McGraw-Hill (1929), p. 13-19.

③ Tycho, *Opera Omnia*, ed. Dreyer, Copehagen (1913-1929), Ⅳ, p. 222. Quoted by E. Rosen, *3 Copernican Treatises*, p. 12.

④ Kepler, *Epitom Astrohomiae Copernicanae*, 411, Great Books of the Western World, Encyclopaedia Britannica (1980), 16, pp. 856-857.

可以推说天界物质未必服从地上的光学定律；火日轨道相割问题，可以用否认第谷体系的正确性来回避；对日心地动说与水晶球的不相容也可仿此处理。但对于第谷提供的观测事实，就很难回避。基亚拉蒙蒂（S. Chiaramonti）为此专门写了两部著作（1621，1628），试图釜底抽薪，直接否认第谷的观测结果，结果当然也无济于事。

开普勒、伽利略（Galileo）和其他人

开普勒断然否认有实体天球，并认为行星际空间“除了以太再无别物”[①]。伽利略除了嘲笑和挖苦水晶球体系的捍卫者，还力斥基亚拉蒙蒂著作之谬。[②]此二人皆力主日心地动之说，他们对水晶球体系的态度，无疑是哥白尼学说与水晶球体系不相容的有力旁证之一。

这一时期除了上述四位最重要的天文学家外，还有不少著名人物也反对水晶球体系。康帕内拉（T. Campanella）借太阳城人之口表示“他们痛恨亚里士多德……并且根据一些反常的现象提出了许多证据来反对世界永恒存在的说法”[③]。布鲁诺（C. Bruno）和吉尔伯特（W. Gilbert）的态度更为明确，已有人注意到了。[④]

三、水晶球体系在中国传播的情况

关于水晶球体系在中国的情况，李约瑟（Joseph Needham）的说法影响很大。他认为“耶稣会传教士带去的世界图式是托勒密－亚里士多德的封闭的地心说；这种学说认为，宇宙是由许多以地球为中心的同心固体水晶球构成的”，又说“在宇宙结构问题上，传教士们硬要把一种基本上错误的图式（固体水晶球说）强加给一种基本上正确的图式（这种图式来自古昼夜说，认为星辰浮于无限的太空）”[⑤]。他的说法曾被

① Kepler, *Epitom Astrohomiae Copernicanae*, 411, p. 857.
② Galileo, *Dialogo*, The University of Chicago Press, 1957.
③ 康帕内拉:《太阳城》，陈大维等译，商务印书馆，1982 年。
④ 李约瑟:《中国科学技术史》第四卷，第 647—648 页。
⑤ 同上书，第 643—646 页。

许多文章和著作引用，但是我们不得不指出，李约瑟的说法至少不很全面。

众所周知，耶稣会士在中国所传播的西方天文学知识，主要汇集在《崇祯历书》中。这部百余卷的巨著于1634年修成之后，很快风靡了中国的天文界，成为中国天文学家研究西方天文学最重要的材料。1645年，又由清政府以《西洋新法历书》之名正式颁行。此书采用第谷的宇宙体系，不仅没有采用任何固体水晶球的说法，恰恰相反，它明确否定了水晶球体系：

> 问：古者诸家曰天体为坚、为实、为彻照，今法火星圈割太阳之圈，得非明背昔贤之成法乎？
>
> 曰：自古以来测候所急，追天为本，必所造之法与密测所得略无乖爽，乃为正法。……是以舍古从今，良非自作聪明，妄违迪哲。①

必须注意，这段论述的作者罗雅谷（Jacobus Rho）和汤若望（J. Adam Schall von Bell）皆为耶稣会士，这又从另一侧面反映出天主教会钦定的水晶球教条在当时失败的情形——连教会自己的天文学家也抛弃这个学说了。

虽然早期来华耶稣会士中利玛窦（Matthaeus Ricci）和阳玛诺（Emmanuel Diaz）两人曾在他们的宣传介绍性小册子中传播过水晶球之说②③，但其影响与《崇祯历书》相比是微不足道的。况且他们仅限于谈论宇宙图式，而这并不能解决任何具体的天文学问题，因此也不被中国天文学家所重视。

清代中国天文学家对各层天球或轨道是否为实体有过热烈讨论。

王锡阐主张“若五星本天则各自为实体”④，梅文鼎则认为“故惟七

---

① 《西洋新法历书》，五纬历指卷一。
② 利玛窦：《乾坤体义》卷上。
③ 阳玛诺：《天问略》。
④ 王锡阐：《五星行度解》。

政各有本天以为之带动，斯能常行于黄道而不失其恒；惟七政之在本天又能自动于本所，斯可以施诸小轮而不碍"[1]。这与普尔巴赫的折中想法颇相似。王、梅二人是否受过水晶球理论的影响，目前还缺乏足够的史料来断言。何况当时"本天"一词往往被用来指二维圆环，即天体轨道。

而更多的天文学家认为连这样的二维轨道也非实体。焦循说："可知诸论皆以实测而设之。非天之真有诸轮也。"[2]江永也承认非实体："则在天虽无轮之形质，而有轮之神理，虽谓之实有焉可也。"[3]阮元力言实体论之谬："此盖假设形象，以明均数之加减而已，而无识之徒……遂误认苍苍者天果有如是诸轮者，斯真大惑矣！"[4]盛百二也说："旧说诸天重重包裹皆为实体，乃细测火星能割入日天，金水二星又时在日上，时在日下，使本天皆为实体，焉能出入无碍？"[5]

值得注意的是，焦循等人皆已领悟了托勒密"几何表示"的思想。这一思想可以上溯到欧多克斯，而哥白尼、第谷，直到开普勒，皆一脉相承。既然认为二维轨道也非实体，当然更不会接受三维的实体天球。事实上，几乎所有的清代天文学家都接受第谷宇宙体系，或是经过他们自己改进的第谷体系，而不是水晶球体系。

欧多克斯的同心球体系被认为是数学假设，其本质与后来的小轮体系并无不同，而古希腊数理天文学的传统即发端于此。亚里士多德将其发展为水晶球体系，却在很大程度上出于哲学思辨。但他或许带有寻求天体运动物理机制的积极倾向，这种倾向后来一度在阿拉伯天文学中有所加强。当水晶球体系在14世纪成为教条之后，就束缚了天文学的发展，以至伽利略等人不得不付出沉重代价来冲破它。举例来说，超新星、彗星和太阳黑子，本来无论地心说还是日心说都可以接受，但在水晶球体系中就不能容忍。水晶球体系传入中国之后，如果曾起过某些作

---

① 梅文鼎：《历学疑问》卷一。
② 焦循：《释轮》卷上。
③ 江永：《数学》卷六。
④ 阮元：《畴人传》卷四十六。
⑤ 盛百二：《尚书释天》卷一。

用的话，同样也是消极的。比如王锡阐，他主张天球实体论，并由此认为火星与太阳轨道相割为不可能，因而试图修改第谷体系。如果他是受了水晶球理论的影响，那么这种影响看来只是引起了他思路的混乱，因为他对第谷宇宙体系的修改是不成功的。[①]

原载《天文学报》第 28 卷第 4 期（1987）

① 江晓原:《科技史文集》第 16 辑《天文学史专辑 4》。

一九八八

［**纪事**］这年我从中国科学院自然科学史研究所毕业，获得科学史博士学位，成为中国第一个天文学史专业的博士，《科学报》(《中国科学报》的前身）1988年6月17日在头版对此事作了报道。

试论清代“西学中源”说

明末由耶稣会传教士传入的西方天文学和其他科学技术，使一部分中国上层人士如徐光启、李之藻、杨廷筠等人十分倾心。清人入关后又将先后在徐光启、李天经主持下由耶稣会传教士编撰的《崇祯历书》（经汤若望略加删改，易名为《西洋新法历书》）颁行天下，并长期任用耶稣会传教士主持钦天监。康熙本人也以耶稣会传教士为师，躬身习学西方天文和数学。所有这些，都对中国传统的信念和思想产生了强烈冲击。提出“西学中源”说是对这种冲击做出的反应之一。

“西学中源”说一度在中国士大夫中间广泛流行。对此说及其政治文化背景进行探讨，不仅从中西科技文化交流史和思想史的角度来看有重要意义，而且在今天还有相当的现实意义。

“西学中源”说主要是就天文历法而言的。因数学与天文历法关系密切，也被涉及。后来更推广到其他领域，但并不重要。故本文以天文历算为主，对“西学中源”说的产生、发展及其背景进行探讨。

一、“西学中源”说发端于明之遗民

据笔者所见史料，最先提出“西学中源”思想的是黄宗羲。黄氏对中西天文历法皆有造诣，著有《授时历法假如》《西洋历法假如》等多种天文历法著作。明亡，黄氏起兵抗清，兵败后一度辗转流亡于东南沿海。即使在这样艰危困苦的环境中，他还在舟中与人讲学，仍在注历。“尝言勾股之术乃周公商高之遗而后人失之，使西人得以窃其传。”① 这里黄氏讲的是数学，但那时学者常把“历算”视为一事。黄氏最先提出“西学中源”的概念，这一点全祖望也曾明确肯定过：“其后梅征君文鼎本周髀言历，世惊以为不传之秘，而不知公实开之。”②

“西学中源”说之另一先驱者为黄宗羲同时代人方以智。方氏为崇祯十三年（1640）进士，明亡流寓岭南，一度追随永历政权，投身抗清活动。其《浮山文集》在清初遭禁毁，故流传绝少。在《游子六〈天径或问〉序》一文中，方氏谈论了中国古代天文历法之后说：“万历之时，中土化洽，太西儒来。脬豆合图，其理顿显。胶常见者骇以为异，不知其皆圣人之所已言也。……子曰：‘天子失官，学在四夷。’”③ 方氏此文作于1651—1666年间，在时间上可能稍后于黄宗羲。值得注意，“天子失官，学在四夷”的说法，和后来梅文鼎、阮元所谓“礼失求野”之说颇相一致。

黄、方二氏提出了“西学中源”的思想，但未提供具体证据。而王锡阐则对此作了阐述，使此说大进了一步。王氏在明亡时曾两度自杀，获救后终身不仕，潜心天文历算，和梅文鼎同为清代第一流的天文学家。王氏精通中西天文学，其造诣远在黄、方之上。他多次论述“西学中源”说，其中最重要的一段文字如下：

> 今者西历所矜胜者不过数端，畴人子弟骇于创闻，学士大夫喜

---

① 全祖望：《梨洲先生神道碑文》，《鲒琦亭集》卷一一。
② 同上。
③ 方以智：《浮山文集后编》卷二，收入《清史资料》第6辑，中华书局，1985年。

其瑰异，互相夸耀，以为古所未有，孰知此数端者悉具旧法之中而非彼所独得乎！一曰平气定气以步中节也，旧法不有分至以授人时，四正以定日躔乎？一曰最高最卑以步朓朒也，旧法不有盈缩迟疾乎？一曰真会视会以步交食也，旧法不有朔望加减食甚定时乎？一曰小轮岁轮以步五星也，旧法不有平合定合晨夕伏见疾迟留退乎？一曰南北地度以步北极之高下，东西地度以步加时之先后也，旧法不有里差之术乎？大约古人立一法必有一理，详于法而不著其理，理具法中，好学深思者自能力索而得之也。西人窃取其意，岂能越其范围？[①]

王氏这段话是“西学中源”说发展史上的重要文献之一。写于1663年之前一点，与黄、方二氏之说年代相近。王氏第一次为“西学中源”说提供了具体证据（当然，实际上是错误的），五个“一曰”，涉及日月运动、行星运动、交食、定节气和授时，几乎包括了当时历法的主要方面。他认为西法号称在这些方面优于中法，实则“悉具旧法之中”，是中国古已有之的。不过，说西法中国古已有之，还有双方独立发明而暗合的可能，但王氏断然排除了这一点：“西人窃取其意”，是从中法偷偷学去的。而且，王氏已经注意到中国传统天文学“详于法而不著其理，理具法中”的特点，这与西方天文学从基本的“理”出发进行演绎明显不同。为了完善自己的说法，他指出中法之理虽不明言，但“好学深思者自能力索而得之也”，这就为“西人窃取其意”提供了可能性。这一思想为后来梅文鼎的理论开辟了道路。

值得注意的是，黄、方、王三人都是矢忠故国的明朝遗民，在政治上坚决不与清政府合作，已如前述。同时，三人又都是在历史上有相当大影响的重要人物。黄氏是明清之际的著名学者之一，后人将他与顾炎武、王夫之并称，号“三先生”；方氏在中国哲学史、思想史上有重要地位；王锡阐则是当时以顾炎武为代表的遗民学者群中一个重要成员。这样的三个人不约而同地提出“西学中源”说，绝不应视

---

① 王锡阐：《历策》，收入《畴人传》卷三五。

为偶然现象。

最近有文章认为“西学中源”说最早是由康熙提出的，并由此出发讨论其产生的原因。[①] 但此说实际上发端于明之遗民，已如上述。而康熙在晚些时候也曾提出“西学中源”说。现在的问题是：明朝遗民学者和清朝康熙皇帝这样居于截然不同社会地位的人，却先后提出一个相同的“西学中源”说。这是很值得研究的问题。它显然与当时的政治、思想和文化背景有关。后文将对此作初步探讨。

二、康熙提倡，梅文鼎大力阐扬

康熙确实也提倡“西学中源”说，而且起了很大作用。他曾有《御制三角形论》，其中提出：“古人历法流传西土，彼土之人习而加精焉。”这是明确关于历法的。他关于数学方面的说法更受人注意，一条经常被引用的史料是康熙五十年（1711）与赵宏燮论数，称：“即西洋算法亦善，原系中国算法，彼称为阿尔朱巴尔。阿尔朱巴尔者，传自东方之谓也。”[②]“阿尔朱巴尔”又作“阿尔热八达”或“阿尔热八拉”，一般认为是 algebra 的音译。此字源于阿拉伯文 al-jabr，意为“代数学”。康熙怎么能从 algebra 中看出“东来法”之意，目前尚缺乏详细资料。有人认为是和另一个阿拉伯文单词 A-erh-je-pa-la 发音相近而混淆的。[③] 但康熙是否曾和阿拉伯文打过交道，以及供奉内廷的耶稣会传教士向康熙讲授西方天算时是否有必要涉及阿拉伯文（他们通常使用满语和汉语），都还是疑问。再退一步说，即便 algebra 真有“东来法”之意，在未解决当年中法到底如何传入西方这一问题之前，也仍然难以服人。这个问题后来梅文鼎慨然自任。

据来华耶稣会传教士的文件来看，康熙向耶稣会传教士学习西方天算始于 1689 年。从此他醉心于西方科学，连续几年每天上课达四小时，

---

① 李兆华：《简评“西学源于中法”说》，《自然辩证法通讯》第 7 卷第 6 期（1985）。

② 王先谦：《东华录》，康熙八九。

③ George H. C. Wong, *Isis*, 54, Part 1, No. 175.

课后还做练习。[1] 以后几十年中，他时常喜欢向宗室和大臣等谈论天文、地理、数学之类的知识，自炫博学，引为乐事。康熙很可能是在对西方天文、数学有了一定了解之后独立提出“西学中源”说的，因为黄、方、王三氏皆心怀故国，隐居不仕，康熙“万几余暇”去研读三氏著作的可能性不大（但也不能绝对排除这种可能）。

康熙在天文历算方面的“中学”造诣并不高深。他了解一些西方的天文学和数学，也没有达到很高水平。这从他历次与臣下的谈论及他《几暇格物编》中的天文学内容可以看出来。梅文鼎的《历学疑问》，康熙自认为可以“决其是非”，但那只是一本浅显的著作。相比之下，黄宗羲、王锡阐都是兼通中西天文学并有很高造诣的。因此他们提出“西学中源”说，或许还有从中西天文学本身看出相似之处的因素；而康熙则更多地出于政治考虑了。

康熙的说法一出，清代最著名的天文学家梅文鼎立刻热烈响应。他三番五次地说：“《御制三角形论》言西学贯源中法，大哉王言，著撰家皆所未及”[2]；“伏读圣制《三角形论》，谓古人历法流传西土，彼土之人习而加精焉尔，天语煌煌，可息诸家聚讼”[3]；“伏读《御制三角形论》，谓众角辏心以算弧度，必古算所有，而流传西土。此反失传，彼则能守之不失且踵事加详。至哉圣人之言，可以为治历之金科玉律矣！”[4]。于是梅氏用他“绩学参微”的功夫，来补充、完善“西学中源”说。他主要从以下三个方面加以论述。

一是论证“浑盖通宪”，即古周髀盖天之学。

明末李之藻著有《浑盖通宪图说》，耶稣会传教士熊三拔（Sabbathinus de Ursis）著有《简平仪说》。前者讨论了球面坐标网在平面上的投影问题，并由此介绍星盘及其用法；后者讨论一个称为简平仪的天文仪器，其原理与星盘相仿。梅氏就抓住“浑盖通宪”这一点来展开论证：“故

① 见洪若翰（de Fontaneg）1703 年 2 月 15 日致 R. P. de la Chaise 神父的信，《清史资料》第 6 辑，中华书局，1985 年。

② 梅文鼎：《雨坐山窗》，《绩学堂诗抄》卷四。

③ 梅文鼎：《上孝感相国》（四之三），《绩学堂诗抄》卷四。

④ 梅文鼎：《历学疑问补》卷一。

浑天如塑像，盖天如绘像……知盖天与浑天原非两家，则知西历与古历同出一源矣。”又进一步主张：“盖天以平写浑，其器虽平，其度则浑。……是故浑盖通宪即古盖天之遗制无疑也。”而且还列举具体例证：“今考西洋历所言寒热五带之说与周髀七衡吻合”“周髀算经虽未明言地圆，而其理其算已具其中矣”“是故西洋分画星图，亦即古盖天之遗法也”。有了五带、地圆、星图这些例证之后，梅氏断言：“至若浑盖之器……非容成、隶首诸圣人不能作也；而于周髀之所言一一相应，然则即断其为周髀盖天之器，亦无不可。”“简平仪以平圆测浑圆，是亦盖天中之一器也。”

不难看出，梅氏这番论证的出发点就大错了。中国古代的浑天说与盖天说，完全不是如他所说的那样为“塑像”与“绘像”的关系。李之藻向耶稣会传教士学习了星盘原理后作《浑盖通宪图说》，只是借用了中国古代浑、盖的名词，实际内容是根本不同的。精通天文学的梅氏，按理不会不明白这一点，但他竟不惜穿凿附会，大做文章，这就不仅仅是封建士大夫逢迎帝王所能解释的了。至于“容成、隶首诸圣人”，连历史上是否实有其人也大成问题，更不用说他们能制作将球面坐标投影到平面上去的“浑盖之器”了。五带、地圆、星图画法之类的例证也都是附会。

二是设想中法西传的途径和方式。

“西学中源”说必须补上这个环节才能自圆其说。梅氏先从《史记·历书》“幽、厉之后，周室微……故畴人子弟分散，或在诸夏，或在夷狄”的记载出发，认为“盖避乱逃咎，不惮远涉殊方，固有挟其书器而长征者矣”。不过他设想的另一条途径更为完善：《尚书·尧典》上有“乃命羲和，钦若昊天”的记载，梅氏又根据古代羲仲、羲叔、和仲、和叔四人“分宅四方”的传说[①]，设想东、南有大海之阻，极北有严寒之畏，唯有和仲向西方没有阻碍，“可以西则更西”，于是把所谓“周髀盖天之学”传到了西方。他想象和仲西去之时是“唐虞之声教四讫”，

① 这类传说在清代十分流行，《钦定书经图说》中有“命官授时图”专言此事。当时许多读书人都是信以为真的。

而和仲到西方之后，“远人慕德景从，或有得其一言之指授，或一事之留传，亦即有以开其知觉之路。而彼中颖出之人从而拟议之，以成其变化，固宜有之”。

古代畴人子弟抱书器西向长征的可能性我们当然不能绝对排除，但问题的关键是，西方古典天文学和周髀盖天之说是两个根本不同的体系，没有任何“同出一源”的证据，因此无论畴人子弟或和仲（假定真有其人的话）西征的可能性有多大，西方天文学也不可能源于“周髀盖天之学”。梅氏之说，实出于中国封建士大夫的传统偏见。

早先王锡阐断言西法是“窃取”中法而成，梅氏则平和一些，认为是西人得到中国先贤“指授”，因而“有以开其知觉之路”发展而成的。而且给出了时间、地点和方式，这就使“西学中源”说显得大为完善。

三是论证西法与回历即伊斯兰天文学之间的亲缘关系。

梅氏认为“西洋人精于算，复从回历加精”“则回回泰西，大同小异，而皆本盖天”。所以“要皆盖天周髀之学流传西土，而得之有全有缺，治之者有精有粗，然其根则一也”。梅氏能在当时看出伊斯兰天文学与西方天文学的亲缘关系，比我们今天做到这一点要困难得多。因为当时中国学者对外部世界的了解还是非常少的。不过梅氏把两者的先后关系弄颠倒了。当时的西法比回历“加精”倒是事实，但追根寻源，回历还是源于西法的。

上述三方面的论述主要见于梅氏的《历学疑问补》卷一中。通过他的阐发，“西学中源”说更见完备，影响也更大了。

三、阮元等人推波助澜

“西学中源”说有“圣祖仁皇帝”提倡于上，“国朝历算第一名家”写书撰文作诗阐扬于天下，一时流传甚广，也无人敢提出异议。1721年，《数理精蕴》完成，号称御制，其中说：

汤若望、南怀仁、安多、闵明我相继治理历法，间明算学，而度数之理渐加详备。然询其所自，皆云本中土流传。[1]

连在清廷供职的耶稣会传教士也承认“西学中源”。不过上列诸人是否真说过这样的话，至少，说时处在什么场合，有怎样的上下文，都还不无疑问。倘若《数理精蕴》所言不虚，那倒是一段考察康熙和耶稣会传教士之间关系的宝贵材料。耶稣会传教士在清宫中虽颇受礼遇，但归根到底还是中国皇帝的臣下，他们面对康熙“钦定”之说，看来也不得不随声附和。

《明史》于1739年修成，其《历志》中重复了梅文鼎“和仲西征”的虚构。又加以发挥说：“夫旁搜博采以续千百年之坠绪，亦礼失求野之意也。”[2] 这一自我陶醉的说法，很受当时中国士大夫的欢迎。

乾嘉学派兴盛时，其重要人物如阮元、戴震等都大力宣扬“西学中源”说。阮元是为此说推波助澜的代表人物。1799年他编成《畴人传》，其中多次论述“西学中源”，而且不乏“创新”之处：

然元尝博观史志，综览天文算术家言，而知新法亦集古今之长而为之，非彼中人所能独创也。如地为圆体则曾子十篇中已言之，太阳高卑与《考灵曜》地有四游之说合，蒙气有差即姜岌地有游气之论，诸曜异天即郄萌不附天体之说。凡此之等，安知非出于中国如借根方之本为东来法乎！[3]

阮元本来是反对哥白尼日心说的。1760年耶稣会士蒋友仁（Michael Benoist）向清廷献《坤舆全图》，其说明文字中明确指出哥白尼日心说为唯一正确，而阮元在《畴人传·蒋友仁传论》中仍然抨击日心说。但到了1840年，他似乎又变为赞同日心地动之说了，然而在这里他也为“西学中源”说找到用武之地：

---

① 《数理精蕴》上编卷一《周髀经解》。
② 《明史·历志一》。
③ 阮元：《汤若望传论》，《畴人传》卷四五。

> 元且思张平子有地动仪，其器不传，旧说以为能知地震，非也。元窃以为此地动天不动之仪也。然则蒋友仁之谓地动，或本于此，或为暗合，未可知也。①

把张衡的候风地动仪说成是“地动天不动之仪也”，以乾嘉学术大师而如此牵强附会，在今天看来简直难以置信，但在当时并不奇怪。乾嘉学派对清代学术界的影响是众所周知的，经阮元等人大力鼓吹，“西学中源”产生了持久而深入的影响。

有一个例子很能说明问题：1882 年，那时清王朝已到尾声，“西学中源”说已提出两个多世纪了，查檵亭仍然如数家珍地谈到，重刻《畴人传》是“俾世之震惊西学者，读阮氏、罗氏之书而知地体之圆辨自曾子，九重之度昉自《天问》，三角八线之设本自《周髀》，蒙气之差得自后秦姜岌，盈朒二限之分肇自齐祖冲之；浑盖合一之理发自梁崔灵恩，九执之术译自唐瞿昙悉达，借根之法出自宋秦九韶、元李冶天元一术。西法虽微，究其原皆我中土开之”②。且不说此处“九执之术译自唐瞿昙悉达”一句中就有两个错误，单看那时已是现代天文学的时代，查氏还在这样闭目塞听，抱残守缺，就足见“西学中源”说影响之持久了。

“西学中源”说确立之后，又有从天文、数学向其他科学领域扩散之势。阮元把西洋自鸣钟的原理说成和中国古代刻漏之理并无二致，所以仍是源出中土。③ 这是推广及于机械工艺方面。毛祥麟更推广到医学，他把西医施行外科手术说成华佗之术的“一体”，而且因未得真传，“犹似是而非”，所以成功率不高。④ 这类论述多半是外行的臆说，并无学术价值可言。

---

① 阮元：《续畴人传》序。

② 查檵亭：《重刻〈畴人传〉后跋》。

③ 阮元：《自鸣钟说》，《揅经室三集》卷三。

④ 毛祥麟：《墨余录》卷七。

四、“西学中源”说产生的背景

矢忠故国的明遗民和清朝君臣，在政治态度上是完全对立的，但这两类人不约而同地提倡“西学中源”说，这是一个值得注意的现象。他们各自的动机是什么？有什么异同？探讨这些问题的意义不限于科学史本身。

天文学上的中西之争，始于明末。在此之前，中国虽已两度接触到古希腊天文学——唐瞿昙悉达译《九执历》、元明之际传入回历。但一方面只是间接传入（以印度、阿拉伯为媒介），另一方面当时中国天文学仍很先进，胜过外来者，更无被外来者取代之虞，所以并无中西之争。即使明代在钦天监特设回回科，回历与《大统历》参照使用，也未出现过什么“汉回之争”。

但到明末耶稣会传教士来华时，西方天文学已发展到很高的阶段，相比之下，中国的传统天文学明显落后了。明廷决定开局修撰《崇祯历书》，意味着中国几千年的传统历法将被西洋之法所代替。而历法在封建社会是王朝统治权的象征物，这样神圣的事竟要采用外来的“西夷”之法，正是十十足足的“用夷变夏”，对一向以“天朝上国”自居的中国士大夫来说实在难以容忍。正因为这一点，自《崇祯历书》开撰起，就遭到保守派持续不断的攻击，一次失败紧接着就再来一次。徐光启作为西学的护法神，力挽狂澜，终于使《崇祯历书》在 1634 年修成，不能不说是一个奇迹。但是保守派的攻击还是使得崇祯帝在《崇祯历书》修成后犹豫了十年之久，不能下决心颁行天下。而在此期间中西法多次较量，通过实测检验，中法没有一次能免于败北。[①] 但当崇祯帝最终认识到“西法果密”，下诏颁行时，亡国之祸也已临头。

清人入关后，立刻以《西洋新法历书》之名颁行了《崇祯历书》的删改本。他们采用西法根本没有明朝那样多的犹豫和争论，这有两方面的原因。一者中国历来改朝换代之后都要改历，以示“乾坤再造”，而

① 《明史·历志一》中载有八次这样较量的记录，时间在 1629—1637 年，内容包括日食、月食、行星运动等方面。中法优胜的记录一次也没有。

当时除了《崇祯历书》并无胜过《大统历》的好历供选择；二者当时清人刚以异族而入主中国，无论如何总还未马上以“夏”自居。既然自己也是“夷”，那么“东夷”与“西夷”就没什么大不同，完全可以大胆地取我所需。正如李约瑟博士注意到的那样，“但在改朝换代之后，汤若望觉得已可随意使用‘西’字，因满族人也是外来者”[①]。

首倡“西学中源”说的黄、方、王三人，都是中国几千年传统文化养育出来的学者，又是大明的忠臣。他们目睹“东夷”入主华夏，又在颁正朔、授人时这样的神圣之事上全盘引用“西夷”之法，而且还以西夷之人主持钦天监，无疑有着双重的不满。提倡“西学中源”说的目的，三氏中以王锡阐表示得最明确：他主张恢复传统的历法，而在西法中只应取一些具体成果来补中法之不足，即所谓“镕彼方之材质，入《大统》之型模”。为此他一面尽力摘寻出西法的疏漏之处，一面论证“西学中源”，然后得出结论：“夫新法之戾于旧法者，其不善如此；其稍善者，又悉本于旧法如彼。”[②] 他的六卷《晓庵新法》正是贯彻这一主张的力作。

黄、方、王都是在野布衣，又在政治上抱定不与清人合作的宗旨，所以他们没有能力也不愿意去对清政府就历法问题有所建言。在这种情况下提倡“西学中源”还有缓解理论困境的作用：传统文化的熏陶使他们坚持“用夏变夷”的理想，而严峻的现实则在“用夷变夏”。如果论证了“夷源于夏”，就可避免这个问题了。这一思路正是后来清朝君臣所遵循的。

黄、方、王研究中西历法，因看出其相似之处而提出“西学中源”，有没有纯科学的动机？一般说来，研究中西历法而发现其相似之处，从而设想二者同源，完全可以仅从纯科学的思考得之。但在谁源于谁这一点上，科学以外的因素就很容易起作用了。笃信“用夏变夷”的中国士大夫当时很难做出“西学中源”之外的答案。即使到了近代，习惯于“欧洲中心”说的西方学者在看到中西天文学某些相似之处后，不是也热衷于论证其发源于巴比伦甚至希腊吗？当然，两者相似未必就同源。

---

① 李约瑟：《中国科学技术史》第四卷，科学出版社，1975 年，第 674 页。

② 王锡阐：《历策》，《畴人传》卷三五。

清人入主华夏，本不自讳言为“夷”，也无从讳。到1729年，雍正帝还坦然表示：“且夷狄之名，本朝所不讳”，他只是抬出《孟子》云：“舜，东夷之人也；文王，西夷之人也”来强调“惟有德者可为天下君”[1]，不在于夷夏。但实际上由于清人入关后全盘接受了汉文化，加之统一政权已经历了两代人的时间，汉族士大夫的亡国之痛也渐渐淡忘。这时，清人就开始不知不觉地以“夏”自居了。这一转变，正是康熙亲自提倡“西学中源”说的背景。

康熙初年杨光先事件暴露了“夷夏”问题的严重性。这一事件可视为明末天文学上中西之争的余波，杨光先的获罪标志着“中法”最后一次重大努力仍然归于失败。杨氏说“宁可使中夏无好历法，不可使中夏有西洋人”[2]，清楚地表明他并不把历法本身放在第一位，只不过耶稣会传教士既以天文历法为晋身之阶，他也就企图从攻破他们的历法入手。杨氏虽失败，但也获得不少正统派士大夫的同情，他们主要是从捍卫中国传统文化着眼的。

清人的两难处境在于：一方面他们需要西方天文学来制定历法，需要耶稣会传教士帮助办外交，需要西方工艺学来制造天文仪器和大炮，需要金鸡纳来治疗疟疾，等等；另一方面，又要继承中国几千年来的文化传统，以“夏”自居，以“天朝上国”自居，以维护其统治。因而历法等领域内“用夷变夏”的现实日益成为一个令清朝君臣头痛的问题。在这种情况下，康熙提倡“西学中源”说，不失为一个巧妙的解脱办法。这样既能继续引进、采用一些西方科技成果（从这一点来看，“西学中源”说在历史上是起过一些积极作用的），又在理论上避免了“用夷变夏”之嫌。西法虽优，但源出中国，不过青出于蓝而已；而采用西法则成为“礼失求野之意也”。康熙的这番苦心，士大夫们立刻心领神会了。所以康熙用只言片语提了个头儿，梅文鼎、阮元等人就不遗余力地来响应、来宣扬了。前引梅氏“伏读”诸语，谀词盈耳，除了“君臣之份”外，不难看出双方强烈的共鸣。对于这种问题，封建社会中确实是政治高于

---

① 雍正语俱见《大义觉迷录》卷一，载《清史资料》第4辑，中华书局，1983年。
② 杨光先：《日食天象验》，《不得已》卷下。

科学的，所以梅氏虽身为历算名家，在论证“西学中源”时也不免穿凿附会。

“西学中源”在士大夫中受到广泛欢迎，以至流传二百余年之久，还有一个原因。当年此说的提倡者曾希望以此来提高民族自尊心，增强民族自信心。中国的封建统治者向来以“天朝上国”自居，醉心于“声教远被”“万国来朝”，清人也不例外。但现在忽然在历法、教学、工艺等方面技不如人了，这使他们深感难堪。阮元之言可为代表：

> 使必曰西学非中土所能及，则我大清亿万年颁朔之法必当问之于欧逻巴乎？此必不然也！精算之士当知所自立矣。[①]

然而技不如人的现实是无情的。“我大清”颁朔之法确实从欧洲学来。“西学中源”虽可使士大夫陶醉于一时，但随着科学发展，幻觉终将破碎。而且事实上清代也有一些著名学者如江永、赵翼等，保持着清醒、公正的态度，不去盲目附和“西学中源”说。

最后顺便指出，中西文化交流源远流长，这是毋庸置疑的，但“西学中源”说的荒谬，在今天已经显而易见。然而此说的流风余韵，似乎至今不绝。我们研究了“西学中源”说之后，再看诸如“《易经》中已有二进制”“《周易参同契》中的场论”之类的说法，就会觉得似曾相识了。这就是研究“西学中源”说的现实意义。对于我们这样一个有悠久而高度发展的文明并经常以此自豪的民族来说，提供这样一个前车之鉴以戒来者，恐怕还是有必要的。

原载《自然科学史研究》第7卷第2期（1988）

---

① 阮元:《汤若望传论》,《畴人传》卷四五。

一九八九

[**纪事**] 1988年，我去美国巴尔的摩参加国际天文学联合会（IAU）的第二十届年会，在那里遇到了也来与会的黄一农——现在他已经是台湾“中央研究院”院士。IAU的年会通常人数众多，过程冗长，要开一个星期，所以会上我们常常见面。记得当时我们有过一次稍具特色的交谈。那天他问我，大陆研究天文学史的有哪些重要学者？我当然先向他历数了诸位成名前辈：席泽宗院士、薄树人教授、陈久金教授、陈美东教授等，还提到了刘金沂先生等人，他接着问：还有谁呢？我就直言不讳地说：那就要算到我了。当时黄一农也直言不讳地问道：那我怎么没读到多少你的论文呢？我回答说，你马上就会读到的。

事实上，当时我刚刚进入我学术论文的高产期，虽然还没有发表很多论文，但是写作冲动频繁，而且充满自信，知道将会有一大批论文次第面世（下面这篇文章就是其中之一），所以才有上面这样一段问答。我非常喜欢黄一农谈话中的风格，此后我们就成了朋友。

第谷天文体系的先进性问题

——三方面的考察及有关讨论

一、问题的提出及其意义

16世纪末耶稣会传教士接踵来华，以传播西方科学技术知识作为打入中国上层社会的主要手段之一，获得很大成功。在他们传播的科学知识中，以天文学最为重要。这是因为，天文历法在中国封建社会中一直占有特殊的政治地位。[1] 正是通过参与修撰历法和主持皇家天文机构钦天监，才使耶稣会传教士打通了进入北京宫廷的“通天捷径”。

对于耶稣会传教士在中国传播西方天文学的动机，已有许多论述。认为这是一种帮助传教的手段，基本上可成定论。但动机和效果并不是一回事。对于耶稣会传教士在华传播西方天文学的客观效果，学者们意见很不一致。这一问题近来逐渐受到重视，有两种对立的意见。一种主张“由于他们的活动形成了中国与西方近代科学文化的早期接触”[2]，因而应该肯定他们的功绩。另一种则是流行已久的观点，认为“正是由于耶稣会传教士的阻挠，直到19世纪初中国学者（阮元）还在托勒密体系与哥白尼体系之间徘徊”[3]，并进而论定：“近代科学在中国当时未能正式出现，那阻力并不来自中国科学家这方面，而来自西方神学家那方面。”[4]

然而，评价一种活动的客观效果，不应该只从这种活动的动机出发，更不应该从某些现成的、未经深入考察过的观念出发，想当然地做出结论。

由于耶稣会传教士恃以打通“通天捷径”的西方天文学是以第谷天文体系为基础的，在清代成为中国“钦定”官方天文学的也正是第谷天文体系，因此我们不得不对第谷天文体系予以较多的注意。

这一体系在国内近几十年来一直被视为“陈旧落后”的，是对哥白尼日心体系的“反动”和“倒退”。这种说法流传甚广，被许多人视为定论，并且由此论断第谷天文体系在中国的客观效果——“阻挠”了中国人及早地接受哥白尼学说，乃至“阻挠”了中国天文学走上现代化之路。对于这种“阻挠”说，笔者已有另文论证其难以成立[5]，但第谷天文体系的先进性问题仍然尚待解决。本文打算从三个方面入手来考察这

---

① 江晓原：《中国古代历法与星占术——兼论如何认识中国古代天文学》，《大自然探索》1988年第3期。

② 林健：《西方近代科学传来中国后的一场斗争》，《历史研究》1980年第2期。

③ 《利玛窦中国札记》，中译者序言，中华书局，1983年，第20页。

④ 何兆武：《略论徐光启在中国思想史上的地位》，《哲学研究》1983年第7期。

⑤ 江晓原：《第谷天文学说的历史作用：西方与东方》，《大自然探索》1987年第4期。

一问题。

此外，在评价一个历史事物是“先进”还是“落后”时，哪怕只是稍微进行一下较为深入的推敲，我们就会发现自己脚下的台阶是多么不稳。因此，本文的尝试对一般的史学研究或许也不无些微参考价值。

二、先进的时间性

哥白尼的日心说正式发表于1543年（*De Revolutionibus*），今天我们从历史的角度来评价它，断定它先进是没有问题的（我们依据什么判据断定它先进，这是另外一个问题，详见本文第三节），但当时的欧洲学术界却并不作如是观。而且，当时学者们怀疑日心说不是没有理由的。

日心地动之说，早在古希腊时阿里斯塔克（Aristarchus）就已提出，但始终存在着两条重大反对理由。哥白尼本人也未能驳倒这两条理由。

第一条：如果地球绕日公转，为什么观测不到恒星周年视差？而这是地球公转的必然结果。哥白尼本人也只是用强调恒星遥远来回避这一困难。[1] 但要驳倒这条理由，只有把恒星周年视差观测出来，而这要到19世纪才办到（F. W. Bessel，1838）。布拉德雷（J. Bradley）发现了恒星周年光行差，作为地球公转的证据，它和周年视差同样有力，但那已是1728年的事了。

第二条：如果地球自转，为什么垂直上抛物体仍是落回原处，而不是落到稍偏西的某一点上？这也要到17世纪伽利略阐明运动相对性原理及速度的合成之后才被驳倒。可见，当耶稣会传教士们在中国参与修撰《崇祯历书》时（1629—1634），哥白尼的日心说并未在理论上获得胜利。当时欧洲天文学界的许多人士对这一学说抱怀疑态度是不奇怪的。

对于当时的欧洲天文学界，这里有必要稍述其历史背景。

多年来，一些非学术的宣传读物给人们造成这样的错觉：似乎当时

---

① Copernicus, *Commentariolus*, see E. Rosen, *3 Copernican Treatises*, Dover, 1959, p. 58.

的欧洲，除了哥白尼、伽利略、开普勒等几人之外，就没有其他值得一提的天文学家了。又因为罗马教廷烧死了布鲁诺、审判了伽利略（这两件事本身就有极为复杂的内情，西方学者近来有许多深入的探讨），就把当时的情况简单化地描述成“科学与宗教斗争”“罗马教廷迫害科学家”，并进而把许多当时的学术之争都附会到这种想当然的“斗争”模式里去。

而事实上，当时欧洲天文学家很多，名声大、地位高的还大有人在。正是这些天文学家、天文学教授组成了当时的欧洲天文学界。其中有不少人物是教会人士。比如哥白尼本人就是神职人员，而且地位颇高。后来在华参与修撰《崇祯历书》的耶稣会传教士汤若望（Adam Schall von Bell）、邓玉函（Joannes Terrenz）两人也在天文学上有很高造诣，邓玉函且与伽利略、开普勒都私交甚好，邓玉函、伽利略、开普勒三人又同为猞猁学院院士，这是当时第一流科学家方能得到的殊荣。

在当时欧洲天文学界中，伽利略、开普勒等人出类拔萃，率先接受哥白尼学说，并为该学说的胜利做出了巨大贡献，这是伽利略、开普勒的伟大之处，但并不能说明怀疑哥白尼学说的人就“反动”或者“腐朽”。

第谷正是日心说的怀疑者之一。他提出自己的新体系（*De Mundi*，1588），试图折中日心说和地心说。尽管伽利略、开普勒等人不赞成，但第谷体系在当时和此后一段时间内还是获得了相当一部分天文学家的支持。例如赖默斯（N. Reymers）的著作（*Ursi Dithmarsi Fundamentum astronomicum*，1588），其中的宇宙体系几乎与第谷的完全一样，第谷还为此和他产生了体系的发明权之争。又如丹麦宫廷的“首席数学教授”、哥本哈根大学教授隆戈蒙塔努斯（K. S. Longomontanus）的天文学著作（*Astronomia Danica*，1622），也完全采用第谷体系。直到里乔利（J. B. Riccioli）雄心勃勃的著作（*New Almagest*，1651），仍然明确主张第谷学说优于哥白尼学说。该书封面图案因生动地反映了作者的观点而流传甚广：司天女神正手执天秤衡量第谷体系和哥白尼体系，天秤表明第谷体系更重，至于托勒密体系则已被弃于地下。

当时学者们认为第谷体系优于托勒密体系，同时也足以与哥白尼体系一争短长，这是有客观依据的（详见本文第三节）。在修撰《崇祯历书》前后相当长的时期内，在当时欧洲天文学界人士看来，哥白尼学说并没有今天看来这样先进，第谷学说也没有今天看来这样落后。这是当时的客观情况。我们不应该把后人从历史高度得出的认识作为标尺去苛求前人，前人如未能达到这样的认识水平，即以“反动”“落后”斥之。

三、先进与否因判据而异

这一点对我们讨论的问题至关重要。许多讨论都因忽略了这一点而误入歧途。

我们今天认为哥白尼学说先进，主要是用了“接近宇宙真实情况”这一判据，但是，这一判据显然只有我们后人能用。因为现在我们对宇宙，特别是太阳系的了解已经大大超越了那个时代，我们把今天所知的情况定义为真实，回头看前人的足迹，谁更接近些，方可谈论谁先进。而当时的人们尚为到底是地心还是日心而争论不休，还没有一个公认的“标准模型”，因而不可能使用这一判据。

另一个判据，是当时人们和我们今天都不时使用的，即“简洁”。但是这个判据对哥白尼学说并不十分有利。多年来大量中外普及性宣传读物给人们造成这样的印象：托勒密体系要使用本轮、均轮数十个之多，而哥白尼日心体系则非常简洁。许多读物上转载了哥白尼那张表示日心体系的图。[①] 那张图确实非常简洁，但那只是一张示意图，并不能用它来计算任何具体天象。类似的示意图托勒密体系也有[②]，一套十来个同心圆，岂不与哥白尼的同样简洁？实际情况是，哥白尼为了计算具体的天体位置，仍不得不使用本轮和偏心圆。为了描述地球运动需要用3个，月球4个，水星7个，金星、火星、木星和土星各5个，共计34个之多。[③] 这虽比同时代的地心体系少了一些，但也没有什么数量级上的差别。

还应该指出，“简洁”并不是一个科学的判据，因为它暗含着“自

---

① 该图的手稿影印件可见 N. M. Swerdlow, O. Neugebauer, *Mathematical Astronomy in Copernicus's* De Revolutionibus, Springer-Verlag, 1984, p. 572。

② 一个典型的例子可见 A. Berry, *A Short History of Astronomy*, New York, 1961, p. 89。

③ A. Berry, *A Short History of Astronomy*, p. 121.

然规律是简洁的”这样一个前提，而这在很大程度上是一个先验的观念。事实上，我们根本无法排除自然规律不简洁的可能性。

这里要讨论的第三个判据，则是古今中外的天文学家几乎一致接受，并且最为重视的，这就是：“由理论推算出来的天象与实际观测之间的吻合”。这个判据中国古代天文学家习惯于用一个字来表述：“密”，即理论推算与实际两者间吻合的密切程度。其反义词则用“疏”。正是这个最重要的判据，对哥白尼体系大为不利，却对第谷体系极为有利。

那时，欧洲的天文学家通常都根据自己所采用的理论体系推算出星历表并出版刊行。这种表给出日、月和五大行星在任意时刻的位置（或者据表做一些计算后可以得到这些位置），以及其他一些天象的时刻和方位。天文学界的同行们可以根据自己的实测来检验这些星历表的准确程度，从而评论其所据体系的优劣。

哥白尼的原始星历表在他逝世后由雷恩霍尔德（E. Reinhold）加以修订和增补之后发表（*Tabulae Prutenicae*, 1551），较前人之表有所改进，但精确度还达不到角分的数量级。事实上，哥白尼本人对“密”的要求可以说是很低的，他曾对弟子雷蒂库斯（Rheticus）表示：若理论与实测之间的误差不大于10′，他即满意。① 不管怎么说，与1588年问世的第谷体系相比，哥白尼体系的精确程度确实是大为逊色的。

第谷生前即以擅长观测享有国际盛誉，其精度前无古人。例如，他推算火星位置，黄经误差小于2′；他给出的太阳运动表误差不超过20″，而在此之前的各种太阳运动表，包括哥白尼的在内，误差都有15′—20′之多！② 行星方面的对比也极为强烈，直到1600年左右，根据哥白尼理论编算的行星运动表仍有4°—5°的巨大误差。显然，从“密”这一判据来看，第谷体系明显地优于哥白尼体系，这正是当时不少学者赞成第谷体系的主要客观依据。

与我们所论问题有关的还有第四个判据，这是一个从古希腊天文学开始一脉相传，直到今天仍然有效的判据，即“对新观测到的天象的解

---

① A. Berry, *A Short History of Astronomy*, p. 128.

② J. L. E. Dreyer, *Tycho Brahe*, Edinburgh, 1890, pp. 334, 346.

释能力”。一种理论体系（或模型）能解释其自身形成之前已知的观测天象是很自然的，因为模型的构造者正是根据当时已知的各种天象来构造模型的；但在模型诞生之后才被发现的新天象，则能对此前的各种模型构成严峻的考验，对这些新天象的解释能力越强，该模型的生命力也就越持久。

1610年，伽利略发表他用望远镜观测天象所获得的新发现（*Sidereus Nuntius*），造成巨大轰动。这些新天象对当时各家天文体系形成了天文学史上少有的严峻考验。当时的天文体系主要是如下四家：

1. 1543年问世的哥白尼日心体系；
2. 1588年问世的第谷准地心体系；
3. 尚未退出历史舞台的托勒密地心体系；
4. 仍维持着罗马教会官方哲学中“标准天文学”地位的亚里士多德水晶球体系。[①]

伽利略的新发现则可归纳为六点：

1. 木星有卫星；
2. 金星有位相；
3. 太阳黑子；
4. 银河由众星组成；
5. 月面有山峰；
6. 土星为三体（实际上是由光环造成的视觉形象）。

后面四点与日心地心之争没有直接关系（但3、5两点对亚里士多德水晶球体系是沉重打击），木星卫星的发现虽然为哥白尼体系中把地球作为行星这一点提供了一个旁证，因为按哥白尼学说，地球也有一颗卫星——月亮，但这毕竟只是出于联想和类比，并无逻辑上的力量。最重要的一点是金星位相。

金星位相的发现对托勒密地心体系是一个致命打击，因为地心体系不可能解释这一天象。但它对哥白尼日心体系却是一曲响亮的凯歌，因

① 关于亚里士多德水晶球体系及其与托勒密天文学之关系，历来误解甚多，参见江晓原：《天文学史上的水晶球体系》，《天文学报》1987年第4期。

为金星位相正是哥白尼体系的演绎结论之一。然而，这曲凯歌却同样也属于第谷的准地心体系，第谷体系也能够圆满地解释金星位相。换言之，第谷体系也同样能演绎出金星有位相这一结论。

所以在这第四个判据之前，第谷体系也能够与哥白尼体系平分秋色。

四、与“中法”的比较

在以第谷体系为基础的巨著《崇祯历书》修撰前后，除了汤若望等耶稣会天文学家能够运用“西法”之外，徐光启、李天经等中国学者也接受并很好地掌握了“西法”——以第谷天文学为代表的西方古典天文学方法。徐光启作为“西法”的护法，奇迹般的击退了保守派一次又一次的攻势，终于使《崇祯历书》得以修成。徐光启的成功，在很大程度上应该归因于保守派与西方天文学在优劣判据上的共同语言。

保守派们对于“西法”将要取代中国传统的天文学方法这一点，是痛心疾首的。但是，无论他们对“西法”如何反感、排拒，他们却始终如一地同意采用本文上一节所讨论的第三项判据，即以“密”与“疏”来定优劣。因此他们一次又一次地和对手一起去做实测检验，以此来较量“西法”与“中法”之间的胜负。这个传统一直持续到清代，南怀仁（F. Verbiest）与保守派最后一名斗士杨光先之间的公案，仍是在观象台上定下了胜负的。保守派们似乎从未想到采取“釜底抽薪”之术——提出要用另外一种判据来定优劣。从纯科学的角度来说，这样做并不是绝对不可以，并不算违反自然科学争论中的“比赛规则”。而由于判据上与对手一致同意以“密”与“疏”定优劣，保守派在这场“中西之战”中就不得不以己之短去击敌之长了。

笔者在《明史》中发现了八条当时两派较量优劣的具体记录。[①]双方各自根据自己的理论预先推算出天象的时刻、方位等，然后通过实测看谁“疏”谁“密”。据笔者见闻所及，这八条记载是考察这一问题的

① 《明史·历志一》，收入《历代天文律历等志汇编》第10册，中华书局，1975年。以下引文皆出此。

唯一现存的直接材料。内容涉及日食、月食和行星运动三方面。兹按年代先后考述如次：

1629 年**日食**。“崇祯二年五月乙酉朔日食，礼部侍郎徐光启依西法预推，顺天府见食二分有奇……大统、回回所推顺天食分时刻与光启互异。已而光启法验，余皆疏。帝切责监官。”当时钦天监官员继续使用中国传统历法《大统历》，钦天监中又设有“回回科”，使用伊斯兰历法推算天象，与《大统历》参照使用。由于用传统方法预报不准，钦天监官员受到皇帝的申斥。

1631 年**月食**。“夏四月戊午夜望月食，光启预推分秒时刻方位。……已而四川报冷守中所推月食实差二时，而新法密合。”当时，巡按四川御史马如蛟“荐资县诸生冷守中精历学，以所呈历书送局，光启力驳其谬”。

1634 年**木星运动**。“天经预推五星凌犯会合行度，言闰八月二十四，木犯积尸气。……而文魁则言天经所报木星犯积尸不合。……天经又推木星退行、顺行，两经鬼宿，其度分晷刻，已而皆验。于是文魁说绌。”李天经于 1633 年徐光启去世后接替其领导历局之职，也无形中继承了徐光启作为“西法”代表人物的身份。魏文魁本是布衣，他全力攻击“西法”，一时也颇有影响。“是时言历者四家，大统、回回外，别立西洋为西局，文魁为东局。言人人殊，纷若聚讼焉。”其时，外有满清叩关，内有李自成、张献忠辈问鼎，当此内外交困、大厦将倾之际，却能有如此一番天文学说的争鸣繁荣，很值得玩味。

1635 年**水星、木星运动**。“天经推水星伏见及木星所在之度，皆与大统各殊，而新法为合。”

1635 年**木星、火星、月亮位置**。李天经“又推八月二十七日寅正立刻，木、火、月三曜同在张六度；而大统推木在张四度，火、月张三度。至期，果同在张六度”。

1636 年**月食**。“九年正月十五日辛酉晓望月食。天经及大统、回回、东局各预推亏圆食甚分秒时刻。天经恐至期云掩难见，乃按里差推河南、山西所见时刻，奏遣官分行测验。其日，天经与罗雅谷（Jacobus Rho），汤若望，大理评事王应遴，礼臣李焆及监局守登、文魁等赴台测验，惟天经所推独合。已而河南报尽合原推。”不难看出，这是当时“言历四家”的一次重要较量，规模很大，事先准备也很周密。

1637 年**日食**。“十年正月辛丑朔日食，天经等预推京师见食一分一十秒……大统推食一分六十三秒，回回推食三分七十秒，东局所推止游气侵光三十余秒。而食时推验，惟天经为密。”

1643 年**日食**。“迨十六年三月乙丑朔日食，测又独验。”这里“测又独验”者仍是李天经。

一眼就可以看出，这八次较量的结果是八比零——“中法”全军覆没。第谷天文体系通过这些较量确立了对“中法”的无可争议的优越地位。

会不会由于《明史·历志》的作者出于对“西法”的偏爱，将结果对“西法”不利的较量及其记录刊落了呢？基本上可以排除这种可能性。《明史》成于 1679—1739 年间，正是“西学中源”说甚嚣尘上的时候，整个氛围倒是对“中法”十分偏爱，如果有对“中法”有利的记载，一般来说至少不会被有意刊落。

第谷体系所代表的“西法”对“中法”的优越地位，虽然使许多中国人士在感情上难以坦然接受，却也使一些中国天文学家心悦诚服。这很可能是由于天文学家的职业训练，使他们更容易被“西法”的证据所说服。有一个不太为人注意的历史文件可以为我们提供生动的例证。在“言历四家”辩论的热潮中，有“钦天监在局习学官生”周胤等十人联名发表一篇与魏文魁论战的文章，其中谈到他们自己如何逐步被“西法”折服的过程：

> 向者己巳之岁（1629），部议兼用西法，余辈亦心疑之。迨成书数百万言，读之井井，各有条理，然犹疑信半也。久之，与测日食者一、月食者再，见其方位时刻分秒无不吻合，乃始中心折服。

最终使他们折服的仍是“西法”之“密”。最后他们对“西法”做出的评价是：

> 语语皆真诠，事事有实证，即使尽起古之作者共聚一堂，度无

以难也。

五、余论

综上所述，我们有如下结论：

直到 17 世纪初，第谷天文体系在欧洲仍被认为足以与哥白尼体系一争短长。

在“简洁”“密”“解释新天象”这三个有效判据面前，第谷体系在“简洁”上逊于哥白尼体系，在“解释新天象”上与后者平分秋色，而在“密”方面大大超过后者。

第谷天文体系也明显优于当时中国的传统天文学，当时的中国天文家几乎一致同意以“密”作判据来定优劣。

现在可以回到本文开头所提及的问题上来了。耶稣会传教士向中国人传播天文学的动机，主要是为了帮助传教，这一点是没有问题的，但从这一点出发，并不能逻辑地推断出耶稣会传教士必定要“阻挠”中国人接受哥白尼体系、必定要把“陈旧落后”的东西塞给中国人这样的结论。耶稣会传教士既想通过传播西方天文学来帮助传教，他们当然必须向中国人显示西方天文学的优越性，这样才能获得中国人的钦敬和好感。那么，他们只能，而且必须拿出在中国人也同意使用的判据之下为优的东西，才能取得成功。这种东西在当时不是别的，只能是第谷天文体系。

这同时也有助于说明耶稣会传教士们为何不采用哥白尼体系。如果他们真的采用哥白尼体系，“西法”就不会有八比零的大获全胜，就很难得到周胤这类中国天文学家的衷心折服。如果在精度问题上败于“中法”，那西法就几乎不可能在最终取代“中法”，耶稣会传教士的“通天捷径”也就走不通了。

当然，耶稣会传教士在当时不采用哥白尼体系，还有包括宗教神学等方面的其他一些原因，笔者将在另文中详加探讨。

原载《自然辩证法通讯》第 11 卷第 1 期（1989）

一九九〇

［纪事］自从《中国10世纪前的性科学初探》问世后，常承读者来信赐教和切磋。其中特别谈到内丹双修问题，因为此事非三言两语所能讲清，促使我不得不再作思索。于是草成此文，一者作为引玉之砖就正高明，二者聊充对诸读者的答复。

不过，我一直将自己对性学的研究兴趣严格限制在“学术研究”范畴之内，谢绝一切商业性质的活动，也谢绝一切与临床治疗发生直接关系的活动。简而言之，就是保持在“纸上谈兵”的状态中，此后一直如此。我希望这种状态能够让我的性学研究——当时还是有可能招来非议的——保持“纯粹”。

这一年，我在中国科学院上海天文台晋升为副研究员。

天文台的气氛十分宽松，我的性学研究“副业”并未对我的学术成长带来什么消极影响。我在天文台每年年终的业务考核中，也从来不将任何与性学有关的文章列入。

古代性学与气功
——兼论评价内丹术的困难

引言

近年来，一些中国古代方术渐有重出、复兴之势，文人学者亦多有言之者，已形成一种社会风潮。在众术中，内丹术特别引人注目。内丹术曾吸收了房中术的一些内容，这一与性有关的禁区，近年正日益被逼近。许多人希望能对此“正名”，并希望社会承认其真实性和科学性。

然而，这类以长生可致为号召的方术，曾长期被目为虚妄、腐朽，甚至是诲淫诲盗的邪说，一朝重被“发掘”，还想进入科学殿堂，也引起了许多人士的困惑与批评。

鉴于上述情况，为了对问题获得深入的理解，有必要对古代性学与内丹术的有关主张及两者间的历史渊源进行探索。本文拟对此作初步尝试，并进而指出：必须首先在评价标准和理论方面进行思考，然后再谈得到正名或承认与否的问题。

一、房中家的有关主张

全面评述房中术理论不是本文的任务[①]，这里只据古代文献讨论房中家的一些有关主张。

首先是交接与长寿的关系。房中家认为交接是达到长寿甚至永生的手段，至少是手段之一。这种主张和中国传统的哲学观念有很深的内在联系。一个比较典型的说法如下：

> 男女相成，犹天地相生也，所以神气导养，使人不失其和。天地得交界之道，故无终竟之限；人失交界之道，故有伤残之期。能避众伤之事，得阴阳之术，则不死之道也。天地昼分而夜合，一岁三百六十交而精气和合，故能生产万物而不穷；人能够则之，可以长寿。[②]

这种观点显然是植根于中国古代“天人感应”理论之中的。葛洪是最重要的房中术理论家之一。他还谈到交接的利弊：

> 玄素谕之水火，水火煞人，而又生人，在于能用与不能耳。大

---

① 一个初步的评述可见江晓原：《性在古代中国》，陕西科技出版社，1988 年，第 3、4 章。

② 葛洪：《神仙传》“彭祖”。

都知其要法，御女多多益善；如不知其道而用之，一两人足以速死耳。[1]

所谓“玄素”即房中术。《玄女经》《素女经》都是古代房中术的经典著作，至今尚有残篇存世。用“玄素”指房中术，是当时习见的用法。稍后另一大房中家孙思邈也重复了类似的论调，并借古代传说加以发挥：

黄帝御女一千二百而登仙，而俗人以一女伐命，知与不知，岂不远矣。知其道者，御女苦不多耳。[2]

这种视女性为工具，以男性为中心的学说，只是房中术的一个方面。另一方面，也有相反的学说，那是可令女子青春常驻的房中术：

冲和子曰：非徒阳可养也，阴亦宜然。西王母是养阴得道之者也，一与男交而男立损病，女颜色光泽，不著脂粉。[3]

这方面在神仙传说中有许多事例，兹举一个较早的典型例子：

女丸者，陈市上沽酒妇人也，作酒常美。遇仙人过其家饮酒，以素书五卷为质。丸开视其书，乃养性交接之术。丸私写其文要，更设房室，纳诸少年，饮美酒，与止宿，行文书之法。如此三十年，颜色更如二十时。[4]

而在房中家那里，则有所谓“男女俱仙之道”，陶弘景说：

---

① 葛洪：《抱朴子》内篇卷六。

② 孙思邈：《备急千金要方》卷二七。

③ 丹波康赖：《医心方》卷二八引《玉房秘诀》。

④ 刘向：《列仙传》“女丸”。关于《列仙传》的作者问题参见李剑国：《唐前志怪小说史》，南开大学出版社，1984 年，第 187—190 页。

《仙经》曰：男女俱仙之道，深内勿动，精思脐中赤色大如鸡子，乃徐徐出入，精动便退。一旦一夕可数十位之，令人益寿。男女各昔意共存之，惟须猛念。[1]

《仙经》是已佚之书，但历代房中家、神仙家皆屡加称引。稍后孙思邈也重复了上述说法。这里要求在交接时兼行气功，也是房中术理论的基本特色之一。

房中家提倡勤行交接，但并不是指今天人们通常理解的性交。这就引导到房中家的第二个基本主张——惜精。男性的精液，被认为是异常宝贵而神奇的物质，与人的生命和健康有极大关系。这显然与认识到精液在生殖过程中的作用有关：

《仙经》曰：无劳尔形，无摇尔精，归心寂静，可以长生。又曰：道以精为宝，宝持宜闭密。施人则生人，留己则生己。结婴尚未可，何况空废弃？弃损不竟多，衰老命已矣。[2]

这是明人所引，似乎那时《仙经》尚未佚去，但也可能是从别的书转引的（后面的五言韵文不像晋朝以前的作品）。不过，惜精的观念在房中家那里渊源甚古，至少可以追溯到秦汉之际：

黄帝问于曹熬曰：民何失而死？何得而生？曹熬答曰：……玉闭坚精，必使玉泉毋倾，则百疾弗婴，故能长生。[3]

即主张在性交时不可射精。这样做的好处是：

---

① 陶弘景：《养性延命录》卷下。

② 高濂：《遵生八笺》“延年却病笺下·高子三知延寿论”。

③ 马王堆三号汉墓出土简书《十问》，《马王堆汉墓帛书》（四），文物出版社，1985年，第146页。

必乐矣而勿泻，才将积，气将褚，行年百岁，贤于往者。[1]

后来的房中家对此陈述得更为详细明白：

素女曰：一动不泻则气力强，再动不泻耳目聪明，三动不泻众病消亡，四动不泻五神咸安，五动不泻血脉充长，六动不泻腰背坚强，七动不泻尻骨益力，八动不泻身体生光，九动不泻寿命未央，十动不泻通于神明。[2]

这段韵文也可以在秦汉之际的文献中找到明显的先声。孙思邈则说得更为简洁诱人：

但数交而慎密者，诸病皆愈，年寿日益，去仙不远矣。……能百接而不施泻者，长生矣。[3]

射精会伤身促寿，交接时不射精的好处又被描述成如此之大，于是性交不可避免地成为一项危险万分的活动：

御女当如朽索御奔马，如临深坑，下有刃，恐堕其中。若能爱精，命亦不穷也。[4]

这种不射精的性交，男性得不到高潮时刻的快感，对此房中家试图以“长远利益”来说服修习者：

采女问曰：交接以泻精为乐，今闭而不泻，将何以为乐乎？彭

---

① 马王堆三号汉墓出土简书《十问》,《马王堆汉墓帛书》(四)，文物出版社，1985年，第148页。

② 丹波康赖：《医心方》卷二八引《玉房秘诀》。

③ 孙思邈：《备急千金要方》卷二七。

④ 丹波康赖：《医心方》卷二八引《玉房指要》。

祖答曰：夫精出则身体怠倦，耳苦嘈嘈，目苦欲眠，喉咽干枯，骨节解堕，虽复暂快，终于不乐也。若乃动不泻，气力有余，身体能便，耳目聪明，虽自抑静，意爱更重，恒若不足，何以不乐耶？[①]

这种交而不泻的理论中，还有非常重要的一点，即所谓“还精补脑”之说。此事原与本文论题有关，但笔者已另有论述[②]，兹从省略。

要而言之，房中家主张用男方不射精的性交以求健身长寿（但要注意，房中家并不绝对排斥射精，相反，他们主张每隔一定时间应安排一次射精的交接），这是房中术理论中最基本的原则。孙思邈甚至说：

夫房中术者，其道甚近，而人莫能行。其法，一夜御十女，闭固而已，此房中之术毕矣。[③]

尽管孙氏将事情说得如此简单，但那只是夸张的说法。实际上房中家认为，欲求健身长寿，还必须在交接的同时辅之以气功，方能有效。比如陶弘景说：

但施泻，辄导引以补其虚，不尔，血脉髓脑日损，风湿犯之，则生疾病。由俗人不知补泻之宜故也。[④]

这是说射精之后要进行导引来“补泻”。这种想法也至少在秦汉之际已肇其端。

在交接时也要兼行气功。前引陶弘景谈“男妇俱仙之道”就是一例。还有充满神秘色彩的说法，比如：

［在交接的同时，］思存丹田，中有亦气，内黄外白，变为日月，

① 丹波康赖：《医心方》卷二八引《玉房秘诀》。
② 江晓原：《性在古代中国》，第90—92页。
③ 孙思邈：《备急千金要方》卷二七。
④ 陶弘景：《养性延命录》卷下。

徘徊丹田中，俱入泥垣，两半合成一因。闭气深内勿出入，但上下徐徐咽气，情动欲出，急退之。此非上士有智者不能行也。……虽出入仍思念所作者勿废，佳也。[①]

这种主张与前两项主张相比，因所言之事很难捉摸，似乎更强调内心的感觉和领悟，在表述时也就往往玄乎其玄了。例如：

如亲房事，欲泄未泄之时，亦能以此提呼咽吸，运而使之归于元海，把牢春汛，不能龙飞，甚有益处。所谓造化吾手，宇宙吾心，妙莫能述。[②]

所谓“把牢春汛，不能龙飞”云云，仍是指抑止射精。

房中家的上述几项主张，都在很大程度上对内丹术产生了影响。至于这些主张的真伪对错，如欲寻求一言九鼎的评判，使反对者和赞成者同时息喙，那在今天看来还为时尚早。本文第三部分还将论及这一点。

二、内丹与房中术的历史渊源

详述内丹义理同样不是本文的任务。这里仅就内丹与房中术的关系作初步探讨。这又要从房中术与道教的渊源谈起。

房中术与道教有着特殊关系。道教创始之初，房中术就是天师道的重要修行方术之一。[③] 其后寇谦之改革天师道，很多人因他有“除去三张伪法，租米钱税，及男女合气之术，大道清虚，岂有斯事？专以礼度为首，而加以服食闭炼”[④] 的宣言，就认为他革除了房中术，其实不然。他的《云中音诵新科之诫》中分明说道：

---

① 孙思邈：《备急千金要方》卷二七。
② 高濂：《遵生八笺》“延年却病笺上 · 李真人长生一十六字妙诀”。
③ 江晓原：《性在古代中国》，第59—63页。
④ 《魏书》卷一一四。

然房中求生之本，经契故有百余法，不在断禁之列。若夫妻乐法，但勤进问清正之师，按而行之，任意所好，传一法亦可足矣。[1]

足见仍不排斥房中术。寇谦之所谓房中术“经契故有百余法”，也不全是无稽之谈，比如稍前葛洪也有“而房中之术，近有百余事焉”的说法。[2] 此后，房中术一直是道教非常重视的方术之一。前面提到的三位大房中家葛洪、陶弘景和孙思邈，就都是道教中的著名人物。

到了宋代，情况发生了一些变化。有一种流行的说法，以为房中术到宋代以后由衰落而失传。这种说法，可能主要是因今天已见不到宋以后的房中术专著和有关书目著录。但实际上房中术仍在流行。一方面它名声变坏，被视为诲淫邪术；另一方面它又被内丹家的双修派所吸收采纳。

道门之研究内丹，在晚唐五代已渐成风气。入宋后，南北二宗相继兴起，内丹成为道教最主要的修炼方术。但内丹究竟在哪些方面、在多大程度上吸收了房中术理论，则迄今仍晦暗不明。这种状况在很大程度上是由于内丹家闪烁其词、神秘虚玄的表述方式造成的。

何谓内丹，照宋代吴悮的说法是：

内丹之说，不过心肾交会，精气搬运，存神闭息，吐故纳新，或专房中之术，或采日月精华，或服饵草木，或辟谷休妻。[3]

这里只能看出内丹与房中术有关系，具体情况还不清楚。但“专房中之术”与“辟谷休妻”或许可理解为双修派与清修派的不同特征。

今人常有道教北宗禁欲，南宗不禁之说，其实这是非常简单化的说法。单就“禁欲”一词的定义而言，禁欲与不娶妻是两个概念，全真即便不娶妻，并不等于戒绝一切性行为，更不等于在内丹中必定排斥双修。

① 《魏书》卷一一四。寇谦之声称这是“自天地开辟以来，不传于世，今运数应出”，才由太上老君赐授于他的。

② 葛洪：《抱朴子》内篇卷八。

③ 吴悮：《指归集序》。

内丹家最重视的经典，是东汉魏伯阳《周易参同契》和北宋张伯端《悟真篇》，陈致虚的话可为代表：

> 且无知者妄造丹书，假借先圣为名，切不可信。要当以《参同契》《悟真篇》为主。①

《参同契》兼及内、外丹，后世内丹家的许多基本话头，都已出现在其中。《悟真篇》则专述内丹，问世后影响极大，注家甚多。

《悟真篇》虽和其他许多丹经一样，言辞隐晦闪烁，但结合注家之说（注家的言辞，几乎无一例外，也都是“犹抱琵琶半遮面”的），仍可看出其中的双修概念和对房中术的采纳。各家注中，对这一问题涉及较多者为《紫阳真人悟真篇三注》。所谓三注，表面上看是因集陈致虚（上阳子）、薛道光（有人认为实即翁葆光）、陆墅（子野）三人之注故名，但也有的学者认为是陈致虚一人所撰，另假薛、陆之名而已。② 陈致虚生当元代，其师为兼承南、北二宗之学的全真道士赵友钦。陈本人的内丹著作也有融合南北二宗的特色。下面试就《悟真篇》原文并结合陈注略作考察，间亦参以其他有关材料讨论之。

《悟真篇》有“二物会时情性合，五行全处虎龙蟠。本因戊巳为媒娉，遂使夫妻镇合欢”之句，陈注云：

> 金丹之言夫妻者，独妙矣哉！又有内外，亦有数说。……皆为男女等相。又能以苦为乐，亦无恩爱留恋，且以割采为先。交媾只半个时辰，即得黍米之珠。是以不为万物不为人，乃逆修而成仙作佛者，此为金丹之夫妻也。③

这段话里提到了“夫妻”“交媾”等语，但这还不足以证明所言必为男

---

① 陈致虚：《金丹大要》卷一。
② 曾召南、石衍丰：《道教基础知识》，四川大学出版社，1988 年，第 123 页。
③ 陈致虚等：《紫阳真人悟真篇三注》，收入《正统道藏》，文物出版社、上海书店出版社、天津古籍出版社联合影印本，1988 年，第二册。以下此书引此不再注出。

女双修之事。类似上面的说法，在内丹家著作中很常见，有些内丹家认为这只是借用的表达方式，类似屈原之用香草美人以喻君臣离合，并非真指男女交媾之事。比如马珏说：

> 虽歌词中每咏龙虎婴姹，皆寄言尔。是以要道之妙，不过养气。①

这可能更合于清修派的见解。

《悟真篇》又有“阳里阴精质不刚，独修此物转羸尪。劳形按引皆非道，服气餐霞总是狂”之语，《三注》云：

> 阳里阴精，已之真精是也。精能生气，气能生神，荣卫一身，莫大于此。油枯灯灭，髓竭人亡，此言精气实一身之根本也。

此种珍视精液的观念，显然是从房中家那里继承而来。为何将精液称为“阳里阴精”值得注意。道家有一种观念，认为女性全身属阴，唯生殖器为纯阳；男性则反是，全身属阳，唯生殖器属阴，故称精液为“阳里阴精”。又早期房中术著作皆称“阴道”，如《汉书·艺文志》著录之房中八家，以及马王堆汉墓出土简书中常见的“接阴之道”等，因这些著作多以男性为中心，故所称之“阴”正与“阳里阴精”一致。由此就更容易理解《三注》下面的说法：

> 若或独修此物，转见尪羸。按引劳形，皆非正道；餐霞炼气，总是强徒。设若吞日月之精华，光生五内，运双关，摇夹脊，补脑还精，以至尸解投胎，出神入定，千门万法，不过独修阳里阴精之一物尔。孤阴无阳，如牝鸡白卵，欲抱成雏，不亦难乎！

这里明确表示仅修“孤阴”——仅仅惜精和炼精是不行的，因此否定了

① 王颐中集：《丹阳真人语录》。

“还精补脑”之类的法术。这就向双修概念前进了一步。

《悟真篇》又云：“不识阳精及主宾，知他哪个是疏亲？房中空闭尾闾穴，误杀阎浮多少人。”对此《三注》谓：

> 四大一身皆属阴，不知何物是阳精？盖真一之精乃至阳之气，号曰阳丹，而自外来制已阴汞，故为主也。二物相恋，结成金砂，自然不走，遂成还丹。迷徒不达此理，却行房中御女之术。强闭尾闾，名为炼阴，以此延年，实抱薪救火耳。

至此，双修的概念明显。所谓至阳之气自外来云云，联系到前面所说男女阳中之阴、阴中之阳的观念，不难看出已暗示了异性之间的性行为。但陈致虚竭力要与“御女之术”划清界限：

> 阳精虽是房中得之，而非御女之术。若行此术，是邪道也，岂能久长？……世之盲师以摇阴三峰御女之怪术转相授受，所谓以盲引盲。

这里所谓“三峰御女”之术，因涉及口、乳、阴（称为上、中、下峰）而得名，又和半传说半真实的道教人物张三丰扯上关系，有《三丰丹诀》一书，内述此术颇详。“三峰”与“三丰”同音，殆类文字游戏，不过增其神秘感而已。此术事涉秽亵，已与经典房中术大相径庭，且有伦理道德问题，故为自居正统的内丹家如陈致虚辈大力抨击，但实际上却很难说与内丹术全无关系。

《悟真篇》又云：“姹女游行自有方，前行须短后须长。归来却入黄婆舍，嫁个金翁作老郎。”陈注云：

> 姹女是已之精。游行有方者，精有所行之熟路。……待彼一阳初动之时，先天真铅将至，则我一身之精气不动，只于内肾之下就近便处运一点真铅以迎之，此谓前行短也。

这里“一阳初动”“先天真铅将至”，以及上面提到的“真一之精乃至阳之气”云云，都已是典型的“三峰之术”中概念，而且似乎很难再用“寄言”之说来理解。

《悟真篇》又有“白虎首经至宝，华池神水真金，故知上善利源深，不比寻常药品”等语，《三注》云：

> 首者，初也；首经即白虎初弦之气，却非采战闺丹之术。若说三峰二十四品采阴之法，是即谤毁大道，九祖永沉下鬼，自身见世恶报者。

所谓“白虎初弦之气”，即少女首次月经，所谓“闺丹”即此种物质制成，亦即所谓“先天红铅”，凡此种种，皆为“三峰之术”中的典型内容，但陈致虚等仍力辩《悟真篇》与此无关。可是《三注》接着又说：

> 男子二八而真精通，女子二七而天癸降，当其初降之时，是首经耶？不是首经耶？咦！路逢侠士须呈剑，琴遇知音始可弹！

到此可以说再也掩饰不住与“三峰之术”的亲缘关系了。陈致虚等的辩白至少是将他们心目中内丹双修之术与“三峰之术”间的一些差别无限夸大了。这样做或许是为避免社会舆论的攻击。

还有一种看法，认为《悟真篇》系统的内丹确有双修之术，但双修的伙伴（侣）不是异性，而是同性。也就是说，这涉及两男性之间的性行为。今天一些内丹理论者的文章已经强烈暗示了这一点。有一位修习者也向笔者证实了这一说法。[1]

就文献言之，这也并非毫无根据。例如，内丹家就有所谓“乾鼎”之说，“鼎”谓人体，“乾”即阳，与“坤”对言，则“乾鼎”即男侣。又陈致虚等人反复声明他们所言与“三峰御女”无关，有人认为也可理解为是因其所言之“侣”并非女性。此外，关于道士之间的男性同性恋，

① 与笔者的私人通信。

在明代是流传颇广的话题。[1]这或许也从一个侧面旁证了当时道士修炼内丹有同性为侣之事。

以上所述，仅是以《悟真篇》及陈注为例，以见内丹双修之一斑而已。内丹之术尚有许多精微隐奥之处，系修习者口口相传，仅靠典籍未能尽知。但内丹双修之术与房中术的历史渊源，已可从上面的讨论略见端倪。内丹本是气功，双修又涉及性行为，这种性行为当然也不是射精畅欲的常规方式。故可以说，房中家以交接求健身长寿、惜精、交接时并行气功这三项主张，都被内丹双修派以特有的方式吸取了。

当然，据内丹家言，还有双修中上乘之法，“神交而体不交”，却仍有性快感；甚至清修也可能臻此境界：“自觉身孔毛间，跃然如快，又如淫欲交感之美。”[2]诸如此类，因事涉玄虚，这里暂不论及。

三、当前理论上的问题

前两节所论，纯是从科学史的角度言之，但今天这个问题已有很强的现实意义。许多迹象表明，随着“气功热”的深入，气功中与性有关的禁区正在日益被逼近。兹举最近出版的气功书籍两例如次。其一云：

> 强肾固精，是各门各派的健身功法和中医所祈求的一种理想的效果，意思是说：既增强造精能力，又能做到精满而不自溢，使过剩的精子被身体吸收，起还精补脑和壮体强身的作用。[3]（着重号系笔者所加）

这里已提到了“还精补脑”，而此事是与男女性交分不开的。不过，这

① 比如小说《禅真逸史》第十三回：“这是我道家源流，代代相传的。若要出家做道士，纵使钻入地缝中去也是避不过的。……凡道家和妇人交媾，谓之伏阴；与童子淫狎，谓之朝阳。实系老祖流传到今，人人如此。”小说家言不能视为信史，但至少是社会上存在此种观念的反映。

② 《上洞心丹经诀》卷中，“修内丹法秘诀”。

③ 边治中：《中国道家秘传养生长寿术》，黑龙江人民出版社，1988 年，第 99—100 页。

里还未直接言及双修。下面的例子则又更进一大步：

> 此功法核心在“合”，旨在双修，系“密中之秘”。[①]（着重号系笔者所加）

> 有人说“人部功法”是“房中术”，我认为如果这不是好人的欠知，那这就是坏人的诬陷。[②]

内丹之术，若行清修，只涉及个人，大体不会产生伦理道德问题；若行双修，情况就比较复杂，但也不至于如某些人所担心的那样完全无法解决。这里要讨论的则是科学性问题，这个问题还有着更广泛的意义，非独仅对内丹之术而言。

目前有许多人热心于研究内丹。一些学者认为之所以还难以对内丹做出确切评价，一是由于真有深入实践经验者太少，二是用仪器测量有技术困难。这两点固是实情，但评价内丹最大的困难并不在此。

现代科学是建立在特质世界的客观性假定之上的。这个假定认为：物质世界是独立于人类意志之外的客观存在，它不会因人的主观意念而改变。正因如此，物质世界才有客观规律可被人类认识。物质世界客观性假定的一个重要推论是：真实的科学实验具有可重复性。这成为检验理论正确与否的有力判据。

但客观性假定面对气功理论却产生了问题：当把人类自身肉体作为对象时，人能认为自己的肉体是独立于自己意念之外的客体吗？用正统的唯物主义观点来看，人的意念不过是肉体内的一些物理、化学活动而已。但是人的意念能够对自身肉体产生影响，这一点气功表现得非常明显。例如，修习气功能治疗不少疾病，这已没有人能否认。而气功不同于体操，这里意念是极为重要的。

这种用意念来改变肉体状态的努力，有一条很重要的原则——“诚

① 刘汉文：《中国禅密功》，黑龙江人民出版社，1988 年，第 108 页。
② 同上书，第 250 页。

则灵”，也就是说，只有坚信自己的意念会起作用，意念才真能起作用。其实极而言之，“坚信”本身就是一种意念。由此言之，只要承认意念对肉体的作用，就无法完全否定“诚则灵”。然而这样一来就无法保证实验的可重复性了。举例来说，一个将信将疑或存心想否定气功的人，他如果“修习”气功，则多半毫无效果，这时他如将气功斥为江湖骗术，显然无法使练功有效的人心服；另一方面，对方也无法说服他，因为“诚则灵”与现代科学的原则是格格不入的。理论上困境正始于此。

目前已获得修习成效的各种气功，其中有些还只是内丹术中的初步筑基功夫。倘若深入修习下去，“诚则灵”的问题将更为突出。有些人士已预见到这一点，例如：

> 虽不怕“若天机之轻泄，祖则罪诞”，但因某些功理还不可能用现代语言进行解释和解释清楚，所以对不理解而抱有怀疑的好心人，对只迷信过去和自己的反对者，最好少讲和不讲，避免误会。[1]

许多人希望内丹术能发扬光大，并使之造福人类。其用心虽好，却存在着一个严重的问题。内丹精微之处，号称隐秘难解，而修习者绝不轻传，关键仍在“诚”字——对不理解或有怀疑者“少讲和不讲”，欲知其说，则先须信。换言之，“理解的要信，不理解的也要信，在信中加深理解”。这样的原则是与现代科学的思维法则无法相容的。科学在今天毕竟已经深入人心，科学所取得的无数成就是任何古代方术根本无法望其项背的。所以“先信后理解”“诚则灵”之类的原则，尽管也许不是没有一定道理，但在客观上确实极大地限制了内丹等方术的复兴和光大——如果可能并且有价值的话。加之内丹家“三千功行与天齐”“始知我命不由天”之类的成仙话头，在张伯端的时代已经不免是“欲向人间留秘诀，未逢一个是知音”，何况是今天，听起来更像伪科学的味道。

“伪科学”（pseudo-science），也译作“类科学”或“拟科学”，本来并不是一个怎么坏的词，今天，西方通常用来指那些与正统的现代科

① 刘汉文：《中国禅密功》，第136页。

学原则相悖，但又讲得头头是道的奇异学说。在内丹问题上，可以说，以正统的现代一方，以修习者、提倡者为另一方，已经形成理论上尖锐的对立。要摆脱这一困境并非易事。

后者的出路，初看起来有两条。一是力图使自己摆脱伪科学的状态，以求被科学殿堂接纳。这正是目前不少人士的努力方向。例如，试图用一些现代科学的术语来谈论气功和内丹，或用科学仪器做某些测量，等等。但是只要稍微了解一下当代科学哲学（philosophy of science）理论就可明白，这条路多半走不通。因双方的基本假定、出发点、推理规则和表述方式等都完全不同，所以任何表面改动都不可能最终说服科学殿堂的门卫——除非将入门规则改一改。

这正是第二条出路。近年来气功修习者、内丹提倡者、人体特异功能的赞成者等，都在主张修改科学殿堂的入门规则，比如，放松对实验可重复性的死硬要求，或者承认“诚则灵”。但现代科学是一个相当严密、完备的体系，在某一方面否定原有基本准则，往往意味着对整个科学体系的挑战。例如，有一位著名物理学家评论人体特异功能时就说：如果这些是真的，那全部物理学和整个科学都要重写了。由此不难预见，科学殿堂的入门规则至少在可见的将来还无望修改。

在这种僵局之下，人们恐怕还是不得不接受多元化的概念：科学殿堂不妨依旧神圣庄严，闲人莫入；但内丹术也不妨继续修习和研究下去（如有伦理道德问题，自然另当别论）。同时，设法使两个体系得以沟通、对话的各种尝试则始终是有价值的。也可以说，这算不正名的正名；对其科学性则目前既无法肯定，也无法否定——在两个体系“此亦一是非，彼亦一是非”的状态下，要否定一方与要对方承认自己同样困难。至于有人借此招摇撞骗，那自当别论。

原载《大自然探索》第 9 卷第 1 期（1990）

一九九一

［**纪事**］前面已经说过，我涉入性学研究最初是出于游戏心态，但是后来在朋友们的鼓动下，自己渐渐“认真”起来，所以在性文化史方面也写过一些“正经”的学术论文。下面这篇就是如此。

写此文最初的动因，是在书上看到茅盾对《大乐赋》说了不少外行话。这件事对我很有教育意义。一个人不管多有名，对自己不熟悉的领域都应该谦虚谨慎。

《天地阴阳交欢大乐赋》发微

——对敦煌写卷 P2539 之专题研究

引言

《天地阴阳交欢大乐赋》（下称《大乐赋》）残卷，敦煌写卷 P2539 号。自 20 世纪初被发现后，最早对之发生浓厚兴趣者当推长沙叶德辉。叶氏将 P2539 列为他的《双梅景暗丛书》之第五种，于 1914 年刊刻印行；在跋文中叶氏提出了一些很初步但不失为正确的看法。此后 P2539 并未受到敦煌学家的特别重视，但遭到一些中国作家的误解，以致出现了本来不应存在的真伪问题。另一方面，P2539 引起不少西方汉学家的注目，次第出现了一些西文评注本[1]，一些有关西文著作中也时有提及。本文将从真伪问题、与性学史之关系、与色情文学史之关系三个方面，对P2539进行专题研究。

一、P2539之真伪问题

P2539为伪作之说，倡自沈雁冰。沈氏在他1927年间问世的一篇论文中称：

> 现代人叶德辉所刊书中有《天地阴阳交欢大乐赋》，云是白行简所撰，得之敦煌县鸣沙山石室唐人抄本。……但是我很疑叶氏的话，未必可靠。……考白行简……有《李娃传》见于《太平广记》、《三梦记》见《说郛》，风格意境都与《大乐赋》不类。……所以，要说作《李娃传》的人同时会忽然色情狂起来，作一篇《大乐赋》，无论如何是不合情理的。至于《三梦记》述三人之梦，幻异可喜，非但没有一毫色情狂的气味，更与性欲无关。昔杨慎伪造《杂事秘辛》，袁枚假托《控鹤监记》，则《大乐赋》正同此类而已。[2]

沈氏盛名之下，其说流传颇广，故有必要对此说略作考辨。

沈氏怀疑叶德辉所交代的《大乐赋》来源，乃至引杨慎、袁枚事暗指叶氏自己是《大乐赋》之伪造者，显然是因为当时敦煌学尚在初创阶段，沈氏本人对于敦煌卷子的收藏、整理又毫无所知，故而出现了直接的知识性错误，这在今日已不足置辩。P2539原卷早经刊布于世，无可

---

① 高罗佩（R. H. van Gulik）在*Erotic Colour Prints of the Ming Period*（东京：私人印行，1951）一书中有英文详细摘要，第90—94页；在*Sexual Life in Ancient China*（Leiden：E. J. Brill, 1974）一书中又有英文评注，第203—208页。荷兰文译注有W. L. Ideam所作，载*Cahiers van Den Lanmam*, No. 19（Leiden：DeLantaam, 1983）。

② 沈雁冰：《中国文学内的性欲描写》，载《中国文学研究》下册，上海：商务印书馆，1927年，第5—6页。

怀疑。[1] 但沈氏认为《大乐赋》非白行简所作，从学术标准来看尚不属无意义之争论，应该加以讨论。

事实上沈氏否定P2539为白行简作的理由也是站不住脚的。因为沈氏的理由是基于如下前提的：一个文人始终只可能创作同一种“风格意境”的作品。换言之，或者篇篇作品皆为“色情狂”（姑不论将P2539斥为“色情狂”也是不妥当的），或者一篇涉及色情的作品也没有。这样的前提显然是悖于常理而无法成立的。兹不论整个中国文学史，仅就白行简所生活的唐代而言，文学方面明显的反例就俯拾皆是。[2] 古代一人作品风格迥异之例本极常见。

沈氏否认P2539为白行简作的理由既不能成立，则在未发现任何新的反对证据或理由之状况下，我们只有接受原卷子标题下所题“白行简撰”的说法，这应该是目前唯一合理的措置。

P2539是否白行简作，并非无关宏旨之问题，因为此事直接影响到对该文意义的评价（详本文第二部分）。以下即在“P2539确为白行简作”的认识基础上，展开进一步的讨论。

二、P2539与性学史

在中国历史上，唐代可以说是各种方术盛行的第二个高潮时期。[3] 这些方术的主流始终是长生及占卜，而房中术从一开始就是长生术中极

---

① 本文所据者为《敦煌宝藏》（台北：新文丰出版公司，1985年）中影印件，第121册，第616—618页。

② 此处仅举数例为证，如李白对酒：“玳瑁筵中怀里醉，芙蓉帐底奈君何？”当然是色情，而这与《古风五十九首》之一“我志在删述，垂辉映千春。希圣如有立，绝笔于获麟”风格意境相去绝远。又如李商隐《药转》：“郁金堂北画楼东，换骨神方上药通。”咏及私通与堕胎；《碧城三首》之二：“紫凤放娇衔楚佩，赤鳞狂舞拨湘弦。”极写男女情欲，这都属色情无疑。但他同样也写《韩碑》“汤盘孔鼎有述作，今无其器存其辞。呜呼圣皇及圣相，相与烜赫流淳熙”这样的颂诗；他又在《上河东公启》中称：“至于南国妖姬，丛台妙妓，虽有涉于篇什，实不接于风流。”表白自己虽有香艳之作，其实不好风流（发展到极致，即所谓“色情狂”）。二李能如此，白行简又何尝不能？

③ 第一高潮在汉魏之际，《后汉书》为此专设《方术列传》。后有人抨击此举，如宋罗大经《鹤林玉器》丙编卷二谓：“君子所不道，而乃大书特书之，何其陋也。”实则此正为《后汉书》实事求是之举。

重要的一种。[1]有不少迹象表明，房中术在唐代的流行程度，可能远出于今人通常的想象，P2539对此提供了极为珍贵的史料。

在P2539残卷中有四处直接提到或直接引述了房中术著作，先列出如次：

> 或高楼月夜，或闲窗早暮，读素女之经，看隐侧之铺。

> 《交接经》云：男阴……曰阴干。

> 素女曰：女人……过谷实则死也。

> 《洞玄子》曰：女人阴孔，为丹穴池也。

所谓“素女之经”，指《素女经》，与《洞玄子》同为至今尚有大量章节传世的中国古代著名房中术专著。[2]《交接经》也为同类著作无疑，但今已佚失。“素女曰”云云，则为《素女经》行文的典型格式。“素女”之名，由来甚久，但她与房中术联系在一起，则大致始于东汉。[3]成书于公元656年之《隋书·经籍志》，所著录房中古籍有《素女秘道经》一卷（并《玄女经》）、《素女方》一卷等。《洞玄子》则此前最早见于《医心方》；但由白行简的生卒年（776—826）可推定P2539约作于公元800年左右，其中既称引《洞玄子》，遂将此书历史提前近两个世纪。

此处需要提到叶德辉与沈雁冰关于P2539中所引《素女经》《洞玄子》真伪的歧见。叶氏于P2539跋文云：“至注(指白行简夹加原注。——

---

① 关于房中术的性质及主旨，可参阅拙著：《性在古代中国》，第64—70页。关于房中术与其他长生术之关系，可见另一拙著：《中国人的性神秘》，科学出版社，1989年，第39页上之方框图。

② 《素女经》《洞玄子》及其他若干种古代房中著作，有大量内容保存于日人丹波康赖所编《医心方》一书之第二十八卷，该书系将群书按内容分类编排，书成于公元984年，但至1854年方刊行。后叶德辉从中辑出数种，刊入《双梅景暗丛书》，《素女经》《洞玄子》分别为其第一、第四种。《医心方》则有中国影印本（人民卫生出版社，1955年）。

③ 如张衡《同声歌》：“素女为我师，仪态盈万方。”又王充《论衡·命义》亦提及。

晓原按）引《洞玄子》《素女经》皆唐以前古书……而在唐、宋时此等房中书流传士大夫之口之文，殊不足怪。”[1] 其说本属不谬。但沈氏却认为：“叶氏……竟专以此赋证明《洞玄子》《素女经》（按此两书，本刻在叶氏“观古堂”丛书中，近又辑刊于《医心方》中，虽托古籍，实为伪作）之非伪，尤叫人犯疑。”[2] 然而沈氏这里再次犯了直接的知识性错误。他因怀疑P2539出自叶氏本人伪造，遂勇于斥伪，却未弄明白《医心方》成书先于叶氏刊书前近千年、刊行于世也早于叶氏刊书半个多世纪这一基本事实。叶氏据P2539以证两书不伪固然不错，但如今又有了更新证据。1973年于长沙马王堆三号汉墓出土大量帛、简书，其中有数种房中术著作[3]，分析其内容，可以有力证明：《医心方》中所保留之房中书，渊源有自，其学说上接秦汉甚至更早。[4] 故《素女经》《洞玄子》等房中古籍之真实性已无须P2539来证明。

P2539中又多次出现古代房中家术语，兹举数例如下：

> 阳峰直入，邂逅过于琴弦；阴干纠冲，参差磨于谷实。

> 然更纵湛上之淫，用房中之术。行九浅而一深，待十候而方毕。

> 含女尔口朔舍，抬腰束膝。龙宛转，蚕缠绵。

“琴弦”“谷实”是房中书上极常用之语，而且源远流长，早在马王堆汉墓帛、简书中就已使用。[5] 这是两个表达女性阴道位置的术语。[6]“九浅一深”是中国古代房中家描述操作技巧的术语。此语较多为人所知，

① 《双梅景暗丛书》第五种末页，1914年刊。
② 沈雁冰：《中国文学内的性欲描写》，第5—6页。
③ 整理发表于《马王堆汉墓帛书》（四），文物出版社，1985年。
④ 对此问题笔者有另文阐述。
⑤ 见《马王堆汉墓帛书》（四），《养生方》，第118页，及《天下至道谈》，第166页。
⑥ 比如P2539原注引《素女经》云：“女人阴深一寸曰琴弦，五寸曰谷实。”

因后世色情文学中也曾提到。但必须指出："九浅一深"所描述之技巧，与房中术的其他技巧一样，本是修习长生术的努力，而绝非如许多人所误解的那样被作为纵欲贪欢之手段。①"龙宛转""蚕缠绵"则是两种交接姿势的名称。②

P2539又大量袭用房中书中的习惯语言，如"金沟""乳肚""以帛子干拭""婴儿含乳""冻蛇入窟"等等，皆为房中书常见的用语和比喻。P2539中有些段落几乎可以看作是房中书若干章节的韵文改写。③

P2539对于房中家求长生之旨，也能领悟，并非仅将房中术视为欢乐技巧。比如有一段谈道：

> 回精禁液，吸气咽精，是学道之全性，图保寿以定神。

此即房中家惜精禁泄、还精补脑之说。④

以上各现象，充分表明P2539作者非常熟悉房中家著作。为了进一步评价这一事实的意义，应先转而考察作者白行简其人。

白行简，字知退，大诗人白居易之弟。两《唐书》皆有传。他进士及第，做过幕僚，历任校书郎、左拾遗、司门员外郎、主客郎中等职，此种经历在当时文士中极为平常。关于其为人，《新唐书》唯"敏而有辞，后学所慕尚"一语⑤，《旧唐书》稍详："行简文笔有兄风，辞赋尤称精密，文士皆师法之。"⑥值得注意的是：两传中皆根本未提及他有任何特殊经历、遭遇或爱好，比如修习方术、善医道或爱好房中家言之类。这一点至少说明：P2539的作者白行简，作为一个普通文士，在历史上并不以方术名世。

---

① 比如《医心方》卷二八引《玉房秘诀》云："调五藏消食疗百病之道，临施张腹，以意内气，缩后，精散而还归百脉也。九浅一深，至琴弦麦齿之间，正气还，邪气散去。"

② 见《医心方》卷二八引《洞玄子》所述之第六、第五种。

③ 比如P2539自"或高楼月夜，或闲窗早暮"至"当此时之可戏，实同穴之难忘"大段，与《医心方》卷二八"临御第五""九状第十四"颇为相似。

④ 参见拙著：《性在古代中国》，第86—87页。

⑤ 《新唐书》卷一一九，"白行简传"。

⑥ 《旧唐书》卷一六六，"白行简传"。

倘若白氏是如《后汉书·方术列传》中所记载的那类方术之士，那P2539中充满房中家言这一事实就因不具有一般性而显得意义不大了；但白氏既根本不以方术名世，更非房中大家，则在P2539中所表现出来的他对房中家文献之熟悉，就只能这样解释：当时房中家著作流传甚广，一般文士中颇有熟悉者。

上面的解释会产生一个问题：如果当时房中书在文士间流传甚广，为何今日却很难从传世唐代诗文中找出多少旁证来？对此问题可以有如下认识：

首先，自宋以来，性忌讳、性禁锢的压力在中国日益深重，而时间是有过滤作用的，滤去何种内容，依据社会的道德判断、价值取向而定。漫长的岁月，既使平庸之作被淘汰，也使不合后世道德标准（或其他某些标准）的作品湮灭无闻——P2539很可能正是如此。类似P2539这样的作品，自然是“君子所不道”，若非敦煌石室中保存了写本残卷，就难免失传的命运。无独有偶，唐代另一篇带有色情味道的奇文，张鹭的《游仙窟》，也是在中国久已失传，幸赖日本保存才流传下来的。可以设想，或许还有一些类似P2539的唐代诗文，已经永无机会重见天日了。其次，像P2539这样极尽铺陈、无遮无隐地描述性活动与性艺术，究竟是有些“出格”的，诸房中书当然更是如此，虽然唐代文人在此问题上远较后人坦荡，终不至于群起来作、经常来作类似P2539或谈论房中家言的文字。因此，虽可由P2539推断房中书在唐代广泛流传于文士之间，却不必指望在传世唐人诗文中发现多少旁证。

房中书在唐代流行之广，倒是可以在传世的三部唐代医学巨著中略见端倪。孙思邈《备急千金要方》《千金翼方》、王焘《外台秘要》三书皆有相当大的篇幅讨论房中术[①]，丹波康赖《医心方》正是模仿了此种格局。而此种格局是其他朝代医籍中所没有的。还有若干已佚的房中书也曾在唐代流行，比如P2539中提到的《交接经》即其一。

---

① 三书皆有影印本（人民卫生出版社，1955年）。

三、P2539 与色情文学史

P2539 与《游仙窟》

在中国，色情文学的历史远较性学和房中术的历史为短。关于中国色情文学的早期情况，常被提到的有《赵飞燕外传》《杂事秘辛》两文，前者题为“汉河东都尉伶玄”撰，而学者们一致认为系伪托，确切年代虽不可考，但绝非汉代作品；后者述东汉选妃事，实则基本上可确定为明朝杨慎所作，伪托古人的。况且，此两文虽有数处带色情意味的描写，但若与后世色情文学作品相比，尚远远够不上格，故尚未能视之为色情文学的发端。

现存有确切年代可考而又真正够得上色情文学资格的，最早当数初唐张鷟《游仙窟》一文。写作年代约在公元 700 年稍前一点[①]，大致比 P2539 早一个世纪。文用男主角第一人称，叙述三位陌生男女如何相识、调笑、交欢，最后依依惜别的故事。以骈文写成，文辞浮艳华美。它将绝大部分篇幅用于描述男女调情的过程，其色情程度尚远逊于 P2539。文中仅有若干咏物诗是影射男女欢合的，即所谓“素谜荤猜”，兹略举“十娘咏刀鞘诗”一例：

> 数捺皮应缓，频磨快转多；渠今拔出后，空鞘欲如何！[②]

真正写到欢合时，就只是一笔带过了。《游仙窟》主要是通过详细铺叙男女调情的过程来构成色情的意境。而与之形成鲜明对照，P2539 把大量注意力集中于欢合这一活动本身，故到了 P2539，无论用广义还是狭义的标准来衡量，都堪称是“正牌的”色情文学了。该两文可以毫不夸张地称为中国古代色情文学之祖。

P2539 残卷今存约三千字，除卷首白行简自序外，以下据文意大致

① 《唐人小说》（上海古籍出版社，1978 年），第 34—35 页上汪辟疆的考证。

② 《游仙窟》全文可见《唐人小说》，第 19—33 页，为汪辟疆校录之本。“十娘咏刀鞘诗”见第 27 页。

可分为12段，依次描述如下内容：

（1）少年新婚之夜的欢合；（2）贵族男子与其姬妾的欢合；（3）昼合；（4）贵族夫妇一年四季的种种欢合情状；（5）老年夫妇间的欢合；（6）皇帝在宫廷中的性生活；（7）怨女旷夫窃玉偷香式的欢合；（8）野合；（9）与婢女欢合；（10）与丑妇交合；（11）僧侣及帝王之同性恋；（12）下层村民之性生活（不全，以下残去）。

各段描述之繁简相差甚远：有的反复渲染，极尽铺陈；有的则只是虚写；也有的仅寥寥数语。[①]

值得注意，《游仙窟》以骈文写成，而P2539则采用赋体。一方面，此两种文体在中国古典文学各体裁中最适宜排比铺陈、炫耀文采；另一方面，由于采用了古典的文学体裁，P2539与后世用白话或半白话写成的色情文学作品相比，毕竟还是“雅驯”得多，至少在形式上和给人的感觉上是如此。

P2539与唐人性观念及性心理

如果从现代流行的宣传性读物给人们造成的中国“封建社会”印象——这种印象在许多方面背离事实甚远——出发，去估计唐代人的性观念与性心理，那将很容易误入歧途。如果参以高宗纳父妾、玄宗夺儿媳、公主再嫁、金陵女子夜奔李白、薛涛和鱼玄机等名妓与达官文士诗酒风流之类的戏剧性事例，那也要依分析考察的视角、深度和方法，方能决定其结论的合理程度，但仍不宜指望臻于完备的境界。还有一些较少为人注意到的事例有力地表明：唐代人的性观念和性心理，即使在现代人看来，有时也难以想象。[②]大致而言，可用“坦荡”二字约略概括之。P2539在这方面提供了生动的证据。

---

① 如（2）可为铺陈最甚之例。（11）则纯为虚写，但沈雁冰却指斥“甚至变态性欲的男风都描写得淋漓尽致”，距离事实甚远，其实，该段只是《史记·佞幸列传》有关记载的韵文改写。（5）最简单，仅有46字。

② 比如《旧唐书》卷七八“张行成传”中朱敬则对武则天的谏章即为此类事例之一。朱敬则指斥“陛下内宠已有薛怀义、张易之、昌宗，固应足矣”，不该再觅新宠，致有朝臣以“阳道壮伟”自求供奉内廷，“无礼无仪，溢于朝听”。奏上，则天轻描淡写地表示：“非卿直言，朕不知此。”君臣谈论此种问题，竟毫不避忌。

P2539之出现本身就是唐人性观念坦荡的表现。此种文字，如令宋以后道学家见之，必义愤填膺，斥为万恶不赦，而白行简作了此文，却也未在当时背上“浮薄”之类的恶名。[①] 况且他作此文并非悄悄以此来宣泄性压抑——当时文士大约很少有性压抑，而是公开发表，至少是在朋友圈子里传阅的。因他在自序中称：作此文是“唯迎笑于一时”，表明P2539是当时文士间的游戏笔墨，类似上层社会人士开下流玩笑之举(但形式上依旧“高雅”)。如不让别人传阅，就不可能“迎笑于一时”。而敦煌石室中的抄本，正好证明了P2539在当时的流传，已远远超出白行简身边的圈子。

P2539在描述怨女旷夫偷情的那段中，设想一男子深夜潜入人家闺房，对睡眠中的妇女实行非礼。当女子惊觉后，按今天人们的估计，她们似乎不外是呼救、反抗或怒斥该男子；但是令人惊异，在白行简笔下，她们的反应却是这样：

> 未嫁者失声如惊起，已嫁者佯睡而不妨；有婿者诈嗔而受敌，不同者违拒而改常；或有得便而不绝，或有因此而受殃。

由于P2539是游戏笔墨，其中描述有多大程度的现实性，看起来值得怀疑。但退一步来说，即令我们站在最保守的立场上，假定这一段纯出白行简凭空杜撰，并无任何现实生活基础，这段描述仍有重要意义：白行简敢于杜撰出如此大违礼教的情景，以之“迎笑于一时”，而不担心会招来抨击，这至少说明那时确有一部分士大夫的性观念坦荡到如斯地步。更何况，这一段还未必是百分之百的杜撰。

就反映唐人性观念与性心理之坦荡而言，P2539堪称与《游仙窟》异曲同工。[②] 这两篇罕见的奇文都出现于唐代，也不应视为偶然。考虑到时间的过滤作用，此类篇什得以传世者自然很少，遂使该两文成为考

---

① 比如流传颇广的宋仁宗斥落柳永进士及第的故事(见《能改斋漫录》卷一六)，就反映了截然不同的观念。与P2539相比，柳词毫无色情，犹被斥为“浮艳虚薄”。

② 比如在《游仙窟》中，主人公初识十娘，就要求“共十娘卧一宿”，而十娘也不以为忤；以及宾主间的“素谜荤猜”戏谑。十娘、五嫂毕竟并非娼家。

察唐代文化不可多得之珍贵史料。

P2539所反映的坦荡性观念，并非无根之木、无源之水。如将其置于中国人性观念变迁的历史背景之下来看，其中颇有去古未远之处在中国，“阴阳天人感应观”源远流长，这种观念认为：阴（地、女性等）与阳（天、男性等）要相互交合方好，方是事物的生机。因而在古代中国人眼中，男女两性的交合，实为一种充满神圣意味的佳景，一件值得崇敬讴歌的美事。上古陶器上形形色色的性象征图案[①]，《易·系辞下》所谓“天地絪组，万物化醇；男女构精，万物化生”，《易·象·归妹》所谓“归妹，天地之大义也，天地不交而万物不兴”，《孟子·万章上》所谓“男女居室，人之大伦也”，乃至《神仙传·彭祖》所谓“天地得交接之道，故无终竟之限；人失交接之道，故有伤残之期”[②]，一以贯之，都是此种观念的表现。白行简也是在此种观念的强烈影响之下创作P2539的，《天地阴阳交欢大乐赋》之名本身就明确地反映了这一点。他又在自序中重复了与前人相似的说法：

> 天地交接而覆载均，男女交接而阴阳顺[③]，故仲尼称婚嫁之大，诗人著《螽斯》之篇者，本寻根不离此也。

从这样的角度来看，P2539之用优美华丽的文辞反复描述、歌咏男女欢合，只是古老传统在唐代的一次新的文学实践而已。

据现有史料，自P2539之后，色情文学经历了很长一段几乎空白

---

① 较为大胆的论述可见赵国华：《生殖崇拜文化略论》，《中国社会科学》1988年第1期。

② 借彭祖之口而言。当然不妨视为葛洪辈房中理论家的见解。事实上，此为中国古代房中家最重要的观点之一。

③ “男女交接而阴阳顺”是“阴阳天人感应观”的重要方面之一，有许多表现：比如《春秋繁露》卷一六“求雨第七十四”：“四时皆以庚子之日令吏民夫妇皆偶处，凡求雨之大体，丈夫欲藏匿、女子欲和而乐。”又如《三国志·吴书·陆颉传》：“今中售万数，不备嫔嫱，外多鳏夫，女吟于中，风雨逆度，正由此起。”又《旧唐书·宪宗本纪》：“元和八年，出宫女二百车，任所从适，以水灾故也。”又《白居易集》卷五八载为天和四年旱灾而上奏章：“臣伏见自太宗、玄宗已来，每遇灾旱，多有拣放，书在国史，天下称之。”祈雨要吏民夫妇“偶处”，水旱灾害要释放宫女适人，男女交接被视为关乎风调雨顺与否、天人之际和谐与否的重大问题。

的时期，直至明朝中叶方才勃然兴盛。在此期间，虽曾出现秦醇的《赵飞燕别传》、托名韩偓的《迷楼记》等作品，但都只能与前述《赵飞燕外传》等属同类程度，尚不足与明清色情文学作品比肩。

现存明清色情文学作品中，大致可分为两类：一类是将色情描写作为“调味品”，以求取悦于某些读者，从而增加作品受欢迎的程度，如长篇小说《禅真逸史》《禅真后史》《隋炀帝艳史》等，“三言”“二拍”中的一些故事也属此类。这类作品的主题不是性爱。另一类则专以性爱为主题，如《肉蒲团》《辩而钗》《如意君传》等。此两类作品虽都常有不堪入目之处，但后一类作品与P2539所体现的上古传统之间，仍有某种若断若续的精神联系。

正常的性爱与病态的色情之间，毕竟是存在明显区别的。“健康自然”或可作为此种区别的判据之一。例如，在古代中国色情文学中，媚药（以及淫器）是经常出现的重要内容之一，常借此渲染病态、疯狂的纵欲场景。① 又如，以欣赏少女初次交合时疼痛为特征的，近乎性虐待狂（sadism）的变态心理，也是古代中国色情文学中常见的描写。② 但是在P2539中，这两类内容都丝毫未曾涉及。P2539中实写的性爱场景基本上不失健康自然、欢乐明快，至少从性心理学的角度来看是如此。而对帝王男宠之类则仅是虚写。

另一方面，有一个后世色情文学中百用不厌的手法，在P2539中已见应用，即所谓“劝百讽一”。在尽情渲染色情场景及情态的前后，往往引入“万恶淫为首”之类的道德说教作为点缀，以示作者写作动机之纯正无邪。③ 在P2539中已可见到这一手法的表现。作者在第（6）段中描述帝王的后宫生活，先以华美的辞藻和欣赏的笔触渲染：

> 于是阉童严街，女奴进膳；昭仪起歌，婕妤侍宴。成贵妃于梦

---

① 典型的例子可见《二刻拍案惊奇》卷一八。《金瓶梅》中此类场景也多次出现。

② 典型的例子可见《醒世恒言》卷二三，及《隋炀帝艳史》第三十一回。

③ 比如《肉蒲团》的作者在第一回中表白：“做这部小说的人，沥其一片婆心，要为世人说法。劝人息欲，不是劝人纵欲；劝人秘淫，不是劝人宣淫。……《周南》《召南》之化，不外是矣。”即其一例。

龙，幸皇后于飞燕。

然乃启鸾帐而选银环，登龙媒而御花颜。慢眼星转，著眉月弯。侍女前扶后助，娇客左倚右攀。献素而宛宛[①]，内玉茎而闲闲。三刺两抽，纵武皇之情欲；上迎下接，散天子之髭鬟。乘羊车于宫里，插竹枝于户前。

这里没有任何批判的情绪，相反却充满艳羡和激赏。但末了儿笔锋对于皇帝后宫太众作了一两句批评：

今则南内西宫，三千其数，逞容者俱来，争宠者相妒，矧夫万人之躯，奉此一人之故？

“劝百讽一”之法，与赋这一文学形式有着特殊关系。昔日汉赋中的皇皇巨制，如司马相如《子虚赋》《上林赋》等，侈陈天子、诸侯游猎之规模盛大、壮丽豪华，最后留下不足百分之十的篇幅，归结到戒奢务俭、修明政治之类的结论上去，就是“劝百讽一”的标准模式。白行简既用赋体，自然不会不知道这一传统。甚至可以猜测：《大乐赋》在其末尾也可能用少量篇幅谈一些节欲或礼教的话头。至于“劝百讽一”之法本身，也未必纯属虚伪或仅为避免道德批判的障眼法。从文艺理论的角度来看，应该有其地位和道理。但此事显然已越出本文所定范围，兹不深论。

原载《汉学研究》（台湾）第9卷第1期（1991）

---

① 卷子原文如此，由上下文可推知“素”下脱去一“臀”字。

一九九二

［**纪事**］我学习了四年天体物理专业，毕业后却“改行”去学了科学史，至此已经十年了。十年来，这个天体物理专业确实给了我许多帮助——都是间接体现的，比如理科训练带来的在思路和方法方面的帮助、比如当年那些无穷无尽的数学物理习题带来的对数值和比例的敏感等等。而十年回首，我对于这个专业却毫无贡献。

现在机会终于来了。这个不大不小的“天狼星颜色问题”，已经困扰了国际天文学界百余年，我也已经对它关注了一段时间，这时我在对中国古代星占学资料进行类型分析，无意中发现了一些决定性的关键证据，我认为在很大程度上可以解决这个“天狼星颜色问题”了，于是有了下面这篇文章。

此文在《天文学报》发表后，第二年就在英国杂志上出现了全文英译，西方研究“天狼星颜色问题”的权威学者对此文评价甚高。

此文属于“利用古代文献解决现代科学课题”的类型，所以在天文学和科学史两个领域中都有意义。在我的学术生涯中，此文是唯一一篇关于天体物理专业的论文，也算是我对这个学习了四年的专业的一点小小回报吧。

中国古籍中天狼星颜色之记载

一、问题及其意义

天狼星（Sirius，α CMa）为全天最亮恒星，呈耀眼的白色。它还是目视双星，其中 B 星（伴星）又是最早被确认的白矮星。但这一著名恒星却因古代对其颜色的某些记载而困扰着现行恒星演化理论。

在古代西方文献中，天狼星常被描述为红色。学者们在古巴比伦楔形文泥版书中，在古希腊和罗马时代托勒密（Ptolemy）、塞涅卡（L. A. Seneca）、西塞罗（M. T. Cicero）、贺拉斯（Q. H. Flaccus）等著名人物的著作中，都曾找到这类描述。1985 年 W. Schlosser 和 W. Bergmann 又旧话重提，宣布他们在一部中世纪早期手稿中发现了图尔（Tours，在今法国）主教格雷戈里（Gregory）写于公元 6 世纪的作品，其中提到的一颗红色星可确认为天狼星，因而断定天狼星直到公元 6 世纪末仍呈红色，此后才变白。[①] 由此引发对天狼星颜色问题新一轮的争论和关注。[②]

按现行恒星演化理论及现今对天狼双星的了解，其 A 星正位于主星序上，根本不可能在一两千年的时间尺度上改变颜色。若天狼星果真在公元 6 世纪前呈红色，理论上唯一可能的出路是将目光转向暗弱的天狼 B 星：该星为白矮星，而恒星在演化为白矮星之前会经历红巨星阶段，这样似乎有希望解释古代西方关于天狼星呈红色的记载——认为那时 B 星盛大的红光掩盖了 A 星。然而按现行恒星演化理论，从红巨星演化为白矮星，即使考虑极端情况，所需时间也必然远远大于一千五百年，故古代西方关于天狼星为红色的记载始终无法得到圆满解释。

于是，天文学家只能面临如下选择：或者对现行恒星演化理论提出怀疑，或者否定天狼星在古代呈红色的说法。

古代西方对天狼星颜色所作描述的真实性并非完全无懈可击：塞涅卡、西塞罗、贺拉斯等人或为哲学家，或为政论家，或为诗人，他们的天文学造诣很难获得证实；托勒密虽为大天文学家，但其说在许多具体环节上仍不无提出疑问的余地。至于格雷戈里所记述的红色星，不少人

---

① Schlosser, W. and Bergmann, W., *Nature*, 318 (1985), 45.

② 自文献①发表后，截至 1990 年，仅在同一杂志就至少又发表了六篇商榷和答辩的文章。中文期刊如《大自然探索》1986 年第 2 期、《科学》1986 年第 6 期等也报道了此事。

认为并非天狼星，而是大角星（Arcturus，α Boo）[1]，该星正是明亮的红巨星。

而另一方面，古代中国的天文学——星占学文献之丰富、系统以及天象记录之细致是众所周知的。因此，有必要转而向早期中国古籍中寻求证据。为了保证史料的权威性，本文将考察范围严格限定于古代专业文献之内，哲学或文艺之类的论著概不涉及。

二、中国古籍中记载恒星颜色的一般情况

古代并无天体物理学，古人也不会以今人眼光去注意天体颜色。古代中国专业文献中之所以提到恒星和行星的颜色，几乎毫无例外都是着眼于这些颜色的星占学意义。首先必须指出，在绝大部分情况下，这些记载对于本文所讨论的主题而言没有任何科学上的意义。它们通常以同一格式出现，姑举两例如下：

> 其东有大星曰狼。狼角变色，多盗贼。[2]
>
> 狼星……芒、角、动摇、变色，兵起；光明盛大，兵器贵。……其色黄润，有喜；色黑，有忧。[3]

上述引文中“狼星”均指天狼星（古人并不知其为双星）。显而易见，天狼星随时变色，忽黄忽黑（有些这类占辞中也提到红色），甚至发生“动摇”，以现代天文学常识言之是根本不可能的。而在古代中国星占学文献中，却对许多恒星都有同类说法（只是其兆示之事物有不同而已）。如将这类恒星变色、“动摇”之说解释为大气光象给古人造成的幻觉，虽然还很难完全圆通其说，但无论如何，至少可以

① McCluskey, S. C., *Nature*, 325 (1987), 87 和 van Gent, R. H., *Nature*, 325 (1987), 87 皆认为格雷戈里所述为大角，而 Schlosser 与 Bergmann 又作答辩，仍坚持为天狼星之说，见 *Nature*, 325 (1987), 89。

②《史记·天官书》。

③（北周）庾季才原撰、（北宋）王安礼等重修：《灵台秘苑》卷一四。

肯定，欲解决天狼星在古代的颜色问题，求之于这类记载是没有意义的。①

值得庆幸的是，古代中国星占学体系中还留下了另一类数量很少但却极为可靠的记载。古人除相信恒星颜色有星占学意义外，对行星也作如是观，下面是这方面最早，也是最典型的一则论述：

> 五星色白圜，为丧、旱；赤圜，则中不平，为兵；青圜，为忧、水；黑圜，为疾，多死；黄圜则吉。赤角，犯我城；黄角，地之争；白角，哭泣之声；青角，有兵、忧；黑角则水。②

行星随时变换颜色及形状，同样是不可能的，这可姑置不论。但必须注意的是，古人既信以为真，则势必要为颜色制定某种标准——事实上，具体的做法是确定若干颗著名恒星作为不同颜色的标准星。对这一做法有必要进一步加以讨论。

现今所见这方面的最早记述出自司马迁笔下。他在谈论金星(太白)颜色时，给出五色标准星如下：

> 白比狼，赤比心，黄比参左肩，苍比参右肩，黑比奎大星。③

上述五颗恒星依次为：天狼、心宿二（α Sco）、参宿四（α Ori）、参宿五（γ Ori）、奎宿九（β And）。司马迁对五颗恒星颜色记述的可靠性可由下述事实得到证明：五颗星中，除天狼因本身尚待考察，暂置不论外，对其余四星颜色的记载都属可信。心宿二，光谱为 M_1 型，确为红色；参宿五，B_2 型，呈青色（即苍）；参宿四，今为红色超巨星，但学者们已证明，它在两千年前呈黄色按现行恒星演化理论是完全可能

① Gry, C. and Bonnet-Bidaud, J. M., *Nature*, 347 (1990), 625 就是一个这样的例子。该文据《史记》中“狼角变色，多盗贼”一句话立论，认为天狼星当时正在改变颜色，这实际上完全误解了《史记》原文的真实意义。

② 《史记·天官书》。

③ 同上。

的。[1]最后的奎宿九，Mo 型，呈暗红色，但古人将它定义为黑也有其道理。首先，古代中国五行之说源远流长，深入各个方面，星分五色，正是五行思想与星占学理论结合的重要表现之一[2]，而与五行相配的五色有固定模式，必定是青、红、黑、白、黄，故其中必须有黑；其次，此五色标准星是观测时作比照之用的，若真正为"黑"，那就会看不见而无从比照，故必须变通。

对于本文所讨论的问题而言，还有另一个可以庆幸之处：古人既以五行五色为固定模式，必然会对上述五色之外的中间状态进行近似或变通，硬归入五色中去，则他们谈论星色时就难免不准确；然而在天狼星颜色问题中，恰好是红、白之争，两者都在上述五色模式中，故可不必担心近似或变通问题。这也进一步保证了利用古代中国文献解决天狼星颜色问题时的可靠。

三、几项天狼星颜色记载之分析

由上节讨论可知，只有古人对五色标准星的颜色记载方属可信。这类记载在古代中国浩繁的星占学文献中为数极少，但我们恰可从中考察天狼星的颜色。表 1 是早期文献（不考虑公元 7 世纪之后的史料）中仅见的四项天狼星颜色可信记载的原文、出处、作者和年代一览。再对这四项记载进行分析与说明如下：

第一项，情况比较简单。司马迁自述"当太初元年（公元前 104）……太史公曰：先人有言，小子何敢让焉，于是论次其文"[3]，这是他开始撰写《史记》之年，由此将《天官书》之作约略系于公元前 100 年（推求精确年份在事实上既办不到，对本文所论内容也无意义）。

第二项，《汉书》为班固（32—92）撰，但其中《天文志》等部分他生前未能完成，后由其妹班昭及马续二人续成之。《后汉书》记其

---

① 薄树人等，《科技史文集》第 1 辑，上海科学技术出版社，1978 年，第 75—78 页。
② 江晓原，《大自然探索》1991 年第 10 期，第 107 页。
③ 《史记·太史公自序》。

表1　古籍中四项对天狼星颜色之可信记载（公元前100—646）

序号	原文	出处	作者	年代
1	“白比狼”	《史记·天官书》	司马迁	公元前100年
2	“白比狼”	《汉书·天文志》	班固 班昭 马续	100年
3	“白比狼星、织女星”	《荆州占》	刘表	200年
4	“白比狼星”	《晋书·天文志中》	李淳风	646年

事云：

兄固著《汉书》，其八表及天文志未及竟而卒，和帝诏昭就东观藏书阁踵成之。……后又诏融兄续继昭成之。[1]

孝明帝使班固叙《汉书》，而马续述天文志。[2]

由班昭生卒年（约45—约117）及汉和帝在位之年（89—105），系此项于100年。

第三项，《荆州占》原书已佚，但在《开元占经》《乙巳占》等书中有大量引录。此书被归于刘表名下。李淳风在《乙巳占》中开列他自述“是幼小所习诵”之星占学参考书共25种，其第18种即“刘表《荆州占》”[3]。刘表（142—208）自190年任荆州刺史起，长期统治荆州地区，形成割据状态。《荆州占》出自他本人手笔还是由他召集星占学家编成已不得而知。这样就只能仍归于他名下，而系此项于200年。

第四项情况也很简明。《晋书》成于646年，其中《天文志》[4]出于

---

① 《后汉书》卷八四，“班昭传”。

② 《后汉书·天文志上》。

③ （唐）瞿昙悉达：《开元占经》卷四五引。

④ （唐）李淳风：《乙巳占》卷一。

李淳风之手。

虽然因古代中国著作向有承袭前人旧说的传统，表 1 中四项记载在相当程度上可能是相关的，但并不能据此就认为古代星占学家在此问题上完全没有自己独立的见解。《荆州占》将天狼与织女同列为白色标准星，就很值得注意。天狼与织女（织女一，α Lyr）确属同一类型的白色亮星，例如在现代 MK 光谱分类中，天狼为 A_1y 型，织女为 A_0y 型，差异很小。这也进一步证实了表 1 中四项天狼星颜色记载的可靠性。

四、结论

至此已可确知：在古代中国星占学文献中，大量虚幻的恒星变色、动摇之类的星占设辞不能用来考察恒星当时的实际颜色，而在可信的记载中，则天狼星始终是白色的。不仅没有红色之说，而且千百年来一直将天狼星视为白色标准星。这在本文考察的早期文献中是如此，此后更无改变。因此可以说，现行恒星演化理论将不会在天狼星颜色问题上再受到任何威胁了。

最后还可指出，天狼星颜色问题不仅已困扰西方天文学家至少一个多世纪，而且早在 19 世纪就已被介绍到中国。清末王韬与伟烈亚力（A. Wylie）合译《西国天学源流》（1890），其中谈到天狼星颜色："古人恒言天狼星色红，今色白，不知何故？"可惜学者们至今尚未能发现《西国天学源流》据以翻译的原书为何。[①] 当时这一问题的意义自然还未充分显现出来。

还有些现代西方学者则既对西人古籍中天狼星为红色之说深信不疑，又不想与现行恒星演化理论发生冲突，遂提出"古代曾有一片宇宙云掩过天狼星而将星光滤成红色"之类的假说。[②] 现既有古代中国文献关于天狼星始终为白色的确切记载，这类假说应可断然排除了。此外，

---

① 席泽宗，《香港大学中文系集刊》1987 年第 1 期，第 2 页。

② Brecher, K., *Technology Review*, 80 (1977), 2. 又，第 104 页文献①也主张同样假说。

司马迁的年代早于托勒密两百余年，司马迁既已将天狼星作为白色标准星，则该星此后再变红更是绝无可能，故托勒密的天狼星为红色之说不可信是显而易见的。

本文写作中，作者的研究生钮卫星曾帮助查阅文献，特此致谢。

原载《天文学报》第 33 卷第 4 期（1992）

一九九三

［**纪事**］本年过着平静的生活，继续不停地撰写所谓的“学术论文”，也经常去北京出差，参加科学史界的一些学术活动。这是我心目中典型的“学术生涯”，所以我十分安心，对于那些经商、旅行、出国之类的事情都无动于衷。

元代华夏与伊斯兰天文学交流之若干问题

成吉思汗南征北战，建立起横跨欧亚大陆的大帝国。在他身后，据有中国的元朝与欧、亚诸汗国并立，元朝是名义上的宗主国，故各国间文化交流颇为活跃。关于这一时期中国天文学与伊斯兰天文学之间的接触，中外学者曾有所论述。总的来说给人们造成的印象是此种接触确实存在，但其中不少具体问题尚缺乏明确的线索和结论。本文大体按照年代顺序，对较为重要的六个问题略加考述，以求对这一时期华夏与伊斯兰天文学之间的交流接触有一更为全面和清晰的认识。

一、耶律楚材与丘处机在中亚的天文活动

有关耶律楚材与丘处机这两位著名人物在中亚的天文学活动的记载，是颇为重要的背景材料。它们表明，元代中国与伊斯兰天文学的接触，在忽必烈时代的高潮到来之前，早已非常活跃地进行着。

耶律楚材（1190—1244）本为契丹人，辽朝皇室的直系子孙，先仕于金，后应召至蒙古，于1219年作为成吉思汗的星占学和医学顾问，

随大军远征西域。在西征途中，他与伊斯兰天文学家就月食问题发生争论，《元史·耶律楚材传》载其事云：

> 西域历人奏：五月望，夜月当食；楚材曰否，卒不食。明年十月，楚材言月当食；西域人曰不食，至期果食八分。

此事发生于成吉思汗出发西征之第二年，即1220年，这可由《元史·历志一》中“庚辰岁，太祖西征，五月望，月食不效……”的记载推断出来。[①] 发生的地点为今乌兹别克斯坦境内之撒马尔罕（Samarkand）[②]，这可由耶律楚材自撰的西行记录《西游录》（向达校注，中华书局1981年版）中的行踪推断出来。

耶律楚材在中国传统天文学方面造诣颇深。元初承用金代《大明历》，不久误差屡现，上述1220年阴历五月“月食不效”即为一例。为此耶律楚材作《西征庚午元历》（载于《元史》之《历志五》《历志六》），其中首次处理了因地理经度之差造成的时间差，这或许可以看成西方天文学方法在中国传统天文体系中的影响之一例——因为地理经度差与时间差的问题在古希腊天文学中早已能够处理，在与古希腊天文学一脉相承的伊斯兰天文学中也是如此。

据另外的文献记载，耶律楚材本人也通晓伊斯兰历法。元陶宗仪《南村辍耕录》卷九“麻答把历”条云：

> 耶律文正工于星历、筮卜、杂算、内算、音律、儒释。异国之书，无不通究。尝言西域历五星密于中国，乃作《麻答把历》，盖回鹘历名也。

---

① “太祖”原文误为“太宗”，但太宗在位之年并无庚辰之岁，故应从《历代天文律历等志汇编》，第九册，中华书局，1976年，第3330页之校改。

② 此城在汉文古籍中有多种音译，如“飒秣建”（《大唐西域记》）、“薛米思坚”（《元朝秘史》）、“邪米思干”（《长春真人西游记》）、“寻思干”（《西游录》）等，皆指同一城，即古时Samarkand之地也。

联系到耶律楚材在与“西域历人”两次争论比试中都占上风一事，可以推想他对中国传统的天文学方法和伊斯兰天文学方法都有了解，故能知己知彼，稳操胜券。

约略与耶律楚材随成吉思汗西征的同时，另一位著名的历史人物丘处机（1148—1227）也正在他的中亚之行途中。他是奉召前去为成吉思汗讲道的。丘处机于1221年岁末到达撒马尔罕，几乎可以说与耶律楚材接踵而至。丘处机在该城与当地天文学家讨论了这年5月发生的日偏食（公历5月23日），《长春真人西游记》卷上载其事云：

> 至邪米思干（按即撒马尔罕）……时有算历者在旁，师（按指丘处机）因问五月朔日食事。其人云：此中辰时食至六分止。师曰：前在陆局河时，午刻见其食既；又西南至金山，人言巳时食至七分。
>
> 此三处所见各不同。……以今料之，盖当其下即见其食既，在旁者则千里渐殊耳。正如以扇翳灯，扇影所及，无复光明，其旁渐远，则灯光渐多矣。

丘处机此时已73岁高龄，在万里征途中仍不忘考察天文学问题，足见他在这方面兴趣之大。他对日食因地理位置不同而可见到不同食分的解释和比喻，也完全正确。

耶律楚材与丘处机都在撒马尔罕与当地天文学家接触和交流，这一事实看来并非偶然。一百五十年之后，此地成为新兴的帖木儿王朝的首都，到乌鲁伯格（Ulugh Beg）即位时，此地建起了规模宏大的天文台（1420），乌鲁伯格亲自主持其事，通过观测，编算出著名的《乌鲁伯格天文表》——其中包括西方天文学史上自托勒密之后千余年间第一份独立的恒星表。[1] 故撒马尔罕当地，似乎长期存在着很强的天

---

① 托勒密的恒星表载于《至大论》中，此后西方的恒星表都只是在该表基础上做一些岁差改正之类的修订，故不是独立观测而得的。还有许多人认为托勒密的表也只是在他的前辈喜帕恰斯（Hipparchus）的恒星表上加以修订而成的。

文学传统。

二、马拉盖天文台上的中国学者是谁?

公元13世纪中叶，成吉思汗之孙旭烈兀（Hulagu，或作Hulegu）大举西征，于1258年攻陷巴格达，阿拔斯王朝的哈里发政权崩溃，伊儿汗国勃然兴起。在著名伊斯兰学者纳速拉丁·图思（Nasir al-Din al-Tusi）的襄助之下，旭烈兀于武功极盛后大兴文治。伊儿汗国的首都马拉盖（Maragha，今伊朗西北部大不里士城南）建起了当时世界第一流的天文台（1259），此天文台设备精良，规模宏大，号称藏书四十余万卷。马拉盖天文台一度成为伊斯兰世界的学术中心，吸引了世界各国的学者前去从事研究工作。

萨顿（C. Sarton）在他的《科学史导论》中提出，马拉盖天文台上曾有一位中国学者参加工作。① 此后这一话题常被西方学者提起。但这位中国学者的姓名身世至今未能考证出来。

萨顿之说，实出于多桑（C. M. d'Ohsson）的《蒙古史》，此书中说曾有中国天文学家随旭烈兀至波斯，对马拉盖天文台上的中国学者则仅记下其姓名音译（Fao-moun-dji）。② 由于此人身世无法确知，其姓名究竟原是哪三个汉字也就只能依据译音推测，比如李约瑟著作中采用“傅孟吉”三个字。③

再追溯上去，多桑之说又是根据一部波斯文的编年史《达人的花园》而来。此书成于1317年，共分九卷，其八为《中国史》。书中有如下一段记载：

> 直到旭烈兀时代，他们（中国）的学者和天文家才随同他一起来到此地（伊朗）。其中号称“先生”的屠密迟，学者纳速拉丁·图

---

① G. Sarton, *Introduction to the History of Science*, Baltimore: Williams & Wilkins, Vol. 2 (1931), p. 1005.

② 多桑:《多桑蒙古史》，下册，冯承钧译，中华书局，1962年，第91页。

③ 李约瑟:《中国科学技术史》第一卷，科学出版社、上海古籍出版社，1990年，第226页。

思奉旭烈兀命编《伊儿汗天文表》时曾从他学习中国的天文推步之术。又，当伊斯兰君主合赞汗(Ghazan Mahmad Khan)命令纂辑《被赞赏的合赞史》时，拉施德丁（Rashid al-Din）丞相招致中国学者名李大迟及倪克孙，他们两人都深通医学、天文及历史，而且从中国随身带来各种这类书籍，并讲述中国纪年，年数及甲子是不确定的。[①]

关于马拉盖天文台的中国学者，上面这段记载是现在所能找到的最早史料。“屠密迟”“李大迟”“倪克孙”都是根据波斯文音译悬拟的汉文姓名，具体为何人无法考知。“屠密迟”当即前文的“傅孟吉”——编成《伊儿汗天文表》正是纳速拉丁·图思在马拉盖天文台所完成的最重要业绩。由此还可知《伊儿汗天文表》(又称《伊儿汗历数书》，波斯文原名作 Zijil–Khani）中有着中国天文学家的重要贡献。

最后还可知，由于异国文字的辗转拼写，人名发音严重失真。要确切考证出“屠密迟”或“傅孟吉”究竟是谁，恐怕只能依赖汉文新史料的发现了。

三、双语的天文学文献

李约瑟曾引用瓦格纳（Wagner）的记述，谈到昔日保存在俄国普耳科沃天文台的两份手抄本天文学文献。两份抄本的内容是一样的，皆为从 1204 年开始的日、月、五大行星运行表，写就年代约在 1261 年。值得注意的是两份抄本一份为阿拉伯文（波斯文），一份则为汉文。1261 年是忽必烈即位的第二年，李约瑟猜测这两份抄本可能是札马鲁丁（详见下文）和郭守敬合作的遗物。但因普耳科沃天文台在第二次世界大战中曾遭焚毁，李氏只能“希望这些手抄本不致成为灰烬”[②]。

---

① 韩儒林编：《中国通史参考资料》古代部分第六册（元），中华书局，1981 年，第 258 页。引用时对译音所用汉字做了个别调整。

② 李约瑟：《中国科学技术史》第四卷（实为原书第三卷），科学出版社，1975 年，第 475 页。

在此之前，萨顿曾报道了另一件这时期的双语天文学文献。这是由伊斯兰天文学家撒马尔罕第（Ata ibn Ahmad al-Samarqandi）于1362年为元朝一王子撰写的天文学著作，其中包括月球运动表。手稿原件现存巴黎，萨顿还发表了该件的部分书影，从中可见此件阿拉伯正文旁附有蒙文旁注，标题页则有汉文。[①] 此元朝的蒙古王子据说是成吉思汗和忽必烈的直系后裔阿剌忒纳。[②] 这件文献中的天文学内容似尚未见专题研究问世。

四、札马鲁丁以及他送来的七件西域仪器

元世祖忽必烈登位后第七年（1267），伊斯兰天文学家札马鲁丁进献西域天文仪器七件。七仪的原名音译、意译、形制、用途等皆载于《元史·天文志》，曾引起中外学者极大的研究兴趣。由于七仪实物早已不存，故对于各仪的性质用途等，学者们的意见并不完全一致。兹简述七仪原名音译、哈特纳（W. Hartner）所定阿拉伯原文对音、意译（据《元史·天文志》），并略述主要研究文献之结论，依次如下：

1. “咱秃哈喇吉（Dhatu al-halaq-i），汉言混天仪也。”李约瑟认为是赤道式浑仪，中国学者认为应是黄道浑仪[③]，是古希腊天文学中的经典观测仪器。

2. “咱秃朔八台（Dhatu'sh-shu'batai），汉言测验周天星曜之器也。”中外学者都倾向于认为即托勒密在《至大论》（*Almagest*）中所说的长尺（Organon parallacticon）。[④]

3. “鲁哈麻亦渺凹只（Rukhamah-i-mu'-wajja），汉言春秋分晷影堂。”用来测求春、秋分准确时刻的仪器，与一座密闭的屋子（仅在屋脊正东西方向开有一缝）连成整体。

4. “鲁哈麻亦木思塔余（Rukhamah-i-mustawiya），汉言冬夏至晷

① G. Sarton, *Introduction to the History of Science*, Vol. 3 (1947), p.1529.

② 李约瑟：《中国科学技术史》第四卷。

③ 中国天文学史整理研究小组编：《中国天文学史》，科学出版社，1981年，第200页。

④ *Almagest*, Vol. 12；以及李约瑟：《中国科学技术史》第四卷，第478页所提供的文献。

影堂也。”测求冬、夏至准确时刻的仪器，与上仪相仿，也与一座屋子（屋脊正南北方向开缝）构成整体。

5.“苦来亦撒麻（Kura-i-sama’），汉言浑天图也。”中外学者皆无异议，即中国与西方古代都有的天球仪。

6.“苦来亦阿儿子（Kura-i-ard），汉言地理志也。”即地球仪，学者也无异议。

7.“兀速都儿喇（al-Ustulab），汉言定昼夜时刻之器也。”实即中世纪在阿拉伯世界与欧洲都十分流行的星盘（astrolabe）。

在上述七仪中，第1、第2、第5、第6皆为在古希腊天文学中即已成形并采用者，此后一直承传不绝，阿拉伯天文学家亦继承之；第3、第4两种有着非常明显的阿拉伯特色；第7种星盘，古希腊已有之，但后来成为中世纪阿拉伯天文学的特色之一，阿拉伯匠师制造的精美星盘久负盛名。如此渊源的七件仪器传入中土，意义当然非常重大。

札马鲁丁进献七仪之后四年，忽必烈下令在上都（今内蒙古多伦县东南境内）设立回回司天台（1271），并令札马鲁丁领导司天台工作。及至元亡，明军占领上都，将回回司天台的主要人员征召至南京为明朝服务，但是该台上的西域仪器下落，却迄今未见记载。由于元大都太史院的仪器都曾运至南京，故有的学者推测上都回回司天台的西域仪器也可能曾有过类似经历。但据笔者的看法，两座晷影堂以及长尺之类，搬运迁徙的可能性恐怕非常之小。

这位札马鲁丁是何许人，学者们迄今所知甚少。国内学者基本上倾向于接受李约瑟的判断，认为札马鲁丁原是马拉盖天文台上的天文学家，奉旭烈兀汗或其继承人之派，来为元世祖忽必烈(系旭烈兀汗之兄）效力的。[①] 后来李迪提出：札马鲁丁其人就是拉施特（即本文前面提到的“拉施德丁丞相”）《史集》（*Jami al-Tawarikh*）中所说的Jamal al-Din（札马剌丁），此人于1249—1252年间来到中土，效力于蒙哥帐下，后来转而为忽必烈服务，忽必烈登大汗之位后，又将札马鲁丁派回伊儿汗国，去马拉盖天文台参观学习，至1267年方始带着马拉盖天文台上的

① 中国天文学史整理研究小组编：《中国天文学史》，第199页。

新成果（七件西域仪器，还有《万年历》）回到忽必烈宫廷。[①]

五、回回司天台上的异域天文学书籍

上都的回回司天台，既与伊儿汗国的马拉盖天文台有亲缘关系，又由伊斯兰天文学家札马鲁丁领导，且专以进行伊斯兰天文学工作为务，则它在伊斯兰天文学史上，无疑占有相当重要的地位——它可以视为马拉盖天文台与后来帖木儿王朝的撒马尔罕天文台之间的中途站。而它在历史上华夏天文学与伊斯兰天文学交流方面的重要地位，只要指出下面这件事就足以见其一斑：

> 至元十年（1273）闰六月十八日，太保传，奉圣旨："回回、汉儿两个司天台，都交秘书监管者。"[②]

两个所持天文学体系完全不同的天文台，由同一个上级行政机关——秘书监来领导，这在世界天文学史上也是极为罕见（如果不是仅见的话）的有趣现象。可惜的是，对于这样一座具有特殊地位和意义的天文台，我们今天所知的情况却非常有限。

在这些有限的信息中，特别值得注意的是元代《秘书监志》中记载的一份藏书目录，这些书籍都曾收藏在回回司天台中，书目中天文数学部分共十三种著作，兹录如下[③]：

1. 兀忽列的《四擘算法段数》15部。
2. 罕里速窟《允解算法段目》3部。
3. 撒唯那罕答昔牙《诸般算法段目并仪式》17部。
4. 麦者思的《造司天仪式》15部。
5. 阿堪《诀断诸般灾福》□部。

---

① 李迪：《纳速拉丁与中国》，《中国科技史料》1990年第4期。
② 王士点、商企翁编次：《秘书监志》，浙江古籍出版社，1992年，第115页。
③ 同上书，第129—130页。

6. 蓝木立《占卜法度》□部。

7. 麻塔合立《灾福正义》□部。

8. 海牙剔《穷历法段数》7 部。

9. 呵些必牙《诸般算法》8 部。

10.《积尺诸家历》48 部。

11. 速瓦里可瓦乞必《星纂》4 部。

12. 撒那的阿剌忒《造浑仪香漏》8 部。

13. 撒非那《诸般法度纂要》12 部。

这里的"部"大体上就是"卷"。第 5、6、7 这三种的部数空缺；由"本台见合用经书 195 部"减去其余十种的部数总和，可知此三种书共有 58 部。

这些书是用什么文字写成的，尚未见明确记载。虽然不能完全排除它们是中文书籍的可能性，但笔者认为它们更可能是波斯文或阿拉伯文的；它们很有可能就是札马鲁丁从马拉盖天文台带来的。

由于上述书目中音译的人名和意译的书名都很难确切还原成原文，因此这 13 种著作的认证工作尚无多大进展。方豪认为，第 1 种就是著名的欧几里得《几何原本》，"15 部"也恰与《几何原本》的 15 卷吻合[①]，这个判断或许可信。还有人认为书目中第 4 种可能是托勒密《至大论》[②]，似不可信；因《造司天仪式》显然是专讲天文仪器制造的，况且《至大论》全书共 13 卷，也与"15 部"之数不合。

六、伊斯兰天文学对郭守敬及其仪器有无影响?

在札马鲁丁进献七件西域仪器之后九年、上都回回司天台建成后五年、回回司天台和"汉儿司天台"奉旨同由秘书监领导之后三年，中国历史上最伟大的天文学家之一郭守敬，奉命为"汉儿司天台"设计和建

① 方豪：《中西交通史》，岳麓书社，1987 年，第 579 页。

② 中国天文学史整理研究小组编：《中国天文学史》，第 214—215 页。

造一批天文仪器，三年后完成（1276—1279）。这批仪器颇多创新之处，如简仪、仰仪、正方案、窥几等。[①] 由于郭守敬造仪器在札马鲁丁献西域仪器之后，所造各仪又多前此中国所未见者，因此很自然地产生了“郭守敬仪器是否曾受到伊斯兰天文学影响”的问题。

对此问题，国内学者主要的意见是否定的，认为札马鲁丁所献仪器“都没有和中国传统的天文学结合起来”，原因有二：一是这些黄道体系的仪器与中国的赤道体系传统不合；二是使用西域仪器所需的数字知识等未能一起传入。[②] 国外学者也有持否定态度的，如约翰逊（M. Johnson）明确指出：“1279 年天文仪器的设计者们拒绝利用他们所熟知的穆斯林技术。”[③] 李约瑟对此问题的态度不明确。例如关于简仪是否受到阿拉伯影响，他既表示证据不足，却又说“从一切旁证看来，确实如此（受过影响）”[④]。但是这些旁证究竟是什么，他却没有给出。

笔者以为，就表面而言，郭守敬的仪器中确实看不出伊斯兰天文学的直接影响，相反倒能清楚见到它们与中国传统天文仪器之间的一脉相传。对此可以给出一个相当有力的解释。

前述回、汉两司天台同归秘书监领导这一点至关重要，因为这一事实无疑已将郭守敬与札马鲁丁以及他们各自领导的汉、回天文学家置于同行竞争的状况中。郭守敬既奉命另造天文仪器，他当然要尽量“拒绝”对手的影响，方能显出他与对手各擅胜场，以便更求超越对手；倘若他接受了伊斯兰仪器的影响，就会被对手指为步趋仿效，技不如人，则“汉儿司天台”在此竞争中将何以自立？

但是在另一方面，笔者又以为，就间接的层面而言，郭守敬似乎又受到了阿拉伯天文学的一些影响。此处姑先举两个例子以说明之。

其一是简仪。简仪之创新，即在其“简”——它不再追求环组重叠，一仪多效，而改为每一环组测量一对天球坐标（简仪实际上是置于同一

---

① 关于诸仪的简要记载见《元史·天文志》之一。又关于最引人注目的简仪、仰仪，可参见中国天文学史整理研究小组编：《中国天文学史》，第 190—194 页。

② 中国天文学史整理研究小组编：《中国天文学史》，第 202 页。

③ 约翰逊：《艺术与科学思维》，傅尚逵等译，工人出版社，1988 年，第 131 页。

④ 李约瑟：《中国科学技术史》第四卷，第 481 页。

基座上的两个分立仪器：赤道经纬仪和地平经纬仪）；这种一仪一效的风格，是欧洲天文仪器的传统风格，从札马鲁丁所献七仪到后来耶稣会传教士南怀仁（F. Verbiest）奉康熙帝之命所造六仪（今尚保存在北京古观象台），皆可看到这一风格。

其二为高表。札马鲁丁七仪中有“冬夏至晷影堂”，其功能与中土古老的圭表一样，但精确度可以较高；郭守敬不屑学之，仍从传统的圭表上着手改进，他的办法是到河南登封去建造巨型的高表和量天尺（即巨型圭表）。但是众所周知，“巨型化”正是阿拉伯天文仪器的特征风格之一。

在上述两例中，一是由阿拉伯天文学所传递的欧洲风格，一是阿拉伯天文学本身所形成的风格，它们都可以视为伊斯兰天文学对郭守敬的间接影响。当然，在发现更为确实的证据前，笔者并不打算将上述看法许为定论。

以蒙古征服为契机，在欧亚大陆上所引发的东西方天文学交流，是一个远未获得充分研讨的课题。这场交流中的史实、遗迹，它的影响、意义，等等，都是非常引人入胜的。我们迄今所知者，很可能仅是冰山之一角。

原载《传统文化与现代化》第6期（1993）

一九九四

［**纪事**］这年我被中国科学院破格晋升为研究员，成为上海天文台最年轻的研究员。据说这个“纪录”一直保持到1999年我调入上海交通大学。

关于下面这篇文章，有一小段八卦，现在想起来还挺有怀旧色彩。此文原是科学出版社出版的“世界著名科学家传记”丛书的约稿（我的任务是写托勒密和第谷两人的评传），但因为这种文章写起来相当麻烦，所以我迟迟没有写完。有一天，忽然接到大学时同班女同学——她恰好是此书的责编——来信，称：江晓原你再不马上交稿，我今年就要被扣2000元奖金啦。我一看来信，赶紧将手头别的事情放下，全力将两篇评传写完。以那时知识分子的一般收入情况来看，2000元还是相当大的数目。

托勒密传

一、生平及著作

托勒密（Claudius Ptolemaeus，最常用的是C. Ptolemy），约生于公元90年，约卒于公元168年。

关于托勒密的生平，至今所知甚少。最主要的资料来自他传世著作中的有关记载，其次是罗马帝国时代和拜占庭时代著作家们传述的一些说法——通常颇为可疑。

在托勒密最重要的著作《至大论》（*Almagest*）中，记载着一些他本人所作的天文观测，这是确定他生活年代、工作地点的最可靠的资料。见于《至大论》书中的托勒密天文观测记录，最早的日期为公元127年3月26日，最晚的日期为141年2月2日。由此可知托勒密曾活动于罗马帝国皇帝哈德良（Hadrian，公元117—138年在位）和安东尼（Antoninus，公元138—161年在位）两帝时代。《至大论》是托勒密早年的作品，此后他还写了许多著作，由这些著作推断，托勒密在哈德良皇帝时代已很活跃，而且他一直活到马可·奥勒留（Marcus Aurelius，公元161—180年在位）皇帝时代。

由托勒密留下的观测记录来看，他的所有天文观测都是在埃及（当时在罗马帝国统治之下）的亚历山大城（Alexandria，今埃及亚历山大省的省会）所作。直到今天，仍未发现任何确切的证据，能表明托勒密曾在亚历山大城以外的地方生活过。有一种说法，认为他出生于上埃及的托勒密城（Ptolemais，今埃及的图勒迈塞），这可能是正确的，然而此说出于后世（晚至约1360年），且无旁证。

托勒密的姓名中，保存着一些信息，可供推测。Ptolemaeus表明他是埃及居民，而祖上是希腊人或希腊化了的某族人；Claudius表明他拥有罗马公民权，这很可能是罗马皇帝克劳狄乌斯（Claudius，公元41—54年在位）或尼禄（Nero，公元54—68年在位）赠予他祖上的。

托勒密的著作集古希腊天文学之大成，但是对于他个人的师承，迄今几乎一无所知。《至大论》中曾使用了塞翁（Theon）的行星观测资料，有人认为塞翁可能是他的老师，但这仅是猜测而已。托勒密的不少著作题赠给一个不知其谁何的赛鲁斯（Syrus）。还有人认为泰尔的马里努斯（Marinus of Tyre）是托勒密的老师，托勒密在《地理学》一书中使用并修订了马里努斯的不少资料。所有这些情况都还不足以确定托勒密的师承。

《至大论》是托勒密所有重要著作中最早的一部。托勒密的著作流传至今的，包括完整的和不完整的，共有十种。除《至大论》将于下文详论外，其余九种略述如下。

《**实用天文表**》（*Handy Tables*）。所有必要的天文表其实在《至大论》中都已包括，但散在全文各处，查阅不便，乃将各表汇为一编，并修订参数，且将表的形式改编得更便于实际应用，还增加了一些表。历元改为米底国王菲力普（Philip）登基之年的埃及历法一月一日（即公元前324年11月12日）。此书在后来很长时期内成为同类作品的标准样式，这种样式一直沿用至中世纪以后。

《**行星假说**》（*Planetary Hypotheses*），2卷。仅第一卷有希腊古本保存，全文有阿拉伯文译本传世。此书为托勒密晚年所作。除修订了《至大论》中的有关参数外，在行星黄纬运动和宇宙模式两方面都有很大发展。此书中的宇宙模式变得颇有中世纪阿拉伯天文学中宇宙模式的风格，这部分内容又是在只有阿拉伯文译本的卷二中，因此有人怀疑其中可能杂有后世阿拉伯天文学家的工作。

《**恒星之象**》（*Phases of the Fixed Stars*），2卷。仅有第二卷存世。此书专门讨论一些明亮恒星的偕日升与偕日落，这是在《至大论》中未曾充分展开处理的课题。书中有一份历表，列有一年中每一天偕日升及偕日落的若干亮星，并结合各种证据，列出这些星象对未来气候变化的预兆意义。这种把现代意义上的气象学与星占学结合在一起的传统，从古希腊一直持续到文艺复兴时代。

《**四书**》（*Tetrabiblos*），4卷。星占学专著。托勒密自己将此书视为《至大论》理所当然的互补之物或姊妹篇。此书在古代和中世纪极负盛名，托勒密也由此长期被视为星占学大家。

《**地理学**》（*Geography*），8卷。这是古代地理学的经典著作之一。托勒密显然打算在此书中对当时所知的一切地理学和地图学知识集其大成，就像他在《至大论》中对天文学所做的那样。不过，此书并未在地理学史上获得类似《至大论》在天文学史上那样的地位。这固然与书中的许多错误有关，但最根本的原因是当时地理学远未达到天文学那样成熟。

《**光学**》（*Optics*），5卷。希腊文本已佚失，后世的阿拉伯文译本缺卷一及卷五的末尾部分，又已佚失，只有12世纪时的拉丁文译本（据阿拉伯文转译）存世。

《**日晷论**》（*Analemma*）。除保存下一部分希腊文抄本残卷外，仅有13世纪的拉丁文译本存世（译自希腊文）。此书研讨构造日晷时需要解决的角度、投影、比例等几何问题。书中的基本概念当非托勒密首创——他在书中提到古罗马工程师维特鲁威（Vitruvius）的《建筑十书》（*De Architectura Libri Decem*）里所述构造日晷之法，但托勒密在具体技巧上有许多改进。

《**平球论**》（*Planisphaerium*）。有11世纪初年的阿拉伯文译本及12世纪中叶据此阿拉伯文译本转译的拉丁文译本传世。此书专论天球上的各种圆如何投影于平面，这是构造平面星盘的理论基础。

《**谐和论**》（*Harmonica*），3卷。数理乐律学著作，根据各个不同的传统希腊体系，讨论各种音调及其分类中的数学音程等问题。此书第三卷的最末三章佚失，这三章是讨论各行星天球与音程之间的数学关系，开后来开普勒（J. Kepler）著名的同类研究之先河。据公元3世纪晚期波菲利（Porphyry）的评注，说此书只是前人，特别是戴狄慕斯（Didymus，公元1世纪时人）著作的转述引申，但其说的真实性无从判断。

上述十种皆为托勒密流传至今的著作。此外，根据一些古代著作家在他们作品中征引所及，可知托勒密还有另外一些著作。如他曾著有《体积论》（*On Dimension*）及《元素论》（*On Elements*）两书，都已佚失。他还写过一部讨论机械学的书，共3卷，也未能传世。

另一方面，托勒密盛名之下，又有不少古代著作委托他的名义流传于世。例如，特别要提到《金言百则》（*Centiloquium*）一书，是一部星占学格言集，共100条。被归于托勒密名下，而实出伪托。

托勒密的著作，在他身后一千数百年间，经过无数次转抄、翻译，版本众多，情况极其复杂。近现代西方学者为此付出了艰巨的劳动，做了大量整理、校刊、编纂以及翻译工作（这些工作的烦琐枯燥是令人望而生畏的），连那些佚失、疑似、伪托作品的有关情况和线索，也都作了考证及清理，这些工作的成果，绝大部分都已刊行于世，成为后人研究托勒密及他那个时代学术状况的基础。

二、《至大论》与托勒密的天文工作

《至大论》，全书13卷。希腊文原名的本意是“天文学论集”，稍后常被非正式地称为“大论集”，可能是与另一部名为“小天文论集”的希腊著作相对而言的。阿拉伯翻译家将书名译成 al-majisti，再经拉丁文转写之后，遂成 *Almagest*，成为此书的固定名称。此书的中文译名曾有《天文学大成》《伟大论》《大集合论》《大综合论》等多种，但以《至大论》最符合 *Almagest* 的原意，而且简洁明了。

《至大论》问世之前的希腊天文学发展史，几乎没有什么第一手史料流传到今天。对于这段历史，人们只能借助于各种第二手史料获得初步认识。《至大论》本身就是这方面最主要的史料之一。大约从公元前 4 世纪晚期，希腊人开始进行天文观测，最初主要只是确定冬至、夏至的日期，至公元前 3 世纪初，阿里斯泰鲁斯（Aristyllus）和梯摩恰里斯（Timocharis）在亚历山大城开始尝试确定恒星位置，并观测掩星现象（occultation）。这些观测为数既少，又无系统，更缺乏可靠的理论基础。后来，巴比伦人的大量天文观测记录——年代可以上溯至公元前 8 世纪——传入希腊，情况才大有改观。活动于公元前 4 世纪初叶的欧多克斯可能已经知道这些观测，但真正确切使用这些观测资料的第一位希腊人，当推希帕恰斯（活跃于公元前 150—前 127），希腊天文学成为一门定量的精密科学，是与希帕恰斯的工作分不开的。他借助巴比伦的交食记录，加上他本人的系统观测资料，构造了一个本轮（epicyclic）体系，能够颇为准确地预推太阳和月亮的位置，因而也就能够预报交食。但对于行星运动，希帕恰斯仅限于指出当时的体系与观测资料不合。当时希腊人已有了欧多克斯的同心天球体系，能够在精确度不高的情况下定量描述天体运动。

《至大论》继承了由欧多克斯、希帕恰斯所代表的古希腊数量天文学的主要传统，并使之发扬光大，臻于空前绝后之境。托勒密在书中构造了完备的几何模型，以描述太阳、月亮、五大行星、全天恒星等天体的各种运动；并根据观测资料导出和确定模型中各种参数；最后再造成各种天文表，使人们能够在任何给定的时间点上，预先推算出各种天体的位置。

《至大论》第一、第二卷主要讲述预备知识。包括地圆、地静、地在宇宙中心、地与宇宙尺度相比非常之小而可视为点等。有不少篇幅用来讨论球面三角学，这在托勒密之前已由希腊数学家梅内劳斯（Menelaus）作了很大发展。托勒密利用球面三角学处理黄道、赤道以及黄道坐标与赤道坐标的相互换算。他确定黄赤交角之值为 23°51′20″。他还给出了太阳赤纬表，表现为太阳黄经的函数，这样就能掌握一年内太阳赤纬的变化规律，进而可以计算日长等实用数据。

第三卷专门讨论太阳运动理论。主要是解决太阳周年视运动的不均匀性，即速度的变化（anomaly）。托勒密用图 1 所示的几何模型来处理这一问题。地球位于图中 O 处，大圆之心则在 M 处，设太阳 P 以对 M 点而言为匀角速度的状态，每年沿大圆绕行一周；那么显然，对 O 点而言 P 必非匀速。于是，一年中太阳在远地点 A 处运行最慢，而在近地点 Z 处运行最快。图中的三个角度，$\bar{\kappa}$ 表示太阳的平运动，κ 表示真运动，δ 则为后者的偏差，它们有如下关系：$\kappa=\bar{\kappa}\pm\delta$。

托勒密利用他本人所作的观测，确定了一个时刻的太阳位置，他又选定历元，为亚述国王那波那撒（Nabonassar）登基之年的埃及历一月一日（即公元前 747 年 2 月 26 日），这样他就能够给出任一时刻的太阳实际位置。图 1 中的 e 称为两心差，是一个可以通过观测而确定的参数。托勒密在太阳运动方面的工作基本上未超出希帕恰斯的成就，但他采用的图 1 模式较希帕恰斯采用的本轮模式要简单明快得多。

《至大论》第四、第五两卷主要讨论月球运动理论。托勒密首先区分了恒星月、近点月、交点月和朔望月这四种不同概念。为了建立精确可用的月球运动表，托勒密采用两种不同的几何模型来处理月球运动。其一见图 2 所示，图中 P_1、P_2、P_3 分别代表由三次月食观测所确定的三处月球的位置，因月食时月黄经恰与太阳黄经相差 180°，而太阳位置由《至大论》卷三的理论已可准确得知，这样月球位置也就可准确得知。δ_1 与 δ_2 为从地球 O 处见此三次月食时所张的角（可由观测得知），角度 θ_1 与 θ_2 可根据月球的平运动确定。这样，托勒密能够依靠几何学办法，推求出图 2 中 r 与 R 之比，r 代表月球所在本轮的半径，R 则代表本轮之心与地球的距离（也就是均轮的半径）。第二种月球运动模型见图 3 所示。本来在前一模型中，月球本轮之心 C 绕地球 O 而转动，如图 3（a）中所示。

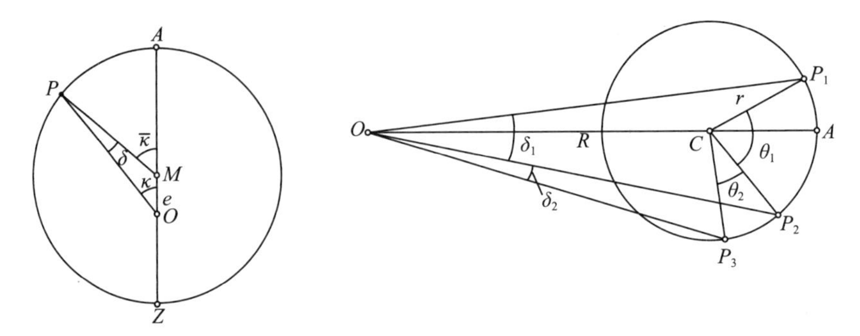

图 1　太阳周年视运动

图 2　托勒密月运动模型之一

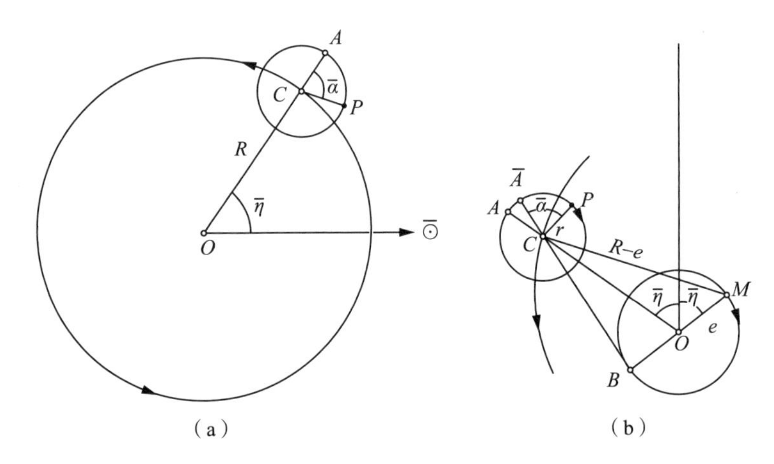

图 3　托勒密月运动模型之二

但托勒密在研究中发现了“出差”（evection），这是月球运动理论史上最重要的进展之一，为此他改用图 3（b）中的模型，令月球本轮之心 C 绕 M 点旋转，而 M 点又以地球 O 为圆心绕转，M 绕 O 而转的速度与 C 绕 M 而转的速度相同但方向相反。可以证明，图 3（b）中的线段 $OM+MC$ 之长，正等于图 3（a）中的 OC 之长。这样，托勒密遂能成功地用图 3（b）的模型来描述包括出差在内的各种月球运动差数，使之与实际观测结果吻合甚好。另外，在讨论月球黄经运动时，通常都假定月球就在黄道面内运行（图 2、图 3 的模型都是如此），但这样的简化对于研究交食来说显然是不行的，托勒密采用黄白交角 5° 之值。托勒密在第五卷中还讨论了日、月的视差等问题，但错误颇多。

《至大论》第六卷，在第四、第五两卷基础上，专论交食理论。这实际上可视为他在前面各卷中所述日、月运动理论的检验和应用。

第七、第八两卷专论恒星。托勒密将自己的观测与希帕恰斯等前人的观测结果进行比较，讨论了岁差问题。希帕恰斯对岁差值的估计是“不小于每百年 1°”，但托勒密似乎就采纳了每百年 1° 之值，这样就使他的岁差值偏小了。这两卷的主要篇幅用于登载一份恒星表，即著名的“托勒密星表”，这是世界上最早的星表之一。表中共记录 1022 颗恒星，分属于 48 个星座，每颗下都注有该星的黄经、黄纬、星等（从一至六等）三项参数。关于这份星表在多大程度上是承袭自希帕恰斯的，一直有许多猜测。表中各星，没有一颗是亚历山大城可见而罗得岛（Rhodes，希帕恰斯的天文台所在地）不可见的；况且在星表中注明各星黄经、黄纬及星等，将星分为六等之类都是希帕恰斯开创的先例，因此颇有人怀疑托勒密的星表并非出自他亲自所测，不过是将希帕恰斯旧有之表加上岁差改正值而已。用现代方法检验，托勒密星表总的来说黄经值偏小，有的学者认为造成这种误差的主要来源是托勒密日、月运动理论的不完善处，因在古代西方，测定标准星坐标值的主要方法是借助太阳运动表，并以月亮为中介来进行，而其余恒星的坐标值是根据少数标准星来测定的。

从《至大论》第九卷起，转入对行星运动的研究，用去五卷的巨大篇幅。如果说以前各卷的内容中，或多或少都有希帕恰斯的遗产，那么在这六卷中，托勒密的创造和贡献显得有声有色，丰富多彩，是任何人都不会怀疑的。

在第九卷一开始，托勒密阐明了他所构造的地心宇宙体系，如图 4 所示，这个体系从此成为欧洲和阿拉伯天文学普遍遵循的理论基础，长达千余年。为了具体用数学方式描述各行星的运动状况，托勒密设计了如图 5 所示的几何模型，用于处理土、木、火三颗外行星的情况。在图 5 中，O 依旧表示地球，行星 P 在其本轮上绕行，本轮之心 C 在大圆（即均轮）上绕行，但是大圆之心虽为 M，C 点的运行却只是从 E 看去才是匀速的。M 点与 O 点及 E 点的距离相等，其长度为 e，称为偏心率（eccentricity）。对于外行星而言，托勒密将 e 视为一个经验系数，根

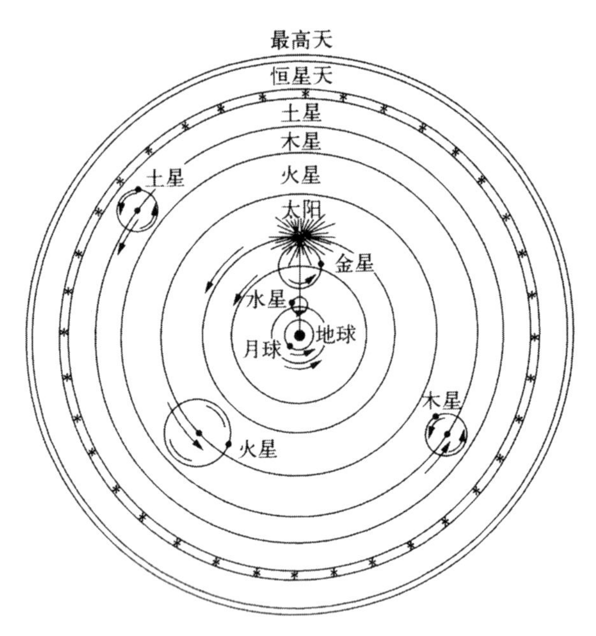

图 4 托勒密的宇宙体系示意图

据最后计算所得行星位置与实测之间的吻合情况，可加以调整。$\bar{\kappa}$ 为平近点角，连接 O、M、E、A 各点的直线为拱线（apsidal line）。对外行星而言，PC 线与地球对于太阳位置的连线始终保存平行。为了确定外行星的各项参数，包括拱线方位在内，托勒密选用三项行星位置的观测记录，用类似前面以三次月食定月运动模型参数的方法来处理。处理金、水两颗内行星的模型与图 5 稍有不同，对于拱线位置和 e 值等参数的确定，则更多地依赖于对内行星大距（elongation）的观测资料。

图 5 中 E 点的引入，是一个非常引人注目的重要特征，该点从中世纪以后通常被称为“对点”（equant）。对点的引入大胆冲破了古希腊天文学中对匀速圆周运动（uniform motion）的传统迷信，这种迷信纯出于哲学思辨。如果认为图 5 中的对点使得托勒密的行星模型在某种程度上已开了后世开普勒椭圆运动模型的先河，也不能算过分夸张的说法。事实上，运用图 5 模型

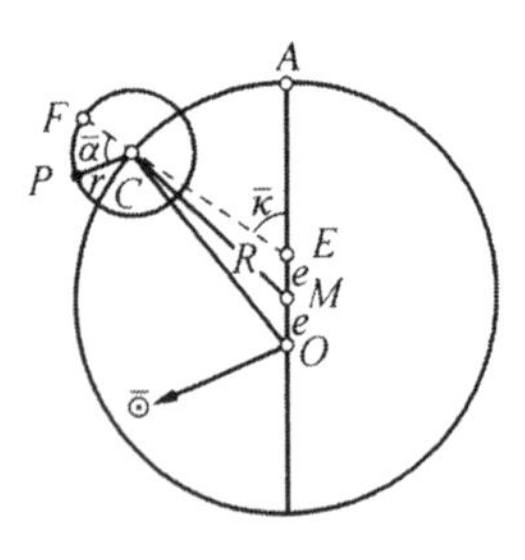

图 5 托勒密的行星运动模型

求得的行星黄经，与在开普勒椭圆模型中代入相同的偏心率 e 值后所得结果，误差仅仅在 10′ 以内。托勒密引入对点所体现的对匀速圆周运动信念的超越，使他在这一方面甚至走在了哥白尼的前头。

运用几何模型，逐个处理五大行星的黄经运动，占去了《至大论》第九至第十一卷的大部分篇幅。到第十二卷中，托勒密致力于编算外行星在逆行时段的弧长和时刻表，以及内行星的大距表。

在《至大论》第十三卷中，托勒密专门讨论行星的黄纬运动。诸行星轨道面与黄道面并不重合，而是各有不同的小倾角，这一事实从日心体系的角度来看，十分简单；但要在地心体系中处理这一事实，就比较复杂。在《至大论》中，托勒密未能将这一问题处理好。他令外行星轨道面（也即均轮 deferent 所在的平面）与黄道面有一个倾角 i_0；又令本轮与均轮各自的平面之间有一个倾角 i_1，这两个倾角之值又不相等，这使问题变得非常烦琐。

但是，当《至大论》完成问世之后，行星黄纬问题显然仍旧萦绕在托勒密心头。在他晚年的作品《行星假说》第一卷中，他改善了行星黄纬运动模型，关键的一步是令 $i_0 = i_1$，这意味着：本轮面始终与黄道面保持平行。而均轮面与黄道的倾角则正好对应于后世日心体系中行星轨道与黄道面的倾角。《行星假说》第一卷中的行星黄纬运动模型，已是在地心体系下处理这一问题的最佳方案。

对于宇宙体系的结构及运行机制问题，托勒密在《至大论》中采取极为务实而明快的态度，他在全书一开头就表明，他的研究将采用“几何表示”（geometrical demonstration）之法进行。在第九卷开始讨论行星运动时他说得更明白：“我们的问题是表示五大行星与日、月的所有视差数——用规则的周圆运动所生成。”他将本轮、偏心圆等仅视为几何表示，或称为“圆周假说的方式”。那时，在他心目中，宇宙间并无任何实体的天球，而只是一些由天体运行所划过的假想轨迹。然而，当他撰写《行星假说》一书时，很可能有一种不同于他早年的简洁明快风格，而是带有神秘主义色彩的倾向，在他思想上滋生起来。在此书第二卷对宇宙体系的讨论中，出现了许多实体的球；每个天体有自己的一个厚层内部为实体的偏心薄球壳，天体即附于其上。这里的偏心薄球壳实际上起着《至大论》中本轮的作用。而各个厚球层（其厚度由该层所属天体距地球的最大与最小距离决定）与“以太壳层”是相互密接的。在此书中，托勒密一改《至大论》中的几何表示之法，致力于追求所谓“物理的”（physical）模式。

三、星占学

关于托勒密在他身后的历史时期中，他作为天文学家和作为星占学家，哪个名声更大的问题，学者们有不同的看法，不过至少在中世纪晚期，他的名声首先是和他的星占学巨著《四书》联系在一起的。

《四书》的写作，大致在完成《至大论》之后，而在撰写《地理学》之前，托勒密本人将此书视为《至大论》的姊妹篇，在《至大论》中，托勒密几乎完全不涉及星占学（只有第二、第六卷等少数几处与星占学有间接关系），他只是致力于让人们能够预先推算出任何时刻的各种天体位置。而在《四书》中，他试图详细阐述这些天体在不同位置上对尘世事务的不同影响，他认为这两方面是不可偏废的。托勒密坚信天体对人间事务有着真实的、“物质上的”（physical）影响力，他从太阳、月亮对大地的物质影响出发，由类比推论出上述信念。当然，托勒密并非宿命论者，他承认左右人间事务的因素有多种，天体的影响力只是其中之一。

《四书》全书共四卷。第一卷解释星占学的技术性概念。第二卷研究天象对大地的一般性影响，包括依据天象进行气象预报，以及所谓“星占地理学”（astrological geography）。第三、第四两卷专论天象对人生的影响，主要是解释如何根据一个人出生时刻的算命天宫图（horoscope）来预言其人一生的祸福命运。这种星占学并非托勒密首创，早在好几百年前就已发源于巴比伦，传入希腊化世界（包括埃及在内）也已很久，所以托勒密当然不能不在大体上与旧有的星占学原则相一致，然而在这两卷中他还是经常有所创新和发展。

托勒密在《四书》第四卷所讨论的，属于“生辰星占学”（horoscope astrology），专论王朝的军事大事，包括战争胜负、年成丰歉等。这种星占学还要划分天区，使出现于不同天区的天象，能够预兆不同地区或不同时间（季节、昼夜等）将要发生的事。托勒密在《四书》中完全未涉及军国星占学，这一点正标志着西方星占学史上潮流的转换——军国星占学随着巴比伦文明的衰退，在西方世界（包括中东等地）很快走向沉寂，而后起的生辰星占学则登场成为主流。

《四书》在托勒密各种著作中，相对来说是最独立的，它与托勒密的其他著作在内容上没有什么直接联系。

四、地理学

地理学在古希腊高度发展，它可以概括为“地方志”和“地图学”两个主要方面。地图学是古代数理地理学——也是希帕恰斯创立的——的主要内容，包括绘制地图所需的几何投影方法（古希腊人早已确立地圆概念，所以地图投影问题无法回避）、主要城市的经纬度测算等。而到了托勒密生活的时代，罗马人的世界性大帝国大大增进了欧、亚、非三大洲各民族之间的了解和交流，无数军人、官吏、僧侣、商人、各色人等的远方见闻，正有利于古代地理学向一个新的高度迈进。

托勒密的《地理学》八卷，在相当程度上是以泰尔人马里努斯的工作为基础的。此人是托勒密的前辈，如果没有托勒密《地理学》一书记述了他的工作和成就，他很可能从此在历史上湮没无闻；这情形和希帕恰斯的天文学成就全赖托勒密《至大论》记载保存极为相似。与在天文学史研究中的情形一样，有人也将托勒密《地理学》贬斥为马里努斯的“拙劣抄袭者”。然而在事实上，《至大论》对希帕恰斯和《地理学》对马里努斯工作的保存及记述，足以证明，托勒密在此两大领域内，都将自己的工作置于前辈最伟大成就的基础之上，百尺竿头，再求进步。而他本人在此两书中的巨大成就，也是有目共睹的。

《地理学》第一卷为全书的理论基础。托勒密在其中评述了马里努斯的一系列工作，并介绍他本人所赞成的地理学体系。从数理科学发展史的角度来看，其中特别值得注意的，是他对地图绘制法的讨论，他不赞成马里努斯所用的坐标体系，认为它对实际距离的扭曲太大。为此，

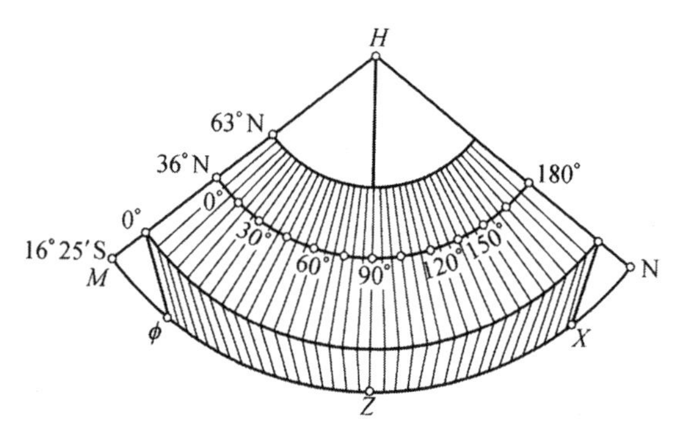

图 6　托勒密的投影法之一

他提出两种地图投影方法。第一种见图 6，各圆弧都以 *H* 点为圆心作成，代表不同的纬线；各经线皆为以 *H* 点为中心向南方辐射的直线；注意 *H* 点并非北极（应是位于北极上空的某一点）。图中经度仅 180°，纬度仅有从北纬 63° 至南纬 16°25′，这是因为当时的地理学家所知道的"有人居住的世界"（inhabited world）就仅在此极限之内。图 6 中特别画出北纬 36° 的纬线，这是那时各种地图的常例。北纬 36° 正是罗得岛所在的纬度，从中犹可看到这门学问的创始人、设立天文台于罗得岛的希帕恰斯的影子。用现代的标准来看，图 6 中的赤道以北地区的投影，完全符合圆锥投影（conic projection）的原理。至于赤道以南南纬 16°25′ 之区的地区，托勒密采用变通办法，将南纬 16°25′ 纬线画成与北纬 16°25′ 对称的状况，并作对等的划分。这也不失为合理。

《地理学》中提出的第二种投影方法见图 7，纬线仍是同心圆弧，但各经线改为一组曲线。这个方案中还绘出了北回归线，即纬度为 23°50′ 的纬线。第二种投影法，大致与后世地图投影学中的"伪圆锥投影"（pseudo-conic projection）相当，它比圆锥投影复杂，因为现在任一经线与中央经线的夹角不再是常数（在圆锥投影中该夹角为常数，等于两线所代表的经度差乘以一个小于 1 的常数因子），而是变为纬度的函数。

托勒密指出上面两种投影法各有利弊，第二种能更好地反映实际情况，但操作使用起来不如第一种方便，因此他建议这两种方法都应考虑采用。托勒密在《地理学》中的世界地图，就是采用第二种投影法绘制

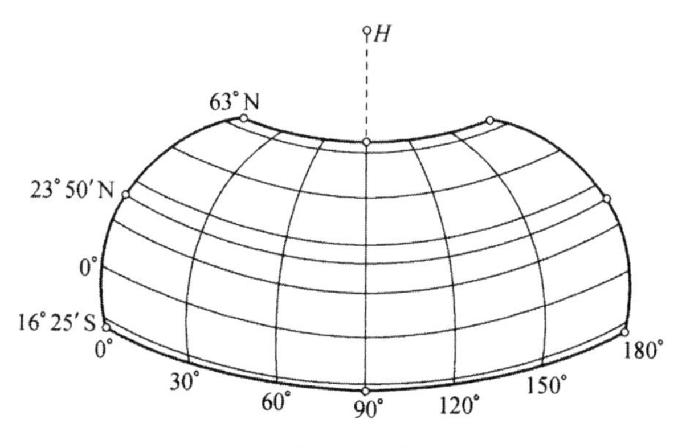

图 7　托勒密的投影法之二

的，他表示这是因为“我个人在这个工作方面及一切的事务上，宁愿采取较好和较困难的方法，而不采取粗糙和较容易的方法”。托勒密的上述两种地图投影法，是地图投影学历史上的巨大进步，他在这方面的创造直到将近 1400 年之后才后继有人。

《地理学》第二至第七卷，列述欧、亚、非三大洲共约 8100 处地点的地理经度和纬度值，以及当地山川景物、民族等情况的简短记述，也经常记录并讨论一些地点相互之间的距离和道路。所以，《地理学》一书有时又被称为《地理志》，书中对 358 个重要城市（principal cities）作了较详细的记述，并记下这些城市在一年中的最大日长（该值是当地地理纬度的函数）。这些内容见于第八卷中。这一卷很可能是托勒密在尚未受教于马里努斯著作的早年所作，很像一部地理学著作的初稿，与前七卷相对独立。《地理学》第八卷主要是一部由 26 幅区域地图组成的地图集，其中欧洲 10 幅，亚洲 12 幅，非洲 4 幅。每个地区以下再划分为省，各地区由其平均纬度来标定位置，并根据其东南西北四个极点画出自然界线。

《地理学》资料有许多错误，这是历史条件的局限，难以避免。在当时，测定一个地点的地理经纬度，从理论上说其方法早已解决：地理纬度可由在当地作天文观测来确定（比如测定一年中圭表在当地影长的变化），地理经度则可由在两地先后观测一次交食来确定（获得两地经度差），但这方法理论虽然可行，而实行上世界之大，万里悬隔，很少有人能真正去实施，据研究，托勒密只掌握少数几个城市的来自天文测定的地理纬度值；至于两地同测一次交食的观测资料，他能依据的似乎只有一项：公元前331年9月20日的一次月食，曾在迦太基（Carthage）和美索不达米亚的阿尔比勒（Arbela）被先后观测。不幸的是，这项资料记载有重大错误：两地见食的时间差应该只有两小时左右，但托勒密误为约三小时，这一错误很可能是导致托勒密地图一系列错误的主要原因之一。

托勒密在《地理学》中，明确将他所研究的内容与地方志区分开来，他在书中完全不涉及地方志，基本上将内容限于地图学的范畴之内。托勒密的这种做法受到一些现代研究者的批评，认为他的这种取舍实际上使地理学降级为地图编制学，使地理描述内容变得贫乏，因而他对古代地理学的衰落负有责任。但托勒密作为一个醉心于精密数理科学的学者，在数学化的地图学和搜奇志怪的古代地方志之间，更热衷于前者，是十分正常的；况且他当然也有权根据自己的学术兴趣去选择研究方向。

五、光学

关于托勒密之前的希腊光学，令人所能了解的情况非常之少，因为文献缺乏。有一种欧几里得（Euclid，约公元前300年）的著作，讨论所谓“纯光学”（pure optics），其中只有一些从日常现象中简化而得的粗略的公设（postulate），以及若干从公设中导出的基本几何定律。在反射光学方面，留下了希罗（Hero，约公元60年）一种著作的错谬百出的拉丁文译本，以及一种成于众手却托名欧几里得的论著。从中只能偶尔见到阿基米德（Archimedes，公元前3世纪）投射光学的只言片语，知道他曾使用实验方法。与上述情况相比而言，传世的托勒密《光学》一书，要算一部结构完整的巨著了。和《至大论》及《地理学》两书的情形相仿，托勒密在光学方面也完全当得起古希腊传统的压轴大师（这三门学问在托勒密身后都很快归于千年沉寂——至少在欧洲如此）。

《光学》第一卷已经佚失，但其内容仍可由余下几卷及旁的材料推知，这一卷是讨论视觉（vision）的。托勒密和不少古代学者一样，相信有一种“视流”（visual flux）从人眼中发出，并呈锥状散射而及于物体，这种锥状流束被称为“视线”（visual rays）。第二卷接着讨论光和颜色在视觉中的作用。

《光学》第三、第四两卷专门研究反射光学（catoptrics）理论，这是此书中非常有价值的部分。首先，托勒密确认了三条定理：

1. 镜中物体之像成于人眼与镜面反射点连线的延长线上某一点处。
2. 镜中物体之像成于物体与镜面垂直线的延长线上某一点处。
3. 视线的入射角与反射角相等。

由上述三条，镜中成像的位置和形状自然就可唯一确定。这三条定理通过实验来加以说明和揭示。

接下去，托勒密又对上述三条反射光学定理加以发展，讨论了许多非平面镜的反射规律，其中包括球凸镜、球凹镜等，甚至还有一些他所谓的“组合镜”（如柱面镜之类）。

《光学》一书的第五卷是全书最有价值的部分。托勒密在这一卷中讨论折射理论。他先描述了水使容器底部的物体看起来像被抬高了的实验（见图 8），以说明光线从空气进入水这一不同媒质时，在两媒质边界处有折射发生。接着，托勒密详细说明一个测定折射规律的定量实验，如图 9 所示，在一个铜盘上以两条直径垂直中分成四个象限，铜盘圆心处有一小杆可如钟面时针那样转动；将铜盘置于注水的缸中，盘面与水平面垂直，且使水正好浸没盘的一半。这样，设在露于空气中的上半铜盘边缘某处，比如图 9 中的 ε 处，作一标记，人眼从 ε 处望铜盘圆心，再转动处在水中的小杆，使之看起来与 ε 及圆心在同一直线上，

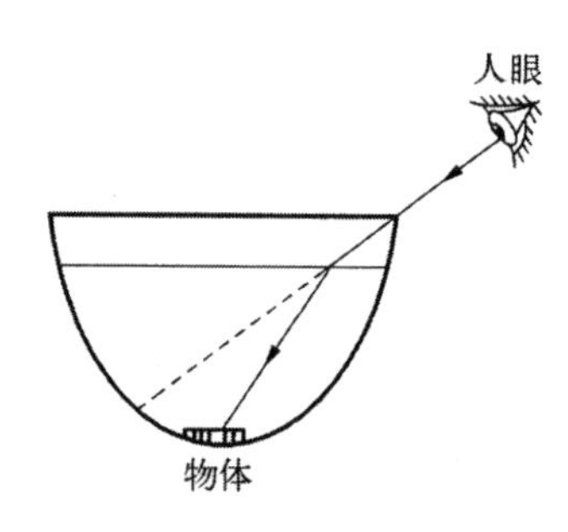

图 8　托勒密描述光线折射的实验

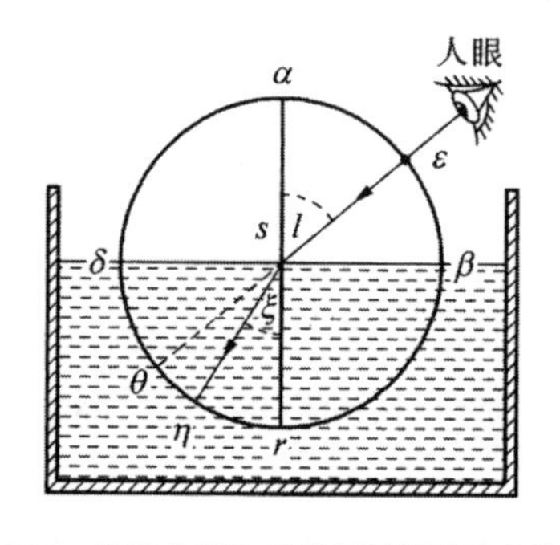

图 9　托勒密测定光线折射规律的实验

则小杆此时与铜盘边缘相交于 η 点，只要不断改变 ε 点的位置，则 η 点的位置也必随之改变，于是可以记下一系列入射角 l 与折射角 ξ 之值，从中看到两者的变化规律。托勒密记录了如下数据：

入射角 l	折射角 ξ	弯曲量 $l-\xi$
10°	8°	2°
20°	15°30′	4°30′
30°	22°30′	7°30′
40°	29°	11°
50°	35°	15°
60°	40°30′	19°30′
70°	45°30′	24°30′
80°	50°	30°

右边那一栏“弯曲量”的二次差在任何情况下都是常数（在托勒密所设入射角每隔 10° 变化一次的情况下该常数之值为 30′）。有的学者因此认为托勒密在这里实际上已到了发现斯涅耳（Snell）折射定律的大门口，这个定律表明，对于给定的两种媒质而言，在其分界面上发生的折射，其入射角的正弦与折射角的正弦之比为常数，也就是图 9 中：$\frac{\sin l}{\sin \xi}$ = 常数。托勒密已经掌握了正弦函数表，他在《至大论》中还特别讨论过，并给出了一份正弦表。如果他能想到将正弦角与他的折射实验数据加以对比，他有可能比斯涅耳早约 1500 年就发现折射定律。但事实上托勒密的上述数据与折射定律只是近似而已，并未很好吻合，所以他其实距斯涅耳的定律尚远。

在《光学》第五卷中，托勒密还研究了光线在空气与玻璃交界面上的折射，他发现玻璃对空气的折射率比水对空气的折射率大，这是正确的。在这一卷中托勒密又论及与天文观测有关的折射，以及折射量与媒质密度的关系、折射的成像等问题。不过，托勒密最终未能将他所讨论的折射规律表示为数学公式。

六、托勒密的历史功绩

在讨论托勒密的历史功绩及影响时，不能不先谈到一些很容易使人误入歧途的成见。这些成见并非学术研究所得出的成果，而是与某些特定时期的宣传活动密切结合在一起。因而广泛流传，其中比较重要的有如下两种。

第一种成见，是将托勒密看成只是一些古代科学文献的编辑者，由此引申开去，就自然会有诸如《至大论》不过袭自希帕恰斯、《地理学》只是马里努斯著作的翻版之类的俯瞰偏激之论。这种成见的发端，据研究很可能是19世纪初期的法国数学家、天文学史家德朗布尔（J. B. Delambre）的《古代天文学史》（*Histoire de l'astronomie ancienne*）一书，这种看法早已被学者们的研究所否定，但在一些非学术的读物中有时仍可见到。

第二种成见，是将托勒密与亚里士多德两人不同的宇宙体系混为一谈，进而将他们视为阻碍天文学发展的历史罪人。在当代科学史著述中，以李约瑟“亚里士多德和托勒密僵硬的同心水晶球概念，曾束缚欧洲天文学思想一千多年”的说法为代表，至今仍在许多中文著作中被反复援引。而这种说法其实明显违背了历史事实。亚里士多德确实主张一种同心叠套的水晶球（crystalline spheres）宇宙体系，但托勒密在他的著作中完全没有采纳这种宇宙体系，他也从未表示他赞同这种体系。另一方面，主要由希腊－阿拉伯学者保存、传述下来的亚里士多德学说，直到13世纪仍被罗马教会视为异端，多次禁止在大学里讲授。因此，无论是托勒密还是亚里士多德，都根本不可能“束缚欧洲天文学思想一千多年”，至1323年，教皇宣布托马斯·阿奎那为“圣徒”，阿奎那庞大的经院哲学体系被教会官方认可，成为钦定学说。这套学说是阿奎那与其师大阿尔伯图斯将亚里士多德学说与基督教神学全盘结合而成。在论证水晶球宇宙体系时，阿奎那曾引用托勒密的著作来论证地心、地静之说。此后，亚里士多德的水晶球宇宙体系确实束缚了欧洲天文学思想二三百年，但这显然无法构成托勒密的任何罪状。

托勒密的《至大论》，在他身后不久就成为古代西方世界学习天文学的标准教材。公元4世纪就出现了帕普斯（Pappus）的评注本和亚历山大城的塞翁（Theon of Alexandria）的评注本。约在公元800年出现阿拉伯文译本。随后出现更完善的译本，它们与阿拔斯王朝的哈里发阿尔马蒙（Al-Ma'mun）对天文学的大力赞助密切联系在一起。1175年，出现了克雷莫纳的杰拉尔德（Gerard of Cremona）从阿拉伯文译的拉丁文译本,《至大论》开始重新为西欧学者所了解。在此之前不久，1160年左右还有一个从希腊文本译出的拉丁文译本出现在西西里，但可能不太为人所知。这些译本，连同来自阿拉伯一些以《至大论》为基础的新论著，在13世纪大大提高了西方天文学的水准，而在此前漫长的中世纪时期，西方世界的天文学进展主要出现在阿拉伯世界，然而阿拉伯天文学家更是大大受益于托勒密的天文学著作。

阿拉伯天文学家接触到《至大论》后，很快发现它所代表的天文学水准明显超出当时波斯和印度的天文学。同时，他们也通过实际观测而发展《至大论》在太阳运动理论方面的欠缺，因此他们通常在这方面做出改进，而在月球和行星运动理论上则继承托勒密的遗产。这样的事例很多，比如巴塔尼（A-Battani）的《积尺》(*Zij*，天文历算之书，约成于公元880年）就是一例。此书第一部分仿照《至大论》的模式，第二部分仿照《实用天文表》(在此之前也已有阿拉伯文译本)。巴塔尼改善了黄赤交角之值等一系列与太阳运动有关的数据，但此书在很大程度上仍是托勒密学说的复述。又如法干尼（Al-Farghani）编撰了一部《至大论》的概要（epitome，约公元850年），成为中世纪晚期标准宇宙图像的一部分，但丁（Dante Alighieri）的著名长诗《神曲》(*Divina commedia*)中的宇宙图像就是如此。受到托勒密天文学著作启发和激励的著名阿拉伯天文学家，还可以提到纳速拉丁·图思（Nasir al-Din al-Tusi，1201—1274）和伊本·沙提尔（Ibn al-Shatir，活跃于14世纪中叶），前者是那个时代有国际声望的学者兼政治人物，他的天文体系中力图恢复匀速圆周运动，而不赞成托勒密的对点（equant），不过，反对的理由纯出于哲学思辨。后者对托勒密的月球运动模式有所改进。

托勒密的天文学著作经阿拉伯学者之手而重为欧洲所知之后，又在欧洲保持了长时间的影响力，至少延续到16世纪。在此之前，没有任何西方的星历表不是按托勒密理论推算出来的。虽然星历表的精确程度不断有所提高，但由于托勒密所使用的古希腊本轮－均轮系统具有类似级数展开的功能，即为了增加推算的精确度，可以在本轮上再加一个小轮，让此小轮之心在本轮上绕行，而让天体在小轮上绕行。只要适当调整诸轮的半径、绕行方向和速度，即可达到要求。从理论上说，小轮可以不断增加，以求得更高的精度，有些天文学家正是这样做的，关于小轮体系的烦琐，是许多宣传性读物中经常谈到的话题，这也成为托勒密的罪状之一，但这在很大程度上是错误的。姑以被誉为“简洁”的哥白尼体系为例，在《天体运行论》（*De Revolutionibus*）中，哥白尼仍使用小轮和偏心圆达 34 个之多（地球 3 个，月球 4 个，水星 7 个，金星、火星、木星和土星各 5 个）。

西方天文学发展的最基本思路是：在已有实测资料基础上，以数学方法构造模型，再用演绎方法从模型中预言新的天象；如预言的天象被新的观测证实，就表明模型成功，否则就修改模型。在现代天体力学、天体物理学兴起之前，模型都是几何模型——从这个意义上说，托勒密、哥白尼、第谷乃至创立行星运动三定律的开普勒，都无不同。后来则主要是物理模型，但总的思路仍无不同，直至今日还是如此。如果考虑到上述思路正是确立于古希腊，并且正是托勒密的《至大论》第一次完整、全面、成功地展示了这种思路的结构和应用，那么，对于托勒密在天文学史上的功绩和影响就不难获得持平之论。正如著名的西方数理天文学史家奈格堡（O. Neugebauer）所指出的：“全部中世纪的天文学——拜占庭的，最后是西方的——都和托勒密的工作有关，直到望远镜发明和牛顿（Newton）力学的概念开创了全新的可能性之前，这一状态一直普遍存在。”

托勒密的光学著作，对后世也有相当持久的影响。《光学》一书，至少为 11 世纪初著名的阿拉伯学者伊本·海赛木［Ibn al-Haytham，卒于 1039 年，在拉丁世界以海桑（Alhazen）之名为人所知］撰写的光学巨著提供了灵感。伊本·海赛木的书名《光学书》（*Kitab al-Manazir*），其形式和许多内容都来自《光学》，其中一些实验也被认为是源于托勒密的。《光学书》不久就被译成拉丁文，名《光学宝鉴》（*Opticoae thesaurus*），成为中世纪晚期的标准论著，人们在罗吉尔·培根（Roger Bacon）、达·芬奇（Lionardo da Vinci）和开普勒的著作中，都可以看到《光学宝鉴》的影响，因而也就是托勒密留下的影响。

托勒密《谐和论》一书，作为音乐著作，在后世的权威不十分大，但他的一些音乐原则在西部拉丁世界也是颇为人知的。比较引人注目的是此书对开普勒的影响，开普勒曾表明要在他自己的《宇宙谐和论》（*Hermonice mundi*，1619）中将《谐和论》第三卷译出作为附录，并将此卷已佚失的末三章“复原”。这个附录后来并未出现，但他的《宇宙谐和论》全书却成为步托勒密后尘之作。

最后必须谈到托勒密地理学对后世的巨大影响。《地理学》一书在9世纪初叶便有了阿拉伯译本，书中关于伊斯兰帝国疆域内各地记载中的不准确之处，很快被发现并代之以更准确的记述，原初的阿拉伯文译本已经佚失，但此书在伊斯兰地理学中的直接与间接影响是值得注意的。《地理学》约在1406年出现，由安杰勒斯（J. Angelus）从希腊文本译出的拉丁文译本。因为此书即使在当时（在它问世后1200年！）仍是对已知世界总的地理情况的最佳指南，所以很快流行起来。直到16世纪，许多制图学在16世纪的进展提供了强大的刺激。托勒密的投影方法受到非议，由此导致各种新投影法的问世。《地理学》中的第一种投影法（本文图6所示）在墨卡托（Mercator）1554年的欧洲地图中受到非议，第二种投影法（本文图7所示）从1511年起受到更多的批评。然而无论如何，托勒密的《地理学》为后人提供了世上最早的有数学依据的地图投影法。

一个伟大学者的论著，有时会对人类历史的发展产生不可思议的直接影响。这种影响是他在撰写其论著时绝对想象不到的，托勒密就是少数这样的伟大学者之一。现代学者的详细研究表明：哥伦布（C. Columbus，1451—1506）开始在他那改变人类历史的远航之前，至少曾细心阅读过五本书，其中之一就是托勒密的《地理学》，而其余四本与此不是同类著作，因此可知，哥伦布的地理思想主要来自托勒密。哥伦布相信通过一条较短的渡海航线，就可以到达亚洲大陆的东海岸，结果他在他设想的亚洲东岸位置上发现了美洲新大陆——尽管他本人直到去世时仍认为他发现的正是托勒密地图上所绘的亚洲大陆。

原载《世界著名科学家传记·天文学家Ⅱ》，科学出版社，1994年

原始文献

[1] *Almagest*: J. L. Heiberg, Claudii Ptolemaei, *Opera quae exstant omnia* (以下简称 *Omnia*), I, Syntaxis mathematica, pts 2, Leipzig, 1898–1903.

[2] Handy Tables: N. Halma, *Tables manuelles astronomiques de Prolémée et de Théon*, pts 3, Paris, 1822–1825.

[3] Planetary Hypotheses: J. L. Heiberg, *Omnia,* II, *Opera astronomica minora*, Leipzig, 1907, pp.70–106.

[4] Phaseis (*Phases of the Fixed Stars*): Planetary Hypotheses: J. L. Heiberg, *Omnia,* II, *Opera astronomica minora*, pp.3–67.

[5] *Analemma*: Planetary Hypotheses: J. L. Heiberg, *Omnia,* II, *Opera astronomica minora,* pp.189–223.

[6] *Planisphaerium*: Planetary Hypotheses: J. L. Heiberg, *Omnia,* II, *Opera astronomica minora*, pp.227–259.

[7] Tetrabiblos: J. L. Heiberg, *Omnia,* III, I, *ΑΠΟΤΕΛΕΣΜΑΤΙΚΑ*, Leipzig, 1957.

[8] Geography: C. F. A. Nobbe, *Claudii Ptolemaei Geographia*, Vols 2, Leipzig, 1843–1845.

[9] Optics: G. Govi, *L'Ottica di Claudio Tolomeo*, Turin, 1885.

[10] Harmonica: I. Düring: *Die Hrmoniehre des Klaudios Ptolemaios, Göteborgs Högskolas arskrift*, 36 (1930), 1.

[11] 疑似、伪托及佚著残篇：F. Lammert, *Omnia,* III, 2, Leipzig, 1961; J. L. Heiberg, *Omnia,* II, *Opera asronomica minora,* Leipzig, 1907, pp.263–270.

研究文献

[12] F. Boll, "Studien über Caludius Ptolemäus" , *Jahrbücher für ciassiche Philelogie,* Supp. 21 (1894), pp. 53–66.

[13] C. H. F. Peters and E. B. Knobel, *Ptolemy's Cataloque of Stars: A Revision of the Almagest*, Washington, D.C., 1915.

[14] O. Neugebauer, *The Exact Sciences in Antiquity*, 2nd ed., Providence, R.I., 1957.

[15] B. L. van der Waerden *et al*., Ptolemaios 66, in *Pauly-Wissowa,* XXIII, 2, Stuttgart, 1959, pp. 1788–1859.

[16] N. Swerdlow, *Ptolemy's Theory of the Distances and Sizes of the Planets*, Ph. D. thesis, Yale University, 1968.

[17] G. J. Toomer, *Ptolemy, in Dictionary of Scientific Biography*, XI, New York, 1981, pp. 186–206.

[18] 江晓原:《天文学史上的水晶球体系》,《天文学报》1987 年第 4 期,第 403—409 页。

[19] N. Swerdlow, "Ptolemy's Theory of Inferior Planets", *Journal for the History of Astronomy*, 20 (1989), Part 1, pp. 29–60.

[20] 江晓原:《明末来华耶稣会士所介绍之托勒密天文学》,《自然科学史研究》1989 年第 4 期,第 306—314 页。

一九九五

［纪事］本年我在中国科学院上海天文台成为博士生导师。

在天文学史的“正业”之余，性学研究的“副业”也依旧进行着。下面这篇文章，就是以认真的态度从事“副业”的产物。

高罗佩《秘戏图考》与《房内考》之得失及有关问题

荷兰职业外交官高罗佩(R. H. van Gulik)①，因撰写《秘戏图考》② 及《中国古代房内考》③（下称《房内考》）两书而驰名欧美与东方，由此奠定他作为汉学家的学术和历史地位。两书先后问世迄今已数十年，在此期间这方面的研究已有许多新进展；则今日回顾高氏两书，就其得失及有关问题作一专题研讨，既有必要，亦饶趣味。

---

① 高氏 1910 年生于荷兰，3—12 岁随其父（任军医）生活于印度尼西亚，种下热爱东方文明之根芽。中学时自习汉语，1934 年入莱顿（Leiden）大学攻法律，但醉心于东方学，修习汉语、日语及其他一些亚洲语言文字。1935 年获博士学位。此后奉派至日本任外交官。高氏四处搜求中国图书字画、古玩乐器，并成珠宝鉴赏家；通书法及古乐，能奏古琴，作格律诗。1942—1945 年间在华任外交官，与郭沫若、于右任、徐悲鸿等文化名流交往。高氏渴慕中国传统士大夫生活方式，自起汉名高罗佩，字忘笑，号芝台，名其寓所曰犹存斋、吟月庵；并于 1943 年娶中国大家闺秀水世芳为妻。1949 年又回日本任职。此外还曾任外交官于华盛顿、新德里、贝鲁特、吉隆坡等处。1965 年出任驻日大使，1967 年病逝于荷兰。

② *Erotic Colour Prints of the Ming Period: With An Essay on Chinese Sex Life from the Han to the Ch'ing Dynasty B. C. 206–A. D. 1644.* Privately published in fifty copies, Tokyo, 1951.《秘戏图考》为高氏自题之中文书名。

③ *Sexual Life in Ancient China:A Preliminary Survey of Chinese Sex and Society from ca. 1500 B. C. till 1644 A. D.*. Leiden: E. J. Brill, 1961, 1974.《中国古代房内考》为高氏自题之中文书名。

一、“两考”缘起，及其作意、内容与结构

高氏生前先后在世界各地出版论著、小说、译作及史料凡十六种，从这些出版物足可想见其人对古代中国及东方文化兴趣之深、涉猎之广。[①] 其中在欧美最为风靡者为高氏自己创作之英文系列探案小说《狄公案》[②]，自 1949 年出版起，至今在美、英等国再版不绝。书中假托唐武周时名臣狄仁杰，敷演探案故事，致使“狄公”（Judge Dee）在西方读者心目中成为“古代中国的福尔摩斯（S. Holmes）”。高氏对古代中国社会生活、风俗民情及传统士大夫生活方式之深入理解，在《狄公案》中得到充分反映——此为撰写“两考”必不可缺之背景知识。

“两考”之作，据高氏自述，发端于一“偶然事件”[③]。高氏在日本

---

① 高氏 16 种出版物一览如下：

1.《广延天女，迦梨陀娑之梦》（*Uruaśī: A Dream of Kālicāsa*，梵文英译），海牙，1932。

2.《马头明王诸说源流考》（*Hayagrīva:The Mantrayanic Aspect of Horse-cult in China and Japan , with an Introduction on Horse-cult in India and Tibet*），莱顿，1935。此即高氏之博士论文。

3.《米芾论砚》（米芾《砚史》之英译及注释），北平，1938。

4.《中国琴道》（*The Lore of the Chinese Lute*），东京，1940。

5.《嵇康及其〈琴赋〉》（*Hsi K'ang and His Poetical Essay on the Lute*），东京，1941。

6.《首魁编》（中文日译），东京，1941。

7.《东皋禅师集刊》，重庆，1944。

8.《狄公案》（*Dee Goong An*），东京，1949。

9.《春梦琐言》（*Tale of a Spring Dream*），东京，1950。明代色情小说，高氏据其在日本所搜集之抄本印行。

10.《秘戏图考》，见本书前注，1951。

11.《中日梵文研究史论》（*Siddham:An Essay on the History of Sanskrit Studies in China and Japan*），那格浦尔（印度），1956。

12.《棠阴比事》（英译及注释），莱顿，1956。

13.《书画说铃》（英译及注释），贝鲁特，1958。

14.《中国绘画鉴赏》（*Chinese Pictorial Art as Viewed by the Connoisseur*），罗马，1958。

15.《中国古代房内考》，见本书前注，1961。

16.《长臂猿考》（*The Gibbon in China: An Essay in Chinese Animal Lore*），莱顿，1967。

② 《狄公案》系列共中篇十五部，短篇八部，在大陆已有中译全本，译者为陈来元、胡明。译文仿明清小说笔调，流畅可读。陈、胡两氏之中译本在大陆又有多种版本，较好的一种为太原：北岳文艺出版社，1986。近年且有将《狄公案》故事改编为电视连续剧者，亦名《狄公案》，然去高氏原著中典雅意境颇远。盖高氏《狄公案》之作，既借用西方探案小说之技巧，并掺有西方之法律、价值观念，同时又济之以对中国古代社会文化之体察玩味，颇有中西合璧之妙。

③ *Erotic Colour Prints of the Ming Period*，第 I 页。

购得一套晚明春宫图册《花营锦阵》之翻刻木版[①]——中国色情文艺作品收藏家在日本不乏其人，高氏也热衷于搜藏及研究晚明色情文艺，认为这套印版价值甚高，遂着手将其印刷出版。起先只打算附一篇关于中国春宫图艺术的概论，及至动笔撰写，始觉洵非易事，还须了解更多关于中国古代性生活、性习俗等方面的知识；因感到在此一领域并无前人工作可资参考[②]，高氏只好自己"筚路蓝缕，以启山林"，于是有《秘戏图考》之作，1951年印行。数年后，此书在学术界引起一些反响与争论[③]，高氏自己也发现了一些新的相关资料，方思有所修订，适逢荷兰出版商建议他撰写一部"论述古代中国之性与社会的"、面向更多读者的著作，于是有《中国古代房内考》之作。[④]

《秘戏图考》全书共三卷。卷一为"一篇汉至清代中国人性生活之专论"，又分为三篇。上篇为中国古代与性有关的文献之历史概述；中篇为中国春宫图简史；下篇为《花营锦阵》中与图对应之二十四首艳词的英译及注解，主要着眼于西人阅读时的难解之处。

卷二为"秘书十种"，皆为高氏手书抄录之中文文献。第一部分系录自日本古医书《医心方》卷二八之"房内"、中医古籍《千金要方》卷二七之"房中补益"，以及敦煌卷子伯卷二五三九上的《天地阴阳交欢大乐赋》。[⑤]第二部分为高氏搜集的明代房中书《纯阳演正孚佑帝君既济真经》《紫金光耀大仙修真演义》《素女妙论》，以及一种残页《某氏家训》。第三部分为两种春宫图册《风流绝畅图》《花营锦阵》之题词

① 《花营锦阵》原为蓝、黑、绿、红、黄五色之套色木刻印本，高氏所购为单色翻刻之木版。《秘戏图考》之英文书题为"明代春宫彩印"，其实全书四十余幅春宫图中仅十幅为彩印，其余三十多幅——包括作为该书最初主体的《花营锦阵》全册二十四幅在内——皆为单色，似有名实不甚副之嫌。

② 与此有关的西方著作当然也有，但高氏认为这些著作充斥着偏见与谬说，故完全加以鄙弃，谓："在这方面我未发现任何值得认真看待的西方专著，却不期然发现一大堆彻头彻尾的垃圾。"（I found no special western publication on the subject worth serious attention, and a disconcertingly large amount of pure rubbish.）见 *Sexual Life in Ancient China*，第Ⅺ—Ⅻ页。

③ 参见本文第五节。

④ *Sexual Life in Ancient China*，第ⅩⅢ—ⅩⅣ页。

⑤ 《医心方》，日人丹波康赖编撰（成于984年）。《千金要方》，唐初孙思邈撰。《天地阴阳交欢大乐赋》，唐白行简撰（约作于800年）；对于此一文献之专题研究，可见江晓原：《〈天地阴阳交欢大乐赋〉发微》，《汉学研究》第9卷第1期（1991）。

抄录。又有“附录”，抄录若干零星相关史料，最重要者为四种色情小说《绣榻野史》《株林野史》《昭阳趣史》《肉蒲团》中的淫秽选段。

卷三即全书最初方案中的主体——《花营锦阵》全册（二十四幅春宫图及各图所题艳词）。此外在卷一中，还有选自其他春宫图册的春宫图二十幅，其中十幅系按照晚明春宫图木刻套色彩印工艺在日本仿制而成。[①]

考虑到《秘戏图考》后两卷内容不宜传播于一般公众之中，高氏未将该书公开出版，仅在东京私人印刷五十部。全书自首至尾，所有英、汉、梵、日等文，皆由高氏亲笔手书影印。高氏将此五十部《秘戏图考》分赠世界各大图书馆及博物馆。他认为“此一特殊专题之书，只宜供有资格之研究人员阅读”[②]。他后来公布了此书收藏单位的名录，但只包括欧美及澳大利亚之三十七部，而“远东除外”[③]。根据现有的证据，中国大陆未曾获赠。

《房内考》在很大程度上可视为《秘戏图考》卷一那篇专论的拓展和扩充。他打算“采用一种视野开阔的历史透视，力求使论述更接近一般社会学的方法”[④]，意欲使两书能相互补益，收双璧同辉之功。《房内考》分为四编，用纵向叙述之法，自两周依次至明末，讨论古代中国人之性生活及有关事物。为使西方读者对所论主题易于理解，还随处插叙一些王朝沿革、军政大事之类的背景知识。因《房内考》面向大众公开出版，书中没有淫荡的春宫图、色情小说选段、全篇的房中书等内容；若干事涉秽亵的引文还特意译为拉丁文。

二、“两考”成就及有价值之论点

由上文所述，已可略见高氏其人对于中国古代文化有甚深切之浸润及理解体验，因而高氏与其他西方汉学家相比，甚少“隔”之病。故“两

---

① *Erotic Colour Prints of the Ming Period*，第XI页。
② 同上书，第X页。
③ *Sexual Life in Ancient China*，第360页。
④ 同上书，第XIV页。

考”不仅成为开创之作，其中还多有高明的见解与论断。

“两考”之前，对于古代中国人性生活的专题论著，在西方可说是完全空白的。既无客观之作，自然误解盛行，那些涉及此事的西人著作给人的印象往往是：中国人在性生活方面是光怪陆离、荒诞不经的，性变态广泛流行，要不就是女人的小脚或是色情狂……西人如此，犹可以文化隔阂解之，然而求之于中土，同类论著竟也是完全空白，就不能不使人浩叹中国人在这方面禁锢之严、忌讳之深了。[①] 正因如此，高氏“两考”之作虽难尽美，但开创之功已是无人可比。[②] 而直至今日，“两考”仍是西方性学及性学史著作家了解中国这方面情况之最主要的参考文献，也就毫不奇怪了。[③]

“两考”中不乏高明见解及有价值之论述，特别值得揭出者有以下数端：

甲　房中术为中国多妻家庭所必需

高氏确认中国古代是通行一夫多妻家庭制度的，至少上层社会是如此——他认为这一点是如此显而易见，以至无须进行论证。[④] 在此一

---

① 比如高氏曾举有名学者周一良在论文中不熟悉中国色情文献资料之事为例，感叹“甚至一个本民族的中国学者对中国的色情文献也所知甚微”，见 *Erotic Colour Prints of the Ming Period*，第 102 页。

② 进入 20 世纪 80 年代后期，大陆学者始有中国性史方面的专著问世。如江晓原：《性在古代中国》（西安：陕西科学技术出版社，1988）、江晓原：《中国人的性神秘》（北京：科学出版社，1989；台北：博远出版有限公司，1990；北京：国际文化出版公司，1993）、阮芳赋（F. F. Ruan）：*Sex in China*（New York: Plenum Press, 1991）；后两种还较多涉及大陆现今的性问题。又有刘达临：《中国古代性文化》（银川：宁夏人民出版社，1993）等二三种，则仿高氏《房内考》按时代顺序而述。然而所有上述各书，或失之于简，或失之于浅，或失之于泛，而比高氏“两考”更上层楼之作，尚须俟诸来日也。

③ 例如美国女学者坦娜希尔（R. Tannahill）有 *Sex in History* 一书，遍论世界各古老文明之性生活及习俗等，其中中国部分几乎全取材于高氏《房内考》。坦娜希尔此书在台湾有李意马编译本，名《人类情爱史》；在大陆有童仁全译本，名《历史中的性》，北京：光明日报出版社，1989。

④ 实际仍有论证的必要，因为学者们在古代中国是一夫一妻制还是一夫多妻制这一点上有明显的不同意见：潘光旦等人主张前者，吕思勉等人主张后者。一些当代著作中大多倾向于前者，主要理由是：（一）人口中男女比例之大致相等；（二）妻在法律地位上的唯一性。然而事实上，古代中国社会中长期普遍存在着相当大量的未婚及不婚人群，故（一）并不妨碍中上层社会实行多妻。（二）则是不成功的概念游戏——妻、妾、侍姬、家妓，乃至“通房丫头”，都可以是男性家主之人类学意义上的女性配偶，此为问题的实质。对于此事的详细论证，将在本书中进行。

正确认定基础之上，高氏能够对一些重要而奇特的历史现象做出圆通的解释。其中最特出者为房中术。中国古代房中术理论的基本原则是要求男子能“多交不泄”，即连续多次性交而不射精，甚至达到“夜御九女”的境界；这一原则垂两千年而不变。高氏指出，这是由于在多妻制家庭中，男性家主必须让众多妻妾都得到适度的性满足，始能保证家庭和乐：

> 这些房中书基本上都属于指导正常夫妻性关系的书。我说“正常”，当然是指相对于中国古代社会结构来说的正常。这些材料中谈到的夫妻性关系必须以一夫多妻的家庭制度为背景来加以考虑。在这种制度中，中等阶层的男性家长有三四个妻妾，高于中等阶层的人有六至十二个妻妾，而贵族成员、大将军和王公则有三十多个妻妾。例如，书中反复建议男子应在同一夜里与若干不同女子交媾，这在一夫一妻制的社会里是鼓励人们下流放荡，但在中国古代完全属于婚内性关系的范围。房中书如此大力提倡不断更换性伙伴的必要性，并不仅仅是从健康考虑。在一夫多妻制家庭中，性关系的平衡极为重要，因为得宠与失宠会在闺阁中引起激烈争吵，导致家庭和谐的完全破裂。古代房中书满足了这一实际需要。①

为了让众多妻妾都能得到性满足，男子必须掌握在性交中自己不射精却使女方达到性高潮的一套技巧。房中术理论中的“采补”“采战”等说，也都可溯源于此。高氏从多妻家庭的实际需要出发来说明房中术的原则及其在古代中国之长期流行，自然较之将房中术说成“古代统治阶级腐朽糜烂的生活所需”“满足兽欲”或者“中国古代重视房中保健”等，要更深刻而合理得多。

乙 “后夫人进御之法”精义

《周礼·天官冢宰》“九嫔掌妇学之法”郑玄注中有如下一段：

---

① *Sexual Life in Ancient China*，第 155 页。

自九嫔以下，九九而御于王所。……卑者宜先，尊者宜后。女御八十一人当九夕，世妇二十七人当三夕，九嫔九人当一夕，三夫人当一夕，后当一夕。

古今学者严重误解上引这段郑注者，不乏其人。主要的误解在将“御”字理解为现代通常意义上的性交，遂谓在一月之内天子要性交 242 次[①]，断无可能；顾颉刚斥之为“经学史上的笑话”，不料自己反倒闹出笑话。[②]其实这里“御”可理解为“侍寝”，未必非逐个与天子性交不可；即便真的“雨露承恩”，天子也必行房中之术，依“多交不泄”之法，故“夜御九女”确有实践的可能。[③]高氏并未提及这些误解（很可能他并未见到），但他根据对房中术理论的理解，为此事提出了极合房中之旨的解释：

低等级的配偶应在高等级的配偶之前先与王（按即天子）行房交媾，并且次数也更多。而王后与王行房则一月仅一次。这一规定是根据这样一种观念：……即在性交过程中，男人的元气是由女人的阴道分泌物滋养和补益。因此只有在王和低等级的妇女频繁交媾之后，当他的元气臻于极限，而王后也最容易怀上一个结实聪明的王位继承人时，他才与王后交媾。[④]

高氏对“后夫人进御之法”的解释，较之前人仅从郑注中谈及月相而望文附会[⑤]，无疑深刻合理得多，至少更具实证色彩。

---

① 每十五日循环一周，故每月之次数为：2×（81+27+9+3+1）=242。

② 顾颉刚云：“［郑玄］又这般残酷地迫使天子一夕御九女，在一个月之内性交 242 度，这就是铁打的身体也会吃不消。”（见顾氏长文《由“烝”“报”等婚姻方式看社会制度的变迁》，载《文史》第十四辑，北京：中华书局，1982，第 2 页）早先南宋魏了翁《古今考》也说此制“每九人而一夕，虽金石之躯不足支也”。

③ 关于前人对此事的误解及房中术与古代帝王之特殊关系，笔者将另文详论之。

④ *Sexual Life in Ancient China*，第 17 页。

⑤ 如周密《齐东野语》卷一九“后夫人进御”条曰：“其法自下而上，像月初生，渐进至盛，法阴道也。”又云：“凡妇人阴道，晦明是其所忌。……故人君尤慎之。”完全不得要领。

丙　古代中国人性行为非常健康

高氏曾寓目中国春宫画册十二种，共三百余幅，他统计了其中所描绘的性行为姿势，得到如下结果①：

性交内容、姿势或体位	百分比（%）
正常男上位	25
女上位	20
立位（女腿倚于桌凳等处，男立其前）	15
男后位	10
肛交	10
侧卧体位	5
男女蹲、坐合欢	5
与女阴口交	5
与男根口交	3
反常状况（如一男共二女等）	1
女性同性恋	1

高氏认为，“性学家会同意上表是健康性习惯的良好记录”②。他认为古代中国人很少有变态性行为——在传世的房中书中未见这方面的任何讨论，其他文献中也极少这类记载。③只有女性同性恋在他看来似乎是一个例外：

> 在一个大量女子被迫密近相处的社会中，女性同性恋似乎相当常见。……女性同性恋被认为是可以容忍的，有时甚至被鼓励。④

此处，高氏仍立足于对古代中国上层社会多妻制的考虑。

尽管高氏对古代中国人性行为的了解主要限于春宫图，而且他也未能注意到在浩瀚的中国古籍中其实可以找到相当多的性变态记

---

① *Sexual Life in Ancient China*，第 330 页。

② 同上。

③ 这一说法明显不妥，因高氏对中国古籍所见终究有限。参见本文第三节。

④ *Erotic Colour Prints of the Ming Period*，第 148 页。

载[1]，但是他下面的论证仍不失其雄辩合理：春宫图本有煽情之旨，画家自当竭尽其想象力以作艺术之夸张，况且晚明时代正值一部分士大夫放荡成风，而三百余幅春宫图中仍未画出多少变态性行为——勉强要算，也仅有口交、肛交和女性同性恋三种，可见古代中国人性行为的主流是很正常而健康的。[2]这一结论就总体而言是正确的。

丁　士大夫狎妓动机

高氏对于古代中国士大夫与妓女（通常是艺伎之类较高等的妓女）的交往，所涉史料虽不甚多，却有颇为真切的理解。他认为在这种交往中，肉欲的满足是“第二位的因素”，而许多士大夫与艺伎交往甚至是为了“逃避性爱”，高氏论此事云：

> 浏览描写这一题材的文学作品，你会得到这样一个印象：除必须遵守某种既定社会习俗外，男人常与艺伎往来，多半是为了逃避性爱，但愿能够摆脱家里的沉闷空气和出于义务的性关系。……他们渴望与女子建立一种无拘无束的朋友关系，而不必非导致性交的结果不可。[3]

高氏的理由是：能够交往高等妓女的士大夫，家中多半也妻妾成群，不仅不存在肉欲不得满足的问题，相反还必须维持“出于义务的性关系”，有时殆近苦役。高氏此说，因特别强调了一个方面，听起来似乎与多年为大众所习惯的观念（狎客渔色猎艳荒淫无耻，妓女水深火热苦难无边）颇相冲突，但考之史实，实近于理。古代中国社会中，受过最良好文学艺术教养的女性群体，通常既不在良家妇女，也不在深宫后妃（例外当然会有），而在上等艺伎之中；故士大夫欲求能够诗酒唱和、性灵

---

① 一些初步的线索可参见前述《性在古代中国》及《历史中的性》两书，但在笔者计划撰写的下一部书中，还将有更为全面的实证论述——笔者在中国古籍中发现的记载至少已涉及25种性变态。

② *Sexual Life in Ancient China*，第330页。

③ 同上书，第181页。

交通之异性朋友，舍此殆无他途。[①] 在这类交往中，狎客与妓女之间仍存在着某种“自由恋爱”的氛围——性交既不是必需的，尤其是不可强迫的。[②]

戊　关于“清人假正经”

高氏在“两考”中多次抨击清朝人的“过分假正经”（excessive prudery）。例如：

> 中文著作中对性避而不谈，无疑是假装正经。这种虚情矫饰在清代一直束缚着中国人。……他们表现出一种近乎疯狂的愿望，极力想使他们的性生活秘不示人。[③]

他将他所见中国书籍中对性讳莫如深的态度（其实并非全是如此）也归咎于清人的“假正经”；甚至认为“清朝士人删改了所有关于中国性生活的资料”[④]。

尽管中国人对性问题的“假正经”未必从清代方才开始[⑤]，这种“假正经”也远未能将道学家们看不顺眼的书籍删改、禁毁尽绝，但高氏的抨击大体而言仍十分正确。高氏有感于清代士人每言“男女大防之礼教”自古而然，两千年前即已盛行，遂自陈《房内考》的主旨之一，“就是要反驳这种武断的说法”[⑥]。高氏的这一努力，对于历史研究而言固是有

① 古代中国士大夫笔下所谓“兰心蕙质”“解语花”等，皆此意也。鱼玄机、薛涛及她们与士大夫交往的风流韵事，只是这方面特别突出的例子。

② 自唐宋以降，大量涉及士大夫在青楼寻花访艳的笔记小说、专门记载和文学作品都证明了这一点。直到20世纪初，上海的高等妓女与狎客之间仍保持着这一“古意”，有人说“《海上花》时代上海租界的高等妓院里却推行一种比较人道的卖淫制度”（施康强：《众看官不弃〈海上花〉》，《读书》1988年第11期），其实自古而然也。《海上花》指《海上花列传》，全书初版于1894年，大陆有现代版本，北京：人民文学出版社，1982。

③ *Sexual Life in Ancient China*，第Ⅺ页。

④ *Erotic Colour Prints of the Ming Period*，第102页。

⑤ 这种“假正经”大致从宋代起渐成风气，此后有愈演愈烈之势。参见两种拙著《性在古代中国》《中国人的性神秘》。

⑥ *Sexual Life in Ancient China*，第Ⅻ页。

的放矢，就社会生活而论且不失其现实意义。[①]

己　道教与密宗“双修术”之关系

高氏在《秘戏图考》中已经注意到，中国道教房中采补双修之术（特别是孙思邈《千金要方·房中补益》所述者），“与印度密教文献和一些似以梵文史料为基础的文献中所说明显相似”[②]。他对此作了一些讨论，但对两者之间的关系尚无明确看法。十年后在《房内考》中，他对此事的论述发展为一篇颇长的附录，题为“印度和中国的房中秘术”，其中提出一种说法，认为早在公元初就已存在的中国房中秘术曾“理所当然”地传入印度，至公元 7 世纪在印度站住了脚，被吸收和采纳。关于双方的承传，高氏的结论是：

> 中国古代道教的房中秘术，曾刺激了金刚乘在印度的出现，而后来又在至少两个不同时期以印度化形式返传中土。[③]

这两次返传，一次是指密教在唐代之传入，一次则以喇嘛教形式在元代传布于中土，两者都有男女交合双修的教义与仪轨。

高氏此说的主要价值，在于指出了中国道教房中双修之术与密宗金刚乘、印度教性力派（二者常被统称为“怛特罗”，即 Tantrism）双修之术有相同之处。至于印度房中双修秘术来自中国之说，则尚未能成定论，因为印度秘术的渊源也很久远。[④]

最后可以提到一点，自从弗洛伊德的精神分析学说在 20 世纪上半叶盛行之后，颇引起一些西方学者将之应用于历史研究的兴趣，在汉学

---

① 无可讳言，当代中国人在某些性问题上的处境，甚至还不如古人。

② *Erotic Colour Prints of Ming Period*，第 82 页。

③ *Sexual Life in Ancient China*，第 356 页。

④ 若将此未定之论许为高氏“三大贡献”之一（柯文辉：《中国古代的性与社会——读〈中国古代房内考〉有感》，《世纪》1993 年第 2 期），则言过其实，非通论也（柯文中还有多处其他不通之论）。

家当中也不乏此例。[①] 然而高氏在“两考”这样专门研究性文化史的著作中，倒是连弗洛伊德的名字也从未提到，书中也看不见受精神分析学说影响的迹象。

三、《房内考》总体上之欠缺

对于高氏“两考”，如作总体评分，则《房内考》反逊于十年前之《秘戏图考》。因《秘戏图考》涉及领域较窄，所定论题较小，只是讨论晚明色情文艺及其历史渊源，高氏对此足可游刃有余。而且书中对于春宫图册及其印版、工艺等方面的详细考述，又富于文化人类学色彩，极具实证研究的价值。但到《房内考》，所设论题大大扩展，高氏“起家”于春宫图之鉴赏，对于中国古代其他大量历史文献未能充分注意和掌握运用，因此难免有些力不从心。此外，无可讳言，高氏在社会学、史学、性学等方面的学殖与理论素养，对于完成《房内考》所定庞大论题来说是不太够的。

《房内考》对史料掌握运用的欠缺，大略可归纳为三方面，依次如下：

其一为哲学与宗教典籍。先秦诸子或多或少都注意到性问题，而以儒家经典对此最为重视。高氏仅注意到《礼记》中的一些材料，并搜集了《左传》中的若干事例，但未作任何深入分析；其他大量史料皆未涉及。道教中的材料，高氏注意较多。[②] 佛教虽被视为禁欲的宗教，但佛典中也以一些独特的角度（如为禁欲而定的戒律、“以欲钩牵而入佛智”等）涉及性问题。高氏对这些都未加注意，只是将目光集中于金刚乘的

---

① 例如，有谓屈子美人香草之喻为同性恋之寄托者；有谓孟郊“谁言寸草心，报得三春晖”为暗示“恋母情结”之家庭三角关系者。更有某德裔美国汉学教授以性象征串讲中国古诗，奇思异想，出人意表，如讲柳宗元《酬曹侍御过象县见寄》：“破额山前碧水流，骚人遥驻木兰舟。春风无限潇湘意，欲采苹花不自由。”谓：木兰舟者，女阴之象征也（形状相似），而骚人驻其上，即男女交媾之图像也。参阅张宽：《弗洛伊德精神分析的圈套》，《读书》1994 年第 2 期。

② 现今《道藏》中涉及房中术的那部分文献，并无太大的重要性。高氏将这一情况归咎于编《正统道藏》时对性学材料的删汰。

双修术上。

其二为历朝正史。史官虽各有偏见和忌讳，但并未在正史中完全回避与性有关的问题。就性与社会、政治等方面关系而言，正史中大量材料，是其他史料来源无法替代或与之相比的。这方面的史料高氏几乎完全未加注意；造成如此严重的资料偏缺，令人奇怪，因为以高氏的汉学造诣和条件，他应该很容易了解这方面的史料。看来高氏从鉴赏晚明春宫图入手而进入这一领域，虽然能见人之所罕见，却也从一开始就局限了他的目光。

其三为浩如烟海的稗官野史，包括文人的杂记、随笔、志怪小说之类。这类作品在题材上几乎没有任何限制，由于多属私人游戏笔墨，因而政治或道德方面的忌讳也少。许多文人私下所发表的对性问题的看法和感想，许多关于性变态的记载以及关于娼妓业的社会学史料，都保存在稗官野史之中。在这方面，高氏只注意到了极小的一部分，而且所引材料也缺乏代表性。此外，对于反映文人个人精神世界的大量诗文，高氏也只是偶尔提到个别例子（如薛涛、鱼玄机的诗，此等处高氏有点猎奇之意），基本上未能掌握运用。

最后，在评价“两考”相互间高下时，有一点必须指出，即《房内考》中几乎所有重要论点都已在《秘戏图考》中出现，《房内考》只是增述了有关史料和外围背景。对于论题专门的《秘戏图考》而言，这些重要论点（参阅本文第二节）足以使该书显得厚重、渊博；但对于论题庞大的《房内考》而言，这些论点成为题中应有之义，处理起来就有“吃力不讨好”之虞了。

四、“两考”具体失误举例

“两考”为开创性之研究，况且高氏以现代外国之人而论古代中国之事，则书中出现一些具体失误，自在情理之中。兹举证若干例，以供参考：

高氏认为“中国社会最初是按母权制形式组成”[①]，但是现代人类学理论普遍倾向于否认这种制度的真实性，因为迄今尚未在人类历史上发现任何母权制社会的确切证据；在中国古代也没有这样的确切证据。[②]

高氏在《房内考》中引述《左传·哀公十一年》卫世叔离婚一事时，将“侄娣来媵”之“娣”误解为侄之妹，而实际上应是妻之妹。[③]

又同书中高氏引述《世说新语·贤媛》记山涛之妻夜窥嵇康、阮籍留宿事，说这是山涛妻想验证嵇、阮之间有无同性恋关系[④]，未免附会过甚。

高氏有时年代错记、引文有误，这类小疵此处不必一提[⑤]，也无伤大局。但他也时常出现不该有的“硬伤”，比如他搜集、研读中国古代房中书甚力，却一再将《玉房秘诀》中“若知养阴之道，使二气和合，则化为男子；若不为男子，转成津液流入百脉……”这段话误解为“一个女人如何在交合中通过采阳而改变性别”[⑥]，并与“女子化为男子”之说扯在一起。[⑦]然而只需稍稍披阅《玉房秘诀》等高氏经常引用的房中书，就可明白上面那段话是说男精可在子宫内结成男胎[⑧]，若不结胎，也能对女方有所滋养补益。

春宫图的评述、鉴赏，应是高氏无可争议的“强项”，然而他在这方面也有令人不解的硬伤。最突出的一例是，在谈到春宫图册《花营锦阵》第四图时，高氏描述其画面云：

> 一个头戴官帽的男子褪下了裤子，姑娘（此处高氏原文为

---

① *Sexual Life in Ancient China*，第 9 页。注意“母权制”（matriarchy）与“母系制”（matriliny）是不同的概念。在母系制社会中仍可由男性掌握大权。

② 例如马林诺夫斯基：《文化论》，北京：中国民间艺术出版社，1987，第 34 页；童恩正：《文化人类学》，上海：上海人民出版社，1989，第 333 页；等等，都持这样的看法。

③ *Sexual Life in Ancient China*，第 33 页。“侄娣来媵”中侄、娣与妻的辈分关系在不少现代著作中都是语焉不详或有误解的，对此笔者有另文详论。

④ *Sexual Life in Ancient China*，第 93 页。

⑤ 在《房内考》李零等的中译本（《中国古代房内考》，上海：上海人民出版社，1990）中，不少这类小疵已被细心注出。

⑥ *Erotic Colour Prints of the Ming Period*，第 42 页。

⑦ *Sexual Life in Ancient China*，第 159 页。

⑧ 几乎所有中国古代医书、房中书在谈到“种子”时，都是着眼于如何在女子子宫中结成男胎，“弄瓦之喜”则是不值一提的细事，轻女重男，有由来矣。

girl）的裤子则脱在桌上。姑娘的一只靴子已脱落。[1]

然而检视《秘戏图考》中所印原图，这个所谓的“姑娘”穿的却是男式靴子，脱落了靴子的那只脚完全赤裸着，是一只未经任何缠裹摧残的健康天足——这样问题就大了：因为按晚明春宫图的惯例，女子必定是缠足，而且在图中女子全身任何部位皆可裸露描绘，唯有足绝不能裸露；对于这一惯例高氏知之甚稔，并不止一次强调指出过，例如他说：

> 我尤其要指出中国人对表现女性裸足的传统厌恶。……只要让读者知道女子的裸足完全是禁忌就够了。即使最淫秽的春宫版画的描绘者也不敢冒犯这种特殊禁忌。[2]

既然如此，此《花营锦阵》第四图（高氏指出它是从另一春宫图册《风流绝畅》中移补而来）就不可能是描绘男女之间的事。事实上，它描绘的是两男肛交，其题词“翰林风”也明确指示是如此。[3]高氏之误，可能是因原图上那少年梳了女式发型而起——其实这种换装在当时并不罕见，《金瓶梅》中就有确切的例证。[4]

又如高氏推测“明朝以前的春宫画卷似乎一种也没有保存下来”[5]，这只是他未曾看见而已。例如在敦煌卷子伯卷二七〇二中就有线描春宫图（当然不及晚明的精美），照理他不难了解。[6]

再如，高氏寓目晚明春宫图如此之多，却偏偏忽略了《新刻绣像批

---

① *Erotic Colour Prints of the Ming Period*，第211页。

② 同上书，第169—170页。关于这一禁忌，我们还可引《肉蒲团》第三回中内容与之相发明：“要晓得妇人身上的衣服件件去得，唯有褶裤（脚带）去不得。”故在晚明春宫图中女子的小脚永远是被褶裤遮掩着。

③ 首二句云：“座上香盈果满车，谁家年少润无瑕。”其中“年少”一词通常都指少年男子。

④ 《金瓶梅》第三十五回“西门庆为男宠报仇　书童儿作女妆媚客”：“玳安……要了四根银簪子，一个梳背儿，面前一件仙子儿，一双金镶假青石头坠子，大红对衿绢衫儿，绿重绢裙子，紫销金箍儿。要了些脂粉，在书房里搽抹起来，俨然就如个女子，打扮得甚是娇娜。”

⑤ *Erotic Colour Prints of the Ming Period*，第153页。

⑥ 西方汉学家要了解敦煌卷子中伯卷、斯卷等材料，至今仍远比中国学者方便。附带提起，高氏未能利用长沙马王堆汉墓出土的珍贵性学史料，虽是缺憾，但不足为高氏之病——这批史料1973年出土时，高氏已归道山。

评金瓶梅》（约刊于1630年前后）中几十幅有春宫内容的插图——这些插图中人体比例之优美、线条之流畅，远胜于高氏推为上品的《鸳鸯秘谱》《花营锦阵》等画册。[①]

五、“两考”与李约瑟及“上海某氏”

李约瑟撰写《中国科学技术史》（*Science and Civilisation in China*）第二卷时，见到高氏赠送剑桥大学图书馆的《秘戏图考》。他不同意高氏将道教采阴补阳之术称为“性榨取”（sexual vampirism），遂与高氏通信交换意见。李约瑟后来在其书“房中术”那一小节的一条脚注中述此事云：

> 我认为高罗佩在他的书中对道家的理论与实践的估计，总的来说否定过多；……现在，高罗佩和我两人经过私人通信对这个问题已经取得一致意见。[②]

高氏似乎接受了李氏的意见，他在《房内考》序中称：

> 《秘戏图考》一书中所有关于道家“性榨取”和“妖术”的引文均应取消。[③]

然而高氏在同一篇序中又说：新的发现并未影响《秘戏图考》中的主要论点，“李约瑟的研究反倒加强了这些论点”[④]。而且《房内考》在谈到《株林野史》《昭阳趣史》等小说时，仍称它们的主题是“性榨取”——只是说成“古房中书的原理已沦为一种性榨取”[⑤]，算是向李氏的论点有

---

① 《新刻绣像批评金瓶梅》，济南：齐鲁书社，1989。此本插图二百幅，系据古佚小说刊行会影印本（1933）制版。

② 李约瑟：《中国科学技术史》第二卷，科学出版社、上海古籍出版社，1990，第161页。

③ *Sexual Life in Ancient China*，第XIV页。

④ 同上书，第XIII页。

⑤ 同上书，第316页。

所靠拢。

《秘戏图考》中至少八处提到一位"上海某氏"，此人是春宫图和色情小说之类的大收藏家。高氏书中谈到的《风流绝畅》《鸳鸯秘谱》《江南销夏》等春宫图册都是参照他所提供的摹本复制；他还向高氏提供了明代房中书《既济真经》、小说《株林野史》等方面的版本情况。对于他们之间的交往，高氏记述了不少细节，如关于春宫图册《鸳鸯秘谱》的摹本：

> 该摹本是上海某收藏家好意送我的。他每幅图都让一个中国行家备制了六个摹样，一个表现全图，另外五个是每种不同颜色的线条的合成。他还送给我一个配图文字的摹本，以示书法风格。……我尤其要感谢这一慷慨襄助。[①]

此人还告诉高氏，《鸳鸯秘谱》中有六阕题词与小说《株林野史》中的相同，但是：

> 不幸的是，在他赠给我一份关于那部画册的内容和词后署名的完整目录之前，我们的通信中断了。[②]

由于此人要求高氏为其姓名保密，所以高氏在书中始终只称之为"上海某氏""上海一位不愿透露姓名的收藏家"等。至今尚未能确考此神秘人物究竟为谁[③]，也不知在此后中国大地的掀天巨变中，特别是在十年浩劫中，此人和他的珍稀收藏品是何种结局。[④]

---

① *Erotic Colour Prints of the Ming Period*，第 174 页。

② 同上书，第 137 页。

③ 友人樊民胜教授猜测，此人可能是周越然。周氏在 20 世纪 40 年代，据说以淫秽色情书籍之收藏闻名于上海。周氏也确实发表过这方面的文章，例如《西洋的性书与淫书》（载《古今半月刊》第 47 期，1944 年 5 月）等。

④ 高氏身后留下的收藏品，包括书籍 2500 种，共约 10000 册，倒是成了他母校莱顿大学汉学院的专门收藏——其中想必包括"上海某氏"送给他的那些春宫图摹本。

六、关于“两考”中译本

“两考”问世之时，正值中国大陆闭关锁国，《秘戏图考》未曾获赠自不必言，《房内考》原版是否购入也颇成问题。[①]信息是如此隔膜，以至“文革”结束后，有的饱学之士闻有高氏之书，仍如海外奇谈。[②]所幸近年中外文化交流日见活跃，“两考”已相继出版中译本。[③]

如仅就此两中译本而言，《房内考》的价值要超过《秘戏图考》。首先，在《房内考》全译本已经出版的情况下，再出现在这个《秘戏图考》中译本中意义不大——该译本已删去全部《花营锦阵》和其他所有真正的春宫图以及所有的色情小说选段。那篇专论现在成了主体，而这篇专论中的几乎所有主要论点和内容在《房内考》中都有，且有更多的发挥和展开；再说高氏当初欲令“两考”相互补充，就在于《秘戏图考》中有春宫图和原始文献，今既删去，就无从互补了。其次，在编校质量上，《秘戏图考》中译本也有欠缺。比如对所引古籍的句读标点，高氏手抄原版也有几处小误，但中译本有时将高氏原不误者改误[④]；又如多处出现因形近而误之错字；等等。

本文之作，要特别感谢许进发、黄一农两先生惠然帮助提供珍贵资料。

1994年4月28日

---

① 《房内考》的中译者李零1982年前后曾在中国社会科学院考古研究所见到一册，“听说是由一位国外学者推荐，供中国学者研究马王堆帛书医书部分作为参考”。见《中国古代房内考》，上海人民出版社，1990，第554页，“译后记”。

② 参见施蛰存:《杂览漫记·房内》,《随笔》1991年第6期。

③ 《中国古代房内考》，上海人民出版社，1990。《秘戏图考》，广东人民出版社，1992。

④ 例如《繁华丽锦》中“驻马听”曲末几句（中译本第215、219—220页；原版卷一第200页）、《花营锦阵》第廿一图题词末两句（中译本第263、426页；原版卷二第158—159页）、《既济真经》前言之中数句（中译本第375页；原版卷二第91页）等多处，皆缘于对旧词曲之格律、古汉语常用之句式等未能熟悉。此所言中译本见《秘戏图考》，原版见*Erotic Colour Prints of the Ming Period*。

一九九六

［**纪事**］本年我在中国科学院上海天文台指导的第一个博士研究生钮卫星以优异成绩毕业，获得博士学位。他毕业后留在我领导的天文学史研究组工作，1999年随我一起调入上海交通大学，成为科学史系的“元老”。他已于2006年晋升为教授，并且也已经是博士生导师了。

1995年我花了半年时间完成了对《周髀算经》的学术注释和白话译文，这是一件相当艰苦的工作，其成果除了出版其书（《周髀算经译注》，辽宁教育出版社，1995；新的修订版为《周髀算经新论·译注》，上海交通大学出版社，2015），又发表为一组系列论文，即系于本年的两篇和系于1997年的一篇。

《周髀算经》——中国古代唯一的公理化尝试

引言

根据现代学者认为比较可信的结论，《周髀算经》约成书于公元前100年。自古至今，它一直毫无疑问地被视为最纯粹的中国国粹。而今视《周髀算经》为西方式的公理化体系，似乎有一点异想天开。然而，如果我们能够先捐弃成见，并将眼界从中国扩展到其他古代文明，再来仔细研读《周髀算经》原文，就会惊奇地发现，上述问题不仅不是那么异想天开，而且还有很深刻的科学史和科学哲学意义。

西方科学史上的公理化方法，用之于天文学上时，主要表现为构建宇宙的几何模型。从欧多克斯、卡利普斯、亚里士多德，到希帕恰斯，构建了一系列这样的模型，至托勒密而集前人之大成——《至大论》（*Almagest*）中的几何模型成为公理化方法在天文学方面的典范。直至近代，哥白尼、第谷、开普勒等人的工作也仍是几何模型。

古代中国的传统天文学几乎不使用任何几何方法。“浑天说”虽有一个大致的“浑天”图像，不失为一种初步的宇宙学说，但其中既无明确的结构（甚至连其中的大地是何形状这样的基本问题都还令后世争论不休），更无具体的数理，自然也不是宇宙的几何模型。事实上，古代中国天文学家心目中通常根本没有几何模型这种概念，他们用代数方法也能相当精确地解决各种天文学问题，宇宙究竟是什么形状或结构，他们完全可以不去过问。

然而，《周髀算经》是古代中国在这方面唯一的例外——《周髀算经》构建了古代中国唯一的一个几何宇宙模型。这个盖天宇宙的几何模型有明确的结构，有具体的、绝大部分能够自洽的数理。《周髀算经》的作者使用了公理化方法，他引入了一些公理，并能在此基础上从他的几何模型出发进行有效的演绎推理，去描述各种天象。尽管这些描述与实际天象吻合得并不十分好，然而确实是应用公理化方法的一次认真尝试。对于古代中国科学史上这样一个突出的特例，有必要专门探讨一番。

一、“日影千里差一寸”及其意义

在《周髀算经》中，陈子向荣方陈述盖天学说，劈头第一段就是讨论“日影千里差一寸”这一公式，见卷上第3节①：

> 夏至南万六千里，冬至南十三万五千里，日中立竿无影。此一者天道之数。周髀长八尺，夏至之日晷一尺六寸。髀者，股也；正晷者，勾也。正南千里，勾一尺五寸；正北千里，勾一尺七寸。

---

① 本文所依据的《周髀算经》文本为江晓原、谢筠：《周髀算经译注》，辽宁教育出版社，1995年，节号是这一文本中所划分之节的序号。

这里一上来就指出了日影千里差一寸。参看图1：日影，指八尺之表（即“周髀”）正午时刻在阳光下投于地面的影长，即图1中的 l，八尺之表即 h，当：

$$h = 8尺,$$
$$l = 1尺6寸$$

时，向南16000里处“日中立竿无影”，即太阳恰位于此处天顶中央，这意味着：

$$L = 16000里，或$$
$$H = 80000里$$

这显然就有：

$$L / l = 16000里/1尺6寸 = 1000里/1寸,$$

即日影千里差一寸。

接着又明确指出，这一关系式是普适的——从夏至日正午时 $l = 1$ 尺6寸之处（即周地），向南移1000里，日影变为1尺5寸；向北移1000里，则日影增为1尺7寸。这可以在图1中看得很清楚。

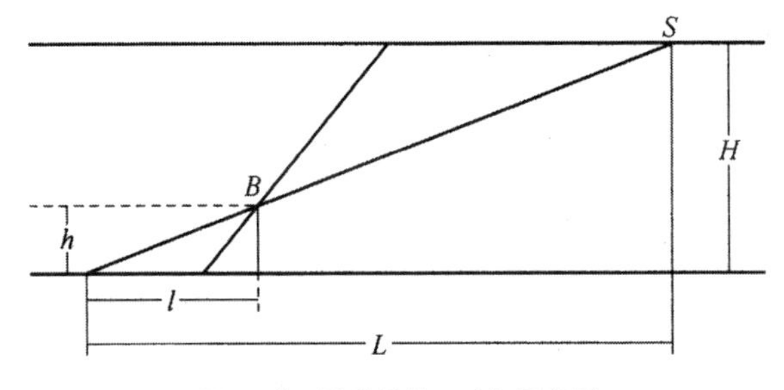

图1 “日影千里差一寸”示意图

同时，由图1中的相似三角形，显然还有：

$$L / l = H/h = 1000里/1寸。$$

在上式中代入 $h = 8$ 尺，即可得到：

$$H = 80000里,$$

即《周髀算经》中天与地相距八万里的结论，见原文卷上第3节：

侯勾六尺……从髀至日下六万里而髀无影。从此以上至日则八万里。

即在图 1 中令 $l=6$ 尺，$L=60000$ 里，$h=8$ 尺，就可得出 $H=80000$ 里。日在天上，故从“髀无影”之地“上至日”80000 里，自然就是天地相距 80000 里。

上述关系式其实无论 l（即勾，也即日影）是否为 6 尺都能成立，《周髀算经》之所以要“候勾六尺”，是因为它只掌握勾股定理在“勾三股四弦五”时的特例①，故必须凑数据以便套用这一特例——勾 6 尺即表至日下 60000 里，天地相距 80000 里，于是从表“邪（即斜）至日”为 100000 里，正是 3、4、5 的倍数。

《周髀算经》明确建立日影千里差一寸的关系式之后，接着就拓展这一关系式的应用范围。卷上第 4 节云：

> 周髀长八尺，勾之损益寸千里。……今立表高八尺，以望极，其勾一丈三寸，由此观之，则从周北十万三千里而至极下。

此处日影不再必要，这只需将图 1 中的 S 点（原为太阳所在位置）想象为北极位置，就可一目了然，现在：

$$h=8\text{尺},$$
$$l=1\text{丈}3\text{寸},$$
$$L=103000\text{里},$$

“勾之损益寸千里”的关系式仍可照用不误。在《周髀算经》下文对各种问题的讨论中，这一关系式多次被作为已经得到证明的公式加以使用

---

① 《周髀算经》原文共有两处直接讲到勾股定理，一处在全书第 1 节：“故折矩以为勾广三，股修四，径隅五。既方其外，半之一矩。环而共盘，得成三四五。两矩共长二十五，是为积矩。”另一处在第 3 节：“候勾六尺……若求邪至日者，以日下为勾，日高为股，勾、股各自乘，并而开方除之，得邪至日——从髀所旁（即前文之‘邪’，音、义俱同斜）至日所十万里。”皆为三、四、五之特例。但也有学者认为《周髀算经》中有普适的勾股定理，理由是原文第 4 节中有三个数据系用勾股定理算出而又非三、四、五之特例。然而《周髀算经》在给出这三个数据时，并未明确陈述勾股定理。必须注意：《周髀算经》在明确陈述勾股定理时皆为三、四、五之特例；况且，《周髀算经》全书中从未给出勾股定理的任何证明——对勾股定理的普适情形的证明是汉代赵爽在为《周髀算经》所作注文中完成的。

（必须始终在“正南北”方向上）。

讨论到这里，有一点必须特别注意，就是：无论上引第 3 节还是第 4 节中所述日影千里差一寸的关系式，若要成立，必须有一个暗含的前提——天与地为平行平面。这在图 1 中是显而易见的，如果没有这一前提，上述各种关系式以及比例、相似三角形等等全都会无从谈起。

这就是说，《周髀算经》将天地为平行平面这一点视为不证自明的当然前提。要理解这一状况，对于现代人来说会比古人困难得多。因为现代人已有现代教育灌输给他的先入之见——大地为球形；所以现代人见到古人这一前提，首先想到的是它的谬误。但古人却无此成见，他们根据直观经验很容易相信天与地为平行平面。这也正是《周髀算经》中“勾之损益寸千里”之说在古代曾广泛被接受的原因。古人认为推出这一结论是显而易见、不容置疑的，这里不妨举一些例：

> 欲知天之高，树表高一丈，正南北相去千里，同日度其阴，北表二尺，南表尺九寸，是南千里阴短寸；南二万里则无影，则直日下也。[①]

> 日正南千里而（影）减一寸。[②]

> 悬天之景，薄地之仪，皆移千里而差一寸。[③]

这些说法都只要看图 1 即可了然。古人后来当然也发现了“勾之损益寸千里”不符合观测事实，但这已是很晚的事了。[④] 在《周髀算经》成书以及此后相当长的年代里，古人对于这一关系式看来并不怀疑。

一些现代论著也曾经注意到《周髀算经》中“勾之损益寸千里”是

---

① 《淮南子 · 天文训》。

② 《尚书纬 · 考灵曜》。

③ 张衡：《灵宪》。

④ 李淳风（602—670）为《周髀算经》作注，列举历史上多次实测记录，明确否定了“日影千里差一寸”的关系式。他可能是历史上最早这样做的人。

以天与地为平行平面作为前提的，但作者们首先想到的是这一前提的谬误（这一前提当然是谬误的），而他们在指出这“自然都是错误的”之后[①]，也就不再深究，转而别顾了。

指出《周髀算经》中的错误，在今天来说确实已经没有多少意义；然而，如果我们分析讨论“勾之损益寸千里”及其前提“天地为平行平面”在《周髀算经》的盖天学说中究竟有什么样的地位和意义，却是大有意义之事。

二、公理与定理

在西方历史上，建立科学学说有所谓“公理化方法”（axiomatic method），意指将所持学说构造成一个“演绎体系”（deductive system）。这种体系的理想境界，按照科学哲学家洛西（J. Losee）的概括，有如下三个要点：

A. 公理与定理之间有演绎关系；

B. 公理本身为不证自明之真理；

C. 定理与观测结果一致。

其中，B 是亚里士多德特别强调的。而欧几里得的《几何原本》被认为是公理化方法确立的标志。但是在天文学上，由于这一学科的特殊性，应用公理化方法会有所变通：

> 在理论天文学中，那些遵循着“说明现象”传统的人采取了不同态度。他们摒弃了亚里士多德的要求——为了能说明现象，只要由公理演绎出来的结论与观测相符即可。这样，公理本身即使看起来是悖谬的甚至是假的，也无关紧要。[②]

---

① 钱宝琮：《盖天说源流考》，《科学史集刊》1958 年创刊号。这是现代学者系统研究《周髀算经》中盖天学说的第一篇重要文献。

② J. Losee, *A Historical Introduction to the Philosophy of Science*, Oxford University Press, 1980, pp.24–26.

也就是说，只需前述三个要点中的一、三两点即可。这个说法确实可以在天文学史上得到证实，亚里士多德的“水晶球”体系、托勒密的地心几何体系，以及中世纪阿拉伯天文学家种种奇思异想的宇宙几何模型，都曾被当时的天文学家当作公理（在这里类似于现代科学家所谓的“工作假说”）来使用而不问其真假。

现在再来看《周髀算经》中的盖天学说，就不难发现，“天地为平行平面”和“勾之损益寸千里”两者之间，正是公理与定理的关系。仔细体味《周髀算经》全书，“天地为平行平面”这一前提是被作为“不证自明之真理”，或者说，是被作为盖天学说系统的公理（亦即基本假设）之一的。

至于“天地为平行平面”之不符合事实，也应从两方面去分析。第一，如上所述，从公理化方法的角度来看，即使它不符合事实也不妨碍它作为公理的地位。第二，符合事实与否，也是一个历史性的概念——我们今天知道这一公理不符合事实，当然不等于《周髀算经》时代的人们也已经如此。

剩下的问题是“定理与观察结果一致”的要求。我们现在当然知道，由公理“天地为平行平面”演绎出来的定理“勾之损益寸千里”与事实是不一致的。演绎方法和过程固然无懈可击，然而因引入的公理错了，所以演绎的结果与事实不符。但对此仍应从两方面去分析。第一，演绎结果与观测结果一致仍是一个历史性概念，在古人观测精度尚很低的情况下，“勾之损益寸千里”无疑在相当程度上能够与观测结果符合。第二，也是更重要的，从公理演绎出的定理与客观事实不符，只说明《周髀算经》所构造的演绎体系在描述事实方面不太成功，却丝毫不妨碍它在结构上确实是一个演绎体系。

三、“日照四旁”与宇宙尺度

《周髀算经》作为一个演绎体系，并不止一条公理。它的第二条公理是关于太阳光照以及人目所见的极限范围，见卷上第 4 节：

> 日照四旁各十六万七千里。人所望见，远近宜如日光所照。

这是说，日光向四周照射的极限距离是167000里，而人极目远望所能见到的极限距离也是同样数值。换言之，日光照不到167000里之外，人也不可能看见167000里之外的景物。从结构上看，这条原则也属于《周髀算经》中的基本假设，亦即公理。因为这条原则并非导出，而是设定的。

以往学者们在这个问题上的研究，主要是根据《周髀算经》所交代的有关数学关系式，试图去说明此167000里之值因何而取。尽管各种说明方案在细节上互有出入，但主要结论是一致的，即认为这个数值是《周髀算经》作者为构造盖天宇宙模型而引入的，或者说是凑出来的。然而这里必须注意，拼凑数据固然难免脱离客观实际，同时却也不能不承认这是作者采用公理化方法（或者至少是“准公理化方法”）构造盖天几何模型的必要步骤之一。而且还应该注意到，《周髀算经》引入日照四旁167000里之值后，在“说明现象”方面确实能够取得相当程度的成功。正如程贞一、席泽宗所指出的：

> 由这光照半径，陈子模型（按即指《周髀算经》的盖天宇宙模型）大致上可解释昼夜现象及昼夜长短随着太阳轨道迁移的变化。……同时也可以解释北极之下一年四季所见日光现象。[①]

应该看到，在将近两千年前的中国，构造出这样一个几何模型，并且能大致上解释实际天象，实在已属难能可贵。[②]

《周髀算经》的盖天宇宙模型是一个有限宇宙：天、地为圆形的平

---

① 程贞一、席泽宗：《陈子模型和早期对于太阳的测量》，《中国古代科学史论·续篇》，日本京都大学人文科学研究所，1991年。

② 当然，《周髀算经》设定“日照四旁”167000里之后，在其宇宙模型中“说明现象”时并非没有捉襟见肘之处。最明显的例子之一是春、秋分日的日出方位。在这两天，太阳应是从正东方升起而在正西方落下；但依据日照167000里的设定，此两日的太阳却是从周地的东北方升起而在西北方落下，这是不符合事实的。不过，对于冬至日的日出方位，《周髀算经》仍能正确描述。

行平面，两平面间相距 80000 里；而此两平面大圆形的直径为 810000 里。[①] 此 810000 里之值在《周髀算经》中属于导出数值。原书中有两处相似的推导，一处见卷上第 4 节：

> 冬至昼，夏至夜，差数所及，日光所逮观之，四极径八十一万里，周二百四十三万里。

另一处见卷上第 6 节：

> 日冬至所照过北衡十六万七千里，为径八十一万里，周二百四十三万里。

北衡即外衡，这是盖天模型中冬至日太阳运行到最远之处，以北极为中心，此处的日轨半径为 238000 里；太阳在此处又可将其光芒向四周射出 167000 里，两值相加，得到宇宙半径为 405000 里，故宇宙直径为 810000 里。注意这里宇宙直径是在《周髀算经》所设定的“日照四旁”167000 里之上导出的。

四、结语

《周髀算经》的盖天学说，作为一个用公理化方法构造出来的几何宇宙模型，和早于它以及约略与它同时代的古希腊同类模型相比，在“说明现象”方面固然稍逊一筹，然而我们在《周髀算经》全书的论证过程中，确实可以明显感受到古希腊科学的气息。从科学思想史的角度来说，公理化方法在两千年前的遥远东方，毕竟也尝试了，也实践了，这是意味深长的。

---

① 关于《周髀算经》中盖天宇宙模型究竟是何种形状与结构，现代论著中始终有重大误解。对此，笔者另有专文《〈周髀算经〉盖天宇宙结构考》详细剖析论证，见《自然科学史研究》第 15 卷第 3 期（1996）。

《周髀算经》之后，构造几何模型的公理化方法就在古代中国绝响了。特别令人疑惑的是，《周髀算经》的几何宇宙模型究竟是某种外来影响的结果，还是中国本土科学中某种随机出现的变异？而且，不论是上述哪一种情形，为何它昙花一现之后就归于绝响？可惜这些令人兴奋的问题已经超出了本文的范围。

原载《自然辩证法通讯》第 18 卷第 3 期（1996）

《周髀算经》盖天宇宙结构考

一、问题的提出：《周髀算经》是否“自相矛盾”？

在《周髀算经》所述盖天宇宙模型中，天与地的形状如何，现代学者们有着普遍一致的看法，这里举出叙述最为简洁易懂的一种作为代表：

> 《周髀》又认为，“天象盖笠，地法覆盘”，天和地是两个相互平行的穹形曲面。天北极比冬至日道所在的天高 60000 里，冬至日道又比天北极下的地面高 20000 里。同样，极下地面也比冬至日道下的地面高 60000 里。[①]

然而，同样普遍一致地，这种看法的论述者总是在同时指出：上述天地形状与《周髀算经》中有关计算所暗含的假设相互矛盾。仍举出一例为代表：

> 天高于地八万里，在《周髀》卷上之二，陈子已经说过，他假定地面是平的；这和极下地面高于四旁地面六万里，显然是矛盾的。……它不以地是平的，而说地如覆盘。[②]

其实，这种认为《周髀算经》在天地形状问题上自相矛盾的说法，早在唐代李淳风为《周髀算经》所作的注文中就已发其端。李淳风认为《周髀算经》在这一问题上“语术相违，是为大失”[③]。

但是，**所有持上述说法的论著，事实上都在无意之中犯了一系列未**

---

① 薄树人：《再谈〈周髀算经〉中的盖天说——纪念钱宝琮先生逝世十五周年》，《自然科学史研究》第 8 卷第 4 期（1989）。这个说法与钱宝琮（第 173 页注①）、陈遵妫（本页注②）等人的说法完全一样。

② 陈遵妫：《中国天文学史》第一册，上海人民出版社，1980 年，第 136 页。

③ 《周髀算经》，钱宝琮校点《算经十书》之一，中华书局，1963 年，第 28 页。

曾觉察的错误。从问题的表层来看，这似乎只是误解了《周髀算经》的原文语句，以及过于轻信前贤成说而递相因袭，未加深究而已。然而再往深一层看，何以会误解原文语句？原因在于对《周髀算经》体系中两个要点的意义缺乏认识——这两个要点是：**"日影千里差一寸"**和**"北极璇玑"**。前一个要点笔者已有另文专门讨论[①]，下文仅略述其大要，重点则在讨论第二个要点，再分析对原文语句的误解问题。

二、"日影千里差一寸"及其意义

《周髀算经》中的盖天学说是一个公理化体系，其中的宇宙模型有明确的几何结构，由这一结构进行推理演绎时又有具体的、绝大部分能够自洽的数理。"日影千里差一寸"正是在一个不证自明的前提，亦即公理——"天地为平行平面"——之下推论出来的定理。这个定理且能推广其应用，即所谓"勾之损益寸千里"。

然而，认定《周髀算经》是"自相矛盾"的论者，总是勇于指出"天地为平行平面"这一前提之谬误，却不去注意这条公理在《周髀算经》体系中的地位。"天地为平行平面"固然不符合今天的常识，却未必不符合古人的常识。更重要的是，在"天地为平行平面"与"日影千里差一寸"这对公理－定理之间，有严密的数学推理所支持，并无任何矛盾（俱详见本页注①）。

三、"北极璇玑"究竟是何物？

解决《周髀算经》中盖天宇宙模型天地形状问题的另一关键就是所谓"北极璇玑"。此"北极璇玑"究竟是何物，现有的各种论著中对此莫衷一是。钱宝琮赞同顾观光之说，认为"北极璇玑也不是一颗实际的

---

① 江晓原：《〈周髀算经〉——中国古代唯一的公理化尝试》，第七届国际中国科学史会议论文（中国深圳，1996年1月），发表于《自然辩证法通讯》1996年第3期。

星”，而是“假想的星”[①]。陈遵妫则明确表示：

> “北极璇玑”是指当时观测的北极星；……《周髀》所谓“北极璇玑”，即指北极中的大星，从历史上的考据和天文学方面的推算，大星应该是帝星即小熊座 β 星。[②]

但是，《周髀算经》谈到“北极璇玑”或“璇玑”至少有三处，而上述论述都只是针对其中一处所做出的。对于其余几处，论著者们通常都完全避而不谈——实在是不得不如此，因为在“盖天宇宙模型中天地形状为双重球冠形”的先入之见的框架中，对于《周髀算经》中其余几处涉及“北极璇玑”的论述，根本不可能做出解释。如果又将思路局限在“北极璇玑”是不是实际的星这样的方向上，那就更加无从措手了。

《周髀算经》中直接明确谈到“璇玑”的共三处，依次见于原书卷下之第 8、第 9、第 12 节[③]，先依照顺序录出如下：

> 欲知北极枢、璇玑四极，常以夏至夜半时北极南游所极，冬至夜半时北游所极，冬至日加酉之时西游所极，日加卯之时东游所极，此北极璇玑四游。正北极璇玑之中，正北天之中，正极之所游……（以下为具体观测方案）

> 璇玑径二万三千里，周六万九千里（《周髀算经》全书皆取圆周率 =3）。此阳绝阴彰，故不生万物。

> 牵牛去北极……术曰：置外衡去北极枢二十三万八千里，除璇玑万一千五百里……东井去北极……术曰：置内衡去北极枢十一万九千里，加璇玑万一千五百里……

---

① 钱宝琮：《盖天说源流考》，《科学史集刊》1958 年创刊号。

② 陈遵妫：《中国天文学史》第一册，第 137—138 页。

③ 本文所依据的《周髀算经》文本为江晓原、谢筠：《周髀算经译注》，辽宁教育出版社，1995 年，节号是这一文本中所划分的序号。以下同此。

从上列第一条论述可以清楚地看到，**“北极”“北极枢”“璇玑”是三个有明确区分的概念**：

那个“四游”而划出圆圈的天体，陈遵妫认为就是当时的北极星，这是对的，但必须注意，《周髀算经》原文中分明将这一天体称为“北极”，而不是如上引陈遵妫论述中所说的“北极璇玑”。

“璇玑”则是天地之间的一个柱状空间，这个圆柱的截面就是“北极”——当时的北极星（究竟是今天的哪一颗星还有争议）——作拱极运动在天上所画出的圆。

至于“北极枢”，则显然就是北极星所画圆的圆心——它才能真正对应于天文学意义上的北极。

在上面所作分析的基础上，我们就完全不必再回避上面所引《周髀算经》第9、第12节中的论述了。由这两处论述可知，“璇玑”并非假想的空间，而是被认为实际存在于大地之上——处在天上北极的正下方，它的截面直径为23000里，这个数值对应于《周髀算经》第8节中所述在周地地面测得的北极东、西游所极相差2尺3寸，仍是由“勾之损益寸千里”推导而得。北极之下大地上的这个直径为23000里的特殊区域在《周髀算经》中又被称为“极下”，这是“璇玑”的同义语。

如果仅仅到此为止，我们对“璇玑”的了解仍是不完备的。所幸《周髀算经》还有几处对这一问题的论述，可以帮助我们破解疑团。这些论述见于原书卷下第7、第9节：

> 极下者，其地高人所居六万里，滂沲四颓而下。

> 极下不生万物，何以知之？……

于是又可知：“璇玑”又指一个实体，它高达60000里，上端是尖的，以弧线向下逐渐增粗，至地面时，其底的直径为23000里（参见本文图1）；而在此69000里圆周范围内，如前所述是“阳绝阴彰，故不生万物”。

这里必须特别讨论一下“滂沲四颓而下”这句话。所有主张《周髀算经》宇宙模型中天地形状为双重球冠形的论著，几乎都援引“滂沲四颓而下”一语作为证据，**却从未注意到“极下者，其地高人所居六万里”这句话早已完全排除了天地为双重球冠形的任何可能性**。其实只要稍作分析就可发现，按照天地形状为双重球冠形的理解，大地的中央（北极之下）比这一球冠的边缘——亦即整个大地的边界——高 60000 里；但这样一来，“极下者，其地高人所居六万里”这句话就绝对无法成立了，因为在球冠形模式中，大地上比极下低 60000 里的面积实际上为零——只有球冠边缘这一线圆周是如此，而“人所居”的任何有效面积所在都不可能低于极下 60000 里。比如，周地作为《周髀算经》作者心目中最典型的“人所居”之处，按照双重球冠模式就绝对不可能低于极下 60000 里。

此外，如果接受双重球冠模式，则极下之地就会与整个大地合为一体，没有任何实际的边界可以将两者区分，这也是明显违背《周髀算经》原意的——如前所述，极下之地本是一个直径 23000 里，其中“阳绝阴彰，故不生万物”、阴寒死寂的特殊圆形区域。

四、《周髀算经》盖天宇宙模型的正确形状

根据前面几节的讨论，我们已经知道《周髀算经》所述盖天宇宙模型的基本结构是：

天与地为平行平面，在北极下方的大地中央矗立着高 60000 里、底面直径为 23000 里的上尖下粗的“璇玑”。

剩下需要补充的细节还有三点：

一是天在北极处的形状。大地在北极下方有矗立的“璇玑”，天在北极处也并非平面，《周髀算经》在卷下第 7 节对此叙述得非常明确：

> 极下者，其地高人所居六万里，滂沲四颓而下。天之中央，亦高四旁六万里。

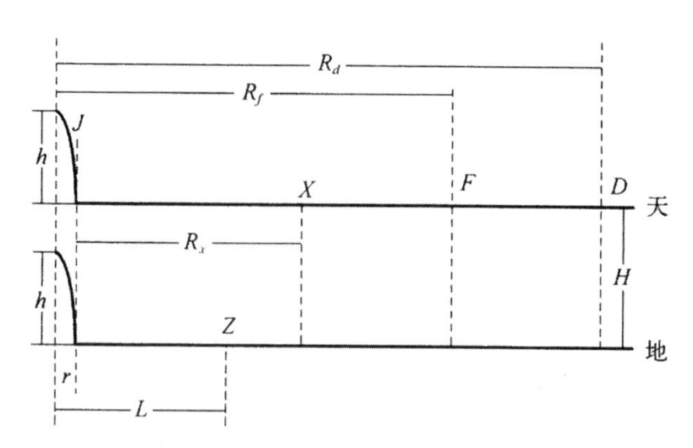

图 1 《周髀算经》宇宙结构示意图（由于是轴对称图形，因此只画出一半）

也就是说，天在北极处也有柱形向上耸立——其形状与地上的“璇玑”一样。这一结构已明确表示于本文图 1。该图为《周髀算经》盖天宇宙模型的侧视剖面图，由于以北极为中心，图形是轴对称的，故只需绘出其一半；图中左端即“璇玑”的侧视半剖面。

二是天、地两平面之间的距离。在天地为平行平面的基本假设之下，这一距离很容易利用表影测量和勾股定理推算而得（推算之法及其有关讨论详见第 172 页注①）。即《周髀算经》卷上第 3 节所说的“从髀至日下六万里而髀无影，从此以上至日则八万里”。日在天上，天地又为平行平面，故日与“日下”之地的距离也就是天与地的距离。而如果将盖天宇宙模型的天地理解成双重球冠形曲面，这些推算都无法成立。李淳风以下，就是因此而误斥《周髀算经》为“自相矛盾”。其实，《周髀算经》关于天地为平行平面以及天地距离还有一处明确论述，见卷下第 7 节：

> 天离地八万里，冬至只日虽在外衡，常出极下地上二万里。

“极下地”即“璇玑”的顶部，它高出地面 60000 里，故上距天为 20000 里。

三是盖天宇宙的总尺度。盖天宇宙是一个有限宇宙，天与地为两个平行的平面大圆形，此两大圆平面的直径皆为 810000 里——此值是

《周髀算经》依据另一条公理“日照四旁各十六万七千里”推论而得出（参见第172页注①），有关论述见于卷上第4、第6节：

> 冬至昼，夏至夜，差数所及，日光所逮观之，四极径八十一万里，周二百四十三万里。

> 日冬至所照过北衡十六万七千里，为径八十一万里，周二百四十三万里。

北衡亦即外衡，这是盖天宇宙模型中太阳运行到距其轨道中心——北极——最远之处，此处的日轨半径为238000里，太阳在此处又可将其光芒向四周射出167000里，两值相加得宇宙半径为405000里，故宇宙直径为810000里。

图1中各参数之意义及其数值，依据《周髀算经》原文所载，开列如下：

J，北极（天中）；

Z，周地（洛邑）所在；

X，夏至日所在（日中之时）；

F，春、秋分日所在（日中之时）；

D，冬至日所在（日中之时）；

r，极下璇玑半径 = 11500里；

R_x，夏至日道半径 = 119000里；

R_f，春、秋分日道半径 = 178500里；

R_d，冬至日道半径 = 238000里；

L，周地距极远近 = 103000里；

H，天地距离 = 80000里；

h，极下璇玑之高 = 60000里。

综上所述，《周髀算经》中盖天宇宙几何模型的正确形状结构如图1所示。这一模型既然处处与《周髀算经》原文文意吻合，在《周髀算经》的数理结构中也完全自洽可通，为何前贤却一直将天地形状误认为双重球冠形曲面呢？这就必须仔细辨析“天象盖笠，地法覆盘”八个字了。

五、对“天象盖笠，地法覆盘”的明显误解

《周髀算经》卷下第7节有“天象盖笠，地法覆盘”一语，这八个字是双重球冠说最主要的依据，不可不详加辨析。

这八个字本来只是一种文学性的比拟和描述，正如赵爽在此八个字的注文中所阐述的：

> 见乃谓之象，形乃谓之法。在上故准盖，在下故拟盘。象法义同，盖盘形等。互文异器，以别尊卑；仰象俯法，名号殊矣。

这里赵爽强调，盖、盘只是比拟。这样一句文学性的比喻之辞，至多也只能是表示宇宙的大致形状，其重要性与可信程度根本无法和《周髀算经》的整个体系以及其中的数理结构——我们的讨论已经表明，“天地为平行平面”是上述体系结构中必不可少的前提——相提并论。

再退一步说，**即使要依据这八个字去判断《周髀算经》中盖天宇宙模型的形状，也无论如何推论不出“双重球冠”的形状——恰恰相反，仍然只能得出“天地为平行平面”的结论**。试逐字分析如次：

盖，车盖、伞盖之属也。其实物形象，今天仍可从传世的古代绘画、画像砖等处看到，它们几乎无一例外都是圆形平面的，四周有一圈下垂之物，中央有一凸起（连接曲柄之处），正与本文图1所示天地形状极为吻合。而球冠形的盖，至少笔者从未见到过。

笠，斗笠之属，今日仍可在许多地方见到。通常也呈圆形平面，中心有圆锥形凸起，亦与本文图1所示天地形状吻合。而球冠形的斗笠，不知何处有之？

覆盘，倒扣着的盘子。盘子是古今常用的器皿，自然也只能是平底的，试问谁见过球冠形的盘子——那样的话，它还能放稳吗？

综上所述，用“天象盖笠，地法覆盘”八个字去论证双重球冠之说，实在不知道是何所据而云然。而前贤递相祖述，俱不深察，甚可怪也。

究其原因，或许是因为首创此说者权威之大，后人崇敬之余，难以想象智者之千虑一失。

原载《自然科学史研究》第15卷第3期（1996）

一九九七

［**纪事**］本年在我的“学术生涯”中，仍属清静岁月，但这样的岁月已经快要接近尾声了。

《周髀算经》与古代域外天学

根据现代学者认为比较可信的结论，《周髀算经》约成书于公元前100年。自古至今，它一直被毫无疑问地视为最纯粹的中国国粹之一。讨论《周髀算经》中有无域外天学成分，似乎是一个异想天开的问题。然而，如果我们先将眼界从中国古代天文学扩展到其他古代文明的天文学，再来仔细研读《周髀算经》原文，就会惊奇地发现，上述问题不仅不是那么异想天开，而且还有很深刻的科学史和科学哲学意义。

一、盖天宇宙与古印度宇宙之惊人相似

根据《周髀算经》原文中的明确交代，以及笔者在《〈周髀算经〉——中国古代唯一的公理化尝试》[1]和《〈周髀算经〉盖天宇宙结构考》[2]中对几个关键问题的详细论证，我们已经知道《周髀算经》中的盖天宇宙有如下特征，见图1。

---

① 江晓原：《自然辩证法通讯》第18卷第3期（1996）。

② 江晓原：《自然科学史研究》第15卷第3期（1996）。该文详细论证了以往认为《周髀算经》盖天宇宙模型为“双重球冠”是完全错误的，并给出了真正符合《周髀算经》原意的盖天宇宙几何模型。

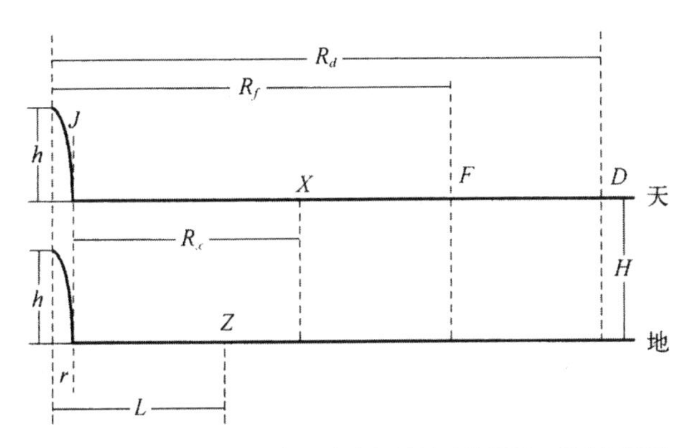

图 1 《周髀算经》宇宙结构示意图（由于是轴对称图形，因此只画出一半）

1. 大地与天为相距 80000 里的平行圆形平面。

2. 大地中央有高大柱形物（高 60000 里的“璇玑”，其底面直径为 23000 里）。

3. 该宇宙模型的构造者在圆形大地上为自己的居息之处确定了位置，并且这位置不在中央而是偏南。

4. 大地中央的柱形延伸至天处为北极。

5. 日月星辰在天上环绕北极做平面圆周运动。

6. 太阳在这种圆周运动中有着多重同心轨道，并且以半年为周期作规律性的轨道迁移（一年往返一遍）。

7. 太阳的上述运行模式可以在相当程度上说明昼夜成因和太阳周年视运动中的一些天象。

令人极为惊讶的是，笔者发现上述七项特征竟与古代印度的宇宙模型全都吻合！这样的现象恐非偶然，值得加以注意和研究。下面先报道笔者初步比较的结果，更深入的研究或当俟诸异日。

关于古代印度宇宙模型的记载，主要保存在一些《往世书》（*Puranas*）中。《往世书》是印度教的圣典，同时又是古代史籍，带有百科全书性质。它们的确切成书年代难以判定，但其中关于宇宙模式的一套概念，学者们相信可以追溯到吠陀时代——公元前 1000 年之前，因而是非常古老的。《往世书》中的宇宙模式可以概述如下[1]：

大地像平底的圆盘，在大地中央耸立着巍峨的高山，名为迷卢（Meru，也即汉译佛经中的“须弥山”，或作 Sumeru，译成“苏迷卢”）。迷卢山外围绕着环形陆地，此陆地又为环形大海所围绕……如此递相环绕向外延展，共有七圈大陆和七圈海洋。

印度在迷卢山的南方。

与大地平行的天上有着一系列天轮，这些天轮的共同轴心就是迷卢山；迷卢山的顶端就是北极星（Dhruva）所在之处，诸天轮携带着各种天体绕之旋转；这些天体包括日、月、恒星以及五大行星——依次为水星、金星、火星、木星和土星。

利用迷卢山可以解释黑夜与白昼的交替。携带太阳的天轮上有 180 条轨道，太阳每天迁移一轨，半年后反向重复，以此来描述日出方位角的周年变化……

又唐代释道宣《释迦方志》卷上也记述了古代印度的宇宙模型，细节上恰可与上述记载相互补充：

> ……苏迷卢山，即经所谓须弥山也，在大海中，据金轮表，半出海上八万由旬，日月回薄于其腰也。外有金山七重围之，中各海水，具八功德。

根据这些记载，古代印度宇宙模型与《周髀算经》盖天宇宙模型却是有惊人的相似之处，在细节上几乎处处吻合：

1. 两者的天、地都是圆形的平行平面。
2. “璇玑”和“迷卢山”同样扮演了大地中央的“天柱”角色。
3. 周地和印度都被置于各自宇宙中大地的南半部分。
4. “璇玑”和“迷卢山”的正上方都是各种天体旋转的枢轴——北极。
5. 日月星辰在天上环绕北极做平面圆周运动。

---

① D. Pingree, “History of Mathematical Astronomy in India”，收于 *Dictionary of Scientific Biography*, Vol.16, New York, 1981, p.554. 此为研究印度古代数理天文学之专著，实与传记无涉也。

6. 如果说印度迷卢山外的“七山七海”在数字上使人联想到《周髀算经》的“七衡六间”的话，那么印度宇宙中太阳天轮的180条轨道无论从性质还是从功能来说都与七衡六间完全一致（太阳在七衡之间的往返也是每天连续移动的）。

7. 特别值得指出，《周髀算经》中天与地的距离是八万里，而迷卢山也是高出海上“八万由旬”，其上即诸天轮所在，是其天地距离恰好同为八万单位，难道纯属偶然？

在人类文明发展史上，文化的多元自发生成是完全可能的，因此许多不同文明中相似之处，也可能是偶然巧合。但是《周髀算经》的盖天宇宙模型与古代印度宇宙模型之间的相似程度实在太高——从整个格局到许多细节都一一吻合，如果仍用“偶然巧合”去解释，无论如何总显得过于勉强。

当然，如果我们就此进入关于“谁源于谁”的考据之中，那又将远远超出本文的范围。

二、寒暑五带的知识来自何处？

《周髀算经》中有相当于现代人熟知的关于地球上寒暑五带的知识。这是一个非常令人惊异的现象——因为这类知识是以往两千年间，中国传统天文学说中所没有，而且不相信的。

这些知识在《周髀算经》中主要见于卷下第9节[①]：

> 极下不生万物，何以知之？……北极左右，夏有不释之冰。

> 中衡去周七万五千五百里。中衡左右，冬有不死之草，夏长之类。此阳彰阴微，故万物不死，五谷一岁再熟。

---

① 本文所依据之《周髀算经》文本为江晓原、谢筠：《周髀算经译注》，辽宁教育出版社，1995年，节号是该文本中所划分的序号。以下同此。

凡北极之左右，物有朝生暮获，冬生之类。

这里需要先作一些说明：

上引第二则中，所谓“中衡左右”即赵爽注文中所认为的“内衡之外，外衡之内”；再由本文图1就明确可知，这一区域正好对应于地球寒暑五带中的热带（南纬23°30′至北纬23°30′之间）——尽管《周髀算经》中并无地球的观念。[①]

上引第三则中，说北极左右“物有朝生暮获”，这就必须联系到《周髀算经》盖天宇宙模型对于极昼、极夜现象的演绎和描述能力。据前所述，圆形大地中央的“璇玑”之底面直径为23000里，则半径为11500里，而《周髀算经》所设定的太阳光芒向其四周照射的极限距离是167000里[②]；于是，由本文图1清楚可见，每年从春分至秋分期间，在“璇玑”范围内将出现极昼——昼夜始终在阳光之下；而从秋分到春分期间则出现极夜——阳光在此期间的任何时刻都照射不到“璇玑”范围之内。这也就是赵爽注文中所说的“北极之下，从春分至秋分为昼，从秋分至春分为夜”，因为是以半年为昼、半年为夜。

《周髀算经》中上述关于寒暑五带的知识，其准确性是没有疑问的。然而这些知识却并不是以往两千年间中国传统天文学中的组成部分。对于这一现象，可以从几方面来加以讨论。

首先，为《周髀算经》作注的赵爽，竟然就表示不相信书中的这些知识。例如对于北极附近“夏有不释之冰”，赵爽注称：“冰冻不解，是以推之，夏至之日外衡之下为冬矣，万物当死——此日远近为冬夏，非阴阳之气，爽或疑焉。”又如对于“冬有不死之草”“阳彰阴微”“五谷一岁再熟”的热带，赵爽表示“此欲以内衡之外、外衡之内，常为夏也。然其修广，爽未之前闻”——他从未听说过。我们从赵爽为《周髀算经》全书所作的注释来判断，他毫无疑问是那个时代够格的天文学家

① 关于本文图1的绘制依据以及有关考证，详见第180页注①②。

② “日照四旁167000里”是《周髀算经》设定的公理之一，这些公理是《周髀算经》全书进行演绎推理的基础，详见第180页注①。

之一，为什么竟从未听说过这些寒暑五带知识？比较合理的解释似乎只能是：这些知识不是中国传统天文学体系中的组成部分，所以对于当时大部分中国天文学家来说，这些知识是新奇的、与旧有知识背景格格不入的，因而也是难以置信的。

其次，在古代中国居传统地位的天文学说——浑天说中，由于没有正确的地球概念，是不可能提出寒暑五带之类的问题来的。[①] 因此直到明朝末年，来华的耶稣会传教士在他们的中文著作中向中国读者介绍寒暑五带知识时，仍被中国人目为未之前闻的新奇学说。[②] 正是这些耶稣会传教士的中文著作才使中国学者接受了地球寒暑五带之说。而当清朝初年"西学中源"说甚嚣尘上时，梅文鼎等人为寒暑五带之说寻找中国源头，找到的正是《周髀算经》——他们认为是《周髀算经》等中国学说在上古时期传入西方，才教会了希腊人、罗马人和阿拉伯人掌握天文学知识的。[③]

现在我们面临一系列尖锐的问题：

1. 既然在浑天学说中因没有地球概念而不可能提出寒暑五带的问题，那么《周髀算经》中同样没有地球概念，何以却能记载这些知识？

2. 如果说《周髀算经》的作者身处北温带之中，只是根据越向北越冷、越往南越热，就能推演出北极"夏有不释之冰"、热带"五谷一岁再熟"之类的现象，那浑天家何以偏就不能？

3. 再说赵爽为《周髀算经》作注，他总该是接受盖天学说之人，何以连他都对这些知识不能相信？

这样看来，有必要考虑这些知识来自异域的可能性。

大地为球形、地理经纬度、寒暑五带等知识，早在古希腊天文学家那里就已经系统完备，一直沿用至今。五带之说在亚里士多德著作中已

---

① 薄树人：《再谈〈周髀算经〉中的盖天说——纪念钱宝琮先生逝世十五周年》，《自然科学史研究》第 8 卷第 4 期（1989）。

② 这类著作中最早的作品之一是《无极天主正教真传实录》，1593 年刊行；影响最大的则是利玛窦的《坤舆万国全图》，1602 年刊行；1623 年有艾儒略（Jules Aleni）作《职方外纪》，所述较利氏更详。

③ 江晓原：《试论清代"西学中源"说》，《自然科学史研究》第 7 卷第 2 期（1988）。

经发端，至“地理学之父”埃拉托色尼（Eratosthenes，前 275—前 195）的《地理学概论》中，已有完整的五带：南纬 24° 至北纬 24° 之间为热带，两极处各 24° 的区域为南、北寒带，南纬 24° 至 66° 和北纬 24° 至 66° 之间则为南、北温带。从年代上来说，古希腊天文学家确立这些知识早在《周髀算经》成书之前。《周髀算经》的作者有没有可能直接或间接地从古希腊人那里获得了这些知识呢？这确实是耐人寻味的问题。

三、坐标系问题

以浑天学说为基础的传统中国天文学体系，完全属于赤道坐标系统。在此系统中，首先要确定观测地点所见的“北极出地”度数——即现代所说的当地地理纬度，由此建立起赤道坐标系。天球上的坐标系由二十八宿构成，其中入宿度相当于现代的赤经差，去极度相当于现代赤纬的余角，两者在性质和功能上都与现代的赤经、赤纬等价。与此赤道坐标系统相适应，古代中国的测角仪器——以浑仪为代表——也全是赤道式的。中国传统天文学的赤道特征，还引起近代西方学者的特别注意，因为从古代巴比伦和希腊以下，西方天文学在两千余年间一直是黄道系统，直到 16 世纪晚期，才在欧洲出现重要的赤道式天文仪器（这还被认为是丹麦天文学家第谷的一大发明）。因而在现代中外学者的研究中，传统中国天文学的赤道特征已是公认之事。

然而，在《周髀算经》全书中，却完全看不到赤道系统的特征。

首先，在《周髀算经》中，二十八宿被明确认为是沿着黄道排列的。这在《周髀算经》原文以及赵爽注文中都说得非常明白。《周髀算经》卷上第 4 节云：

> 月之道常缘宿，日道亦与宿正。

此处赵爽注云：

> 内衡之南，外衡之北，圆而成规，以为黄道，二十八宿列焉。

月之行也，一出一入，或表混里，五月二十三分月之二十而一道一交，谓之合朔交会及月食相去之数，故曰“缘宿”也。日行黄道，以宿为正，故曰“宿正”。

根据上下文来分析，可知上述引文中的“黄道”，确实与现代天文学中的黄道完全相当——黄道本来就是根据太阳周年视运动的轨道定义的。而且，赵爽在《周髀算经》第6节“七衡图”下的注文中，又一次明确地说：

黄图画者，黄道也，二十八宿列焉，日月星辰躔焉。

日月所躔，当然是黄道（严格地说，月球的轨道白道与黄道之间有5°左右的小倾角，但古人论述时常省略此点）。

其次，在《周髀算经》中，测定二十八宿距星坐标的方案又是在地平坐标系中实施的。这个方案详载于《周髀算经》卷下第10节中。由于地平坐标系的基准面是观测者当地的地平面，因此坐标系中的坐标值将会随着地理纬度的变化而变化，地平坐标系的这一性质使得它不能应用于记录天体位置的星表。但是《周髀算经》中试图测定的二十八宿各宿距星之间的距度，正是一份记录天体位置的星表，故从现代天文学常识来看，《周髀算经》中上述测定方案是失败的。另外值得注意的一点是，《周髀算经》中提供的唯一一个二十八宿距度数值——牵牛距星的距度为8°，据研究却是袭自赤道坐标系的数值（按照《周髀算经》的地平方案此值应为6°）。①

《周髀算经》在天球坐标问题上确实有很大的破绽：它既明确认为二十八宿是沿黄道排列的，却又试图在地平坐标系中测量其距度，而作为例子给出的唯一数值竟又是来自赤道系统。这一现象值得深思，在它背后可能隐藏着某些重要线索。

---

① 薄树人：《再谈〈周髀算经〉中的盖天说——纪念钱宝琮先生逝世十五周年》，《自然科学史研究》第8卷第4期（1989）。

四、结语

反复研读《周髀算经》全书，给人以这样一种印象：即它的作者除了具有中国传统天文学知识之外，他还从别处获得了一些新的方法——最重要的就是笔者在第180页注①文献中着重讨论的公理化方法（《周髀算经》是中国古代唯一一次对公理化方法的认真实践）；以及一些新的知识——比如印度式的宇宙结构、希腊式的寒暑五带知识之类。这些尚不知得自何处的新方法和新知识与中国传统天文学说不属于同一体系，然而作者显然又极为珍视它们，因此他竭力糅合二者，试图创造出一种中西合璧的新的天文学说。作者的这种努力在相当程度上可以说是成功的。《周髀算经》确实自成体系、自具特色，尽管也不可避免地有一些破绽。

那么，《周髀算经》的作者究竟是谁？他在构思、撰写《周髀算经》时有过何种特殊的际遇？《周髀算经》中这些异域天文学成分究竟来自何处？……所有这些问题现在都还没有答案，但是笔者强烈认为，《周髀算经》背后极可能隐藏着一个古代中西方文化交流的大谜。

原载《自然科学史研究》第16卷第3期（1997）

一九九八

［**纪事**］系于本年的第一篇文章，原是1997年年底应李政道先生的邀请，为他在北京召集的一次报告会而专门准备的。考虑到李先生的大名，我认真准备了相当学术的内容，不料到会上一看，不少听众都是画家（记得有华君武、黄胄夫人等，都是李先生的朋友），估计让他们听本文的内容可能太抽象了，我就临时换了一个题目，凭空讲了一通。后来李先生宴请，那些画家对我表示，我讲的东西他们“基本能听懂”。至于本文就权当操练一次学问了，后来发表在《传统文化与现代化》杂志上。

古代中国人的宇宙

引言

“时空”一词，出于现代人对西文time-space之对译，古代中国人则从不这么说。《尸子》（通常认为成书于汉代）上说：

> 四方上下曰宇，往古来今曰宙。

这是迄今在中国典籍中找到的与现代“时空”概念最好的对应。不过，我们也不要因此就认为这位作者（相传是周代的尸佼）是什么“唯物主义哲学家”——因为他接下去就说了“日五色，至阳之精，象君德也，五色照耀，君乘土而王”之类的“唯心主义”色彩浓厚的话。

在今天，“宇宙”一词听起来十分通俗（在日常用法中往往只取空间、天地之意），其实倒是古人的措辞；而“时空”一词听起来很有点“学术”味，其实倒是今人真正通俗直白的表达。

以往的不少论著在谈到中国古代宇宙学说时，有所谓“论天六家”之说，即盖天、浑天、宣夜、昕天、穹天、安天。其实此六家归结起来，也就是《晋书·天文志》中所说“古言天者有三家，一曰盖天，二曰宣夜，三曰浑天”三家而已。

本文将在梳理有关历史线索的基础上，设法澄清前贤的一系列误解，并对如何评价历史上的各种宇宙模式提出新的判据。

一、怎样看待宇宙的有限无限问题

既然宇是空间，宙是时间，那么空间有没有边界？时间有没有始末？无论从常识还是从逻辑角度来说，这都是一个很自然的问题。然而这问题却困惑过今人，也冤枉过古人。

困惑今人，是因为今人中的不少人一度过于偏信“圣人之言”，他们认为恩格斯已经断言宇宙是无限的，那宇宙就一定是无限的，就只能是无限的，就不可能不是无限的！然而“圣人之言”是远在现代宇宙学的科学观测证据出现之前做出的，与这些证据（比如红移、3K 背景辐射、氦丰度等）相比，“圣人之言”只是思辨的结果。而在思辨和科学证据之间应该如何选择，其实圣人自己早已言之矣。

今人既已自陷于困惑，乃进而冤枉古人。凡主张宇宙为有限者，概以“唯心主义”“反动”斥之；而主张宇宙为无限者，又必以“唯物主义”“进步”誉之。将古人抽象的思辨之言，硬加工成壁垒分明的“斗争”神话。在“文化大革命”及稍后一段时间，这种说法几成众口一词。直到今日，仍盘踞在不少人文学者的脑海之中。

首先接受现代宇宙学观测证据的，当然是天文学家。现代的“大爆炸宇宙模型”是建立在科学观测证据之上的。在这样的模型中，时间有起点，空间也有边界。如果一定要简单化地在“有限”和“无限”之间做选择，那就只能选择“有限”。

古人没有现代宇宙学的观测证据，当然只能出以思辨。《周髀算经》明确陈述宇宙是直径为810000里的双层圆形平面——笔者已经证明不是先前普遍认为的所谓“双重球冠”形。汉代张衡作《灵宪》，其中所述的天地为直径“二亿三万二千三百里”的球体，接着说：

> 过此而往者，未之或知也。未之或知者，宇宙之谓也。宇之表无极，宙之端无穷。

张衡将天地之外称为“宇宙”，与《周髀算经》不同的是他认为“宇宙”是无穷的——当然这也只是他思辨的结果，他不可能提供科学的证明。而作为思辨的结果，即使与建立在科学观测证据上的现代结论一致，终究也只是巧合而已，更毋论其未能巧合者矣。

也有明确主张宇宙有限者，比如汉代扬雄在《太玄·玄摛》中为宇宙下的定义：

> 阖天谓之宇，辟宇谓之宙。

天和包容在其中的地合在一起称为宇，从天地诞生之日起才有了宙。这是明确将宇宙限定在物理性质的天地之内。这种观点因为最接近常识和日常感觉，即使在今天，对于没有受过足够科学思维训练的人来说也是最容易接纳的。虽然在古籍中寻章摘句，还可以找到一些能将其解释成主张宇宙无限的话头（比如唐代柳宗元《天对》中的几句文学性的咏叹），但从常识和日常感觉出发，终以主张宇宙有限者为多。[①]

总的来说，对于古代中国人的天文学、星占学或哲学而言，宇宙有限还是无限并不是一个非常重要的问题。而“四方上下曰宇，往古来今曰宙”的定义，则可以被主张宇宙有限、主张宇宙无限以及主张宇宙有限无限为不可知的各方所共同接受。

---

① 郑文光、席泽宗：《中国历史上的宇宙理论》，人民出版社，1975年，第145—146页。

二、对李约瑟高度评价宣夜说的商榷

宣夜、盖天、浑天三说中，宣夜说一直得到国内许多论者的高度评价，其说实始于李约瑟。李氏在《中国科学技术史》的天学卷中，为“宣夜说”专设一节。他热情赞颂这种宇宙模式说：

> 这种宇宙观的开明进步，同希腊的任何说法相比，的确都毫不逊色。亚里士多德和托勒密僵硬的同心水晶球概念，曾束缚欧洲天文学思想一千多年。中国这种在无限的空间中飘浮着稀疏的天体的看法，要比欧洲的水晶球概念先进得多。虽然汉学家们倾向于认为宣夜说不曾起作用，然而它对中国天文学思想所起的作用实在比表面上看起来要大一些。[①]

这段话使得“宣夜说”名声大震。从此它一直沐浴在“唯物主义”“比布鲁诺早多少多少年”之类的赞美歌声中。虽然我在十多年前已指出这段话中至少有两处技术性错误[②]，但那还只是枝节问题。这里要讨论的是李约瑟对“宣夜说”的评价是否允当。

“宣夜说”的历史资料，人们找来找去也只有李约瑟所引用的那一段，见《晋书·天文志》：

> 宣夜之书亡，惟汉秘书郎郗萌记先师相传云：天性了无质，仰而瞻之，高远无极，眼瞀精绝，故苍苍然也。譬之旁望远道之黄山而皆青，俯察千仞之深谷而窈黑，夫青非真色，而黑非有体也。日月众星，自然浮生虚空之中，其行其止皆须气焉。是以七曜或逝或

① 李约瑟：《中国科学技术史》第四卷“天学”（注意这是20世纪70年代中译本的分卷法，与原版不同），科学出版社，1975年，第115—116页。

② 李约瑟的两处技术性错误是：一、托勒密的宇宙模式只是天体在空间运行轨迹的几何表示，并无水晶球之类的坚硬实体。二、亚里士多德学说直到14世纪才获得教会的钦定地位，因此水晶球体系至多只能束缚欧洲天文学思想四百年。参见江晓原：《天文学史上的水晶球体系》，《天文学报》第28卷第4期（1987）。

住，或顺或逆，伏现无常，进退不同，由乎无所根系，故各异也。故辰极常居其所，而北斗不与众星西没也。摄提、填星皆东行。日行一度，月行十三度，迟疾任情，其无所系著可知矣。若缀附天体，不得尔也。

其实，只消稍微仔细一点来考察这段话，就可知李约瑟的高度赞美是建立在他一厢情愿的想象之上的。

首先，这段话中并无宇宙无限的含义。“高远无极”明显是指人目远望之极限而言。其次，断言七曜“伏现无常，进退不同”，却未能对七曜的运行进行哪怕是最简单的描述，造成这种致命缺陷的原因被认为是“由乎无所根系”，这就表明这种宇宙模式无法导出任何稍有实际意义的结论。相比之下，西方在哥白尼之前的宇宙模式——哪怕就是亚里士多德学说中的水晶球体系，也能导出经得起精确观测检验的七政运行轨道。① 前者虽然在某一方面比较接近今天我们所认识的宇宙，终究只是哲人思辨的产物；后者虽然与今天我们所认识的宇宙颇有不合，却是实证的、科学的产物。② 两者孰优孰劣，应该不难得出结论。

宣夜说虽因李约瑟的称赞而在现代获享盛名，但它未能引导出哪怕只是非常初步的数理天文学系统——即对日常天象的解释和数学描述，以及对未来天象的推算。从这个意义上来看，宣夜说（更不用说昕天、穹天、安天等说）根本没有资格与盖天说和浑天说相提并论。真正在古代中国产生过重大影响和作用的宇宙模式，是盖天与浑天两家。

三、浑天说：纲领和起源之谜

关于《周髀算经》中的盖天宇宙模型，它的宇宙的正确形状、它所

---

① 在哥白尼学说问世时，托勒密体系的精确度——由于第谷将它的潜力发挥到了登峰造极的地步——仍然明显高于哥白尼体系。

② 我们所说的“实证的”，意思是说，它是建立在科学观测基础之上的。按照现代科学哲学的理论，这样的学说就是“科学的”（scientific）。

叙述的北方高纬度地区天象和寒暑五带知识、它们与域外天文学的关系，以及《周髀算经》盖天宇宙模型作为中国古代唯一的公理化尝试，笔者已经发表了一组系列论文[①]，并出版了对《周髀算经》文本的学术注释及白话译文。[②]故此处仅讨论浑天说。

与盖天说相比，浑天说的地位要高得多——事实上，它是在中国古代占统治地位的主流学说，但是它却没有一部像《周髀算经》那样系统陈述其学说的著作。

通常将《开元占经》卷一所引《张衡浑仪注》视为浑天说的纲领性文献，这段引文很短，全文如下：

> 浑天如鸡子。天体（这里意为“天的形体”）圆如弹丸，地如鸡子中黄，孤居于内。天大而地小。天表里有水，水之包地，犹壳之裹黄。天地各乘气而立，载水而浮。周天三百六十五度又四分度之一，又中分之，则一百八十二分之五覆地上，一百八十二分之五绕地下。故二十八宿半见半隐。其两端谓之南北极。北极乃天之中也，在正北，出地上三十六度。然则北极上规径七十二度，常见不隐；南极天之中也，在南入地三十六度，南极下规径七十二度，常伏不见。两极相去一百八十二度半强。天转如车毂之运也，周旋无端，其形浑浑，故曰浑天也。

这就是浑天说的基本理论。内容远没有《周髀算经》中盖天理论那样丰富，但其中还是有一些关键信息似乎未被前贤注意到。

浑天说的起源时间，一直是个未能确定的问题。可能的时间大抵

---

① 江晓原：《〈周髀算经〉——中国古代唯一的公理化尝试》，《自然辩证法通讯》第18卷第3期（1996）。江晓原：《〈周髀算经〉盖天宇宙结构考》，《自然科学史研究》第15卷第3期（1996）。江晓原：《〈周髀算经〉与古代域外天学》，《自然科学史研究》第16卷第3期（1997）。

② 江晓原、谢筠：《周髀算经译注》，辽宁教育出版社，1996年。顺便指出，先前有些论著中有所谓“第一次盖天说”“第二次盖天说”之说，谓古代的“天圆地方”之说为“第一次盖天说”，而《周髀算经》中所陈述的盖天说为“第二次盖天说”。其实后者有整套的数理体系，而前者只是一两句话头而已，两者根本不可同日而语。因此上面这种说法没有什么积极意义，反而会带来概念的混淆。

在西汉初至东汉之间，最晚也就到张衡的时代。认为西汉初年已有浑天说，主要依据两汉之际扬雄《法言·重黎》中的一段话：

或问浑天，曰：落下闳营之，鲜于妄人度之，耿中丞象之。

郑文光认为这表明落下闳（活跃于汉武帝时期）的时代已经有了浑仪和浑天说，因为浑仪就是依据浑天说而设计的。[①] 有的学者强烈否认那时已有浑仪，但仍然相信是落下闳开创了浑天说。[②] 迄今未见有得到公认的结论问世。

在上面的引文中有一点值得注意，即北极“出地上三十六度”。

这里的“度”应该是中国古度。中国古度与西方将圆周等分为360°之间有如下的换算关系：

1中国古度＝360/365.25＝0.9856°。

因此北极“出地上三十六度”转换成现代的说法就是：北极的地平高度为35.48°。

北极的地平高度并不是一个常数，它是随着观测者所在的地理纬度而变的。但是在上面那段引文中，作者显然还未懂得这一点，所以他一本正经地将北极的地平高度当作一个重要的基本数据来陈述。由于北极的地平高度在数值上恰好等于当地的地理纬度，这就提示我们，浑天说的理论极可能是创立于北纬35.48°地区的。然而这是一个会招来很大麻烦的提示，它使得浑天说的起源问题变得更加复杂。

我们如果打开地图来寻求印证，上面的提示就会给我们带来很大的困惑——几个可能与浑天说创立有关系的地区，比如巴蜀（落下闳的故乡）、长安（落下闳等天文学家被召来此地进行改历活动）、洛阳（张衡在此处两次任太史令）等等，都在北纬35.48°之南很远。以我之孤陋

---

① 郑文光、席泽宗：《中国历史上的宇宙理论》，第69页。

② 例如，李志超教授在《仪象创始研究》一文中说：“一切昌言在西汉之前有浑仪的说法都不可信。‘浑仪’之名应始于张衡，一切涉及张衡以前的‘浑仪’记述都要审慎审核，大概或为伪托，或为后代传述人造成的混乱。”文见《自然科学史研究》第9卷第4期（1990）。

寡闻，好像未见前贤注意过这一点。如果我们由此判断浑天说不是在上述任一地点创立的，那么它是在何处创立的呢？地点一旦没有着落，时间上会不会也跟着出问题呢？

不过，在这里我仅限于将问题提出，先不轻下结论。

在浑天说中大地和天的形状都已是球形，这一点与盖天说相比大大接近了今天的知识。但要注意它的天是有“体”的，这应该就是意味着某种实体（就像鸡蛋的壳），而这就与亚里士多德的水晶球体系半斤八两了。然而先前对亚里士多德水晶球体系激烈抨击的论著，对浑天说中同样的局限却总是温情脉脉地避而不谈。

浑天说中球形大地“载水而浮”的设想造成了很大的问题。因为在这个模式中，日月星辰都是附着在“天体”内面的，而此“天体”的下半部分盛着水，这就意味着日月星辰在落入地平线之后都将从水中经过，这实在与日常的感觉难以相容。于是后来又有改进的说法——认为大地是悬浮在“气”中的，比如宋代张载《正蒙·参两篇》说“地在气中”，这当然比让大地浮在水上要合理一些。

用今天的眼光来看，浑天说是如此地初级、简陋，与约略同一时代西方托勒密精致的地心体系（注意浑天说也完全是地心的）根本无法同日而语，就是与《周髀算经》中的盖天学说相比也大为逊色。然而这样一个初级、简陋的学说，为何竟能在此后约两千年间成为主流学说？

原因其实也很简单：盖天学说虽然有它自己的数理天文学，但它对天象的数学说明和描述是不完备的（例如，《周髀算经》中完全没有涉及交食和行星运动的描述和推算）。而浑天说将天和地的形状认识为球形，这样就至少可以在此基础上发展出一种最低限度的球面天文学体系。只有球面天文学，才能使得对日月星辰运行规律的测量、推算成为可能。但中国古代的球面天文学始终未能达到古希腊的水准——今天全世界天文学家共同使用的球面天文学体系，在古希腊时代就已经完备。浑天说中有一个致命的缺陷，使得任何行之有效的几何宇宙模型以及建立在此几何模型基础之上的完备的球面天文学都无法从中发展出来。这个致命的缺陷，简单地说只是四个字：“地球太大！”

四、中国古代地圆说的致命缺陷

中国古代是否有地圆说，常见的答案几乎是众口一词的“有”。然而这一问题并非一个简单的“有”或“无”所能解决。

被作为中国古代地圆学说的文献证据，主要有如下几条：

> 南方无穷而有穷。……我知天下之中央，燕之北、越之南是也。（《庄子·天下》引惠施）

> 浑天如鸡子。天体圆如弹丸，地如鸡中黄，孤居于内，天大而地小。天表里有水，天之包地，犹壳之裹黄。（东汉·张衡《浑天仪图注》）

> 天地之体状如鸟卵，天包于地外，犹卵之裹黄，周旋无端，其形浑浑然，故曰浑天。其术以为天半覆地上，半在地下，其南北极持其两端，其天与日月星宿斜而回转。（三国·王蕃《浑天象说》）

惠施的话，如果假定地球是圆的，可以讲得通，所以被视为地圆说的证据之一。后面两条，则已明确断言大地为球形。

既然如此，中国古代有地圆学说的结论，岂非已经成立？

但是且慢。能否确认地圆，并不是一件孤立的事。换句话说，并不是承认地球是球形就了事。在古希腊天文学中，地圆说是与整个球面天文学体系紧密联系在一起的。西方的地圆说实际上有两大要点：

1. 地为球形；

2. 地与“天”相比非常之小。

第一点容易理解，但第二点的重要性就不那么直观了。然而在球面天文学中，只在极少数情况下，比如考虑地平视差、月食等问题时，才需计入地球自身的尺度；而绝大部分情况下都将地球视为一个点，即忽略地球自身的尺度。这样的忽略不仅非常必要，而且是完全合理的，这只需看一看下面的数据就不难明白：

1. 地球半径为 6371 公里；

2. 地球与太阳的距离为 149597870 公里；

3. 上述两值之比约为 1∶23481。

进而言之，地球与太阳的距离，在太阳系行星中仅位列第三，太阳系的广阔已经可想而知。如果再进而考虑银河系、河外星系……那更是广阔无垠了。地球的尺度与此相比，确实可以忽略不计。古希腊人的宇宙虽然是以地球为中心的，但他们发展出来的球面天文学却完全可以照搬到日心宇宙和现代宇宙体系中使用——球面天文学主要就是测量和计算天体位置的学问，而我们人类毕竟是在地球上进行测量的。

现在再回过头来看中国古代的地圆说。中国人将天地比作鸡蛋的蛋壳和蛋黄，那么显然，在他们心目中天与地的尺度是相去不远的。事实正是如此，下面是中国古代关于天地尺度的一些数据：

> 天球直径为 387000 里；地离天球内壳 193500 里。（《尔雅·释天》）

> 天地相距 678500 里。（《河洛纬·甄耀度》）

> 周天也三百六十五度，其去地也九万一千余里。（杨炯《浑天赋》）

以第一说为例，地球半径与太阳距离之比是 1∶1。在这样的比例中，地球自身尺度就无论如何也不能忽略。然而自明末起，学者们常常忽视上述重大区别而力言西方地圆说在中国“古已有之”；许多当代论著也经常重复与古人相似的错误。

非常不幸的是，不能忽略地球自身的尺度，也就无法发展出古希腊人那样的球面天文学。学者们曾为中国古代的天文学为何未能进展为现代天文学找过许多原因，诸如几何学不发达、不使用黄道体系等等，其实将地球看得太大，或许是致命的原因之一。

五、评价宇宙学说的合理判据

评价不同宇宙学说的优劣，当然需要有一个合理的判据。

我们在前面已经看到，这个判据不应该是主张宇宙有限还是无限。也不能是抽象的“唯心”或“唯物”——历史早已证明，“唯心”未必恶，“唯物”也未必善。

另一个深入人心的判据，是看它与今天的知识有多接近。许多科学史研究者将这一判据视为天经地义，却不知其实大谬不然。人类对宇宙的探索和了解是一个无穷无尽的过程，我们今天对宇宙的知识，也不可能永为真理。当年哥白尼的宇宙、开普勒的宇宙……今天看来都不能叫真理，都只是人类认识宇宙的过程中的不同阶梯，而托勒密的宇宙、第谷的宇宙……也同样是阶梯。

对于古代的天文学家来说，宇宙模式实际上是一种“工作假说”。因此以发展的眼光来看，评价不同宇宙学说的优劣，比较合理的判据应该是：

看这种宇宙学说中能不能容纳对未知天象的描述和预测——如果这些描述和预测最终导致对该宇宙学说的修正或否定，那就更好。

在这里，我的立场很接近科学哲学家波普尔（K. Popper）的“证伪主义”，即认为只有那些通过实践（观测、实验等）能够对其构成检验的学说才是有助于科学进步的，这样的学说具有“可证伪性”（falsifiability）。而那些永不会错的“真理”（比如“明天可能下雨也可能不下雨”之类）以及不给出任何具体信息和可操作检验的学说，不管它们看上去是多么正确（往往如此，比如上面那句废话），对于科学的发展来说都是没有意义的。[①]

① 波普尔的学说在他的《猜想与反驳》（1969）和《客观知识》（1972）两书中有详尽的论述。此两书都有中译本（上海译文出版社，1986年，1987年）。在波普尔的证伪学说之后，科学哲学当然还有许多发展。要了解这方面的情况，迄今我所见最好的简明读物是查尔默斯（A. F. Chalmers）：《科学究竟是什么？》，商务印书馆，1982年。

按照这一判据，几种前哥白尼时代的宇宙学说可排名次如下：

1. 托勒密宇宙体系。

2.《周髀算经》中的盖天宇宙体系。

3. 中国的浑天说。

至于宣夜说之类就不具有加入上述名单的资格了。宣夜说之所以在历史上没有影响，并非因它被观测证据所否定，而是因为它根本就是“不可证伪的”，对于解决任何具体的天文学课题来说都是没有意义的，因而也就没有任何观测结果能构成对它的检验。其下场自然是无人理睬。

托勒密的宇宙体系之所以被排在第一位，是因为它是一个高度可证伪的、公理化的几何体系。从它问世之后，直到哥白尼学说胜利之前，西方世界（包括阿拉伯世界）几乎所有的天文学成就都是在这一体系中做出的。更何况正是在这一体系的营养之下，才产生了第谷体系、哥白尼体系和开普勒体系，最终导致它自身被否定。

我已经设法证明，《周髀算经》中的盖天学说也是一个公理化的几何体系，尽管比较粗糙幼稚。其中的宇宙模型有明确的几何结构，由这一结构进行推理演绎时又有具体的、绝大部分能够自洽的数理。“日影千里差一寸”正是在一个不证自明的前提，亦即公理——“天地为平行平面”——之下推论出来的定理。① 而且，这个体系是可证伪的。唐开元十二年（724）一行、南宫说主持全国范围的大地测量，以实测数据证明了“日影千里差一寸”是大错②，就宣告了盖天说的最后失败。这里之所以让盖天说排名在浑天说之前，是因为它作为中国古代唯一的公理化尝试，实有难能可贵之处。

浑天说没能成为像样的几何体系，但它毕竟能够容纳对未知天象的描述和预测，使中国传统天文学在此后的一两千年间得以持续运作和发

① 关于这一点的详细论证请见江晓原：《〈周髀算经〉——中国古代唯一的公理化尝试》，《自然辩证法通讯》第18卷第3期（1996）。

② 同样南北距离之间的日影之差是随地理纬度而变的，其数值也与“千里差一寸”相去甚远——大致为二百多里差一寸。参见中国天文学史整理研究小组：《中国天文学史》，第164页。

展。它的论断也是可证伪的（比如大地为球形，就可以通过实际观测来检验），不过因为符合事实，自然不会被证伪。而盖天说的天与地为平行平面就要被证伪。

中国古代在宇宙体系方面相对落后，但在数理天文学方面却能有很高成就，这对西方人来说是难以想象的，其实这背后另有一个原因。中国人是讲究实用的，对于纯理论的问题、眼下还未直接与实际运作相关的问题，都可以先束之高阁，或是绕而避之。宇宙模式在古代中国人眼中就是一个这样的问题。古代中国天文学家采用代数方法，以经验公式去描述天体运行，效果也很好（古代巴比伦天文学也是这样）。宇宙到底是怎样的结构，可以不去管它。宇宙模式与数理天文学之间的关系，在古代中国远不像在西方那样密切——在西方，数理天文学是直接在宇宙的几何模式中推导、演绎而出的。

六、关于宇宙是否可知的思考

《周髀算经》在陈述宇宙是直径为810000里的双层圆形平面后，接着就说：

> 过此而往者，未之或知。或知者，或疑其可知，或疑其难知。

意思是说，在我们观测所及的范围之外，从未有人知道是什么，而且无法知道它能不能被知道。此种存疑之态度，正合“知之为知之，不知为不知，是知（智）也”之意，较之今人之种种武断、偏执和人云亦云，高明远矣。张衡《灵宪》中说“过此而往者，未之或知也。未之或知者，宇宙之谓也”，也认为宇宙是“未之或知”的。

在对宇宙的认识局限这一点上来说，古代中国人的想法倒是可能与现代宇宙学思考有某种暗合之处。例如明代杨慎说：

> 盖处于物之外，方见物之真也，吾人固不出天地之外，何以知

天地之真面目欤？[①]

他的意思是说，作为宇宙之一部分的人，没有能力认识宇宙的真面目。类似的思考在现代宇宙学家那里当然会发展得更为精致和深刻，例如惠勒（J. A. Wheeler）在他的演讲中，假想了一段宇宙与人的对话，我们不妨就以这段对话作为本文的结束[②]：

> 宇宙：我是一个巨大的机器，我提供空间和时间使你们得以存在。这个空间和时间，在我到来之前，以及停止存在之后，都是不存在的，你们——人——只不过是在一个不起眼的星系中的一个较重要的物质斑点而已。
>
> 人：是啊，全能的宇宙，没有你，我们将不能存在。而你，伟大的机器，是由现象组成的。可是，每一个现象都依赖于观察这种行动，如果没有诸如像我所进行的这种观察，你也绝不会成为存在！

惠勒的意思是说，没有宇宙就不会有人的认识，而没有人的认识也就不会有宇宙——这里的宇宙，当然早已不是“纯客观”的宇宙了。

原载《传统文化与现代化》1998年第5期

① 《升庵集》卷七四“宋儒论天”。

② 见方励之编：《惠勒演讲集——物理学和质朴性》，安徽科学技术出版社，1982年，第18页。

一九九九

［纪事］1999年对我来说是极不平静的一年。新华社三次播发了和我有关的全球通稿。

第一次是因为我从中国科学院上海天文台调入上海交通大学，创建了中国第一个科学史系（1999年3月9日），并出任系主任。新华社为此播发了全球通稿。此事被视为科学史这个学科在中国最终完成了它的建制化的象征性事件。虽然此时正值“两会”期间，但中央电视台还是派出了四人摄制组专程前来上海采访报道。

第二次是因为我领导的参加“夏商周断代工程”的团队，公布了我们推算出来的武王伐纣准确年代和完整日程。我的团队在“夏商周断代工程”中承担“武王伐纣时的天象研究”和“三代大火星象”两个专题，其中“武王伐纣时的天象研究”是整个断代工程中最关键的专题之一。下面这篇《〈国语〉所载武王伐纣天象及其年代与日程》就是这个专题中最关键的成果内容。

这个专题后来在2001年获得了科技部、财政部、国家计委、国家经贸委联合颁发的“‘九五’国家重点科技攻关计划优秀科技成果”。以“武王伐纣时的天象研究”专题内容为主体的学术专著《回天——武王伐纣与天文历史年代学》（江晓原、钮卫星合著，上海人民出版社，2000年），2002年获上海市第六届哲学社会科学优秀成果奖二等奖。

第三次是因为我在媒体上披露了我领导的团队计算出了正确的孔子诞辰。其实对于我们刚刚完成“武王伐纣时的天象研究”的团队来说，计算孔子诞辰是一件非常轻松简单的工作，只消略出余绪即可。这就是系于本年的《孔子诞辰：公元前552年10月9日》一文。此文当时在海峡两岸多种杂志和报纸上被转载。

上面这三件事情，也被国内外许多平面媒体和各地的电视台、广播电台做了大量专题报道、访谈、嘉宾节目等，甚至出现了报告文学性质的作品。

从 1999 年起，我的“清静岁月”结束了。

《国语》所载武王伐纣天象及其年代与日程*

依据早期史籍中关于武王伐纣时的各种天象记载，以天文学方法来求解武王伐纣之年代，并设法重现武王伐纣时之日程表，是一件相当复杂的工作。在完成这一工作的过程中，我们设计了几种不同的方案。非常令人惊异的是：**这几种方案所得的结果，全都导向一个完全相同的结论**！本文就是上述方案之一。

一、文本之释读

《国语·周语下》伶州鸠对周景王所述武王伐殷时天象：

> 昔武王伐殷，岁在鹑火，月在天驷，日在析木之津，辰在斗柄，星在天鼋。星与日辰之位皆在北维。

对于这段叙述中字面及术语之释读，前贤多从韦昭注。韦昭为三国时人（204—273），他的注有多大的可信程度，今人当然可以提出怀疑——事

* 本项研究受国家“九五”重大科研项目“夏商周断代工程”及国家自然科学基金（批准号19573015）资助。

实上有人连《国语》中的这段记载本身都疑为伪作。[1] 但解决这一疑惑的原则其实极为简单，那就是：若有比韦昭更可信的不同释读，自然应该舍韦昭而就彼；但若并无更可信之释读，却又无端怀疑韦昭之注，那除了导致历史虚无主义的结论之外，对解决问题毫无帮助。

实际情况是，韦昭注本不仅是现存最早的注本，而且其注"保留了今已亡佚的东汉郑众、贾逵，三国虞翻、唐固等注本的片段"[2]。再说历代学者对韦昭注也无异议。因此目前唯一合理的选择，只能是以韦昭注作为我们工作的出发点。

疑惑既除，接下来就可逐句释读。

岁在鹑火：意为木星在鹑火之次，此句不会有歧义。

月在天驷："月在天驷"从字面上理解，当然是指月球运行至与天驷在一起之处。根据我们的研究，此句关系极大，却常被研究者所忽视。"天驷"者，星名也，即天蝎座 π 星（π Sco），特别值得注意的是，这颗星也正是二十八宿中房宿的距星。此处韦昭注云："天驷，房星也。"正可证明这种解释。[3]

日在析木之津：韦昭注："津，天汉也。析木，次名。"《左传》《国语》提到"析木"时总跟着"之津"二字，"津"为天河，说明"析木"所指的天区位于黄道上横跨银河之处，《汉书·律历志》中，《三统历》定析木之次对应范围为尾 10 度，跨箕宿，至斗 11 度，案之星图，正在银河之中。这也说明《三统历》所述二十八宿与十二次之间的对应关系，应有很早的起源（注意我们据此确定析木之津的范围时，并不要求在商周之际就存在十二次系统）。析木之津所占天区，公元前 1100—前 1000 年间的黄经范围在 223°—249° 之间。

---

① 比如倪德卫就曾将《国语》中伶州鸠的这段话指为伪作，认为是"公元前 1 世纪中叶，有一个狡猾的学者真相信了《武成》的日期"而伪造的。见倪德卫：《国语武王伐殷天象辩伪》，《古文字研究》第 12 号（1985）。但倪氏首先犯了一个根本性的错误——他认定伶州鸠所述诸天象必定是同一天的天象，而实际上自然不是如此。倪氏论武王伐纣之年有数篇论文，皆好为新异之说，其大胆假说固有余，小心求证实不足也。

② 上海师范大学古籍整理研究所校点：《国语》，上海古籍出版社，1988 年，第 1 页。

③ 有人认为也可指中国古代的"天驷"星官（由包括天蝎座 π 星在内的四颗黄经几乎完全相等、与黄道成垂直排列的恒星组成，古人将之比附驾车之四匹马）。

此处先要特别指出：月球运行每月一周天，太阳每年一周天，因此很多稍具天文常识的学者都会认为，“月在天驷”每月都会出现一次，因而是一年可以见到12次的天象，而实际上精密的天文学计算和演示都表明，这种天象在周地竟要平均10年才能与“日在析木之津”同时被观测到一次。[①]

辰在斗柄：韦昭注：“辰，日月之会。斗柄，斗前也。”此句可以产生两处争议：“辰”为何意？“斗柄”何指？需要逐一分析。先讨论“辰”。在古籍中，“辰”可以有八种用法，列出如下：

1. 日月交会点，即合朔时太阳所在位置。

2. 大火（即天蝎座 α，中名心宿二）。如《国语·晋语四》：“岁在大火，大火，阏伯之星也，是为大辰。”又《苏武诗》：“昔为鸳与鸯，今为参与辰。”

3. 北极星，即“北辰”。如《尔雅·释天》：“北极谓之北辰。”又虞世南《奉和月夜观星应令》：“天文岂易述，徒知仰北辰。”

4. 泛指众星，如星辰、三辰。

5. 十二时辰之一,七至九时。

6. 日子、时刻。今吴语中犹将“时间”称为“辰光”。

7. 十二地支之五。

8. “晨”之通假字。

在上述八种用法中，第4种在此处没有意义，第5、第6、第7、第8种可置勿论。需要讨论的是前面三种。或许有人会问：韦昭注为何一定正确？“辰”在此处为何不能理解为心宿二或北极星？其实天文学常识早已排除了这两种可能性：因为“斗柄”无论何指，肯定是指恒星无疑，而心宿二或北极星也都是恒星，天文学常识告诉我们，恒星是相对固定的（“恒星”正是由此得名），一颗恒星不可能跑到另一颗恒星那里去。如果将“辰”在此处理解为心宿二或北极星，那岂不是和说“天狼星在织女星”一样荒谬？所以韦昭注“日月之会”（即太阳和月亮运

---

① 详细说明请见下文。如果将“天驷”理解为四颗星组成的星官，也要平均三年才能被观测到一次。

行到黄经相等之处）在这里确实是唯一合理的释读。

接下来再谈“斗柄”。“斗”可以指北斗，也可以指南斗，即二十八宿中的斗宿。但“辰”既然是“日月之会”，就完全排除了北斗的可能——太阳和月亮只能在黄道附近运行，它们永远不可能跑到北斗那里去。所以“斗柄”只能是指南斗。

这样，“辰在斗柄”的唯一合理释读就是：日、月在南斗（斗宿）合朔。

星在天鼋：韦昭注：“星，辰星也。天鼋，次名，一曰玄枵。”辰星即水星。水星常在太阳左右，其大距极限仅 28° 左右——也就是说水星至多只能离开太阳 28° 远。此句意为“水星在玄枵之次”。这也给出了相对独立的信息——在武王伐纣的过程中，应该能见到“星在天鼋”的天象。

星与日辰之位皆在北维：此句没有独立信息——当太阳和水星到达玄枵之次时，它们就是在女、虚、危诸宿间，这些宿皆属北方七宿，此即“北维”之意也。

二、天象之验算

文本之释读既已解决，乃可验算伶州鸠所述各项天象及有关天象——文本背后的天文学含义将通过这些验算而进一步显现。但在此之前还要先对验算所用的天文学软件有所交代。

在对上述天象进行检验计算，以及此后的回推、筛选计算中，行星、月球历表为必需之物，而天文学前沿研究所用历表时间跨度不够（一般只有几百年，我们的研究需要三千年以上）。1963 年斯塔曼（Stahlman）曾用分析方法算出太阳和行星公元前 2000 年—公元 2000 年间的位置表，以供天文史研究之用。但该表精度不甚高，而且使用不便，所以有的学者干脆自己用天体力学方法回推，并且都号称自己的方法最精确。由于他们的源程序通常都秘不示人，故他人皆无从比较其优劣。

而在国际上，美国著名的喷气推进实验室（JPL）之斯坦迪什

(Standish)等人，长期致力于行星和月球历表的研究工作，他们用数值积分方法，结合最新的理论模型和观测结果，研制出了与各个时期的科学水平相适应的系列星历表，提供给全世界学者使用。绝大多数JPL星历表时间跨度较短，目的是供天文学前沿、航天等领域应用。到20世纪80年代他们又制作了长时间跨度的行星历表DE102（公元前1411年—公元3002年），在国际上得到广泛使用（但国内天文史专家不用）。

最近斯坦迪什等人又研制了时间跨度更长的行星历表DE404（公元前3000年—公元3000年），它不但吸收了雷达、射电、VLBI（甚长基线干涉）、宇宙飞船、激光测月等高新技术所获得的最新观测数据，而且在力学模型上有所改进，保证了积分初始值的精确性和理论的先进性。并且在积分过程中，不但与历史上的观测记录进行了比较，而且同时对比了纯粹用分析方法所得的结果。这样就进一步保证了星历表的稳定性和可靠性。①

经我们与斯坦迪什本人联系，他将全套DE404数据库及计算软件无偿提供给我们使用。这也可算国际天文学界对夏商周断代工程之间接支持。

另一个比较重要的软件是SkyMap3.2，这是一个非常先进的天象演示软件，能够在给定观测时间、观测地点之经纬度后，立即演示出此时此地的实际星空，包括恒星、太阳、月亮、各行星、彗星乃至河外星云等几乎所有天体的精确位置。我们用DE404检验了该软件的精度，发现在前推三千余年时，其误差仍仅在角秒量级，这对本专题的研究来说已经绰绰有余。②

接下来逐条进行验算。

---

① DE404精度极高，其误差估计：行星每世纪在百分之一角秒量级，月球在一角秒量级。这样的误差对于本课题所涉及的计算来说，已经完全不必考虑。

② DE404软件给出的结果是历书时（ET），考虑到地球自转速度的长期变化，为在准确时间上重现历史天象还需要做一个修正，在距今三千年时，这一修正的结果是一个将近八小时的量。我们给出的结果已经考虑了这项修正。SkyMap3.2软件在其给出结果中也已经考虑了这项修正。

岁在鹑火：前贤几乎全都将目光集中在“岁在鹑火”的天象上，此天象看似简单，其实大有问题。在一些先秦文献中，“岁在某某”（后世又多用“岁次某某”）是一种常见的天象记载。这类天象记载的真实性，前贤很少怀疑。有不少学者在处理先秦年代学问题时，还将岁星天象记载作为重要的判据来使用。然而，先秦文献中的此类记载其实大可怀疑。我们曾对《左传》《国语》中有明确年代的岁星天象记载进行地毯式的检索，共得九项；然后针对此九项记载，用DE404进行回推计算，结果发现竟无一吻合！对这一无可置疑之事实，此处无暇讨论其原因。只是陈述事实，至于合理解释，则尚待高贤之论也。[①] 但至少已经可以看出，**用“岁在鹑火”作为确定伐纣之年的依据，是不可靠的**。所以在下面的工作中，我们先不使用“岁在鹑火”——但考虑到伶州鸠所述天象的特殊性，不妨用作辅助性的参证。

月在天驷与日在析木之津：第一步，从“月在天驷”和“日在析木之津”入手。先设定（注意，也可使用更宽泛的设定，但最终仍导致相同结果[②]）：

1. 太阳黄经在223°—249°范围内（日在析木之津）。

2. 月球与天驷星之黄经差小于2°（月在天驷）。

3. 月球黄纬小于负4.5°。[③]

---

① 前贤已经注意到这个问题，如新城新藏就试图对此事实给出一种解释，他从《左传》《国语》中若干次有关岁星记载的年代向后推算，假定人们是认定岁星正好12年一周天，则可推算出一个年份，即公元前376年，认为这是《左传》《国语》中有关岁星天象的起算年代，见新城新藏:《东洋天文学史研究》，中华学艺社，1933年，第391—392页。但其说并不能解释《左传》《国语》中所有有明确年代的岁星天象记载，况且公元前376年这一起算点从何而来也难以说明。

② 从“月在天驷”和“日在析木之津”入手进行推算时，**也可以采用比本文所用宽泛得多的设定**，例如在另一个方案中，我们采用了：

（1）太阳黄经在215°—255°范围内（比析木之津略宽）。

（2）月球黄经在天驷四星（该四星黄经在公元前1050年左右都在200°—201°之间）前后±15°之间（明显比“月在天驷”宽泛）。

（3）月球黄纬不限。

这样的设定，使得第一步的筛选结果不是13个日期而是145个，但是经过后续的各个步骤进一步筛选之后，**最终仍然得出与本文完全相同的结论**！

③ 这是由天蝎座π星之位置所决定的。该星在公元前1050年左右时，黄经为200.74°，黄纬为-5.09°；而月球运动偏离黄道的极限约为5.5°，故取月黄纬小于4.5°，则有1°之变动范围，而天蝎座π星恰在其中位处。

以 DE404 数据库计算公元前 1119—前 1000 年间日、月位置，发现只有表 1 中所示十三个日子能同时满足上述三个条件。

表 1　月在天驷・日在析木之津及岁星天象表

日期（公元前）	日　干　支	岁星天象
1119.12.12	丁卯	东面不见
1101.11.24	甲申	东面不见
1100.12.11	丙午	东面不见
1099.12.1	辛丑	东面不见
1082.11.24	癸亥	岁在南偏西
1081.11.13	戊午	东面可见，但金、土在左右
1062.11.14	戊戌	东面不见
1062.12.11	乙丑	东面不见
1045.12.3	**丁亥**	**东面只岁星可见，且位置极好**
1043.11.14	戊寅	东面不见
1043.12.11	乙巳	东面可见，但位置太低
1026.12.4	丁卯	东面不见
1007.12.4	丁未	东面不见

这个初看起来似乎每月都可发生的天象，为何实际上要十年左右才能见到一次？主要有两个原因：一是月球轨道与黄道之间有倾角，只有当月球黄纬在 $-5°$ 左右时，月球才会恰好紧挨着天驷，位于其正上方或正下方，甚至掩食天驷。这才是真正的“月在天驷”。二是这种天象通常都发生在清晨周地地平线附近，往往还未升上地平线就已天亮，或在天亮后才发生。使用 SkyMap3.2 软件演示当时天象，完全证实了这两点。

图 1 右下方就是公元前 1045 年 12 月 3 日这天清晨 5:30 在周地所见的“月在天驷”天象（这次“月在天驷”只能被观测到三个多小时）。

在表 1 这十三个日子中如何选择，则不能不求助于伶州鸠所述天象之外的历史文献：

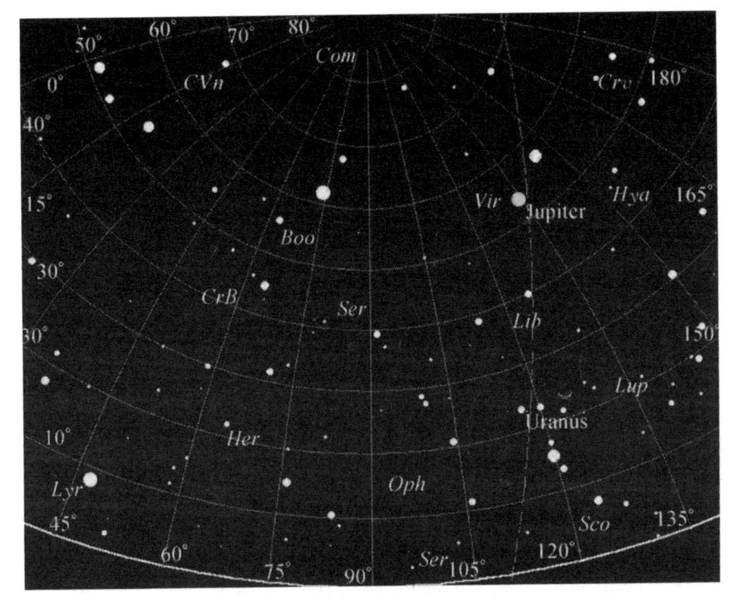

图 1 公元前 1045 年 12 月 3 日清晨之“月在天驷”天象

东面而迎岁：在古籍中所保留的武王伐纣时的天象记录中，关于岁星（即木星）天象，除前述伶州鸠“岁在鹑火”之外，另有三条，皆极重要[①]：

> 武王伐纣，东面而迎岁。（《淮南子·兵略训》）
>
> 武王之诛纣也，行之日以兵忌，东面而迎太岁。（《荀子·儒效》）
>
> 武王征商，隹甲子朝，岁鼎克昏，夙有商。（利簋铭文）

① 关于武王伐纣时的天象记载，在各种古籍中共有十余条。以往对武王伐纣之年的研究中，有涉及天象记录者，往往仅取一二条立论，故言人人殊，难有定论。而实际上正确的原则，应该对所有记载逐一考察，不可用者应证明其何以不可用，而所得武王伐纣年代日程应与所有可用者同时吻合。对此笔者另有专文详细论述。

前两条表明周师出发向东行进时见到“东面而迎岁”的天象。后一条表明牧野之战那天的日干支是甲子，而且此日清晨在牧野见到“岁鼎”——即木星上中天。[①]

周师出发之日，依韦昭注日干支为戊子，谓“武王始发师东行，时殷十一月二十八日戊子，于夏为十月”，其说应本于刘歆《三统历·世经》(载《汉书·律历志下》)“师初发，以殷十一月戊子”之说。刘歆之说可信与否，原可怀疑，但除此之外，并无别说，则此处先以此为假设，由此出发进行推理，若结果与其他文献不能吻合，自可疑之；若处处吻合，则自应信其为真也。

现在观察表1，其中日干支最近于戊子者为公元前1045年12月3日丁亥，次日就是戊子。[②]非常奇妙的是，偏偏只有这一天真正符合“东面而迎岁”的天象！这天清晨5:30在周地向正东所见之实际天象见图1。其余各日，或东面不可见岁星，或虽可见但与金星、土星一同出现，唯独此日以及此后多日皆能在清晨见到岁星（而且只有岁星）出现在东方天空。

至此我们可以初步设定，武王伐纣之师于公元前1045年12月4日出发。[③]

《武成》与《世俘》之历日：出兵之日既定，则另两条史料就可发生重大作用：其一为《汉书·律历志下》引《尚书·周书·武成》曰：

惟一月壬辰，旁死霸（通“魄”），若翌日癸巳，武王乃朝步自周，于征伐纣。

---

① “上中天”是指天体运行到当地子午线上，或者说在正南方达到最大地平高度。太阳上中天时就是当地正午。关于利簋铭文，这里必须提到李学勤先生在1998年12月20日撰写的一篇文章：《利簋铭与岁星》（提要），指出张政烺在1978年第1期《考古》上发表的《利簋释文》一文，最先提出利簋铭文中的“岁”应释为岁星，李先生认为：“张政烺先生首倡的这一说法，能照顾铭文全体，又可与文献参照，应该是最可取的。”

② 在处理这类问题时，学者们从来都假定纪日干支是自古连续至今而且从不错乱的。这虽是一个有点无奈的假定，但一者没有这个假定一切都将无从谈起，二者也确实未发现过决定性的反例。

③ 根据下面的讨论可知，实际上周师在此日前后若干天内出发都合情理。

粤若来三（当作二）月，既死霸，粤五日甲子，咸刘商王纣。

其二为《逸周书》卷四《世俘解第四十》：

惟一月丙午旁生魄，若翼日丁未，王乃步自于周，征伐商王纣。越若来二月既死魄，越五日甲子朝，至，接于商。则咸刘商王纣。

上述两条史料通常被认为同出一源。其中“死魄”指新旧月之交，此时月亮完全看不见——理解为朔亦无不可。“生魄”指望。对于此类月相术语之定义，多年来“定点”“四分”等说聚讼纷纭，迄无定论。去岁李学勤先生发表论文，证明在《武成》《世俘》等篇中，依文义月相只能取定点说，一言九鼎，使武王伐纣之年研究中的一个死结得以解开。[①]

《武成》与《世俘》历日对表1也有筛选作用：在周师出发后、甲子日克商前，应有两次朔发生，第一次日干支为辛卯或壬辰；第二次则约在克商前五日左右，日干支为庚申或辛酉（考虑周初对朔的确定有一日之误差）。因此出师之后十余日即遇日干支为甲子，则该日即应排除，因为在此十余日内不可能有《武成》所记载的两次朔发生；若考虑下一个甲子，则从出师至克商长达七十余日，又与《武成》所载不合。[②] 又，出师之后的两次朔，其日干支不是《武成》所要求的辛卯或壬辰及庚申或辛酉，则该日亦应排除，因为显然与《武成》历日不合。

《武成》及《世俘》历日可以为我们提供一个伐纣战役日程表，与这个日程表结合起来考察，就能揭示出伶州鸠所述一系列天象的真正面目。下面我们借助DE404，以精确回推之实际天象，来检验《武成》及《世俘》历日与伶州鸠所述一系列天象之间的吻合程度。

辰在斗柄：这是指日月合朔于南斗之处。周师出发之日为公元前1045年12月4日，计算表明，三日后出现一次朔，为公元前1045年

---

① 李学勤：《〈尚书〉与〈逸周书〉中的月相》，《中国文化研究》第2期（1998）。

② 自周地至牧野约900里，史籍中从无周师在途中遭到抵抗的记载，故设伐纣之师日行30里，自以一个月左右的时间为宜。这种“反叛中央”的战役，理应速战速决，而绝不能迁延缓进——万一“勤王之师”来救，行动就可能失败。

12月7日，日干支为辛卯，次日即壬辰，这与《武成》篇“惟一月壬辰，旁死霸”非常吻合——“旁死霸”可以理解为“旁朔之日”，那就没有误差了。况且考虑到周初确定朔的水准，一天的误差是完全可以容忍的。此次朔时的太阳黄经为246.27°，考虑岁差，计算当时二十八宿中斗宿的位置，在黄经237.64°—261.51°之间，朔正好发生在此宿中！

“辰在斗柄”既已证实，不妨在此将《武成》《世俘》中其余月相与干支记录一并验证如下：

辛卯日在南斗之宿出现朔之后15天，即公元前1045年12月22日，望，日干支为丙午，《世俘》篇云“惟一月丙午旁生魄”，与实际天象精确吻合。

下一个朔，据《武成》篇“既死霸，粤五日甲子，咸刘商王纣”，该甲子日（即牧野之战克商之日）为公元前1044年1月9日，则既死霸为公元前1044年1月5日庚申，计算表明，实际的朔发生于次日辛酉，仍仅一日误差。

这里有一点值得特别指出：通常都认为《世俘》篇中的“惟一月丙午旁生魄”应据《武成》改为“壬辰旁死魄”，“若翼日丁未”应据《武成》改为“癸巳”，但据我们上面的验算，这样的改动不仅是不必要的，而且很可能是错误的，因为丙午这天正是旁生魄——望；而“若翼日丁未”自然也是正确的陈述。我们可以给出一个新的解释：

将《武成》“王朝步自周”释为“武王自周地出发”（注意：周师已经先期出发），将《世俘》“王乃步自于周”释为“武王从周地来到军中”。武王于一月“壬辰旁死魄”之次日从周地出发，至一月“丙午旁生魄”的次日与大部队会合。这样的解释合情合理，又不必改动文献，就可使《武成》《世俘》两者同时畅然可通，应该是更可取的。

星在天黿：“天黿”者，玄枵之次也，在武王伐纣时代，位置约在黄经278°—306°之间。我们借助DE404计算从公元前1045年12月至公元前1044年3月的水星黄经，结果发现：

从公元前1045年12月21日起，水星进入玄枵之次。此时，它与太阳的距角达到18°以上。而按照中国古代的经验公式，上述距角超过17°时，水星即可被观测到。事实也是如此。此时水星作为“在天黿”

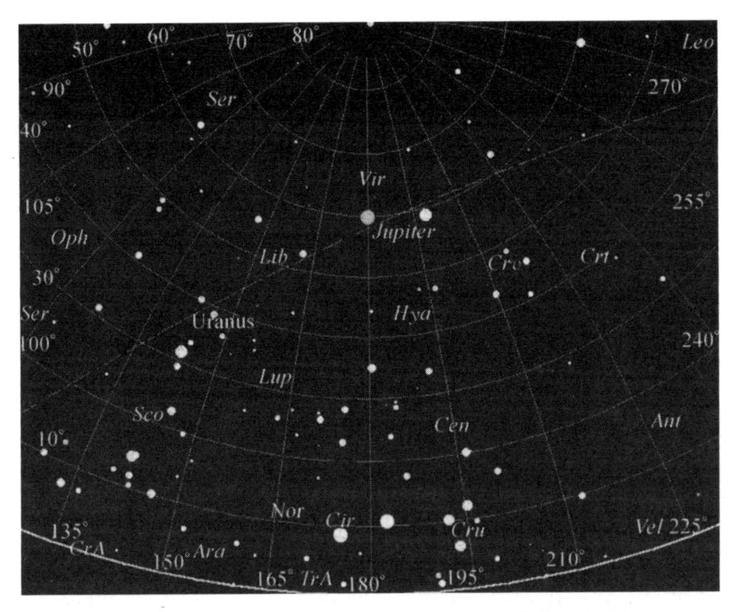

图 2　公元前 1044 年 1 月 9 日清晨上中天的木星（岁鼎）

之昏星，至少有五天可以在日落后被观测到。然而更奇妙的是，在甲子克商之后，从公元前 1044 年 2 月 4 日起，直至 24 日，水星再次处于玄枵之次，而且其距角达到 19.99°—27.43° 之多，几乎达到其大距之极限。此时水星成为“在天鼋”之晨星，更易观测，有 20 天可在日出前被观测到。

要知道，水星是很不容易被观测到的，哥白尼就将未观测到水星引为终身憾事。这也很有助于说明，为什么“星在天鼋”会成为伐纣时故老相传之重要天象，被伶州鸠所传述了。

星与日辰之位皆在北维：前面说过，“星与日辰之位皆在北维”没有独立信息，太阳和水星到达玄枵之次时，它们就是在“北维”。

岁鼎克昏：现在只剩下最后一项验证：公元前 1044 年 1 月 9 日这天早上是否有木星上中天的天象可见。这一点是利簋铭文所要求的。以 SkyMap3.2 演示之，结果令人惊奇！

图 2 显示的是公元前 1044 年 1 月 9 日甲子清晨，在牧野当地时间 4:55 向正南方所见的实际天象：岁星恰好上中天，地平高度约 60°，

正是最利于观测的角度，而且南方天空中没有任何其他行星。此时周师应已晨兴列阵，正南方出现“岁鼎”天象，非但太史见之，大军万众皆得见之。设想此时太史指云“岁鼎佳兆，正应克商”，则军心振奋，此正星占学之妙用也。

至此已经清楚看到：伶州鸠所述武王伐纣时一系列天象能够与《武成》《世俘》所载日程以及《淮南子》《荀子》等文献所述岁星天象一一吻合。更重要的是，根据《武成》“粤五日甲子，咸刘商王纣”及利簋铭文，牧野之战的日期就此可以确定了！

牧野之战日期是：**公元前 1044 年 1 月 9 日甲子。**

三、“岁在鹑火”问题

现在终于到讨论“岁在鹑火”问题的时候了。尽管前贤都对此大感兴趣，但我们已经看到，对于确定武王伐纣的年代和日程来说，“岁在鹑火”的条件是完全不必要的。不过，此项记载既然甚得学者们厚爱，自应有所交代。

伶州鸠对周景王所说的伐纣天象中，实际上包括四条独立的信息：即岁在鹑火、月在天驷、日在析木之津、星在天鼋。后三条经过上面的推算及多重验证，表明它们皆能与《武成》、《世俘》、利簋铭文等相合，可见伶州鸠之说相当可信。然则“岁在鹑火”一条何以就偏偏不可信？

先考察当时岁星的位置：由计算可知，从周师出发到甲子克商，岁星黄经约在 168°—170° 之间，这是在那个时代的寿星之次（这当然只是表示回推计算的结果，那时未必有十二次的概念），确实与“岁在鹑火”不合。

然而这个问题并非无法解决！

“武王伐纣”是一个时间段的概念。它应有广、狭二义。就狭义言之，是从周师出发到甲子克商。若取广义言之，则可视为一个长达两年多的过程——就像我们说全面抗日战争进行了八年、解放战争进行了三年一样，“武王伐纣”的战争进行了两年，以牧野克商而告胜利结束。例如

据《史记·周本纪》:

> 九年，武王上祭于毕，东观兵，至于盟津。……是时，诸侯不期而会盟津者八百诸侯，诸侯皆曰：纣可伐矣！武王曰：女未知天命，未可也，乃还师归。居二年，闻纣昏乱暴虐滋甚……

在牧野之战的前二年，武王已经进行了一次军事示威，表明了反叛的姿态，八百诸侯会孟津，这完全可以视为“武王伐殷”的开始。这一年，按照我们推算的伐纣年代，应该是公元前 1047 年。用 DE404 计算的结果表明，这一年岁星的运行范围在黄经 68°—107° 之间，而此时鹑火之次的黄经范围在 96.63°—129.91° 之间，下半年大部分时间岁星都在鹑火之次！①

这样，我们完全有理由认为，伶州鸠所说的“昔武王伐殷，岁在鹑火”也是正确的。但这当然不能用来证明《左传》《国语》中其他岁星记载的正确性——该问题还需另外解决。

四、结果及讨论：精确重现的日程

在我们开始工作时，并不必断定伶州鸠所述天象真是武王伐纣时之实录，但视为故老相传，当有所本之史料可矣。若以天文学方法回推计算，彼时果有此种天象，则自不可遽指为后人伪作也。然而计算的结果，非但与实际天象精确吻合，而且与《武成》《世俘》《淮南子》《荀子》和利簋铭文等文献文物中的有关记载处处吻合，这就不能不令人惊叹了。

一个特别引人注目之处，是伶州鸠所述各项天象，其顺序大有文章——它们实际上**是按照伐纣战役进程中真实天象发生的先后顺序来记**

---

① 《汉书·律历志下》刘歆《三统历·岁术》记载了十二次与二十八宿之对应，其中的鹑火之次是“初柳九度……终张十七度”，柳、张距星在当时的黄经很容易以岁差推算而得，据此就可求出鹑火之次的黄经范围。周初是否已有十二次，此处不必肯定，因为关键是传下来的数据，而不是表达数据的方式——方式可以随时代而改变。

载的。这样看来，说伶州鸠所述天象是武王伐纣时留下的天象实录，实不过分。

李学勤先生最近撰《伶州鸠与武王伐殷天象》一文[①]，讨论了如下问题："岁在鹑火"以下一段话，是否可能系后世插入？伶州鸠是怎样的人，他怎么会传述武王时的天象？这段话究竟应当从哪一角度去解释？他的结论是：

> "岁在鹑火……"一段话，是《周语下》原文，不可能为后世窜入。
>
> 伶州鸠家世任乐官，武王时天象应为其先祖所传述。
>
> 五位三所是武王伐殷过程中一系列占候，不能作为同时天象来要求。

旨哉斯言，对于我们理解伶州鸠所述武王伐纣天象，以及其他文献中的有关天象记载，皆有极大启发。

对于史籍中众说纷纭的记载，有一个问题始终令人困扰，那就是：**古籍中的记载到底在多大程度上是真实的？**然而当我们研究的结果逐渐浮现出来时，我们感到非常惊讶。我们只是在对古籍记载存疑的前提下，用天文学方法"姑妄算之"，但是在经过非常复杂，也可以说是非常苛刻的验算和筛选之后，而且是在完全不考虑考古学、甲骨学、碳14测年等方面结果的条件之下，发现各种文献竟然真能相互对应，而且能够从中建立起唯一的一个伐纣日程表（因为这是严格筛选出来的最优结果），这不能不使人由衷感叹：古人不我欺也！所以由本文的结果，或许也可以反过来印证，古籍中关于武王伐纣天象的绝大部分记录都是真实的。许多关于刘歆伪造天象史料之类的说法，其实是缺乏根据的。

最后，我们综合了《武成》《世俘》《国语》《淮南子》《荀子》《史记》等史籍中对武王伐纣之天象及史事的全部重要记载，作成反映重现

---

① 文作于1999年1月18日，已在参与夏商周断代工程的专家范围内发表。

的武王伐纣精确日程之一览表，如表2所示。

表2 武王伐纣天象与历史事件一览表

公历日期（公元前）	干支	天象	天象出处	事件	事件出处
1047		岁在鹑火（持续约半年）	《国语》	孟津之会，伐纣之始	《史记·周本纪》
1045.12.3	丁亥	月在天驷 日在析木之津	《国语》		
1045.12.4	戊子	东面而迎岁（此后多日皆如此）	《淮南子》 《荀子》	周师出发	《三统·历世经》
1045.12.7	辛卯	（朔）			
1045.12.8	壬辰	壬辰旁死霸	《武成》		
1045.12.9	癸巳			武王乃朝步自周	《武成》
1045.12.21	乙巳	星在天鼋（此后可见五日）	《国语》		
1045.12.22	丙午	丙午旁生魄（望）	《世俘》		
1044.1.3	戊午			师渡孟津	《史记·周本纪》
1044.1.5	庚申	既死霸	《武成》		
1044.1.6	辛酉	（朔）			
1044.1.9	甲子	岁鼎（木星于清晨4:55上中天）	利簋铭文	牧野之战，克商	利簋铭文 《武成》《世俘》
1044.2.4	庚寅	星在天鼋（此后可见20日。又朔）	《国语》		
1044.2.19	乙巳	既旁生霸（望）	《武成》		
1044.2.24	庚戌			武王燎于周庙	《武成》
1044.3.1	乙卯			乃以庶国祀馘于周庙	《武成》

表2中所显示的日程及事件，与现今能够找到的文献旁证俱能惊人吻合。

原载《自然科学史研究》第18卷第4期（1999）

孔子诞辰：公元前552年10月9日

孔子的生年，历来就有问题。唐代司马贞《史记索隐》在《史记·孔子世家》记载孔子逝世处就感叹说："《经》《传》生年不定，致使孔子寿数不明。"可见这一问题由来已久。20世纪已经出现了几种不同的孔子诞辰，各持一端，在年、月、日上皆有异说，使得各处的纪念活动无法一致。其实只要引入天文学方法，就可以明确解决这一重要的历史年代学问题。

比较流行的孔子生年，是依据《史记·孔子世家》中"鲁襄公二十二年而孔子生"得出，鲁襄公二十二年即公元前551年。但此说有两个问题：

一是与《史记·孔子世家》下文叙述孔子卒年时，说"孔子年七十三，以鲁哀公十六年四月己丑卒"不合。因为鲁哀公十六年即公元前479年，551–479 = 72（岁）。这只能用"虚岁"之类的说法勉强解释过去。

二是没有孔子出生的月、日记载。这就是说，仅仅依靠《史记·孔子世家》，无法为今天的孔子纪念活动提供任何具体日期。

另一种说法的文献依据是《春秋公羊传》和《春秋穀梁传》。先看原始文献：

> 《春秋公羊传》："[襄公]二十有一年……九月庚戌朔，日有食之。冬十月庚辰朔，日有食之。……十有一月，庚子，孔子生。"

> 《春秋穀梁传》："[襄公]二十有一年……九月庚戌朔，日有食之。冬十月庚辰朔，日有食之。……庚子，孔子生。"

这里两者都明确记载孔子出生于鲁襄公二十一年，即公元前552年；又都明确记载了孔子出生日的纪日干支——庚子。所不同者，一为十一月，一为十月。

我们可以先从文献本身的自洽程度，来判断《春秋公羊传》和《春秋穀梁传》两者的记载中谁更可信。从纪日干支的简单排算就可知：九月庚戌朔，接着十月庚辰朔，接下去二十天后是庚子，则此庚子只能出现在十月，整个十一月中根本没有“庚子”的干支。可见《春秋公羊传》的记载自相矛盾。因此，显然应以《春秋穀梁传》的记载作为出发点——即孔子出生于鲁襄公二十一年，（按照《春秋》所用历法的）十月庚子这一天。

接下来要确定“十月庚子”这一天是公历的几月几日。这没有像确定鲁襄公二十一年是公历哪一年那么简单。首先，这里牵涉春秋时代的历法，其中月份是怎么安排的——简单地说，就是那时历法中的正月相当于现今夏历的几月，而这一点目前尚无定论（先前孔子某些诞辰有误即与此有关）。为了绕开这一尚无定论的问题，而将结论唯一确定下来，我们就不得不求助于天文学。

非常幸运的是，《春秋公羊传》和《春秋穀梁传》在孔子出生这一年中都记载了日食，这是我们解决问题的天文学依据。日食是非常罕见的天象，同时又是可以精确回推计算的天象。《春秋》242 年中，共记录日食 37 次，用现代天体力学方法回推验证，其中大部分皆真实无误。经推算，公元前 552 年，即鲁襄公二十一年中，在曲阜确实可以见到一次食分达到 0.77 的大食分日偏食，而且出现此次日食的这一天，纪日干支恰为庚戌，这就与“九月庚戌朔，日有食之”的记载完全吻合。而在次年，即鲁襄公二十二年，没有任何日食。

为了确定这次庚戌日食的日期，我们采用不考虑月份的记时坐标，即天文学上常用的“儒略日”，这是一种以“日”为单位，单向积累的记时系统——中国古代连续不断的纪日干支系统实际上与“儒略日”异曲同工。公元前 552 年发生曲阜可见日食的那个庚戌日，对应的儒略日为 1520037。而儒略日与公历的对应是早已明确解决了的，与 1520037 对应的是公元前 552 年 8 月 20 日（见图 1）。

至此我们已经获得了一个确切无疑的，同时又与春秋历法无关的立足点：即公元前 552 年 8 月 20 日，对应于鲁襄公二十一年九月庚戌朔日。接下去的工作就只需根据干支顺序作简单排算即可，结果可以用表 1 表示如下。

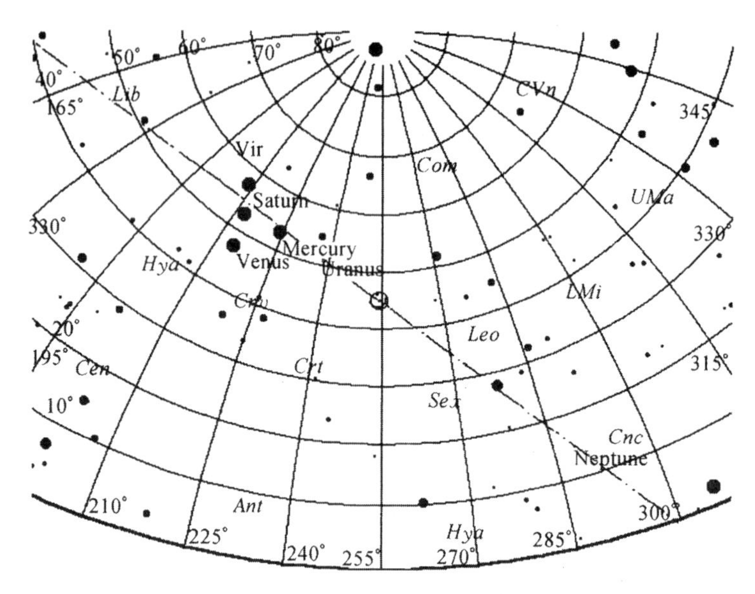

图 1　公元前 552 年 8 月 20 日日食天象图

表 1　以史籍记载与天象排算孔子诞辰的结果

儒略日	史籍记载历日	天象与事件	公历日期（公元前）
1520037	襄二十一年九月庚戌朔	日食	552 年 8 月 20 日
1520067	襄二十一年十月庚辰朔	日食（实际未发生）	552 年 9 月 19 日
1520087	襄二十一年十月庚子	孔子诞生	552 年 10 月 9 日
1546536	哀十六年四月己丑	孔子去世	479 年 3 月 9 日

所以结论是：

孔子于公元前 552 年 10 月 9 日诞生，公元前 479 年 3 月 9 日逝世。

注意这个结果方才与《史记》中“孔子年七十三”的记载确切吻合。

先前有不少论者，在孔子诞辰问题上，定年依据《史记》说，定月日却又依据《春秋穀梁传》说，而此两说在生年上明明是相互矛盾的。不先辨别哪一种史料更可信，以决定取舍，却在两种相互矛盾的记载中“各取所需”，从逻辑上是说不通的。这样做无法保证立论的自洽。

根据上述结论，邮电部在 1989 年发行“孔子诞辰 2540 周年”纪念邮票，在年份上并无差错，因为 1989 +（552–1）= 2540 年（没有公元 0 年，故减 1），只是日期上稍有出入而已。同样道理，1999 年就是孔子诞辰 2550 周年，具体纪念活动的日期，则应确定为 10 月 9 日。

原载《历史月刊》（台湾）1999 年第 8 期

二〇〇〇

［**纪事**］下面这篇作品，是我迄今为止发表的唯一一篇小说。本文作于我的“清静岁月”尾声的1998年，足见“不务正业”之天性，即使在“清静岁月”也还会心有旁骛。

此文原是应《三思评论》之约而作，最初主编希望我写一篇与科幻有关的文章，谁知一写写成了小说形式，但也没有什么科幻内容，主编谓之“人幻”，信然。不料《三思评论》寿终正寝，此文遂改至《万象》杂志发表，却又不料被《书城》杂志抢先刊登。

写此文时，小女方念小学，听说我在写“科幻小说”，率尔道：“我也来写两段！”我姑妄听之，就让她来写两段。她在电脑上噼里啪啦敲了三段内容，我一看，居然有两段可用，就真的用了。所以当初发表时就是两人署名。

这篇作品中所有人名，都是金庸小说《笑傲江湖》中的角色（作为一个热心“金迷”，我将《笑傲江湖》排名为金作第一），我这样做当然属于向金庸致敬之举。但后来在媒体上看到金庸表示，他对于他小说中的人名也拥有知识产权，故此种做法——他不是针对拙作而言的——也属侵权。幸好拙作发表在先，金庸作上述表示在后，想来金庸也不至于“溯及以往”吧？

特别说明一下：下面这个文本完全保持了当初发表时的原貌，这次我没有对它做任何修订，所以读者可以看到，我预言的内容中已经有一项被证明是错了。

公元 2050 年：令狐冲教授平凡的一天

公元 2050 年，一个深秋的早上，“已凉天气未寒时”，中国东部 S 市 F 大学的令狐冲教授，懒睡到 9 点多钟方才起床。昨晚在国际互联网上和他的老对手——美国费城的田伯光博士——的一盘围棋下得他头昏脑涨。

令狐冲教授的太太是一家跨国大公司的白领丽人，也是“在家上班族”。此刻她正在可视电话前和客户谈一笔外贸生意。虽然是在家，到了“上班时间”，令狐太太总是照样穿好套装，整理好发型，并且薄施脂粉，显得风韵宜人。令狐冲教授从房门外面欣赏着太太的侧影，心里不禁有点感谢起可视电话来了。

由于太太的贤惠，令狐冲教授得以享受现成的早餐。

安装在餐室墙面上的超薄型大屏幕彩电中，著名主持人任盈盈小姐正在报告体育新闻：“昨晚中国国家足球队以 0 比 3 负于韩国队，中国足球冲出亚洲的努力再次宣告失败……”无论是对足球兴趣寡淡的令狐冲教授，还是他那已经退休的球迷父亲，对于这种失败早就习以为常了。

令狐冲教授随口发出了“转换到 188 频道”的指令，只见另一位大家熟悉的播音员余沧海，正在报告上海股市当天的开盘情况：上证综合指数 8918 点。想到自己持有重仓的“中国长虹”和“东方海尔”股价都已经攀上 300 元大关，令狐冲教授不免有些得意。“中国长虹”已经有 92 年历史了，这一年在全球 500 家最大企业中排名第 28。

早餐后令狐冲教授照例要去书房。

令狐冲教授的正式职业是经济学史教授，这样的职业通常被归入人文学者之列；而人文学者对电脑、国际互联网之类先进技术的恐惧和反感，半个多世纪以来与日俱增。直到此时，仍有不少著名作家只会将电脑当作打字机使用（语音输入技术虽走红一时，最终大部分作家却不喜欢），而在国际互联网上的通信则要靠秘书代劳——如果他或她雇得起秘书的话。但是令狐冲教授却是少见的例外，他是人文学者中少数狂热的电脑和网络迷。

他的书架中有一半层格是放不进书的——那是专门用来放光盘的。光盘书已经和传统的纸质书籍平分秋色，但是并未像20世纪末许多未来学家所想象的那样完全取代纸质书籍，因为一册在手的感觉，毕竟不是在电脑屏幕上阅读光盘所能替代的。比如《海上丽人》，是令狐太太喜爱的时装杂志，她就不愿意订阅光盘版，更不要说直接发到电脑上的电子版了。她喜欢把玩印刷精美的书籍和杂志。令狐冲教授当然很乐意接受光盘版书籍，但仍然有不少书籍他愿意收藏传统形式的，比如艺术、古籍、中国的古典文学之类。

出版光盘和出版书籍对学者和作家来说都已成家常便饭，令狐冲教授自己就出版过三张光盘，其中比较走红的一张是贝塔斯曼中国分社为他出的《经济动物之觉醒——2000年时的中国金融》。

书房中自然少不了电脑。英特尔的芯片常青不老，Microsoft则早已成了软件和网络的代名词。从55年前的Windows95以来，这个著名的个人电脑操作系统已经升级过17次，现在的正式版本号是21.00.480e。不过人们对于用公元年数的后两位来称呼Windows版本的做法已经厌倦，况且到了21世纪末又会发生重复，所以改为用一个个好听的名词来命名——令狐冲教授上个月刚刚把他的系统从Windows光荣版升级到了最新的维纳斯版。其实，这种命名思路在20世纪末的一些盗版光盘中已经出现了，例如，那时一个有名的盗版系列《大众软件》，就有水晶版、钻石版、翡翠版、月光版等，层出不穷。

对于令狐冲教授这样的家庭来说，上网费用已经低廉到和免费没有什么两样了，所以他书房里那台电脑24小时都开着，并且始终连接在国际互联网上。他先在电脑中开启信箱，今天的邮件经过一个过滤程序（专门用来滤掉广告之类的无用信息）筛选之后有：

近年来发行量非常大的日报《文化商报》；

本市的经济报纸《新闻报》晨版；

《纽约时报》中文版；

当地社区的一份免费小报《天上人间》；

日本的一种成人杂志《春の気》；

周刊《台灣特别行政區文化通報》；

定居在南非的老朋友任我行的问候信。

此外，还有昨晚与田伯光之战的记录谱。网上的围棋俱乐部通知令狐冲教授，由于昨晚他与田伯光之战的胜利，他的等级分已经达到四段选手——这可是他努力了两年多的结果。

至于那些报纸杂志，也都反映了时代特色。

文化是越来越普及，但是也越来越商业化了，所以在S市出现了《文化商报》，该报已经创刊十年，如今风行全国。对于令狐冲教授这类人，更成了必读报纸。

随着中国经济的持续发展，国际地位日益提高，以至于《纽约时报》和其他几家著名的西方大报也有了中文版。

社区小报到处都有，全靠登广告赚钱，免费赠送给所在社区的居民阅读。报上倒也有政治、经济、体育、影视、文化、历史等各方面内容——这种办报方式全是从西方学来的。

国内外的成人杂志早已被允许公开发行。在刚开始的一小段热潮之后，读者数量也就稳定下来，并未形成洪水猛兽，而性犯罪发案率却下降了不少。许多受过良好教育的公众早就接受了这类杂志，比如令狐太太就不反对丈夫阅读《春の気》——有时候她自己也要看两眼呢。

《台灣特别行政區文化通報》，是台湾以比香港模式更自主的条件回归大陆后，创办的一份半官方刊物，主要以大陆知识分子为读者对象——但依旧用繁体字。

在另一个信箱中，令狐冲教授看到两份他所指导的研究生交来的开题报告。他比较认真地阅读了这两份报告，就用电子信箱的“回复”程序给其中一份批了“很好，同意”；另一份则是“请于今日下午3时到我处面谈”。他对后一份报告感到十分不满意。

上午，令狐冲教授去看望他的小学同学刘正风。

刘正风骨子里是一个真正的才子，只是他过于崇尚“行云流水随意所之”的境界，搞得快40岁还没有一个固定职业。在旁人看来他虽是不务正业，甚至有些潦倒，其实他本人却感到生活非常幸福。

刘正风是神童，11 岁时进了 K 大学的少年班，16 岁毕业。当时他在理论物理方面显示出来的天赋，已经令真正的行家有“恐惧”的感觉。好几位名牌教授争着请他去读研究生，甚至还有剑桥大学送他奖学金的传说。正当人人都认为他在物理学界前程无量，眼看一个“中国的朗道”指日就要出现时，他却突然迷上了摇滚音乐——而且是迷到了走火入魔的程度！他对着痛心疾首的系主任、茫然不知所措的父母和深感惋惜的众亲友，断然宣称：“我现在觉得物理学毫无意义！”只有他同班的那个对他崇拜得五体投地的小情人——B 市市长的千金——坚决支持他。小情人温情脉脉地望着他说：“阿风，我相信你，你干什么都是天才。”你想 16 岁的少年如何经得起这样一番鼓励，顿时刘正风就豪情万丈，要去做一个“真正的音乐人”了。

刘正风和一些男的披着长发、女的剃成光头的伙伴们厮混了几年，也还真达到了扬名立万的地步，一度成了当时非常走红的“汉武”小组的台柱。他们 2030 年在 S 市举行的那场极为轰动的演唱会的 DVD 光盘，令狐冲教授也收藏着一张——封面上当然有刘正风的亲笔签名。

谁知好景不长，随着小情人的离去（据说是怪刘正风用情不专），摇滚音乐对刘正风又失去了吸引力。“摇滚也就是那么回事儿。”他对朋友说道。此时，他逐渐成熟起来，不再那么年少轻狂了。他和几个玩电脑的伙伴注册了一家名叫“就在身旁”的小公司，专为电脑用户提供软硬件安装、调试、维修、杀毒之类的服务，可以电话咨询（“就在身旁”与电话公司在通话费中分成），也可以上门服务——当然要收取服务费。开业之后，生意还不错，谋生是绰绰有余了。

然而刘正风天生不是商人，他的公司好几次都有大大发展的机遇，他却无动于衷，只求维持现状就满足了。“我不想被钱所役。我还有我的生活。”他曾这样对令狐冲教授说。十多年间，他的生活堪称多姿多彩。他炒股票，为别的公司策划广告，也写过小说，虽未成为第一流的小说家，但也得过二三流的什么奖，在小说界也算有这么一个字号了。他还不时在报纸杂志上写些胡说八道的文章，杂文不像杂文，随笔不像随笔，倒也颇有些读者，据说以女读者为多。

到了今年，刘正风突然一夜之间名声大震——令狐冲教授今天正是为此而来。此事说来有点话长。

刘正风经营电脑公司，自己当然也玩儿电脑，免不了经常到国际互联网上转转。由于当年物理学方面的“神童”经历，他依旧对自然科学保持着兴趣，所以就订阅了英国著名的《自然》(*Nature*)杂志的电子版——每期自动发送到他的电子邮箱中来。他有时也会认真看一看。某日看到一篇美国一个诺贝尔奖获得者讨论理论物理最时髦分支的文章，刘正风认为该文在基本概念上有错误，就写了一篇小文去指正。《自然》杂志的编辑认为他说的有道理，就将他的文章登在《自然》上了——这下子可不得了，就像在中国科学界投了一颗原子弹！刘正风一夜之间名满全国，报纸报道，电视采访，成了红得发紫之人，连年轻姑娘的求爱信也雪片似的飞来。

何以一篇文章会有如此惊人效果？这要从“《自然》神话”说起。

“《自然》神话”在中国至少已经持续了半个多世纪。《自然》本来不过是一本高级科普杂志，只是在国际上颇有声望而已，但不知什么缘故，到了中国科学界就变成神话了。在20世纪末甚至有这样的传说：一个中国科学家只要在《自然》上发表一篇文章，他当上院士就只是时间问题了。

然而要想在《自然》上发表文章确实不容易。那时有个向问天教授，他的一篇论文受到当时中国科学院院长的欣赏，院长就请人将向教授的论文推荐到《自然》上去，不料遭到退稿，向教授不服，去信与《自然》理论，得到的答复是：公众对这样的题目不感兴趣。于是向问天教授遂对友人说出一段名言：

“要想在《自然》上发表文章确实不容易——就像一个中国人要到爱尔兰偏僻农村的某个厕所去大便那样不容易。”

这段名言和“《自然》神话”相得益彰，一直流传了下来。而这神话经过半个世纪，变本加厉，遂至不可理喻之地步。刘正风一夜成名，原因就在这里。

F大学因刘正风名满天下，就请他去担任物理系教授。这事要放在别人身上，说不定就要受宠若惊，谁知刘正风逍遥自在惯了，竟还不想接受。学校打听到令狐冲教授是刘正风多年的哥们儿，就请令狐冲来上门敦请。

和刘正风出去吃了午饭——总算说服刘正风答应接受学校的聘请。午后1点半，令狐冲教授回到家里，太阳暖烘烘地晒在身上，他感到有些疲倦。便对着休息室里一张特殊的、没有任何影像的屏幕注视了一分钟，疲劳立刻消失了，让他感到新的半天的开始是多么令人振奋。

他打开了休息室中的"休闲阅读"电脑，在目录上搜索到全套金庸作品中的《笑傲江湖》，重温隔了不知道多少代的自己前世的故事，端的是剑气箫心，悲欢离合，时间就不知不觉飞逝。

金庸在2010年成为第一个获得诺贝尔文学奖的中国作家，身后他的武侠小说被译成世界上几十种文字，各国的"金庸热"此起彼伏，简直到了"有人迹处有金庸"的地步。据说，连越南国会中议员们争吵时都相互指责对方是左冷禅和岳不群……

忽然电脑里发出有点刺耳的电子合成女声："已经2点50分了，请准备与学生会谈。"而令狐冲教授正读到自己的前身蒙冤受屈，身受重伤，心爱的姑娘又离他而去，一时如何肯放手？但电脑却强硬地启动"书签"程序，接着《笑傲江湖》就从屏幕上消失了。令狐冲教授当然可以关掉这些不太近人情的日程管理程序，爱看多久金庸的书就看多久。不过他毕竟是一个有责任心的人，知道只有认真尽到了工作的责任，才能真正享受生活的乐趣，所以他从不关闭这些程序。

"小蓝啊，"令狐冲教授有点无可奈何地在书房坐定之后，对他的女研究生蓝凤凰开言道，"听说你和T大学传播学系林平之教授的恋爱正进行得如火如荼……"

"老师，我们只是……"蓝凤凰红着脸试图辩解，但令狐冲教授伸出一只手制止了她。

"你不必担心。对人们的恋爱——不管他们之间在年龄、地位等方面有多大距离，我都毫无成见，而且通常总是乐观其成！但你现在身为学生，最好不要让恋爱影响了学业。我看你的开题报告有些敷衍了事，在资料准备方面很不充分。

“不错，你的博士学位论文选题“张树新女士与世纪之交的中国ISP行业”非常好。从‘知识经济史’这一研究方向来说，有着多方面的意义，但是你应该知道，传统范式下的史学研究已经持续了一个多世纪，在这种范式下的研究如今只能越做越细——细到20世纪学者们难以想象的地步。这就要求在资料方面狠下功夫。

“对于公元2000年前后的中国ISP行业，你确实已经收集了不少材料，但是你忽略了同一时期中国其他有关行业的情况，也忽略了同一时期欧美国家ISP行业的资料，这样就会使你无法将论述对象置于合适的背景之下，同时，对其意义的阐发也将发生偏差。”

“我明白了。谢谢老师。我会在一周以后交给你一份新的报告。”

“这样很好。”令狐冲教授说着起身送学生出门。

“爸爸妈妈，我回来了！”令狐小姐像小鸟似的飞了进来。

“今天风清扬老师让我们自学了有关亚历山大城和城中图书馆的故事。那儿多奇怪啊，人是怎么生活着的呀！还有，他让我们写一篇报告，谈自己对此的看法。”

“那好啊。”令狐冲教授淡淡地答道。原来他又坐在工作电脑前面陷入了沉思。每逢这种时候，他对别人的谈话总是心不在焉。

“你这个傻瓜，算你工作卖力死了。”令狐小姐“没规没矩”地小声嘟哝着，进了自己的房间。令狐冲教授也不以为忤。令狐小姐把轻巧的笔记本电脑往桌上一放，便开始酝酿今天的报告。风清扬的讲课确实生动，让令狐小姐联想到了许多其他的内容和观点。“这次要写出一篇前所未有的、规模宏大的报告。我一定要学好历史！”正当令狐小姐自言自语之时，写作程序已启动完毕，电脑屏幕上却跳出这样一行字来：

“真是无志之人常立志啊！”

令狐小姐闷哼了一声：“你老是这样对人家冷嘲热讽！”她知道这是自己刚才对老爸没有礼貌招来的玩笑式报应——令狐冲教授从书房的电脑上传过来的。闹了一阵“局域网口角”，令狐小姐总算开始安心写报告了。今天竟然文思泉涌，过不多时便一挥而就。写毕后她仔细研究了好几遍，自己觉得笔锋越来越成熟了，便登录到国际互联网，把“佳作”传递给同学莫大、仪琳、桃谷六仙等人。

晚饭前照例要打开餐厅的电视。这个习惯人类已经保持了一个世纪之久。令狐太太尤其喜欢这样，她说这样才像用晚餐的样子。

令狐冲教授家中好几个房间都有电视，当然可以各人看各人喜爱的节目。不过一家人聚在一起亲亲热热共同欣赏，毕竟是令人愉快的事。电视节目早已可以由观众点播了——特别是文艺节目。

岳灵珊是“史情派”导演中的后起之秀，也是令狐冲教授最欣赏的女导演。几个月前，她导演的历史巨片《同室操戈》隆重上映，各种媒体乘势将年轻女导演和她的新片爆炒了一回。“Yahoo！”中文版的搜索引擎中，有“岳灵珊”字样的网页数剧增至80余万处，较半个多世纪前张艺谋当红时的盛况犹有过之。今天令狐冲教授记起此事，就在晚饭后将片子点出来看。

这是一部描写八十多年前“文化大革命”中四川地区“武斗”的电影，场面宏大，风格悲壮深沉，简直使人无法将它和娇小玲珑的年轻女导演联系在一起。令狐太太和令狐小姐都为影片中男女主人公的悲惨遭遇一掬同情之泪，令狐冲教授也看得脸色铁青，呆坐着许久不动。

令狐小姐凄然问道：“爸爸，我听说史情派导演都以重现历史真实著称，可是这部电影也是这样吗？自己同胞之间这样不要命地残杀，那是什么样的世界啊，那不成人间地狱了吗？难道我们中国真的曾经有过那样的日子？这可能吗？”

令狐冲教授正色道：“对于没有亲身经历过那场浩劫的人来说，这确实难以想象。但是我可以用一个历史学家的真诚向你保证，电影所反映的事是真实的——具体的故事情节当然可能有虚构，但整体上是完全真实的。”

S市当然是有名的不夜城。当令狐冲教授一家看完《同室操戈》时，五光十色的夜生活正在这座城市展开，就像一位绝色佳人开始展露风华。

不过对于令狐冲教授一家来说，女儿要上学，令狐冲夫妇俩从事的也都不是过夜生活的职业。所以此时，令狐小姐已经在她卧室的地台式木床上酣然入梦——她梦见后天学校里组织的秋游出发时，偏偏她自己没能赶上班车，急得不知如何是好。而令狐冲教授步入卧室时，注意到那盏他和太太有过秘密约定的壁灯已被打开，向太太望去，四目相交，一点灵犀相通——他知道，这将是又一个浪漫而温馨的夜晚……

原载《书城》2000 年第 5 期

二〇〇一

[**纪事**] 关于所谓的"李约瑟难题"是一个伪问题的想法，其实我在念研究生的时候就已经有了，不过很长时间没有正式发表。

本文原为应上海一家杂志的约稿而作，不料交稿后不久被告知，文章已被编辑做了修改，我一看修改的文本，竟然有约三分之一换成了编辑不知从哪里搞来的内容——那些内容都是我羞于让它们出现在我的文章中的。我告诉编辑，要么恢复我先前的文本，要么我撤回我的稿件。编辑说她要请示领导。请示的结果是，他们不愿意刊登我先前的文本，因为"有损李约瑟的形象"。于是我撤回了稿件，立刻将它投给了北京的《自然辩证法通讯》，该杂志立即一字不改地刊登了。这立刻让人看到，在思想是开放还是保守、对作者是尊重还是轻视等问题上，这两家杂志相差得太远了。

本文发表后，《南方周末》对我做了整版的专访（《"李约瑟难题"是伪问题？》，《南方周末》2001 年 5 月 24 日）。奇怪的是，此后我见到若干就"李约瑟难题"及对李约瑟其人评价问题和我商榷的文章，引用的全是《南方周末》上的专访，竟没有一篇引据我发表在《自然辩证法通讯》上的学术文本作为商榷对象的。这真是一个令人难以理解的现象。商榷者向我质问的所谓依据，其实在我的学术文本中全部给出了文献出处，而且全部都是公开出版物。

后来有一位青年朋友向我提供了她猜测的原因：商榷者其实都知道你的学术文本，但是他们如果引据这个文本，那些质问就没有办法提出了——你的文本上明明已经给出出处了；所以他们故意引据《南方周末》的文本。对这个解释我将信将疑，很难想象几位商榷者在这个问题上会如此不约而同。

还有一种解释：诸商榷者都是看到了《南方周末》的专访而起念写文章和我商榷的，但是他们全都没有去查阅《自然辩证法通讯》上的学术文本。这种解释也不理想，因为这些商榷文章全都采用了学术文本的形式，既然自己要写学术文本，以认真治学的基本要求来说，总该去查查商榷对象的相关学术文本吧？

我认为“李约瑟难题”是伪问题的主要理由是，这个“李约瑟难题”中的前提——中国古代科学技术长期遥遥领先于西方——是无法成立的。我曾经用过一个比喻：我们无法断言“向南走的人比向东走的人领先”。后来陈方正的大著《继承与叛逆》问世，书前有余英时写的长序，余英时也将“李约瑟难题”称为伪问题，他采用了另一个比喻：不可能说“某一围棋手的棋艺曾长期领先某一象棋手”，这和我上面的比喻堪称异曲同工。

被中国人误读的李约瑟

——纪念李约瑟诞辰一百周年

一、经媒体过滤的李约瑟

由于多年来大众传媒的作用，李约瑟成了“中国科学史”的同义语。至少在大众心目中是如此。

通常，大众心目中的李约瑟，首先是“中国人民的伟大朋友”，因为他主编的巨著《中国科学技术史》，“为我国的科学文化做了极好的宣扬”[①]，为中国人争了光。这部巨著新近的“精彩的提炼”，则是R. K. G. 坦普尔的《中国：发明与发现的国度》——由国内专家推荐给“广大青少年读者”的一部普及读物，其中共举出了100项“中国的世界第一”，

---

① 张孟闻编：《李约瑟博士及其〈中国科学技术史〉》，华东师范大学出版社，1989年，第1页。

以至于可以得出惊人的结论："近代世界赖以建立的种种基本发明和发现，可能有一半以上源于中国。"[①]

由于中国至少一个多世纪以来一直处在贫穷落后的状态中，科学技术的落后尤其明显，公众已经失去了汉唐盛世的坦荡、自信心态，因此这些"世界第一"立刻被用来"提高民族自尊心、树立民族自信心"。从李约瑟的研究工作被介绍进来的一开始，就是按这样的逻辑来认识的：李约瑟作为一个外国人，为我们中国人说了话，说我们中国了不起，所以他是中国人民的伟大朋友。

自 1954 年他出版《中国科学技术史》第一卷《总论》，此后约二十年，正是中国在世界政治中非常孤立的年代。在这样的年代里，有李约瑟这样一位西方成名学者一卷卷不断地编写、出版弘扬中国文化的巨著；更何况他还为中英友好和交往而奔走，甚至为证明美军在朝鲜和中国东北使用细菌武器而奔走，这当然令中国人非常感激，或者可以说是感激涕零。正如鲁桂珍在《李约瑟小传》中所说："当时中国多么需要有人支持，而李约瑟大胆给予了支持。"[②]

媒体描述给公众的李约瑟，影响了公众心目中的中国科学史。

在许多公众心目中，中国科学史，就是搜寻、列举中国历史上各种发明、成就的，是寻找"中国的世界第一"的。或者干脆一句话：中国科学史研究的目的就是进行爱国主义教育。这种观点一度深入人心，几乎成为普遍的共识。

大众心目中的中国科学史又影响了对中国科学史的研究取向。

科学史研究到底该不该以进行爱国主义教育为目的，十几年前国内科学史界曾在一些会议上爆发过激烈争论。[③] 当时肯定的观点占据主流地位，只有一些年轻人勇敢地对此表示了怀疑和否定。到今天，情形当然大有进步，相当多的学者已经认识到，科学史和其他科学学科一样，只能是实事求是的、没有阶级性的、不存在政治立场的学术研究。不过，

---

① R. K. G. 坦普尔：《中国：发现与发明的国度》，陈养正等译，二十一世纪出版社，1995 年，第 11 页。

② 张孟闻编：《李约瑟博士及其〈中国科学技术史〉》，第 19 页。

③ 参见江晓原：《爱国主义教育不应成为科技史研究的目的》，《大自然探索》1986 年第 4 期。

缺乏这种认识的人士无疑还有很多。

最后，还有书名问题。李约瑟的巨著本名“中国的科学与文明”（*Science and Civilization in China*），这既切合其内容，立意也好；但他请冀朝鼎题署的中文书名作“中国科学技术史”，结果国内就通用后一书名。其实后一书名并不能完全反映书中的内容，因为李约瑟在他的研究中，虽以中国古代的科学技术为主要对象，但他确实能保持对中国古代整个文明的观照，而这一点正是国内科技史研究的薄弱之处。关于这个书名，还有别的故事，说法各不相同。我们这里关心的是取名背后的观念——我们之所以欢迎这个狭义的书名，难道没有想把可能涉及意识形态的含义“过滤”掉的潜意识吗？

二、李约瑟与西方科学史家

对国内大部分公众而言，多年来媒体反复宣传的结果，给他们造成了这样一个概念：李约瑟是国际科学史界的代表人物。这个概念其实有很大偏差。

和现今充斥在大众媒体中的往往片面和过甚其词的描述相比，真正的持平之论出自李约瑟身边最亲近的人。鲁桂珍的《李约瑟小传》无疑是一本非常客观、全面的作品，鲁桂珍在其中坦言：

> 李约瑟并不是一位职业汉学家，也不是一位历史学家。他不曾受过学校的汉语和科学史的正规教育。①
>
> 实际上他根本没有正式听课学过科学史，只是在埋头实验工作之余，顺便涉猎而已。②

正因为如此，在西方“正统”科学史家——从“科学史之父”乔治·萨顿（George Sarton）一脉承传——中的某些人看来，李约瑟不是“科班

---

① 张孟闻编：《李约瑟博士及其〈中国科学技术史〉》中有节译本，见其书第7—8页。
② 张孟闻编：《李约瑟博士及其〈中国科学技术史〉》，第15页。

出身”，而是“半路出家”的，还不能算是他们“圈子”中人，只能算是“票友”，至多只是“名票”而已。所以在西方科学史界，对李约瑟不那么尊敬的也大有人在。现任李约瑟研究所所长何丙郁举过这样一个例子：

> 普林斯顿大学著名的科学史教授查尔斯·吉莱斯皮（Charles Gillespie），是李约瑟的学术敌人，他说：“我不懂中文，也不懂中国史，也不是科学家，可是我知道，凡是用马克思主义作为研究的出发点的书，其结论都是不可靠的。李约瑟是以马克思主义作为出发点，所以他的论点也不可靠，我不必看他的书了。”①

这样的事例通常也是中国人所不乐意看到的。

另一个突出的例子是美国的席文（Nathan Sivin）。席文很长时间以来就是“李约瑟过时论”的积极鼓吹者。例如，1999年8月在新加坡开第九届国际东亚科学史会议，休息时我和他闲聊，他又提起这一话头，说是“你们现在再读李约瑟的书已经没有意思了，李约瑟的书早已过时了”。当我委婉地告诉他，中国同行都认为他的文章很难读懂——即使翻译成了中文仍然如此，他似乎颇感意外，但接着就说：“至少不会比李约瑟的书更难懂吧？”我说我们的感觉恰恰相反。他沉吟了一会儿，断然说道：“那一定是翻译的问题！”——其自信有如此者。

李约瑟又有《中国古代科学》一书，由五篇演讲稿组成，这些演讲是1979年李约瑟在香港中文大学新亚书院举办的第二届“钱宾四先生学术文化讲座”上作的。上来第一篇《导论》，自述他投身中国科学技术史研究之缘起及有关情况，这些缘起一般读物中已经很常见（近年还有人特别强调其中遇见鲁桂珍这一幕）。但在这篇《导论》中，有“先驱者的孤独”一节，备述他受到的种种冷遇——而且就在他一生工作的剑桥大学！欲知其感慨之深、怨语之妙，不能不抄两段原文：

① 何丙郁：《从李约瑟说起》，《性与命》1995年第1期，第134—138页。

> 东方研究院从未打算与我们多加往来，我以为主要原因在于通常这些院系成员多为人文学家、语文学家和语言学家。以往这些专家没有时间了解科学技术与医药方面的知识，而从今天开始他们又嫌太迟了。[①]
>
> 更有甚者，同样一堵墙也把我们拒于科学史系门墙之外，这一现象何其怪异啊！这是因为通常而言，他们的主要兴趣在于欧洲文艺复兴之后的科学发展，部分原因在于他们对其他语种不得其门而入。……欧洲以外的科学发展是他们最不愿意听到的。[②]

当然，“国风好色而不淫，小雅怨诽而不乱”，若李约瑟者，亦庶能近之，所以他最后只是说道：“然而这个时代已经赋予我们很高的荣誉了，又何必埋怨太多呢？”聊自宽解而已，保持着君子风度。值得注意的是，李约瑟的上述演讲作于1979年，距他获得萨顿奖（1968）也已经有十一年之久了。有人喜欢拿李约瑟获得萨顿奖，和他70寿辰时有西方科学史界的头面人物为之祝寿，来证明李约瑟是被西方科学史界普遍接受的[③]，那为什么在按理说是这种被普遍接受的象征性事件发生了十一年和九年之后（“然而这个时代已经赋予我们很高的荣誉了”应该包括获得萨顿奖这件事），李约瑟还要说上面这段话呢？“更有甚者，同样一堵墙也把我们拒于科学史系门墙之外，这一现象何其怪异啊！”这样的话语，难道不是李约瑟自己仍然感到没有被西方科学史界普遍接受的有力证明吗？

在西方，对中国古代文明史、科学史感兴趣的人，以研究中国古代文明史、科学史为职业的人，都还有许多。姑以研究中国科学史著称的学者为限，就可以列举出何丙郁、席文、日本的薮内清（最近已归道山）、山田庆儿等十余人。至于研究其他各种文明史、科学史的西方学者，那就不胜枚举了。国际科学史与科学哲学联合会开起年会来，与会者常数

---

① 李约瑟：《中国古代科学》，李彦译，上海书店出版社，2001年，第11页。
② 同上。
③ 刘钝等编：《中国科学与科学革命》，辽宁教育出版社，2002年，第24页。

百人，尽管其中也会有不少“票友”，但人数之多，仍不难想见。

三、《中国科学技术史》是集体的贡献

《中国科学技术史》（我们如今也只好约定俗成，继续沿用此名）按计划共有七卷。前三卷皆只一册，从第四卷起出现分册。剑桥大学出版社自 1954 年出版第一卷起，迄今已出齐前四卷，以及第五卷的九个分册、第六卷的三个分册和第七卷的一个分册。由于写作计划在进行中不断扩大，分册繁多，完稿时间不断被推迟，李约瑟终于未能看到全书出齐的盛况。

翻译李约瑟《中国科学技术史》的工作，一直在国内受到特殊的重视。在“文化大革命”后期，曾由科学出版社出版了原著的少数几卷，并另行分为七册，不与原著对应。不过在“文化大革命”中这已算罕见的“殊荣”了。到 20 世纪 80 年代末，重新翻译此书的工作隆重展开。专门成立了“李约瑟《中国科学技术史》翻译出版委员会”，卢嘉锡为主任，大批学术名流担任委员，并有专职人员组成的办公室长期办公。所译之书由科学出版社与上海古籍出版社联合出版，16 开精装，远非“文化大革命”中的平装小本可比了。新译本第一批已出第一、第二两卷，以及第四卷和第五卷各一个分册。

下面是现任李约瑟《中国科学技术史》翻译出版委员会办公室主任胡维佳提供的各卷书目（有☆者已出版英文版，有★者已出版中文版）：

★第一卷　导论

李约瑟著，王铃协助；1954

★第二卷　科学思想史

李约瑟著，王铃协助；1956

☆第三卷　数学、天学和地学

李约瑟著，王铃协助；1959

第四卷　物理学及相关技术

☆第一分册　物理学

李约瑟著，王铃协助，罗宾逊（K. G. Robinson）部分特别贡献；1962

★第二分册　机械工程

李约瑟著，王铃协助；1965

☆第三分册　土木工程和航海（包括水利工程）

李约瑟著，王铃、鲁桂珍协作；1971

第五卷　化学及相关技术

★第一分册　纸和印刷

钱存训著；1985

☆第二分册　炼丹术的发现和发明：点金术和长生术

李约瑟著，鲁桂珍协作；1974

☆第三分册　炼丹术的发现和发明（续）：从长生不老药到合成胰岛素的历史考察

李约瑟著，何丙郁、鲁桂珍协作；1976

☆第四分册　炼丹术的发现和发明（续）：器具、理论和中外比较

李约瑟著，鲁桂珍协作，席文部分贡献；1978

☆第五分册　炼丹术的发现和发明（续）：内丹

李约瑟著，鲁桂珍协作；1983

☆第六分册　军事技术：投射器和攻守城技术

叶山（Robin D. S. Yates）著，石施道（K. Gawlikowski）、麦克尤恩（E. McEwen）和王铃协作；1995

☆第七分册　火药的史诗

李约瑟著，何丙郁、鲁桂珍、王铃协作；1987

第八分册　军事技术：射击武器和骑兵

☆第九分册　纺织技术：纺纱

库恩（Dieter Kuhn）著；1987

第十分册　纺织技术：织布和织机

第十一分册　非铁金属冶炼术

第十二分册　冶铁和采矿

☆第十三分册　采矿

Peter J. Golas 著；1999

第十四分册　盐业、墨、漆、颜料、染料和胶粘剂

第六卷　生物学及相关技术

☆第一分册　植物学

李约瑟著，鲁桂珍协作，黄兴宗部分特别贡献；1986

☆第二分册　农业

白馥兰（Francesca Bray）著；1988

☆第三分册　畜牧业、渔业、农产品加工和林业

丹尼尔斯（C. A. Daniels）和孟席斯（N. K. Menzies）著；1996

第四分册　园艺和植物技术（植物学续编）

第五分册　动物学

第六分册　营养学和发酵技术

第七至十分册　解剖学、生理学、医学和药学

第七卷　社会背景

第一分册　初步的思考

第二分册　经济结构

☆第三分册　语言与逻辑（现已调整为第一分册）

哈布斯迈耶（C. Harbsmeier）著；1998

第四分册　政治制度与思想体系、总的结论

李约瑟固然学识渊博，用力又勤，但如此广泛的主题，终究不是他一人之力所能包办。事实上，《中国科学技术史》全书的撰写，得到大批学者的协助。其中最主要的协助者是王铃和鲁桂珍两人，此外，除了上列各册中已经标明的协作者之外，据已公布的名单，至少还有 R. 堪

内斯、罗祥朋、汉那-利胥太、柯灵娜、Y. 罗宾、K. 提太、钱崇训、李廉生、朱济仁、佛兰林、郭籁士、梅太黎、欧翰思、黄简裕、鲍迪克、祁米留斯基、勃鲁、卜正民、麦岱慕等人。

何丙郁曾表示：假如没有鲁桂珍，就不会有如今的李约瑟，而只有一个在生物化学领域的李约瑟。这个说法也得到鲁桂珍的认同，“鲁桂珍很欣赏这句话。她还念给李老听，博得一个会心微笑”[1]。

何丙郁还有一个非常值得重视的看法：

> 长期以来，李老都是靠他的合作者们翻阅《二十五史》、类书、方志等文献搜寻有关资料，或把资料译成英文，或替他起稿，或代他处理别人向他请教的学术问题。他的合作者中有些是完全义务劳动。请诸位先生千万不要误会我是利用这个机会向大家诉苦，或替自己做些宣传。我只是请大家正视一件事情：那就是请大家认清楚李老的合作者之中大部分都是华裔学者，没有他们的合作，也不会有李老的中国科技史巨著。李老在他巨著的序言中也承认这点。[2]

说李约瑟的《中国科学技术史》是集体的贡献，并不是仅能从有许多华裔科学家协助他这一方面上来立论，还有另一方面。何丙郁说：

> 我还要提及另一个常被忘记的事情，那就是李老长期获得中国政府以及海内外华人精神上和经济上的大力支持，连他晚年生活的一部分经费都是来自一位中国朋友。换句话来说，我们要正视中华民族给李约瑟的帮助，没有中华民族的支持，也不会有李约瑟的巨著。假如他还在世，我相信他也不会否认这个事实。在一定程度上来讲，《中国科学技术史》可以说是中华民族努力的成果。[3]

---

① 何丙郁：《李约瑟的成功与他的特殊机缘》，《中华读书报》2000年8月9日。
② 同上。
③ 同上。

这样大胆坦诚的说法，也只有外国人何丙郁敢说。

剑桥大学出版社和李氏生前考虑到公众很难去阅读上述巨著，遂又请科林·罗南（Colin A. Ronan）将李氏巨著改编成一种简编本，以便公众阅读。书名《中华科学文明史》（*The Shorter Science & Civilisation in China*），篇幅仅李氏原著十几分之一，共分六卷，从1978年起陆续出版，至今已出五卷。此六卷简编本的中文版权已由上海人民出版社一并购得，目前正由上海交通大学科学史系负责翻译。前三卷将于2000年年底问世。今年正值李氏百岁诞辰，这部《中华科学文明史》中译本的出版，将成为对李氏数十年辛勤工作和他对中华文明之深厚感情的纪念，而广大公众也将有条件较为全面地直接了解李氏的成果。

四、《中国科学技术史》所受到的批评

真正全部通读《中国科学技术史》已出各册的人，在这个世界迄今很少，今后也绝不会太多——它的卷帙对于终日忙碌的红尘过客来说实在过于浩繁。就总体而言，它首先是一个不可逾越的巨大存在——迄今为止还没有任何别的著作，在全面研究中国古代科学技术发展及与整个文明的关系方面，达到如此的规模、深度和水准。自从本书问世之后，任何一个研究中国历史文化或需要深究中国国情的人，如果不阅读这本书——至少是有密切关系的卷册章节，那就在他的知识背景中留下了不应有的空缺，因为没有任何别的著作能在这方面替代它。

对于李约瑟研究中国科学技术史的工作本身，海内外许多学者曾指出其中的各种错误，这些错误丝毫不能否定李约瑟的巨大成就，这一点是没有疑问的。人非圣贤，孰能无过？何况是《中国科学技术史》这样浩大的学术工程？要不出任何失误是不可能的。李约瑟的研究和结论，当然也不可能没有失误。书中的具体失误，各方面的专家已经指出不少，这里无须缕陈，仅略举一二例稍言之。

比如，李约瑟与鲁桂珍认为中国古代利用人尿炼制的药物“秋石”中含有性激素，这就将人类发现和使用性激素的历史提前了一千年左右。他们的这一结论一度在西方学术界引起相当的轰动，但是近年中国

大陆和台湾学者的考证和实验研究者的结果表明，“秋石”中其实并无性激素。[①]

这只是具体失误的例子；就全书整体言之，李约瑟出于对中国传统文明的热爱和迷恋，他似乎在不少问题上有对中国古代成就过分拔高的倾向。这种倾向在李约瑟本人身上尚不足为大病，但“城中好高髻，四方高一尺”，近年坦普尔著书谈中国的“一百个世界第一”，其中颇多穿凿附会之处，尤为推波助澜。影响所及，就不免造成国内一些论著在谈论祖先成就时有夜郎自大的虚骄之气。

李约瑟的这些错误，我认为可能有深层原因。

他本人对中国文化的异乎寻常的热爱。李约瑟和中国文化本来并无渊源，此渊源起于他和鲁桂珍的相遇——有不少学者还注意到当时鲁桂珍年轻貌美，此后他的思想和兴趣发生了巨大转变，他在《李约瑟文集》中文本序言中自述云：

> 后来我发生了信仰上的皈依（conversion），我深思熟虑地用了这个词，因为颇有点像圣保罗在去大马士革的路上发生的皈依那样。……命运使我以一种特殊的方式皈依到中国文化价值和中国文明这方面来。[②]

按李约瑟自己的说法，这“皈依”发生于1939年前后。

但他对中国文明的热爱既已成为某种宗教式的热情，到时候难免会对研究态度的客观性有所影响。李约瑟的不少失误，都有一个共同的来源，那就是他对中国道教及道家学说的过分热爱——热爱到了妨碍他进行客观研究的地步。而他在给坦普尔《中国：发明与发现的国度》一书的英文版序言中竟说：

---

① 孙毅霖：《秋石方模拟实验及其研究》，《自然科学史研究》第7卷第2期（1988）。

② 潘吉星主编：《李约瑟文集》，辽宁科学技术出版社，1986年，第1页。顺便指出，本书的译文存在不少错误，参见谭奇文：《不能容忍的错误——请看一些“名译”的质量》，载《光明日报》1987年12月10日。

对于这样一项任务（按指编写《中国科学技术史》），非常重要的不在于知之甚多，而在于对中国人民及其自古以来的成就怀有满腔热情。[①]

热情的重要性超过了知识本身，若仅就治学而论，后果曷堪设想？

另一方面，还可以参考台湾学者的意见。如前所述，李约瑟虽然在生物化学方面早有成就，但他并未受过科学史学科的专业训练，也未受过科学哲学的专业训练，因此朱浤源指出未能“把什么叫科学加以定义”是李约瑟的一大困境，也就不奇怪了。朱浤源说：

我们翻开开宗明义的第一册《导论》，发现李氏竟然未将“科学”加以定义。或许研究生化胚胎学，不需要对“科学”加以定义，因为生化已在科学之内。但要探究中国古代为期两千年的所有科学的时候，什么是“科学”就变得十分要紧，以作为全套研究以及所有参与者思索研究架构以及选取材料的准绳。从第一册看到所谓 plan of the work，介绍了中文如何英译，参考资料如何引用，缩写的方法为何，参考书目的制作。此外，就无有关定义、研究假设、研究途径、研究方法以及研究技术的说明。……由于没有定义，哪一些学门、哪一些分科、哪一些材料应该纳入，哪一些不应该纳入，就没有客观的标准，从事抉择的时候，较难划定统一的范围。在这种情况下，整个研究计划就不是由研究人员所单独左右，材料本身也可以反过来左右研究计划；一旦材料越来越多，定义又付阙如，研究人员必须被材料所左右，使工程越做越大。[②]

根据上文所列书目，“使工程越做越大”的后果已经有目共睹。而实际上，李约瑟有时拔高古代中国人的成就，也和不对科学加以界定有关系。

---

① R. K. G. 坦普尔：《中国：发现与发明的国度》，第 6 页。

② 朱浤源：《李约瑟的成就与困境》，收于王钱国忠编：《李约瑟文献 50 年》，贵州人民出版社，1999 年。

五、李约瑟的“道教情结”

李约瑟的“道教情结”是他的《中国科学技术史》框架中极为重要的特色，值得做深入研讨，限于篇幅，此处仅提供初步线索。

先看何丙郁在1995年所叙述的一个场景：

> 今年8月时，剑桥大学李约瑟研究所举办为期两天的讨论会，主题是“道家是否对中国科技的贡献最大”，邀请欧洲各国有名的汉学家与会，他们举出中国历史上很多非道家人士，如汉代张衡、唐代一行和尚等科学家，在数学、天文等基础科学方面的贡献远多于道家，除了炼丹术的研究是道家贡献最大。在场学者，包括旁听的研究生，没有一个人同意李约瑟的观点，而李约瑟自始至终没说半句话。①

当时何丙郁只好出来打圆场，说同意或反对李约瑟观点的都不算错，关键看对“道”如何理解云云。可知李约瑟在这个问题上的观点未被西方学者广泛接受。

李约瑟自号“十宿道人”“胜冗子”，足见他对中国道教学说之倾心。而道教学说是中国古代对性问题涉及最多、最直接的学说。对于道教的房中术及有关问题，李约瑟长期保持着浓厚兴趣。可能是由于国人对性问题的忌讳（尽管这种忌讳如今已越来越少），不愿意将李约瑟这位“中国人民的伟大朋友”与性这种事情联系起来，所以李约瑟在这方面的论述一直不太为国内了解和注意。

早在20世纪50年代，李约瑟在撰写《中国科学技术史》第二卷时，见到高罗佩赠送给剑桥大学图书馆的自著《秘戏图考》②，他不同意高氏将道教“采阴补阳”之术称为“性榨取”（sexual vampirism），遂与高氏

---

① 何丙郁：《从李约瑟说起》，《性与命》1995年第1期，第134—138页。

② R. H. van Gulik, *Erotic Color Prints of the Ming Period*，1951年由作者于东京私人印刷50部，分赠世界各大图书馆、博物馆及研究单位。1992年广东人民出版社出版了杨权的中译本，其中所有的春宫图都已删去。

通信交换意见。李约瑟后来在《中国科学技术史》中述此事云：

> 我认为高罗佩在他的书中对道家的理论与实践的估计，总的来说否定过多；……现在高罗佩和我两人经过私人通信对这个问题已经取得一致意见。[①]

高氏似乎接受了李约瑟的意见，他在下一部著作《中国古代房内考》(*Sexual Life in Ancient China*)序言的一条脚注中称："《秘戏图考》一书中所有关于'道家性榨取'和'妖术'的引文均应取消。"[②] 不过，在正文中高氏对李约瑟的意见仍有很大程度的保留。

二十年后，李约瑟又谈到高罗佩，以及他自己与高氏当年的交往，对高氏有很高的评价：

> 除了可敬的亨利·马伯乐（H. Maspero）之外，本学科（指"中国传统性学研究"）最伟大的学者之一是高罗佩。1942 年的战争期间我第一次见到他。作为荷兰的临时代办的他正准备离开重庆，而我正去就任英国大使馆科学参赞的职位。后来，如果我记得不错的话，在他和水世芳小姐的婚礼上，我们交谈过一次。……战后，我沉迷于道教和长寿术的研究，和他有过一段很长的通信联系。我使他相信，用道家的观点来叙述和规范性技巧没有任何异常和病理问题，这同他源自深厚的文学素养的信念相一致。[③]

水世芳是高罗佩所娶的中国妻子——令浸润中国传统文化甚深的高氏十分倾心的一位大家闺秀。

李约瑟说自己"沉迷于道教和长寿术的研究"，这毫不夸张。他

---

① 李约瑟：《中国科学技术史》第二卷，科学出版社、上海古籍出版社，1990 年，第 161 页。
② 高罗佩：《中国古代房内考》(*Sexual Life in Ancient China*)，李零译，上海人民出版社，1990 年，第 11 页。
③ 张仲澜：《阴阳之道——古代中国人寻求激情的方式》(*The Tao of Love and Sex*)，王正华等译，风云时代出版股份有限公司（台湾），1994 年，李约瑟序，第 1 页。

热心收集房中术书籍，为在北京琉璃厂“一位出名女老板”那里买到了叶德辉编的《双梅景暗丛书》而欣喜不已，他称此书为“伟大的中国性学著作”[1]。他的《中国科学技术史》第二卷中关于房中术的章节，主要就是在叶德辉此书所提供的古代文献和高罗佩研究成果的基础上写成。

李约瑟在书中讨论了“采阴补阳”“还精补脑”“中气真术”等房中学说。他对这些学说持相当欣赏的态度，认为它们“具有很大的生理学意义”。在谈到《素女经》《玄女经》《玉房秘诀》《洞玄子》《玉房指要》等古籍以及其中的各种告诫时，李约瑟说：

> 在成都有一位深研道教的人给我的回答使我难以忘怀；当我问他有多少人照此教诫行事时，他说：“四川的士绅淑女或许有半数以上是这样做的。”[2]

他还从另外一些角度对道家的房中术大加赞赏：

> 承认妇女在事物体系中的重要性，接受妇女与男人的平等地位，深信获得健康和长寿需要两性的合作，慎重地赞赏女性的某些心理特征，把性的肉体表现纳入神圣的群体进化——这一切既摆脱了禁欲主义，也摆脱了阶级区分：所有这些向我们再一次显示了道家的某些方面是儒家和通常的佛教所无法比拟的。[3]

尽管大部分房中术学说其实明显是男性中心主义的。

在完成《中国科学技术史》第二卷之后，李约瑟继续对性学史保持着浓厚兴趣，不久“再度投身于这一论题的研究”。他密切注意着这方面新的研究成果，1972 年，当华裔瑞典人张仲澜（Joland Chang）《阴阳

---

① 张仲澜：《阴阳之道——古代中国人寻求激情的方式》，第 1 页。
② 李约瑟：《中国科学技术史》第二卷，第 162 页。
③ 同上书，第 165 页。

之道——古代中国人寻求激情的方法》一书出版时，他对之大加赞赏，热情地向读者推荐：

> 更光亮的明星出现在这片领域，他就是我们来自斯德哥尔摩的朋友张仲澜。我把他论中国人，乃至整个人类的性学著作推荐给不带偏见的读者。由于训练有素，他找到了独特的语汇用以解释现代社会男女以及中国文化在心灵、爱和性方面所显露的智慧。[①]

张氏的书主要是根据古代房中术文献，结合现代社会情形讨论性技巧的，其中还包括许多他对自己性生活经历的现身说法。

中国古代房中术理论的主旨，不仅仅是帮助人们享受性爱，更重要的是认为房中术是一种健身、养生之术，甚至是一种长生（长生不老）之术。道教中的其他许多方术，如导引、行气、服食、辟谷等等，都有类似的主旨，以享受人生、长生可致为号召。对于这一点，李约瑟至少在相当程度上是相信的！他说：

> 因为中国炼丹术最重要的内丹部分和性技巧密切相关，就像我们所相信的，它能使人延年益寿，甚至长生不老。[②]

道教学说特别使他迷恋，因此他脑海中有时浮现出“长生不老”之类的信念，似乎也就不足为怪了。如果有人因此而将他引为近年某些招摇撞骗、别有用心的伪科学宣传的护法，则又是对李氏的大不敬了。但是李约瑟确实一生倾慕道家和道教，他坚信：

> 道家有不少东西可以向世界传授，尽管作为一种有组织的宗教，道教今天已经垂死或已死亡，但或许未来是属于他们的哲学

---

① 张仲澜：《阴阳之道——古代中国人寻求激情的方式》，第2页。
② 同上书，第1—2页。

的。[1]

李约瑟也许正是抱着这样的美好信念走完他的人生历程。

六、我们误读了李约瑟的学术意义

我们的误读包括两个层面：

第一，对李约瑟的研究成果和结论进行筛选，只引用合于己意的，而拒绝不合己意的，甚至歪曲后引用。这种误读大多是有意的。

第二，也是更为严重的，是从整体上误读了李约瑟后半生工作的学术意义。这种误读则在很大程度上是无意的。

先谈第一个层面：

李约瑟的巨著虽然得到中国学者普遍的赞扬，但并不是书中所有特色都为中国学者所热烈欢迎。这些特色中至少有两个方面多年来一直受到冷遇。

在一般读者，往往一说起中国科技史研究就想到李约瑟。而事实上，西方学者对中国古代科学技术史的研究，早在两三百年前就已开始。这方面的研究滥觞于清代来华传教的耶稣会传教士，比如宋君荣（A. Gaubil）对中国天文学史的论述。后来则由一代又一代的汉学家们逐渐光大，形成传统，至今仍很兴旺。自从20世纪初国人自己开始进行具有现代学术形态的中国科技史研究之后，碍于文字隔阂和民族情绪，对西方汉学家的研究成果极少接触和引用。而李约瑟作为一个西方研究者，很自然地大量介绍和引用了西方汉学家研究探讨中国古代科学－文化史的成果。可惜这一点至今仍然很少被国内学者所注意。

李约瑟身为西方人，又在西方研究中国科技史，与国内研究者相比有一项优势，即他的眼界可宽广得多。因此他的论述中，经常能够浮现出世界科学技术发展的大背景，这就避免了一些国内研究者“只见树木，不见森林”之病。在此基础上，李约瑟经常探讨和论证中国古代科

① 李约瑟：《中国科学技术史》第二卷，第166页。

学技术与异域相互交流影响的可能性。这样一来，不免在他笔下出现一些“西来说”。

比如，他认为中国古代天文学可能受到巴比伦天文学的很大影响。对于二十八宿体系，他持巴比伦起源说甚力，兹略举其论述为例：

> 所谓“二十八宿”，即位于赤道或其近处的星座所构成的环带，是中国人、印度人和阿拉伯人的天文学所共有的。一些对这几种文化的古籍很少了解或毫不了解的著作家，采取各执己见的态度，经常做出武断的论述。我们以后将指出，二十八宿的发源地可能不是这几个地方中的任何一个，它们关于二十八宿的概念统统是从巴比伦传去而衍生的。①

> 奥尔登贝格（Oldenberg）在一篇重要论文中提出一种说法，他认为巴比伦有一种原始型“白道”（lunar zodiac）为亚洲各民族所普遍接受，这三种体系（按指中国、印度和阿拉伯的二十八宿体系）都是从这种白道发展起来的。②

这类交流、影响和“西来”之说，都为国内许多学者所不喜爱——他们通常只字不提李约瑟这方面的观点，既不采纳引用，也不批评反驳，只当李约瑟根本就没说过。有的人士则只挑选对自己有利的结论加以引用，有少数学者——其中包括非常著名的——甚至严重歪曲李约瑟的观点来证成己说。③

再谈第二个层面：

许多人想当然地认为，李约瑟的意义就是研究中国科学史，或者是研究科学史。有些人在向国内科学史家奉赠廉价桂冠时，往往期许某某人是“中国的李约瑟”。这种廉价桂冠背后的观念，其实大谬不然！

---

① 李约瑟：《中国科学技术史》第四卷，科学出版社，1975年，第7—8页。

② 同上书，第190页。

③ 例如夏鼐，参见江晓原：《天学真原》，辽宁教育出版社，1992年，第308—309页。

李约瑟的《中国科学技术史》中有宽广的视野。可以毫不夸张地说，迄今为止，中国自己的学者专家中，还没有人展示过如此宽广的视野。李约瑟著作中展现出东西方文明广阔的历史背景，而东西方科学与文化的交流及比较则是贯穿全书的一条主线。

李约瑟的巨著确实主要是研究中国科学史，为此他受到中国人的热烈欢迎，然而他带给中国人民、带给中国学术界最宝贵的礼物，反而常常被国人所忽视。我们希望从李约瑟那里得到一本我们祖先的“光荣簿”，而李约瑟送给我们的礼物，却是用他的著作架设起来的一座桥梁——沟通中国和西方文化的桥梁。

因此，如果中国要出一个“中国的李约瑟”的话，此人绝不应该是写另一本《中国科学技术史》的人，此人只能是一个发下大愿，要以毕生精力撰写一部多卷本《欧洲的科学与文明》的中国人——当然不一定要在中年遇见一个年轻貌美的欧洲女性愿意做他终身的亲密伴侣。

李约瑟出生于1900年，37岁时就成了英国皇家学会会员，他在生物化学和胚胎学方面的成名著作《化学胚胎学》和《生物化学与形态发生》都在40岁前问世。在科学前沿已经获得很高地位之后，再转而从科学技术史入手架设中西方文化桥梁就比较容易获得支持，这一点极为重要。在李约瑟向中国文化“皈依”的年代，以及此后很长的年代中，中国都没有这样的条件，正如何丙郁所说：

> 50年代中国确有好几位优秀科学家具备类似的潜质，科学上的成就也不比李老差。可是引述一句一位皇家学会院士对我说的话：院士到处都有，我从来没有听说李约瑟搞中国科技史是英国科学界的损失；可是在50年代，要一位钱三强或曹天钦去搞中国科技史，恐怕是一件中国人绝对赔不起的买卖。[1]

就是在今天，这买卖我们恐怕仍然赔不起。何况在如今这个浮躁奔竞的年代，要出这样一个“中国的李约瑟”，我看至少还需要等待几十年。

---

① 何丙郁：《李约瑟的成功与他的特殊机缘》，《中华读书报》，2000年8月9日。

当然，就像科学和学术没有国界一样，沟通中西方科学文化的桥梁应该也没有国界——既然李约瑟已经为世人架设了这样一座桥梁，我们也就不一定再去修建这座桥梁的中国型号。我们的当务之急，是在这座桥上行进。

所以，“中国的李约瑟”也可能永远不会产生了。

七、再谈所谓“李约瑟难题”

最后，我们还需要再简略谈一谈所谓的“李约瑟难题”，以及以此为中心的持久热情。因为这也可以归入误读的范畴之内。我必须直言不讳地说，所谓的“李约瑟难题”，实际上是一个伪问题。因为那种认为中国科学技术在很长时间里“世界领先”的图景，相当大程度上是中国人自己虚构出来的——事实上西方人走着另一条路，而在后面并没有人跟着走的情况下，“领先”又如何定义呢？“领先”既无法定义，“李约瑟难题”的前提也就难以成立了。对一个伪问题倾注持久的热情，是不是有点自作多情？

如果将问题转换为“现代中国为何落后”，这倒不是一个伪问题了（因为如今全世界几乎都在同一条路上走），但它显然已经超出科学技术的范围，也不是非要等到李约瑟才能问出来了。

当然，伪问题也可以有启发意义，但这已经超出本文论述的范围。

顺便提一下，作为对“李约瑟难题”的回应之一，席文曾多次提出，17 世纪在中国，至少在中国天文学界，已经有过“不亚于哥白尼的革命”，这一说法也已经被指出是站不住脚的。[①]

原载《自然辩证法通讯》第 23 卷第 1 期（2001）

---

① 江晓原：《十七、十八世纪中国天文学的三个新特点》，《自然辩证法通讯》第 10 卷第 3 期（1988）。

二〇〇二

［**纪事**］2002年11月21日到11月22日，京沪两地从事科学文化研究的学者聚集上海，举行了首届“科学文化研讨会”，参加此次会议的正式代表有：江晓原（会议主席，上海交通大学）、吴国盛（北京大学）、刘兵（清华大学）、刘华杰（北京大学）、田松（北京大学）、吴家睿（中国科学院）、方在庆（中国科学院）、王一方（华夏出版社）、潘涛（上海科技教育出版社）、吕芳（上海科学技术出版社）、韩建民（河北大学出版社）、王洪波（《中华读书报》）。另外，上海科学技术出版社社长吴智仁、上海科技教育出版社社长翁经义、上海交通大学出版社社长张天蔚、著名科普作家卞毓麟、《文汇读书周报》周伯君、《文汇报》“笔会”周毅等参加了会议内外不同形式的交流。

会议还做出决定：第二届“科学文化研讨会”定于2003年秋天在北京举行。

此次会议的宣言在报纸上发表之后，产生了出乎我们意料的热烈反响。对于这份宣言，毁誉参半。毁之者谓彼何人斯，有什么资格发表“宣言”？誉之者谓此为中国当代“科学文化运动”之发端。对于一些与会者，也毁誉参半。他们此后经常被国内平面媒体和电视称为“科学文化人”，而网上的攻击者则称他们为“反科学文化人”。

奇怪的是，八年后回首往事，就好像当年“印象派”原是嘲笑贬抑之词，最终却变成一个响当当的名称，如今“反科学文化人”也已经不再是一个令人担忧或令人羞愧的名称了。事实上，此后我们每年都召开一次“科学文化研讨会”，并从2007年开始出版丛刊《我们的科学文化》（由华东师范大学出版社出版）。

这篇宣言由与会者集体讨论并起草，最终由我定稿，故发表时署名

“柯文慧”。在今天看来，它最重要的价值就在于，首次在国内明确提出了“科学主义”问题，并明确表达了批判“科学主义”的立场。这在当时还是相当超前和大胆的。

对科学文化的若干认识

——首届“科学文化研讨会”学术宣言

近年来，科学文化一词频频出现在大众传媒上。而对于什么是科学文化，如何理解科学文化，如何更好地从事科学传播，存在着各种想法。在首届“科学文化研讨会”上，与会学者坦诚地陈述了彼此的立场和观点，逐渐明晰了各自的表述，并达成了一定的共识。

科学文化具有思想和实践两方面的意义。对科学文化的理解固然可以不同，但是与会学者一致认为：需要从思想层面（包括人文的和科学的角度）和社会实践层面对科学和技术的文化意义进行反思；需要发展多角度、多层面的科学文化，包括传统科普（知识性科普）、“二阶的”人文科普、科学文化研究［如吸收社会建构论、SSK（科学知识社会学）等有关成果］。

与会学者注意到这样一个判断：近年来，科学文化领域主要的矛盾表现形式，已经从保守势力与改革开放的对立，开始向单纯的科学立场与新兴的人文立场之间的张力转变。这一判断或许并不十分准确，但无疑是富有启发性的。

一、如何理解科学文化

牛顿物理学诞生之后，在解释世界的形而上层面，科学逐渐取代了传统文化的地位。不仅科学知识成为人类解释世界的“标准答案”，科学对自然的理解如自然观、宇宙观、真理观也渗入人类一般思想之中。与此同时，在工业革命之后，在联系世界的形而下层面，科学的技术逐渐取代了传统技术。在人类文化中，直接融进了科学之技术的成分。

科学所渗入人类一般思想之中的部分，表现在人类基本生存方式中的部分，就是我们所要讨论的科学文化。

毫无疑问，公众对科学文化的理解与公众的科学素养是密切相关的。但是，作为文化的科学也能够超越具体的科学知识，直接进入公众的思想深处。作为文化的科学在传播的过程中，不一定需要将具体的科学知识作为前提。举例而言，在牛顿物理学之后，机械论、还原论、决定论的自然观成为社会主流话语体系的一部分，但是，是否接受这种话语体系，不以是否掌握牛顿物理学为前提，大部分公众对于主流话语体系是不自觉地接受的。

大众话语体系中科学文化的形成可以从两个层面上进行理解。一、思想层面，科学家及科学文化工作者（包括科学哲学、科学史、科学社会学等）对科学的文化内容进行第一度阐发，然后渗透到人文学者、文学家和艺术家等，并通过大众传媒进入大众话语体系。二、生存层面，科学的技术已经渗入人类生存的所有方面，科学文化是人类生存背景的重要组成部分。

科学本身处于变化之中。不同时期的科学对自然、宇宙以及科学自身的理解都不相同，甚至存在根本上的矛盾。尤其是在进入 20 世纪之后，牛顿范式的科学在很多方面遭到了超越、挑战和质疑。因此，科学所可能具有的文化内涵从理性层面上已经发生变化。同时，科学技术所导致的社会问题也开始显现，从生存层面改变着人们对科学的看法。

中国的科学文化的总体状况比较复杂。一、科学作为外来文化，与中国传统文化存在巨大的差异，科玄论战的矛盾基础依然存在。二、在科学知识层面，中国的科学基础非常薄弱。然而，科学主义在社会主流话语体系占据重要的地位。三、生存层面，科学及科学技术尚未发挥足够的作用，但是科学的技术所造成的社会问题却已经大量出现。

二、如何看待科学主义

科学主义产生自启蒙主义，成于实证主义，是建立在牛顿范式的科学之上的一种思想观念。长期以来，已经成为主流话语体系的重要组成部分，是每个人在成长之中所接受的背景知识的一部分。

科学主义认为科学是真理，是正确的乃至唯一正确的知识，相信科学知识是至高无上的知识体系，并试图以科学的知识模式延伸到一切人类文化之中；科学主义从自然观上，采取机械论、还原论、决定论的自然观；在联系世界的社会层面表现为技术主义，持一种社会发展观，相信一切社会问题都可以通过技术的发展而得到解决；科学的技术所导致的社会问题都是暂时的、偶然的，是前进中的失误，并且一定能够通过科学及技术的发展得到解决。在人与自然关系中，表现为征服自然，把自然视为人类的资源，从环境伦理的角度，认为人类有能力也有权利对自然进行开发。

科学主义是一个他称，很少有人自称科学主义者。一般而言，我们把对科学、真理、自然观、社会发展以及环境伦理等方面的问题持有上述观点的人称为科学主义者。科学主义是连续的观念谱系，只有很少人坚持极端的科学主义立场。

与会代表同意这样一个事实：科学主义是我们的缺省配置。很多反对科学主义的人都曾持有过一定程度的科学主义观念，甚至，在对很多问题的态度上，仍会不自觉地采取某种程度的科学主义立场。

科学主义的功过

在历史上，科学主义一度在弘扬理性、解放人性的过程中有过重要作用。但是，在当今世界，科学主义的负面作用也是不能低估的。它表现在两个层面：

1. 思想层面，把科学等同于绝对的客观真理。对科学的神话同样束缚了人们的思想，不利于科学自身的发展。科学主义侵害的首先不是人文学术或者社会科学，而是自然科学本身。如欧阳莹之（Sunny Y. Auyang）指出："科学主义过分炫耀科学且背离科学精神，这激起了让许多科学家吃惊的对科学的敌意。祸起萧墙，我们不要仅仅抱怨公众不愿意支持科学研究，或许我们应当检查自己，看看是不是我们做得太过分了，而成了科学主义。"（引自《复杂系统理论基础》，上海科技教育出版社，2002年，第356页）

2. 社会层面，科学的技术已经带来了不可逆的社会后果，继续坚持僵硬的科学主义立场不利于对科学技术进行反思，不利于可持续发展的实现。

在几个层面上对科学主义的反思

1. 20 世纪的科学已经超越了牛顿范式，机械论、决定论、还原论的自然观已经遭到了有机论、非决定论、整体论的自然观的挑战。这些科学以量子力学、非线性物理学为标志。也就是说，科学主义所立足的科学远远不是最先进的科学。那么，我们是否还应该继续坚持建立在这种科学之上的思想观念？

2. 科学的技术已经造成了全球性的环境污染，已经在很多方面表现出了负面效应，并有可能导致更严重的社会后果。需要对科学的滥用，技术的无度发展进行反思。因而，我们是否应该重新认识技术和社会发展的关系？是否需要对科学的滥用和技术的无度发展进行深入的反思呢？

3. 科学的技术导致了人类生存方式的改变，这种改变造成了技术对人的异化。因而，我们是否应该重新思考人类生存方式与技术的关系？

4. 大科学时代的科学并非少数人以个人财力可以完成的，需要使用全社会的资源。因而，是否可以只服务于少数人（科学家）的意愿，而不需要考虑真正的投资人（公众）的意见？

由于科学一词在大众话语体系中常常代表“正确、高明、有效”，所以，科学主义者常常给主张反思科学主义的观点盖上反科学的帽子，在意识形态上将对方置于被批判的位置。因此，需要说明：科学主义者并不代表科学，尤其不代表最新的科学成就；反对科学主义，绝对不等于通常意义上的“反科学”，恰恰相反，这有助于科学的正常发展，并且是有助于重塑科学形象的理论建设工作。当然，考虑到中国目前的国情，对这一理论建设工作的宣传应该谨慎、适度，以免在公众一时还缺乏足够理解的情况下产生消极作用。

三、如何理解科学传播

科学文化不仅仅存在于思想理论层面，同时还有很丰富的实践内容。与会代表围绕科学传播讨论了若干问题（何谓科学传播、传播什么、怎样传播、传播受众市场分析以及科学传播队伍的人员构成等）。

所谓科学传播是从科学文化自身的要求出发提出的一个超越传统科普的概念。科学传播的核心理念是公众理解科学，强调公众对科学作为一种人类文化活动的理解、欣赏和质疑，而不单是向公众灌输具体的科学知识。与会代表基本同意：科学传播的目的重点在于促进公众对科学事业的理解，打破科学事业与民众之间的藩篱，在科学精神、科学方法、科学史、科学与自然、科学与社会、科学与人文、科学与伪科学、科学前沿进展等方面增进理解和交流（此处未涉及也很重要的技术推广，但那是另一层面的事情）。事实上，这既符合"弘扬科学精神，传播科学思想，介绍科学方法，普及科学知识"的主体属性原则，也契合了传播学中的贴近法则和创新法则。我们相信这一理念必将为进一步发展的受众市场所支持和证明。至于怎样传播，与会代表认为首先要对庞杂的受众市场有清晰的细分，进而分析他们对科学文化的认知和需求。我们认为目前有四个人群可以有所作为，一是青少年，传统科普仍发挥着固有的作用，但科学文化经过简约后应有进入的空间；二是新兴白领阶层，这是一个非常活跃且有求知偏好的群体，人文情怀和阅读传统也比他们的前辈要好得多，随着这块基数迅猛增长，以科学文化为代表的科学传播应尽快占领这个市场；三是有阅读习惯的学者（人文学者居多）及一般文化人，这是科学文化出版物的固有市场；四是广大科技工作者，由于教育背景，这部分人士对于科学的理解大多处于缺省配置状态，与科学文化存在着一定程度的疏离。

与会代表尤其谈到了科普出版（科学文化出版）问题，认为这一实践领域急需科学哲学、科学史、科学社会学等有关理论建设，要更新出版理念就必须从科学史、科学哲学、科学社会学这三大元层次的学科汲取养分。事实上，20世纪科学哲学经历了从逻辑实证主义向历史主义、历史主义向后现代主义的两次转变，而科普出版似乎正经历着这样的转变。

由于大众传媒的从业人员所受的教育大部分来自人文学科，他们的知识结构决定了他们对具体的科学知识的理解是不够充分的。他们对于科学文化的理解仍然停留在缺省配置阶段。从人才培养角度看，科学传播这样重要的工作在高等院校中还没有十分贴切的对口专业。有识之士需要联合起来，共商中国高校的科学传播专业设置和人才培养问题，也只有解决了合格人才供给，科学传播事业才有望顺利开展。

从事科学文化研究的学者需要和媒体、受众联合起来，把科学传播进行到底！

原载 2002 年 12 月 25 日《中华读书报》

二〇〇三

［**纪事**］2002年冬首届“科学文化研讨会”的宣言发表之后，围绕“科学主义”问题的争论相当热烈。下面这篇文章是当时的一些思考。现在看来，这些思考还是正确的，并且仍然有着现实意义。不过更令人欣慰的是，今天“反科学文化人”在学术界和大众媒体上都获得了更多的理解和支持。

当代“两种文化”冲突的意义
——在科学与人文之间

近几百年来，整个人类物质文明的大厦，都是建立在现代科学理论的基础之上的。我们身边的机械、电力、飞机、火车、电视、手机、电脑……无不形成对现代科学最有力、最直观的证明。科学获得的辉煌胜利是以往任何一种知识体系都从未获得过的。

由于这种辉煌，科学也因此被不少人视为绝对真理，甚至是终极真理，是绝对正确的乃至唯一正确的知识；他们相信科学知识是至高无上的知识体系，甚至相信它的模式可以延伸到一切人类文化之中；他们还相信，一切社会问题都可以通过科学技术的发展而得到解决。这就是所谓的“唯科学主义”观点。[1] 而八十年前那场著名的“科玄论战”，则至少为此后中国社会中唯科学主义的流行提供

---

① scientism 通常译为“唯科学主义”，其形容词形式则为 scientistic（唯科学主义的）。

了某种象征。[①]

一、来自哲学的先见之明？

正当科学家对科学信心十足，豪情万丈，而公众对科学一见钟情，虔心顶礼之时，哲学家们却也没有闲着。

哲学家的思考往往是相当超前的。哈耶克（F. A. Hayek）早就对科学的过度权威忧心忡忡了，他认为科学自身充满着傲慢与偏见。他那本《科学的反革命——理性滥用之研究》（*The Counter-Revolution of Science: Studies on the Abuse of Reason*），初版于 1952 年。从书名上就可以清楚感觉到他的立场和情绪。书名中的“革命”应该是一个正面的词，哈耶克的意思是科学（理性）被滥用了，被用来反革命了。什么是革命？革命就是创新，反对创新，压抑创新，就是“反革命”。哈耶克指出，有两种思想之间的对立：

一种是“主要关心的是人类头脑的全方位发展，他们从历史或文学、艺术或法律的研究中认识到，个人是一个过程的一部分，他在这个过程中做出的贡献不受（别人）支配，而是自发的，他协助创造了一些比他或其他任何单独的头脑所能筹划的东西更伟大的事物”[②]。

另一种是“他们最大的雄心是把自己周围的世界改造成一架庞大的机器，只要一按电钮，其中每一部分便会按照他们的设计运行”[③]。

前一种是有利于创新的，或者说是“革命的”；后一种则是计划经济的、独裁专制的，或者说是“反革命的”。

哈耶克的矛头似乎并不是指向科学或科学家，而是指向那些认为科学可以解决一切问题的人。哈耶克认为这些人“几乎都不是显著丰富了我们的科学知识的人”，也就是说，几乎都不是很有成就的科学家。照

---

① ［美］郭颖颐：《中国现代思想中的唯科学主义（1900—1950）》，江苏人民出版社，1995 年，第 135 页。

② ［美］F. A. 哈耶克：《科学的反革命——理性滥用之研究》，冯克利译，译林出版社，2003 年，第 108 页。

③ 同上书，第 108 页。

他的意思，一个“唯科学主义”（scientism）者，很可能不是一个科学家。他所说的“几乎都不是显著丰富了我们的科学知识的人”，一部分是指工程师（大体相当于我们通常说的“工程技术人员”），另一部分是指早期的空想社会主义者及其思想的追随者。有趣的是，哈耶克将工程师和商人对立起来，他认为工程师虽然对他的工程有丰富的知识，但是经常只见树木不见森林，不考虑人的因素和意外的因素；而商人通常在这一点上比工程师做得好。

哈耶克笔下的这种对立，实际上就是计划经济和市场经济的对立。而且在他看来，计划经济的思想基础，就是唯科学主义——相信科学技术可以解决世间一切问题。计划经济思想之所以不可取，是因为它幻想可以将人类的全部智慧集中起来，形成一个超级的智慧，这个超级智慧知道人类的过去和未来，知道历史发展的规律，可以为全人类指出发展前进的康庄大道。哈耶克反复指出：这样的超级智慧是不可能的；最终必然要求千百万人听命于一个人的头脑。[①] 而这样做的结果如何，如今世人早已经领教够了。

二、“两种文化”的提出

面对科学获得的越来越大的权威，如果说哈耶克1952年的《科学的反革命——理性滥用之研究》是先见之明的警告，那么斯诺（C. P. Snow）1959年的《对科学的傲慢与偏见》就是顺流而下的呼喊。[②]

斯诺1959年在剑桥作了一次著名的演讲，取名《对科学的傲慢与偏见》。他当时认为科学的权威还不够，科学还处于被人文轻视的状况中，科学技术被认为只是类似于工匠们摆弄的玩意儿。这倒很有点像中国古代的情形——工匠阶层是根本不能与士大夫们平起平坐的。斯诺是要为科学争地位，争名分，要求让科学能够和人文平起平坐。他的这种

---

① ［美］F. A. 哈耶克：《科学的反革命——理性滥用之研究》，第89页。

② 此书最新的中译本：［英］C. P. 斯诺：《两种文化》，陈克艰等译，上海科学技术出版社，2003年。

主张，自然在随后的年代得到科学界的热烈欢迎。

从那时到现在已经过去了四十多年，斯诺去世（1980 年）也二十多年了。历史的钟摆摆到另一个端点之后，情况就不同了。斯诺要是生于今日的中国，特别是那些以理工科立身的大学中，他恐怕就要作另一次讲演了——他会重新为人文争地位，争名分，要求让人文能够和科学平起平坐。

哈耶克的上述思想，可以说是有大大的先见之明。在哈耶克发表他这些思想的年代，我们正在闭关自守，无从了解他的思考成果。就连七年后斯诺发表的演讲，我们也几十年一无所知。而近二十年前，当我们热烈欢迎斯诺《对科学的傲慢与偏见》的中译本时，实际上是从唯科学主义立场出发的。

三、科学与科学哲学·“怎么都行”

科学既已被视为人类所掌握的前所未有的利器，可以用它来研究一切事物，那么它本身可不可以被研究?

哲学中原有一路被称为“科学哲学”，这是专门研究科学的哲学（类似的命名有“历史哲学”“艺术哲学”等）。这些科学哲学家有不少原是学自然科学出身，是喝着自然科学的乳汁长大的，所以他们很自然地对科学有着依恋情结。起先他们的研究大体集中于说明科学如何发展，或者说探讨科学成长的规律，比如归纳主义、科学革命［库恩（Kuhn）、科恩（Cohen）］、证伪主义［波普尔（Popper）］、研究范式（库恩）、研究纲领［拉卡托斯（Lakatos）］等等。对于他们提出的一个又一个理论，许多科学家只是表示了轻蔑——就是只想把这些“讨厌的求婚者”（极力想和科学套近乎的人）早些打发走［劳丹（Laudan）语］。因为在不少科学家看来，这些科学哲学理论不过是一些废话而已，没有任何实际意义和价值，当然更不会对科学发展有任何帮助。

然而后来情况出现了变化。“求婚者”屡遭冷遇，似乎因爱生恨，转而开始采取新的策略。今天我们可以看到，这些策略至少有如下几种：

1. 从哲学上消解科学的权威。这至迟在费耶阿本德（Paul Feyerabend）的“无政府主义”理论（认为没有任何确定的科学方法，“怎么都行”）中已经有了端倪。认为科学没有至高无上的权威，别的学说（甚至包括星占学）也应该有资格、有位置生存。

这里顺便稍微讨论一下费耶阿本德的学说。[①] 就总体言之，他并不企图否认“科学是好的”，而是强调“别的东西也可以是好的”。比如针对“科学不需要指导——因为科学能够自我纠错”的主张，他就论证，科学的自我纠错只是更大的自我纠错机制（比如民主）的一部分。诸如此类的论证，当然是和他的“怎么都行”的方法论一致的。他的学说消解了科学的无上权威，但是并不会消解科学的价值。任何一个头脑清醒的人，知道科学并非万能，并非至善，只会更适当地运用科学，这将既有助于人类福祉的增进，对科学本身也有好处。既然如此，费耶阿本德当然也就不是科学的敌人——他甚至也不是科学的批评者，他只是科学的某些“敌人”的辩护者而已。

据说作为一个哲学家，“不怕荒谬，只怕不自洽”，似乎费耶阿本德也有点这样的劲头，所以宣称要“告别理性”——我想应该理解为矫枉过正的意思，不可能真正告别理性。为什么要矫枉过正呢？因为自从科学获得了巨大的权威以后，不仅“只站在科学的立场上，当然很可能会认为科学的一切都是最好的”，就是许多人文学者，也在面对科学的时候日益自惭形秽，丧失了平视的勇气。他们经常在谈到科学的时候先心虚气短地说：我对科学是一窍不通的啊……而不少科技工作者或自命的科学家，如果谈到文学的时候，却不会心虚气短。有的人甚至对人文学者傲然宣称：我的论文你看不懂，你的论文我却看得懂。所以，有些“傲慢与偏见”，事实上是双方共同培养起来的。

再说，“理性”也可以有不同的定义，这就要用到分层的想法了。技术层面的理性，谁也不会告别，因为这是我们了解自然、适应自然、

---

① 保罗・费耶阿本德的著作被引进中国，已经有三种：《自由社会中的科学》（上海译文出版社，1990 年）、《反对方法——无政府主义知识论纲要》（上海译文出版社，1992 年）、《告别理性》（江苏人民出版社，2002 年）。

改善生活最基本的工具。费耶阿本德要“告别”的“理性”，应该是在价值层面的一种“理性”——这种“理性”认为，自然科学是世间最大的价值，而其他的知识体系或精神世界，比如文学或历史等，与之相比则是相形见绌、微不足道的。由于现代科学在物质方面的巨大成就，它确实被一些头脑简单的人认为应该凌驾于所有的知识体系或精神世界之上。

2. 关起门来自己玩。科学哲学作为一个学科，其规范早已建立得差不多了（至少在国际上是如此），也得到了学术界的承认，在大学里也找得到教职。科学家们承不承认、重不重视已经无所谓了。既然独身生活也过得去，何必再苦苦求婚——何况还可以与别的学科恋爱结婚呢。

3. 更进一步，挑战科学的权威。这就直接导致“两种文化”的冲突。

四、“两种文化”的冲突

科学已经取得了至高无上的权威，并且掌握着巨大的社会资源，也掌握着绝对优势的话语权。而少数持狭隘的唯科学主义观点的人士则以科学的捍卫者自居，经常从唯科学主义的立场出发，对来自人文的思考持粗暴的排斥态度。这种态度必然导致思想上的冲突，就好比在一间众声喧哗的屋子里，一位人文学者（比如哲学家）刚试图对科学有所议论，立刻被申斥：去去去！你懂什么叫科学？这里有你说话的地方吗？哲学家当然大怒——哲学原可以研究世间的一切，为什么不能将科学本身当作我们研究的对象！我们要研究科学究竟是怎样在运作的，科学知识到底是怎样产生出来的。

这时，原先的“科学哲学”也就扩展为“对科学的人文研究”，于是“科学知识社会学”“建构论”等等的学说就出来了。宣称科学知识都是社会建构的（用通俗的话说，也就是少数人在房间里商量出来的），并非客观真理，当然也就没有至高无上的权威性。

这种激进主张，理所当然地引起了科学家的反感，也遭到许多科学哲学家的批评（比如劳丹就猛烈攻击“强纲领”）。著名的“科学大战”[1]“索卡尔诈文事件”[2]等，就反映了来自科学家阵营的反击。对于喝着自然科学乳汁长大的人来说，听到有人要否认科学的客观真理性质，无论如何在感情上总是难以接受的。

索卡尔诈文事件的意义，其实就在于通过这样一个有点恶作剧的行动，向世人展示了，人文学术中有许多不太可靠的东西。这对于加深人们对科学和人文的认识，肯定是有好处的。科学不能解决人世间的一切问题（比如不能解决恋爱问题、人生意义问题等），人文同样也不能解决一切问题，双方各有各的使用范围，也各有自己的长处和短处。在宽容、多元的文明社会中，双方固然可以经常提醒提醒对方“你不完美”“你非全能”，但不应该相互敌视，相互诋毁。我想只有和平共处才是正道。

如果旧事重提，那么当年围绕着斯诺的演讲所发生的一系列争论，比如“斯诺–利维斯（Leavis）之争”，[3]在今天看来也将呈现出新的意义。十多年来，国内的科学史和科学哲学界的人士也没有少谈“两种文化”，但在很长一段时间里，科学和人文，这两种文化不仅没有在事实上相亲相爱，反而在观念上渐行渐远。而且有很多人已经明显感觉到，一种文化正在日益侵凌于另一种文化之上。

眼下最严重的问题，在于工程管理方法之移用于学术研究（人文学术和自然科学中的基础理论研究）管理，在于工程技术的价值标准之凌驾于学术研究中原有的标准。按照哈耶克的思想来推论，这两个现象的思想根源，也就是计划经济——归根结底还是唯科学主义。

科学本身已经取得了并且还将继续取得巨大的成就，这是无可否认的。“科学的负面效应”这种提法也是不妥的，与其说“科学的负面效应”，不如说是滥用科学带来的负面效应。因为科学本身迄今为

---

① 关于“科学大战”，可参阅［美］A. 罗斯主编：《科学大战》，夏侯炳等译，江西教育出版社，2002 年。

② 关于“索卡尔诈文事件”及有关争论，可参阅［美］索卡尔等：《“索卡尔事件”与科学大战——后现代视野中的科学与人文的冲突》，蔡仲等译，南京大学出版社，2002 年。

③ 关于“斯诺–利维斯之争”的事后评述，可见于第 264 页注②《两种文化》中科利尼的长篇导言；斯诺本人对利维斯的抨击，可见于《两种文化》的另一个中译本（纪树立译，生活·读书·新知三联书店，1994 年）中所收入的斯诺《利维斯事件和严重局势》一文。

止是非常成功的，几乎是无可挑剔的，问题出在认为科学可以解决人世间一切问题的信念和尝试——这就是唯科学主义和哈耶克所说的“理性滥用”。

改革开放以来，科学与人文之间，主要的矛盾表现形式，已经从轻视科学与捍卫科学的斗争，从保守势力与改革开放的对立，向单纯的科学立场与新兴的人文立场之间的张力转变。这一判断或许并不十分准确，但无疑是富有启发性的。

中国的两种文化的总体状况比较复杂。一是科学作为外来文化，与中国传统文化存在着巨大差异，科玄论战的矛盾基础依然存在；二是中国的科学基础仍然薄弱，但是唯科学主义却已经经常在社会话语中占据不适当的地位；三是科学及技术尚未发挥足够的作用，但是技术所造成的社会问题（如环境问题等）却已经出现。

五、公众理解科学

在西方，学术的政治或意识形态色彩比较淡，讲究的是标新立异，各领风骚三五年，因此各种新奇理论层出不穷，原在意料之中。对于“建构论”等学说出现的原因，也应作如是观。上面想象的场景，当然带有一点“戏说”色彩。但是，这些在西方已经有二十多年历史的学说，并不是完全没有道理的。

首先，科学——以及人类的一切其他知识——的最终目的，应该是为人类谋幸福，而不能伤害人类。因此，人们担心某种科学理论、某项技术的发展会产生伤害人类的后果，因而产生质疑，展开讨论，是合理的。毕竟谁也无法保证科学永远有百利而无一弊。“兼听则明，偏听则暗”，其实就是这个道理；“如果我们有缺点，就不怕别人批评指正，不管是什么人，谁向我们指出都行，只要你说得对，我们就改正，你说的办法对人民有好处，我们就照你的办”，其实也是这个道理。无论是对“科学主义”的质疑，还是对“科学主义”立场的捍卫，只要是严肃认真的学术讨论，事实上都有利于科学的健康发展。

其次，如今的科学，与牛顿时代，乃至爱因斯坦时代，都已经不可同日而语了。一个最大的差别是，先前的科学可以仅靠个人来进行，一个人在苹果树下冥想，也可能做出伟大发现（这是关于牛顿的这个传说最重要的象征意义之一）。事实上，万有引力和相对论，都是在没有任何国家资助的情况下完成的。但是如今的科学则成为一种耗资巨大的社会活动，要用无数金钱“堆”出来，而这些金钱都是纳税人的钱，因此，广大公众有权要求知道：科学究竟是怎样运作的？他们的钱是怎样被用掉的？用掉以后又究竟有怎样的效果？

至于哲学家们的标新立异，不管出于何种动机，至少在客观上为上述质疑和要求提供了某种思想资源，而这无疑是有积极意义的。

六、对新理论成果的大胆接纳

为了协调科学与人文这两种文化的关系，一个超越传统科普概念的新提法——科学传播——开始被引进。科学传播的核心理念是“公众理解科学”，即强调公众对科学作为一种人类文化活动的理解和欣赏，而不仅是单向地向公众灌输具体的科学和技术知识。事实上，这既符合“弘扬科学精神，传播科学思想，介绍科学方法，普及科学知识”的主体属性原则，也契合了传播学中的贴近法则和创新法则。这一理念必将为进一步发展的受众市场所支持和证明。

另一方面，“科学知识社会学”等学说，在兴起了二十多年后，大致从 2000 年开始，许多这方面的重要著作被译介到中国学术界。2001 年，东方出版社出版了五本这方面的西方著作：《知识和社会意象》（布鲁尔）、《制造知识：建构主义与科学的语境性》（诺尔－塞蒂娜）、《科学与知识社会学》（马尔凯）、《科学知识与社会学理论》（巴恩斯）、《局外人看科学》（巴恩斯）。在此前后，江西教育出版社也出版了《书写生物学》《真理的社会史》《科学大战》等著作。已经出版中译本的至少不下十几种。

与此同时，在中国高层科学官员所发表的公开言论中，也不约而同地出现了对理论发展的大胆接纳。

例如，科技部部长徐冠华，在 2002 年 12 月 18 日的讲话中说：

我们要努力破除公众对科学技术的迷信，撕破披在科学技术上的神秘面纱，把科学技术从象牙塔中赶出来，从神坛上拉下来，使之走进民众、走向社会。……随着科技的迅猛发展和国民素质的提高，越来越多的人已经不满足于掌握一般的科技知识，开始关注科技发展对经济和社会的巨大影响，关注科技的社会责任问题。……而且，科学技术在今天已经发展成为一种庞大的社会建制，调动了大量的社会宝贵资源；公众有权知道，这些资源的使用产生的效益如何？特别是公共科技财政为公众带来了什么切身利益？①

又如，中国科学院院长路甬祥，在前不久的一次讲话中认为：

科学技术在给人类带来福祉的同时，如果不加以控制和引导而被滥用的话，也可能带来危害。在21世纪，科学伦理的问题将越来越突出。科学技术的进步应服务于全人类，服务于世界和平、发展和进步的崇高事业，而不能危害人类自身。加强科学伦理和道德建设，需要把自然科学与人文社会科学紧密结合起来，超越科学的认知理性和技术的工具理性，而站在人文理性的高度关注科技的发展，保证科技始终沿着为人类服务的正确轨道健康发展。②

所有这一切，都不是偶然的。这是中国科学界、学术界在理论上与时俱进的表现。这些理论上的进步，又必然会对科学与人文的关系、科学传播等方面产生重大影响。2002年年底，在上海召开了首届“科学文化研讨会”（上海交通大学科学史系主办），会后发表了此次会议的

---

① 载2003年1月17日《科学时报》。
② 载2002年12月17日《人民政协报》。

"学术宣言"[1]，对这一系列问题作了初步清理。随后出现的热烈讨论，表明该宣言已经引起学术界的高度重视。[2]

原载《上海交通大学学报》第11卷第5期（2003）

① 柯文慧：《对科学文化的若干认识——首届"科学文化研讨会"学术宣言》，载2002年12月25日《中华读书报》。

② 围绕着这份宣言，出现在网上和纸媒上的各种讨论和争论已经形成了大量文献。即将于2003年秋季召开的第二届"科学文化研讨会"（北京大学哲学系主办），将对这些讨论和争论进行回顾和梳理。

二〇〇四

［纪事］我对科幻作品发生兴趣始于2003年，开始大量看科幻影片，并发表影评；接着也开始阅读和评论科幻小说，甚至开始给一些国外科幻小说的中文版写序。为了让自己安心——因为花了一些时间看科幻电影和小说，自己觉得有点不务正业、游手好闲，我开始尝试以学术文本的形式，在学术刊物上发表对科幻作品的评述、分析和研究。下面这篇文章就是这种尝试的早期成果之一。

外星文明与时空旅行：在科学与幻想之间
——兼及一系列科幻电影

> 关于外星球生命的问题，几个世纪以来经历过好几个阶段：糊里糊涂的推测，无拘无束的猜想，墨守成规的保守观念和毫无想象力的漠不关心，最后，才算成熟。目前已到达采用严谨的科学技术方法来进行研究的实际阶段。这项工作在科学上已经受到尊重，其重要意义也为人们广泛了解。外星球生命的想法，已经到达该实际研究的时候了。
>
> ——卡尔·萨根（Carl Sagan）

一、UFO：外星文明的使者？

在我们的银河系中，有着一至两千亿颗恒星，我们的太阳只是其中普普通通的一颗。

在整个宇宙中，星系的数量在十亿以上，我们的银河系只是其中普普通通的一个。

想想上面这两个数字吧，难道其中不会产生几个比我们更高级的文明？

外星高等文明是否存在，科学上一直是有争论的。

如果完全从常识出发来推论，外星高等文明存在的可能性当然是无法排除的。在外星文明问题上发表过大量作品的卡尔·萨根认为，我们没有理由自诩为空前绝后或最理想的生物："在宇宙戏剧中，我们不是主角。"[①] 但是迄今为止，一个简单的事实是：人类既没有发现外星高等文明存在的证据，也未能提供外星高等文明不存在的证据。因此，所有那些被认为是外星高等文明降临地球的现象，都是现今的科学无法解释的。在民间有着大量热心参与者的 UFO 探索，则经常被严肃的科学家嗤之以鼻，因为这些探索者往往坚信他们所见到的 UFO 是外星文明使者的飞船，而科学家却认为他们拿不出任何确切的证据。

现今的科学经常是傲慢的。如果世间有现今科学不能解释的现象，而人们又乐意谈论这些现象，就会被视为对科学权威的冒犯（实际上恐怕是对某些人假想的自身权威的冒犯）。在外星高等文明是否存在这个问题上，回击这种冒犯的策略有两种：

1. 试图"证明"外星文明不可能存在；

2. 宣布对外星高等文明的讨论属于"伪科学"之列。

二、德雷克公式及其估算值

讨论外星高等文明是否可能存在，数量可能有多少，可以用到一个"德雷克公式"：

① 卡尔·萨根：《暗淡蓝点——展望人类的太空家园》，叶式辉等译，上海科技教育出版社，2000 年，第 39 页。

银河系中的高等文明数＝恒星总数 × 恒星拥有行星系统的概率 × 行星系统中产生生命的概率 × 生命中产生智慧生命的概率 × 智慧生命进入技术时代的概率 × 技术时代的平均持续时间 ÷ 银河系年龄

这个公式由射电天文学家德雷克（Frank Drake）与卡尔·萨根提出，在 1961 年美国科学院空间科学委员会请德雷克组织的第一次搜寻地外生命的学术会议上，被作为主题来讨论。在这个公式中，银河系年龄有一个大致确定的数值，恒星总数是一个巨大的数值，中间各项则非常小，相乘之后就更小，由于中间各项数值都是估计的，因此当时推算的结果是取值在 1000—100000 之间，萨根的估算则在 1000000 的量级。①

但是，据说也有人所得估算之值在 1—1000 之间。若取值为 1，就“证明”了外星高等文明不存在——因为这个 1 已经被我们地球占了，所以我们是银河系中独一无二的。

当然这个“证明”远不是无懈可击的。

首先，在逻辑上就有问题：我们从小学的课堂开始，就被告知宇宙是无限的，假如宇宙真是无限的，那么，在无限的宇宙中就应该有无限个银河系，因此即使每个银河系中高等文明只有 1 个，全宇宙的高等文明也必有无限多个。要回避这个“无限”，除非将我们银河系中的高等文明数取作 0，但是既然已经有了我们地球，就无法取作 0 了。

其次，中间各项数值的估计随意性太大，很难有确切值。

更大的问题是，公式中的“生命”仅限于地球上的生命模式，而事实上，谁能排除生命还有其他模式（比如说不需要阳光、空气和水）的可能性？而在幻想电影中，生命的不同模式早已经司空见惯，比如影片《病毒》（*Virus*，中译名又作《异形总动员》）中的病毒，就是一种高智慧的外星生命，但是它们根本就没有形体。

---

① 凯伊·戴维森：《展演科学的艺术家——萨根传》，暴永宁译，上海科技教育出版社，2003 年，第 193—195 页。

三、是伪科学吗？是现代神话吗？

将对外星高等文明的讨论归入“伪科学”，虽然省力，但只是对于制止人们讨论问题有作用，对于增进人类的知识则毫无贡献。倒是另一种从哲学出发的思路，将地外文明视为“一个现代性的神话”，有一定的道理。比如认为地外文明是一个无法进行科学检验的问题，因为即使往返最近的恒星，也需要数百万年，而数百万年之后，谁知道地球文明会变成何种光景。姑不论恒星际航行的技术目前还根本未被人类掌握，即使掌握了，往返时间如此之长，对人类也毫无意义。①

当然这种思考问题的思路，也不是完全无懈可击的。第一，即使人类还不能去，但外星文明如果掌握了更高的星际航行技术，他们可以来啊（所以如果能够来到地球的，一定是高等文明）；第二，尽管目前人类能够进行的初级航天速度确实很慢（相对于遥远的恒星际空间而言），但是超光速航行、寻找虫洞（能够快速进行时空转换的特殊通道）、低温休眠等等方法，都已经出现在科学家的想象中，在科幻电影中则早已经被使用了无数次了，例如在《异形》（*Alien*）系列、《太空杀人狂》（*Jason*）等电影中，使用的办法就是低温休眠。在这类电影中，星际航行已经成为家常便饭。这些技术将来实现的可能性也不能绝对排除。这些都可能使得外星文明从“神话”变为具有科学意义的问题。假定飞船能够以接近光速的速度飞行，相对论的时间效应会产生怎样的结果？宇航员是长眠还是永生？这些问题都是富有挑战性的。

四、星际航行和“戴森球”：智慧外星人会不会和我们联络？

将 UFO 视为外星文明的使者，首先会引出这个问题：星际航行是不是可能？只有得出肯定的答案，UFO 才有可能是外星文明的使者。

---

① 吴国盛：《地外文明：一个现代性的神话》，收入吴国盛：《让科学回归人文》，江苏人民出版社，2003 年，第 187—196 页。

对于恒星之间的星际航行，科学家已经设想了许多种技术方案。首要问题是速度——起码要有光速的十分之一光景，通往最近恒星的宇宙航行才有现实意义，否则的话航程持续亿万年，谁能胜任？而要速度就要有惊人的能源，才能将宇宙飞船逐渐加速到足够的巡航速度。美、英科研机构在这方面有大量研究成果和方案，比如“猎户座工程”、戴森火箭（美国）、“戴达洛斯工程”（英国），设想利用核爆炸、核聚变等方式推进火箭。还有设想用反物质来推进火箭的方案。而所有这些方案，目前具体计算的结果，都是无法实施的。此外，还有太阳能宇宙飞船、光帆飞船等方案，理论上即使可行，以现有的技术手段也难以实施。

还有些科学家持另一种思路：如果外星文明已经可以到达地球，那他们的科学技术必然比我们发达很多，那他们为什么还总是躲着我们呢？为什么不堂而皇之地和我们交往呢？所以，所谓的UFO肯定不是外星文明使者。

这种想法有一定道理，但这种“道理”仍然只是地球人的道理。如果存在高度智慧的外星生物，他们完全可能有别的想法，也许他们认为和一个陌生文明（哪怕文明程度还很低）轻率交往是危险的；也许他们认为地球文明还太低级，根本不值得与之交往——打个比方说吧，我们人类中会有几个人想过要和一群蚂蚁交往或交流思想？

这就引导到第二个问题：高度发达的文明，是否会有愿望与低级文明交往？这需要先对文明的发达程度作一些推测。

苏联天体物理学家卡达谢夫（N. S. Kardashev）曾建议，可以根据宇宙中不同文明用于通讯的能量，来对它们分级。他将想象中的文明分为Ⅰ、Ⅱ、Ⅲ型三种类型：

Ⅰ型文明能够调集与地球整个输出功率（当时他的估计，地球的功率输出约为 $10^{15}\sim10^{16}$ 瓦）相当的能量用于通讯。

Ⅱ型文明能够把相当于一颗典型恒星的输出功率（10^{26} 瓦）用于通讯。

Ⅲ型文明用于通讯的功率达 10^{36} 瓦，约等于整个星系的功率输出。

据此，目前的地球文明只能大致定为0.7型——连Ⅰ型都未达到。

弗里曼·戴森（Freeman Dyson）早在1960年就提出一种理论，即所谓“戴森球”。他认为，地球这样的行星，本身蕴藏的能源是非常有限的，远远不足以支撑其上的文明发展到高级阶段；而一个恒星－行星系统中，绝大部分能源——来自恒星的辐射——都被浪费掉了，目前我们太阳系各行星只接收了太阳辐射能量的大约 $1/10^9$。戴森认为，一个高度发达的文明，必然有能力将太阳用一个巨大的球状结构包围起来，使得太阳的大部分辐射能量被截获，只有这样，才可以长期支持这个文明，使其发展到足够的程度。①

戴森所设想的这种可以包围恒星的球状结构，被称为“戴森球”。对于我们的太阳系而言，用地球上的物质来建造这样巨大的戴森球是远远不够的，对此戴森的想象力也是天马行空的——他设想我们可以“拆掉”一个行星来造我们的戴森球！这个不幸的行星，戴森选定为木星。不过，失去木星的太阳系是否还能维持目前的稳定状态，将成为新的问题。②

如果文明的高度，真的可以用卡达谢夫的三种类型，或是否已经建成戴森球来标志，那么，一个Ⅲ型文明会不会有兴趣来和0.7型的地球文明交往呢？而外星飞船上的宇航员用望远镜（如果他们也用的话）观测一下我们的太阳，看到它依然明亮，就知道它的行星上的生物还未建成戴森球，也就知道这些生物还处在何等的“初级阶段”，似乎也就没有必要和我们交往了——就像你不想和蚂蚁交往一样。

五、SETI：天文学界和民间的探索计划

所谓SETI（Search for Extra-Terrestrial Intelligence），即“地外文明探索”，已经成为西方一个习用的词汇。

1960年，在美国西弗吉尼亚州的国家射电天文台，德雷克就实施了使用26米直径的射电望远镜探索外星文明的计划——他命名为“奥

① 尼阔·普朗察：《地外生存——人类文明在宇宙中的命运》，王义豹译，湖南教育出版社，2002年，第170—173页。

② 同上书，第173—176页。

茨玛计划”（Project Ozma）。[1] 当时德雷克认为果真检测到了这样的信号，但后来发现这只是当时军方进行的秘密军事试验发出来的；其余的信号都是混乱的杂音。这项计划通常被认为是最早的SETI行动，虽然德雷克没有检测到任何地外源信号，但他的方案引起了其他天文学家的兴趣。

20世纪70年代末，美国国家航空航天局（NASA）总部曾正式采纳了两种SETI计划给予资金资助。一种是检测1000余个类日星体，接收微弱、零星的信号；另一种是在全天勘测中扫描所有方位。但几年之后美国国会终止了资助。

后来有“凤凰计划”（Project Phoenix），它是迄今为止SETI行动中最灵敏、最全面的计划。它有选择地仔细搜查200光年以内约1000个邻近的类日恒星——我们自然假想这些恒星周围有可供生命生存的行星。到1999年中期，“凤凰计划”已观测了它名单上一半的星体，但仍未检测到地外文明信息。“凤凰计划”现在的观测，是使用设置在波多黎各的直径305米的阿雷西博（Arecibo）射电望远镜，这可能是当今世界上最大的单个射电望远镜。[2]

科学家想出了一种经济可行的办法——拥有个人电脑的普通人利用自己电脑的闲置时间，帮助处理数据。参加者每次可从专用网址setiathome.ssl.berkeley.edu上下载256K字节的数据（即阿雷西博望远镜最新的100秒观测结果）。利用计算机进入屏幕保护状态时的空闲时间对其进行处理，完成后用户可将处理完的数据发回研究人员处，再下载新的数据。研究人员称，“这好比是在一堆干草里找一根针，干草仍是那堆干草，但有许多普通人帮助，找起来可以仔细得多，所以，总有一天能找到的吧——如果那根针存在的话”。

最近在英国杂志上，又有科学家发表题为“来自若干光年之外的神

---

① 关于这一计划的自述，可参阅德雷克：《寻找地外文明的意义》，收入耶范特·特奇安编：《卡尔·萨根的宇宙——从行星探索到科学教育》，上海科技教育出版社，2000年，第103—115页。

② 关于SETI和“凤凰计划”，可参阅保罗·霍罗威茨：《寻找地外文明的计划》，收入《卡尔·萨根的宇宙——从行星探索到科学教育》，第117—144页。

秘信息”的文章，宣称人类很可能“终于收到了迄今为止第一个来自外星文明的无线电信号”——这个信号来自天空中被命名为“SHGb02+14a”的位置。此文一出，颇为轰动，一些有关的科学家纷纷被要求对媒体发表看法，判断该信号是否来自外星高等文明，结果当然是言人人殊，没有一致的意见。①

另一类天文学色彩更浓厚的探索计划，也可以归入 SETI 行动的范畴，即寻找类地行星。因为我们毕竟迄今只知道一种生命模式，因此假定只有在固体的类地行星上，才有足够稳定的适宜环境繁衍生命，再进而发展成技术文明，仍是合理的思路。2003 年 12 月，英国爱丁堡天文台的天文学家撰文宣布，在织女星旁找到了“第二地球”，但其上是否有生命存在仍然相当可疑。

现在世界上最先进的望远镜都已投入了本课题观测。其中包括位于智利 Cerro Paranal 的甚大望远镜 VLT、哈勃空间望远镜、10 米的 Keck 1 号等。甚至拟议建造口径达 50 米和 100 米的望远镜来从事这项探索。

著名的国际空间计划举例如下：

1.“COROT 计划”。法奥合作，2004 年发射，对 5000 颗恒星做巡天搜寻，寻找类木行星（估计可找到 100 颗）。

2.“开普勒计划”（Project Kepler）。美国国家航空航天局的艾姆斯（Ames）中心提出，致力于凌星观测。这架口径 1 米的空间望远镜监测 10 万颗主序星。近日，美国国家航空航天局决定于 2007 年启动该计划。

3.“爱丁顿计划”（Project Eddington）。系欧洲空间局（ESA）的计划。2007 年发射 1.2 米广视场空间望远镜，可探测的恒星在 1000 秒差距以内，有希望发现几千个类木行星和几十个类地行星。

4.“达尔文计划”（Project Darwin）。系欧洲空间局的计划。2012 年升空，由六架 1.5 米的望远镜组成，空间红外干涉高分辨率成像，利用消零干涉方法探测类地行星。

---

① 参见《新闻周刊》2004 年第 36 期《接到天外传音？》等三篇报道和采访。原文发表在 2004 年 9 月 4 日出版的英国杂志《新科学家》上。

六、时空旅行：与因果律的冲突

关于外星文明的话题，总是直接和时空旅行联系在一起的。因为用人类目前所能拥有的航行速度，进行恒星际航行是不可能的，所以那些想象中的外星来客，通常总是被认为已经拥有时空旅行的能力。

早在 1895 年，威尔斯（H. G. Wells）就出版了科幻小说《时间机器》（*The Time Machine*），想象利用“时间机器”在未来世界（公元 802701 年）旅行的经历。这种旅行后来通常被称为“时间旅行”，既可以前往未来，也可以回到过去。如果说，在相对论出现（1905 年）之前，所谓的“时间旅行”纯粹只能存在于人们的幻想之中，那么相对论开始让这种幻想变得有点“科学”味道了——因为在常识中，要穿越巨大的空间，就需要漫长的时间，而正是相对论将空间和时间联系到一起了，相对论使得“时间机器”从纯粹的幻想，开始变得稍有一点理论上的可能性。

相对论表明，一个人如果高速运动着，时间对他来说就会变慢；如果他的运动速度趋近于光速，时间对他来说就会趋近于停滞——以光速运行就可以永生。那么再进一步，如果运动的速度超过光速（尽管相对论假定这是不可能的），会发生什么情况？推理表明，时间就会倒转，人就能够回到过去——这就有点像威尔斯的时间机器了。当然这只是从理论上来说是如此，因为事实上，人类至今所能做到的最快的旅行，其速度也是远远小于光速的，更别说超光速旅行了。

但是物理学家这种纯理论的、目前还没有任何实践可能的推理，对于科幻电影来说，已经足以构成重要的思想资源。利用这一思想资源的影片，可以分成两类：

第一类是比较简单的，即利用“时间机器”一会儿跑到未来，一会儿回到过去——根据威尔斯小说《时间机器》拍摄的同名影片就是如此。

第二类比较高级复杂一些，就要在因果性问题上做文章。本来在我们的常识中，因果律是天经地义的：任何事情有因才会有果，原因只能发生在前，结果必然产生于后。但是一旦人可以回到过去，因果律就要受到严峻挑战——人如果能够回到过去，则他已知未来之果，假如他对这个结果不满意，他能不能去改变当日之因？换句话说，他可不可以重写历史？

这第二类影片，较新的有近年的《未来战士》（*Terminator*）系列、《12 只猴子》（*12 Monkeys*）等，较早的有 20 世纪 80 年代斯皮尔伯格（S. A. Spielberg）的《回到未来》（*Back to the Future*）系列。

例如在《未来战士》中，一个来自未来世界（公元 2029 年）的机器人杀手来到洛杉矶地区，以宁可错杀三千绝不放过一个的残酷无情，疯狂追杀一个青年女子莎拉·康纳。因为在那个人类经历了一场浩劫之后的未来世界，电脑“天网”统治了地球，人类正在进行艰难的抵抗。抵抗组织中出现了一个叫约翰的天才青年，成为首领，而他的母亲就是莎拉·康纳。“天网”认为，如果将约翰的母亲在成为母亲之前杀掉，约翰就不会诞生，人类抵抗组织就不会有这样一个首领，抵抗就容易被摧毁。所以决定派杀手回到过去，要他斩草除根消除后患。与此同时，约翰闻讯也派出了一个战士回到过去，他的任务是保护莎拉·康纳。这个战士和莎拉·康纳的生死交情发展成了爱情，他成了约翰的父亲！这岂不是说，约翰的出生是约翰自己后来安排的？

如果某些事件可以导致不同的历史，那么到底哪一种历史才是“原来”的呢？或者说，到底哪一种历史才是“真实”的呢？从影片故事内部的逻辑来看，这些不同的历史相互之间似乎是平权的——没有哪一种历史比别的历史更真实，或更正常，更有理由。所以在《回到未来》第三部的结尾，博士郑重告诉马蒂：“未来是不确定的。”

在以时间旅行为思想资源的科幻影片中，《未来战士》系列突出了对因果律的困惑和挑战，而《回到未来》则在“让历史重新来过”上做文章。影片《超人》（*Superman*）中也有类似的“干预历史”的情节（让时间回到女友惨死之前）。其实影片《疾走罗拉》（*Run Lola Run*）中的三种结局，也是让历史重演三次，直到令人满意为止，这和《超人》中的上述情节是类似的，只是没有采用时间旅行和科幻的形式而已。

时间旅行的故事，确实可以引发一些深层的哲学思考。比如，我们生活在今天这个世界中，这个世界有着我们已知（至少我们自以为“已知”）的历史，但是，我们能不能排除还存在另一些历史——或者说另一些世界——的可能性呢？在影片《回到未来》的故事语境中，“存在”又怎么定义呢？这些玄奥的哲学问题，也许要等待物理学家给我们解答。

七、爱因斯坦引力场方程·虫洞·多世界

“虫洞”（wormhole）作为一个天体物理学中的术语，原是出于比喻。在英语中，蚯蚓、蛔虫之类的蠕虫，被称为“worm”，而虫子蛀出来的弯弯曲曲的洞——有点像中国古代线装书上被虫蛀出来的洞——则被称为“wormhole”。所以“wormhole”有时也被译为“蛀洞”或“蠕洞”，但是比较通行的译法是“虫洞”。

在天体物理学中，“虫洞”的意思，按照霍金（S. W. Hawking）在《时间简史》（*A Brief History of Time*）中的通俗解释是这样的：

> 虫洞就是一个时空细管，它能把几乎平坦的相隔遥远的区域连接起来。……因此，虫洞正和其他可能的超光速旅行方式一样，允许人们往过去旅行。①

说得更直白一点，就是从理论上说，虫洞可以让人从一个世界（时空）到达另一个世界。

这种想法，当然是科幻电影最欢迎的思想资源之一。电影《回到未来》、《2009迷失记忆》（*2009 Lost Memories*）、《时间线》（*Timeline*）等等的故事结构，就是在此基础上建立起来的。

通过虫洞前往过去或未来世界，毕竟是一个相当抽象的概念。《时间简史》之类的书中所画的虫洞图像，通常是两片平行宇宙，代表两个不同的时空，也即两个不同的世界，中间有圆锥状的通道，那个通道就是虫洞，也就是所谓的“爱因斯坦－罗森桥”。

令人惊奇的是，霍金等人想象的这种图景，竟然和中国古代的宇宙

---

① 史蒂芬·霍金：《时间简史》，许明贤等译，湖南科学技术出版社，2002年，第203页。

图景异曲同工！古代中国的宇宙学说中，有一派称为“盖天”，认为天地就是平行平板，天地之间，北极之下，是一个圆锥形的柱子[①]，这种图景，和中国古代传说中的神木、天柱、登葆山等等，以及古代印度宇宙图景中的须弥山之类，都有相似之处，而后面这些东西，都被认为是天地之间的通道。[②] 所有这些，都和“爱因斯坦－罗森桥”有着某种形式上的相同之处。

从抽象的意义上说，在古人心目中，天地是两个不同的世界，天上是众神所居，地上是凡人所住，天、地之不同，几乎类似于两个不同的宇宙或时空。至于“天上一日，地上千年”之类的传说，更与不同的时空概念大有巧合。如果将古代的这些传说，视为某个已经消失（或者离去？）的高级文明留下来的吉光片羽，当然是缺乏根据的。但是，这些传说中天地之间的通道，它们的形状确实和霍金等人想象的虫洞十分相似。

关于时间之门、时空隧道之类的观念，并不是科幻电影编导们的凭空想象，这类观念在西方有相当长久的传统。生活在不同时代的人之间的神秘相见、“鬼车”（突然出现和消失的充满神秘现象的车辆）之类的故事，长期以来一直既出现在“态度严肃”的报告中（但很容易被指责为伪科学），也经常出现在科幻小说和电影中。倪匡受到西方作品影响颇大的科幻小说如《卫斯理》系列等，其中也经常出现这类题材（比如有一部小说就名为《鬼车》）。许多人相信，越过时间之门，与过去或未来的世界进行沟通是可能的。

而在现今的科学理论框架中，科学家则从另一个角度发挥他们的想象力。爱因斯坦（A. Einstein）1917 年发表的那个著名的引力场方程，是这类想象力的基本温床。[③] 通过求解这个方程，许多令人惊异的景象开始展现出来。今天在科幻作品中常见的“黑洞”“镜像宇宙”等观念，

---

① 江晓原：《〈周髀算经〉盖天宇宙结构》，《自然科学史研究》第 15 卷第 3 期（1996 年）。

② 江晓原：《天学真原》，辽宁教育出版社，1992 年，1995 年，第 10—13 页；2004 年（新版），第 9—11 页。

③ 关于爱因斯坦著名的引力场方程，可以有多种大同小异的写法，在理论物理学家朗道（他被认为是“不幸生于爱因斯坦之后”的物理学天才）的权威著作《场论》中，这个方程写成：$R^{k}_{i} - \delta^{k}_{i}R/2 = 8\pi kT^{k}_{i}/c^{4}$，见朗道：《场论》，任朗等译，人民教育出版社，1959 年，第 332 页。

都是求解爱因斯坦引力场方程带来的结果，而“爱因斯坦－罗森桥”则是通往镜像宇宙的通道。最初爱因斯坦和罗森（N. Rosen）认为这个通道是不可能通过的（一切物质都将在这个通道中被压碎），然而1963年克尔（Roy Kerr）得出一个解，表明有可能存在着可以通过的爱因斯坦－罗森桥，这时它就变成一个“虫洞”——通往另一宇宙的通道。[①] 如今不少科学家相信，“虫洞”可以进行时间旅行，还能够通往不同的空间。这样的“虫洞”观念，几乎就是电影《2009迷失记忆》中的时间之门，也就是电影《星际之门》（*Stargate*）中的那道神奇的星门。一过此门，就是另一个世界。

与这种景象相对应，并且能够从理论上解决时空旅行对因果律可能造成的挑战的，是所谓的“多世界”（“平行宇宙”，parallel universes）理论。这一理论认为，在回到过去的时间旅行中，有可能产生新的平行的世界。这种具有无限可能性的“多世界”景象，对人类来说或许是一种希望——因为这样的话，选择一个怎样的未来世界就可以取决于人类自己（影片《回到未来》中博士对马蒂说“未来是不确定的”就是此意）。而且，人类即使在一个世界中因为自己的过错而已经灭亡，却仍有可能在另一个世界中继续生存着。[②] 对此有一种非常明确的表达如下：

> 也许所有的世界历史都是真实的。……如果“多世界”理论是正确的，那么早就存在了另外一个平行的宇宙……因为所有可能的宇宙都是存在的。[③]

这个美妙的结局，再次涉及霍金《时间简史》中的问题：人回到过去能不能干预历史、改变历史？一种结论是只能旁观，不能干预，不能改变，这被霍金称为“协调历史方法”；另一种就是所谓的“多世界”

---

① 加来道雄：《超越时空——通过平行宇宙、时间卷曲和第十维度的科学之旅》，上海科技教育出版社，1999年，第258—262页。

② J. 布特拉尔：《时间旅行——来自未来的客人》，汪阳译，湖南科学技术出版社，2001年，第148页。

③ 理查德·高特：《在爱因斯坦的时空旅行》，高军译，长春出版社，2003年，第23页。

理论，人回到过去可以干预历史，改变历史，实际上是产生一个新的世界和历史，这被霍金称为“选择历史假想”①。霍金本人似乎倾向于前一种结论，但是毫无疑问，科幻电影的编剧、导演们，科幻小说的作者们，都是喜欢后一种结论的——谁都看得出，只有采纳后一种结论才编得出好玩儿的故事。

八、对待外星文明探索活动的不同态度

关于 UFO 和地外高等文明是否存在的问题，在我们这里一直是比较敏感的话题。一方面，民间自发的 UFO 探索活动持续不断，而且热情很高；另一方面，却是中国天文学界对这个问题普遍的恐惧——极少有天文学家愿意和这项活动或这个话题沾边儿。如果不得不就这个问题发表意见，天文学家通常总是强调，迄今为止所有的 UFO 现象都是错觉或伪造，并进而否认地外高等文明存在的可能性。

从理性的立场来看，这种恐惧显然是毫无必要的。与此形成鲜明对比的，是西方天文学界对这一问题的坦然态度。虽然并没有很多天文学家投入对地外文明的探索，但毕竟还是有这样的天文学家，而且，投入这些活动的天文学家根本不存在恐惧。我们这里的恐惧，也许和讨论外星高等文明曾被归入“伪科学”有关。

还有某些自以为懂科学的人，经常有着另一种傲慢与偏见，即认为只有自己才有资格谈论科学。这和某些自以为懂历史的人，认为只有自己才有资格谈论历史是一样的。而无数的科幻电影和历史电视剧，已经给这些有着傲慢与偏见的人上了无数次课了。

科幻电影当然不是科学，历史电视剧也不是历史学，但是一方面，它们开发了科学或历史的娱乐功能，使科学或历史也能为公众的娱乐生活做出贡献；另一方面，它们也有自己的思想价值。科幻电影中想象的许多人类社会的前景，无疑对人类有着警示作用。比如《未来水世界》（*Water World*）之蛮荒，比如《撕裂的末日》（*Equilibrium*）之黑暗，比

① 《时间简史》，第 207 页。

如《罗根的逃亡》(*Logan's Run*)之荒诞，比如《黑客帝国》(*Matrix*)系列之虚幻，比如《未来战士》之核灾难，比如《12只猴子》之大瘟疫，等等。在这些小说、电影中，未来世界大致有三种主题：(1)地球上资源耗竭；(2)宇宙中的惊天浩劫；(3)社会的高度专制(包括军方隐瞒真相、野心家企图控制宇宙之类)。

科学或历史学都是由纳税人供养着的，都是天下之公器，不是科学家或历史学家的禁脔。不是科学家或历史学家的人，也可以思考和谈论科学或历史——当然，如果谈得不对，科学家或历史学家可以纠正。科幻电影的编剧导演，虽然不是科学家，通常也不被列入"懂科学的人"之列，但是他们那些天马行空的艺术想象力，正在对公众发生着重大影响，因而也就很有可能对科学发生影响——也许在未来的某一天，也许现在已经发生了。

原载《上海交通大学学报》第12卷第4期(2004)

二〇〇五

［**纪事**］2005年11月11—12日，第四次“科学文化研讨会”在北京昌平召开。与会者回顾了2002年首届“科学文化研讨会”以来，科学文化问题在若干层面上的演变，并对近年来一些重大的公众科学事件进行了讨论。此次会议与会者如下（按汉语拼音音序排列）：

范岱年、韩建民、江晓原、蒋劲松、靳琼、李大光、刘兵、刘华杰、苏贤贵、田松、王洪波、肖显静、杨虚杰、尹传红。

下面的文章是第四次“科学文化研讨会”在媒体上发布的备忘录，从中可以看出，从2002年的首届“科学文化研讨会”宣言之后，经过三年时间，各方面的认识和思考都更为深入，而且在一些重大公众科学事件中发表了“科学文化人”的看法。

经过三年时间，对“科学文化人”的攻击渐趋平息，而“科学文化人”的观点却在国内学术界和大众媒体上得到了更多的传播和认同。

这个备忘录也是由与会者共同讨论起草，最后由我定稿，发表时仍署名“柯文慧”。

岭树重遮千里目

——第四次科学文化会议备忘录

一、科学主义问题

《对科学文化的若干认识——首届“科学文化研讨会”学术宣言》（发表于2002年12月25日《中华读书报》，以下简称“《宣言》”）发表之后，在相关学术领域和大众话语中产生了一定的反响，并引发了科学主义与反科学主义之间或直接或间接的争论。经过几年的理论探索和思想传播，国内各界对于科学主义问题的认识更加清楚。今年年初关于敬畏自然的争论之后，科学主义观念的危害更加充分地表现出来，也更加为人们所了解。

《宣言》对科学主义定义如下：

> 科学主义认为科学是真理，是正确的乃至唯一正确的知识，相信科学知识是至高无上的知识体系，并试图以科学的知识模式延伸到一切人类文化之中；在自然观上，采取机械论、还原论、决定论的自然观；在联系世界的社会层面表现为技术主义，持一种社会发展观，相信一切社会问题都可以通过技术的发展而得到解决，而科学技术所导致的社会问题都是暂时的、偶然的，是前进中的失误，并且一定能够通过科学及技术的发展得到解决；在人与自然关系中，主张征服自然，把自然视为人类的资源，从环境伦理的角度，认为人类有能力，也有权利对自然进行开发。

我们在《宣言》中还强调："科学主义是我们的缺省配置。很多反对科学主义的人都曾持有过一定程度的科学主义观念，甚至，在对很多问题的态度上，仍会不自觉地采取某种程度的科学主义立场。"这个强调表明，我们反思科学主义，批判科学主义，首先是对自己的反思、对自己的批判。这种反思和批判本身是建设性的，是建设的前提和基础。

与会者包括范岱年先生在内，还讨论了各自从科学主义的缺省配置转而反思科学主义的原因和过程。与会者认为，范岱年先生最近的文章是近年来反思科学主义的重要文献。

二、对于科学主义若干辩护的简要回应

科学文化《宣言》发表之后，对科学主义的反思遭到了某些人的激烈批评。反对的观点大致有如下几种：

1. 中国的科学还很不发达，现在反思科学主义为时过早，不利于科学的发展。

2. 科学主义是一个虚设的靶子，并没有人持有《宣言》所定义的那种观点。

3. 所谓的科学技术的负面效应，是对科学技术应用不当造成的，这不是科学的错，是人的错，所以不能以此来否定科学的价值。

4. 科学以追求真理为目标，科学事业应当自主发展，科学家可以自由从事任何科学研究，其他人无权干涉。

5. 科学当然不是万能的，但是科学是我们能够得到的最好的武器，除了依赖科学，我们还能依赖什么?

对于1，我们在《宣言》中已经阐明，科学主义者并不代表科学，至少不代表最新的科学。真正妨碍科学发展的不是对科学主义的反思，而恰恰是科学主义。在美国的曹聪先生在对中国近现代科学史的研究中指出，科学主义的意识形态是中国科学不发达的重要原因之一。

对于2，中国科协主持的2003年中国公众科学素养调查给出了一个很好的证据。对于“有了科学技术，我们就能解决我们面临的所有问题”，回答同意和非常同意的比例分别达到了20.3%和18.5%，而本次调查的结果显示，中国公众具有基本科学素养的比例仅为2%。这意味着，有大约38%的人不具备基本科学素养，却又对科学如此信赖，正是科学主义意识形态的一个表现。

对于3，可以从两个角度回应。第一，既然科学技术的负面效应不是科学的过错，是人的过错；那么同样，科学技术的正面应用也不是科学之功，而是人的功劳。既然如此，为什么我们要歌颂科学和科学家为人类造福，而不是歌颂做出了正确应用决策的人，比如政治家？这在逻辑上是不对称的。第二，这种反驳通过把科学和技术，把科学技术和科学技术的应用进行剥离，给出了一个纯洁无瑕的科学。而这种剥离，永远都是可以操作的。最终会导致循环定义：所谓科学的，就是还没有产生负面效应的；而产生了负面效应的，就不是科学的。这种剥离法的原则正是“好的归科学，坏的归魔鬼”。

对于4，我们认为，不存在脱离语境的绝对价值。科学的价值必须在社会、文化之中得到体现。默顿（R. K. Merton）曾说："他们（科学家）认为自己独立于社会，并认为科学是一种自身有效的事业，它存在于社会之中但不是社会的一部分。需要给科学自主性当头一击，以便使这种自信的孤立主义态度转变为现实地参与革命性的文化冲突之中。"（默顿：《科学社会学》上册，商务印书馆，2003年，第362页）科学技术工作者从事研究，必须不违背基本的底线伦理。无视伦理约束从事的研究，既对当下社会现实无益，也未必对未来有益。

对于5，可以追溯到萨根。萨根曾说："科学远不是十全十美的获得知识的工具，科学仅仅是我们所拥有的最好的工具。"（卡尔·萨根：《魔鬼出没的世界》，第二章）不妨称之为"萨根命题"。"萨根命题"在表述上退了一步，不称科学万能，也不称科学是绝对真理。但是仍然包含着强硬的科学主义内核。在知识论的层面上，它虽然没有宣称科学现在已经是绝对真理，但是作为最好的工具，科学正在逼近真理。所以很多人常说，你们不能只考虑现在的科学，要想到科学在发展，未来的科学将会怎样怎样。因而实际上，这种表述是在用一种假想中的未来的万能科学来考虑今天的现实问题。在操作层面上，科学既然是最好的工具，所以是最高的判断标准，与科学万能、科学全能并无差别。

我们认为，科学不是判断一个事物合理性的最高原则和最高依据。没有哪一种依据是可以绝对依赖的。质问"除了依赖科学，我们还能依赖什么"这种想法本身，是科学主义的表现。世界是丰富的，人性是丰富的。还有更多的可供判断的依据。比如：历史依据、经验依据、伦理依据，乃至美学依据。人类社会只有在各种利益的协商中才能达到和谐，人类的各种思想和观念也要在协商中达到和谐。

三、对于科学主义的深入思考

与会者讨论了科学主义更深层的观念基础，认为有这样两个主要成分：（1）本质主义；（2）对于单向进化的盲目信念。

本质主义是指，相信存在一种外在于人类文化的某种客观的本质，并相信科学能够掌握这种本质，乃至于已经掌握了这种本质。这种本质蔓延在人类社会的一切领域，包括社会形态。进而相信在所有方面都存在一个超越文化、超越地域、超越民族的冥冥中的尺度（简称为“冥尺”）。比如，相信人类社会的每一种社会形态、人类个体的每一种思想观念，都在冥尺上标定着位置。这种冥尺逻辑代表着一种单向的直线的进化观。

但是，我们认为，不存在超越文化、超越地域、超越民族的绝对的本质或尺度。退一步说，我们可以假设这种本质存在，但是任何宣称已经掌握了这种本质的人，都无法证明，他们所掌握的就是这种本质。当然，他们可以宣称，他们正在逼近这种本质，他们将会掌握这种本质。对此，我们认为：（1）未来无限，故这种宣称不可证伪，所以恰恰是非科学的；所以，（2）这只表达了一种信念，这种信念可以理解为一种宏伟的理想，但也可以理解为一句大话，甚至是一句谎言。

人是有限的。人类只能掌握相对的尺度。这种相对的尺度与文化、民族、地域相关。今天我们通常所说的现代科学，其实也只是无数地方性知识中的一种（尽管它特别强势）。具体采用哪一种尺度，需要协商、需要对话，而不能凭借基于某种盲目信念的话语霸权直接宣判。

近年来，地方性知识这个概念得到了越来越多的重视。联合国教科文组织 1999 年召开的世界科学大会通过了《科学和利用科学知识宣言》，在其解释性说明中明确强调：“现代科学不是唯一的知识，应当在这种知识与其他知识体系和途径之间建立更密切的关系。”在联合国这份宣言的解释性说明中还谈到了各民族的传统和知识体系，指出：“这些知识体系是一笔巨大的财富，它们不仅蕴藏着现代科学迄今为人所不了解的信息，而且也是世界上其他生活方式、社会与自然之间存在着的其他关系以及获取与创造知识的其他方式之反映。”文化相对主义得到了充分的认可，这是对历史文化的承认和尊重。

我们不能简单地把传统一概斥为落后、愚昧、迷信。事实上，在某些我们曾经称之为落后、愚昧、迷信的文化传统中，保存着一个民族的生存智慧。

一个民族需要传统。只有建立在传统之上的文化演进，才能使一个民族继续作为自己而不是成为别人。

四、环境保护不能仅靠科学

与会者认为，今年年初发生的关于敬畏自然的争论，把科学主义与反科学主义之争具体化、大众化了。《宣言》中对于科学主义在人与自然关系方面的表述，在这场争论中有了充分的表现。通过这场争论，“反科学”一词曾被赋予的意识形态特征被进一步消解。部分科学文化学者直接加入了这场争论，表现了强烈的现实关怀。

与会者认为，敬畏自然是保证人与自然和谐相处所必须持有的一种态度。人是有限的。人的认识能力是有限的。在任何具体的时刻，我们都不能说我们已经掌握了自然的全部规律。大量的科学的负面效应表明：科学不能保证我们现在的行为注定是对人类有益的，也不能保证科学曾经造成的负面效应是注定可以挽回的。科学主义相信自己已经掌握了本质的规律，能够依靠科学征服自然，是一种无知的狂妄。对此，恩格斯早已有过经典表述。

敬畏自然的态度首先在于承认人的有限，所以在自然面前表现出谦逊和尊敬。敬畏自然的态度也表现了人的有知。人类对自然了解得越深，就越能认识到自然本身的庞大、精巧、神秘和神圣，越能够认识到，我们对自然的了解是多么地少，征服自然是多么地荒谬。

根据科学主义的本质论和进化假设，社会是单向进化的、发展的。由此，科学主义预设的未来，是建立在科学及其技术之上的、具有控制物质世界强大能力的人类社会。在这种冥尺逻辑之下，越是发展的社会形态，就需要越多的物质和能源供应，就会产生越多的垃圾。这种“发展”模式，在某种程度上，是把人类社会内部的矛盾转嫁到环境之上。

与会者认为，当前的环境问题已经到了极为严峻的地步。环境问题不仅仅是科学问题，甚至首先不是科学问题，而是人的问题，是对发展的理解问题，是社会公正问题，是民主问题。

在怒江建坝和圆明园事件中，根本问题不在于科学意义上的可行性与否和方案的对错，而在于利益之争。在每一个将会造成严重环境问题的重大工程之中，都会存在国家和所在地公民的长久利益与大公司和相关部门的短期利益的冲突。在这场冲突中，往往前者处于弱势，而后者则有着巨大的经济强势和政治强势。与会者认为，推进决策的民主程序，使公众有充分的话语权是极为必要的。每个人对此都有自己的权利，而这个权利与他具有多少科学知识无关。例如，要求每一个持反对建坝观点的人士具有足够的专业知识，这是一种偷换概念的诡辩，它把民主决策问题转化成了技术可行性论证问题。

解决环境问题不能仅靠科学，更不能仅仅依靠某一门科学。来自情感的、民俗的、文化的、审美的、信仰的……各种因素都可以成为环保的思想资源，都可以加入到环保事业中去。

人类只有一个地球，但是地球上不只有人类。作为自然界最强大的物种，人类必须认识到自己的责任，做一个有道德的物种——重建与其他物种的和谐关系，重建新的动物伦理和环境伦理，才有可能重新恢复与大自然的和谐。

在这个意义上，我们需要逐渐推进公众对动物权利的认可、促进动物权利的立法，直到最后承认自然本身的权利。

五、关于科学传播

与会者还回顾了近些年对于科学传播的理论建设，提出了如下论点：

1. 科学传播的基本问题是“为什么传播”。“为什么传播”决定了“传播什么”“向谁传播”“怎样传播”的问题。我们认为，科学传播的最终目的是促进社会和谐。“为什么传播”的问题，涉及我们对文明的理解，对发展的理解，对幸福的理解，取决于我们对未来和谐社会的构想，取决于科学在这种社会中的角色和地位。

2. 在一个多元的社会中，人们的观念、利益和立场是多元的，无论是科学研究、技术开发乃至科学和技术政策的制定以及科学传播活动，都不是单一利益主体的行为，而是具有复杂多样利益主体的利益博弈和妥协，并不存在一个完全单一的、铁板一块的科学、科学共同体和科学传播。

3. 应该提倡学者视角的公民立场，此种立场在一定程度上区别于各级政府的立场、国内外公司的立场、科学共同体中各种利益群体的立场、民间组织的立场等等。我们认为，上述这些立场的相互影响，才能共同形成和谐社会的科学观。

4. 自然科学研究及相关的技术开发不仅仅是纯粹的认知活动，而是由具有利益的主体所从事的社会活动，深受社会、政治、经济、军事等活动的影响。与之相关，科学传播活动和理论研究同样也是价值负载和利益相关的（不是完全价值中立的）。在世界范围内，科学传播的模型先后经历了“中心广播模型”“缺失模型”“对话模型”三个主要阶段。在中国，这种观念上的变化也于近十几年在激烈的争论中展开。

5. 我们认为，既要关注一阶科学传播（如科学知识的传播），也要关注二阶科学传播（如科学家是如何获得知识的？当代科学是如何运作的？科学家如何申请课题以及如何发表论文？什么是同行评议？科研活动面临的伦理问题等）。科学传播活动不但要传播具体的科学技术知识和实用技能，还要传播当代科学的社会运作方式、科学技术的历史、科学技术的方法论等，并传播科学技术的局限性。

6. 公民有权了解科学技术活动的全貌，包括科学技术的确定方面和不确定方面；有权尽可能提前获悉科学技术活动可能带来的一系列影响，包括科学技术的风险和危害人类可持续发展的种种负面影响。

7. 可以预见，我们理解的科学传播事业，在未来中国的社会演化过程中可能会遭遇观念上及利益上的冲突。这些冲突可能比目前单纯来自“科学意识形态”方面的个别极端的、非理性的攻击严重得多。

8. 中国社会已经发生了并且还将继续发生社会、经济、文化的巨大变革，不同利益集团的利益分配格局和分配方式都将重新洗牌。这种利益关系的变化，将对科学传播事业产生深远的影响。市场化和民主化进程，一方面将使得各种群体的利益得到进一步表达和重视，多元化的思维模式越来越能为人们所接受；另一方面发达国家在现代化过程中出现的资本－权力－知识的“神圣同盟”，又将以新的共谋形式在某些方面进一步强化乃至产生新形式的“科学意识形态”，其隐蔽性更强，更需要进行系统研究。

9. 如何充分认识科学文化的多元性、开放性和建设性，是科学传播事业发展的一个关键。必须充分尊重科学共同体内部的不同声音，尊重科学共同体外不同利益集团的立场，尊重不同文化的价值，对非主流观点敞开发言渠道，尊重科学之外的文化形式。不是要考虑如何尽可能地消除歧见，而是要考虑如何尽可能地丰富人类的思想存量，保全和发展人类文化的多样性。

10. 我们提倡：在人与自然关系中坚持和谐的立场，反对急功近利的人类中心主义；坚持公众的知情同意及参与权；在涉及科学和技术的问题中，要充分考虑相关的伦理原则，保障社会公正；捍卫传统文化与地方性知识的合法性，反对以科学的名义摧毁或排斥文化的多样性。

目前，中国正处于转型时期。在世界范围内，各个民族、各个国家，尤其是第三世界国家也都面临着选择和考验。我们相信，只有各种文化充分对话，充分协商，才能构建一个和谐的社会。文化多样性是和谐社会的必要条件。诚如费孝通先生所说：人美其美，各美其美，美美与共，天下大同。

本备忘录之简要版发表于《中华读书报》2005年12月28日，
此处为完整版，原载《科学时报》2005年12月29日

二〇〇六

[纪事] 从 2005 年 9 月到 2007 年 4 月，我在《社会观察》杂志上连续写了 18 期“听雨丛谈”专栏。虽然这个专栏的名称听起来十分闲适，似乎一派与世无争的样子，其实这些专栏文章可以说是我所有文章中最具批判意识的一组。在这一组文章中，我从各个方面对当时已经盛行的学术管理“量化考核”——如今还在愈演愈烈——进行了全面的批判。下面列出其中 16 篇文章（另两篇与“量化考核”关系不大）：

《量化考核：正在迅速毁坏我们的学术》

《是奖勤罚懒还是催生泡沫？——再谈量化考核》

《从致敬到抄袭——关于知识产权的另类思考》

《从“十一杀令”到“末位淘汰”——三谈“量化考核”》

《从景公疾走想到长安民谣——关于我们今天的学术管理》

《让学者偷一会儿懒吧——再谈我们今天的学术管理》

《从〈宾虚〉到毛遂自荐——三谈我们今天的学术管理》

《刺客豫让之“国士遇臣国士报之”——四谈我们今天的学术管理》

《怀念昔日中国科学院的考核制度——五谈我们今天的学术管理》

《学术生态：难道没有增长的极限？——初谈我们今天的学术环境》

《过热：学术生态的灾难——再谈我们今天的学术环境》

《“人治”好还是“法治”好？——关于我们今天的学术评价》

《从学术会议看学术过热——三谈我们今天的学术环境》

《以好事贪功为耻，以清静务实为荣——四谈我们今天的学术环境》

《不好的东西比没有更坏——五谈我们今天的学术环境》

《减少腐败成本、增大腐败风险的“哀策”》

下面这篇文章，则是发表在另一杂志上的，因为综合了上面这组文章中的一些主要观点，所以选择它聊充代表。

我们要虚假的学术繁荣干什么呢?
——从唯科学主义到学术量化考核

在西方发达社会，“科学主义”（scientism，即“唯科学主义”）通常是一个贬义词，其含义从“自然科学的方法应该被应用于包括哲学、人文和社会科学在内的一切研究领域的一种主张”到“对科学知识和技术万能的一种信念”。国内有些学者在不知道这些背景的情况下，想当然地认为科学既然是好东西，“科学主义”自然也就是好东西，甚至放言“提倡科学主义”，造成很多误解。许多人有一种朴素的推理：因为今天中国的科学技术还不够发达，所以今天科学主义对于我们来说还是好的，至少是不应该批判的。却不知道科学主义其实已经产生了许多消极作用，已经对我们的事业造成了许多危害。事实上，科学主义只会阻碍而不是促进科学技术的发展。

哈耶克曾对科学主义有所论述，作为一个哲学家，他的矛头并不指向科学或科学家，而是指向那些认为科学可以解决一切问题的人。哈耶克认为这些人“几乎都不是显著丰富了我们的科学知识的人”，也就是说，几乎都不是很有成就的科学家。照他的意思，唯科学主义者往往并不是一个科学家。哈耶克所说的“几乎都不是显著丰富了我们的科学知识的人”，一部分是指工程师（大体相当于我们通常说的“工程技术人员”），另一部分是指早期的空想社会主义者及其徒子徒孙。

有趣的是，哈耶克将工程师和商人对立起来，他认为工程师虽然对他的工程有丰富的知识，但是经常只见树木，不见森林，不考虑人的因素和意外的因素；而商人通常在这一点上比工程师做得好。

哈耶克笔下的这种对立，实际上就是计划经济和市场经济的对立。而且在他看来，计划经济的思想基础，就是唯科学主义——相信科学技术可以解决世间一切问题。计划经济思想之所以不可取，是因为它幻想可以将人类的全部智慧集中起来，形成一个超级的智慧，这个超级智慧知道人类的过去和未来，知道历史发展的规律，可以为全人类指出前进的康庄大道。哈耶克反复指出：这样的超级智慧是不可能的；最终必然要求千百万人听命于一个人的头脑。而这样做的结果如何，如今世人早已经领教够了。

哈耶克指出，有两种思想之间的对立：一种是“主要关心的是人类头脑的全方位发展，他们从历史或文学、艺术或法律的研究中认识到，个人是一个过程的一部分，他在这个过程中做出的贡献不受（别人）支配，而是自发的，他协助创造了一些比他或其他任何单独的头脑所能筹划的东西更伟大的事物”；另一种是“他们最大的雄心是把自己周围的世界改造成一架庞大的机器，只要一按电钮，其中每一部分便会按照他们的设计运行”。前一种是有利于创新的，或者说是“革命的”；后一种则是计划经济的、独裁专制的，或者说是“反革命的”（详见哈耶克《科学的反革命》）。

方法的移用，原是不可一概而论的。确实也有将自然科学方法移用于人文学术而取得积极成果的，但总的来说意义不大。那种认为自然科学方法可以全面应用于人文学术的信念，至少在目前看来是荒谬的。

但眼下最严重的问题，倒不在于自然科学方法之移用于人文学术，而在于工程管理方法之移用于学术研究（人文学术和自然科学中的基础理论研究）管理，在于工程技术的价值标准之凌驾于学术研究中原有的标准。按照哈耶克的思想来推论，这两个现象的思想根源，也就是计划经济——归根结底还是唯科学主义。

我们现在最大的悖论之一就是，在计划经济时代我们倒还不搞计划学术，而在我们已经告别了计划经济的时代，却反而来大搞计划学术了。

现在我们的某些管理者，将办大学看成造房子。造一幢房子，通常是可以事先计划好一切的：所有的工艺都是现成的，所有的材料都是早就准备好的，按照一定的规范，按照图纸操作，按照计划施工，当然就能限时限刻将房子建起来。这是典型的工科思维方式。许多人觉得这种思维方式成效显著，就想当然地要将它推广到文科、理科的研究中去，还想推广到我们所有的精神生活中去。

然而，搞教育或者搞理科的基础理论研究，以及人文学术研究，都不是造房子。

另一种理念是这样的（这其实也是西方传统上对待学术的方式），可以称为“播种·观察模式”：在一块地里播一些种子，浇水施肥，观察这些种子，里面如有一棵或者若干棵长得很好，就有可能会出成果。事先并不能知道哪颗种子能长成参天大树，哪颗会发育不良。如果中间有一些死掉了，这并不意味着播种的失败。能否出学术成果，本来就是一个概率问题，所以要资助足够数量的一批人，这批人里边谁能出成果？什么时候出？出什么样的成果？谁也不可能事先知道。可以肯定的是，只要营造一个比较好的学术气氛，早晚会出成果。而不能像造房子那样事先计划好一切。

计划学术的直接产物，就是量化考核。试想一想，如果没有计划学术，为什么还要追求那个量呢？所有对量的追求，都是来自计划。比如说，一个学校现在 SCI 论文排名全国第几，然后计划五年之内要提前到第几，就开始要求由现在的论文数量，在五年之后提高到多少，增加的论文数量分给各个院系，物理系每年要增长多少篇，数学系每年要增长多少篇，如此等等，大家都以此来层层考核、层层压指标。计划的目的就是几年之内出多少多少成绩，到时候出不了预期的成绩怎么办？只有掺水分，吹牛造假，这些就是“泡沫学术”。所以泡沫学术就是计划学术的直接产物。有人认为泡沫学术是学者道德自律不够的缘故，这样说不公平。如果不搞计划学术，这些泡沫本来是不会产生的。

还有些人，其实并不想好好搞学术，或者根本没有能力搞学术，但他工于吹牛，可以规划出很好看的蓝图，希望通过这些镜花水月的蓝图欺骗领导，欺骗同行，获得重视。如果经常让这种人得逞，就会鼓励效尤，造成一种环境，大家都热衷于做计划，填几十页长的表格，花精力去吹牛，“讲故事”，而真正做实事的人就会受排斥。计划学术很容易鼓励吹牛，吹牛就导致泡沫学术。

计划学术直接来自计划经济，而计划经济这个思想直接来自唯科学主义。唯科学主义告诉你这样一个信念，认为自然科学能够把整个世界都解释清楚并加以征服，一切事情都可以事先规划好。但这个信念本身就是有问题的。自然界和人类社会即使有规律，是不是能全部被掌握，什么时候才能全部被掌握，都还是问题。如果眼下还不能全部掌握，那就意味着不能搞计划学术。西方对学术普遍采用“播种·观察模式”，就是因为他们承认不能全部掌握产生知识成果的规律。

平心而论，量化考核不是没有一点好处。当年泰勒（Frederick W. Taylor）通过对搬运工人的工时和动作进行精密研究，对工人的负荷、时间、动作进行精密设计，合理安排工作程序及速度，省略多余动作，节约工人劳动，让工人严格按照管理人员的指示进行工作，由一名拿着秒表的管理者掌握工人工作中的动作、程序和间隔休息时间。最后，工人一天的生铁搬运量可以从原先的平均12.5吨提升到47.5吨。这就是量化带来的明显好处。

据说泰勒从来不愿意把他的这套玩意儿称为“泰勒制”——他坚持称之为“科学管理”。这个称呼正是如今的管理者最爱听的了。然而，我们今天学术界流行的量化考核，还没有到达“泰勒制”那个层次上。

我们今天的量化考核，主要是着眼于防止学者偷懒。那些管理者认为，如果不对学者进行量化考核，学者就会不写文章，不做研究。而实行量化考核之后，规定——比如说吧，教授每年要在“核心期刊”发表3篇论文，那成果就会多起来：一个教授3篇，10个教授30篇，100个教授300篇……想想看吧，“科研成果”不就成倍增长了吗？

但是，学术研究——包括人文学术研究和科学中的基础理论研究——当然不是搬运生铁。就是泰勒重生，他也无法在大学里推行他的“科学管理”。他可以对工人的负荷、时间、动作进行精密设计，将生铁搬运速度提升到每天47.5吨；但谁能对学者的负荷、时间、动作进行精密设计，将论文写作速度提升到某个具体数值（目前是每年3篇，有些管理者恨不得是每年30篇、300篇）？

就像我们不能在“全人类都是罪犯”的假定之上设计我们的法律制度一样，我们怎么能在“所有学者都想偷懒”这样的假定之上设计我们的考核制度？世界上没有十全十美的制度，在合理的制度之下，即使有少数学者得以偷懒，那也只能视为必要的代价。

搬运生铁之类的简单劳动是容易考核和落实的，生铁搬一块是一块，运一吨是一吨，但是论文、专著等都是很难考核的东西，学者们在量化考核之下，被逼无奈，自然只能生产“泡沫论文”——形式上规范十足，内容则空洞重复——应付考核。学术泡沫由此产生，垃圾论文和所谓的“专著”大量涌现。许多官员的“管理政绩”出来了，许多报表的“成果数量”上去了，这给学术界带来了一派虚假繁荣。

然而，我们要这样虚假的学术繁荣干什么呢？

最近有资料表明，虽然我国的论文发表数量已经进入世界前列，但是在单篇论文被引用次数之类的指标上，我们在世界上排名第126位！这就是说，对于我们发表的大量“泡沫论文”，国际同行根本不屑一顾！

而且，量化考核的弊端还不止于此。上述虚假繁荣会带来更大的危害。

因为在量化考核之下，制造学术泡沫、学术垃圾的人明显获利，而那些勤勤恳恳、踏踏实实做学问的人则明显吃亏。勤勤恳恳、踏踏实实做学问本来就很苦，现在得不到应有的报偿不说，还要眼看制造学术泡沫的人春风得意，在这样的示范作用之下，要不了多久，学风必然迅速败坏。

学风的败坏又会迅速祸及下一代。因为现今量化考核中的重要一款，是要求研究生论文答辩之前必须在某种档次的刊物上发表文章若干篇（比如，理工科的博士生要求发表3篇“SCI论文”，文科则是3篇“核心期刊”论文）。而研究生又在大规模“扩招”，但刊物却仍然是那么几份，于是刊物开始权力寻租，让研究生出“版面费”来买文章的发表。至于打招呼、拉关系、走后门之类就更不在话下了。我们的研究生，刚刚进入学术殿堂，就要接受量化考核的洗礼，就要接受学术腐败的启蒙，这是一种怎样的情景啊！

面对愈演愈烈的量化考核，许多人有“且先应付上头，别的以后再说”的想法，殊不知，这种想法不啻饮鸩止渴。有些事情就像物理学上的“不可逆过程”一样，危害一旦产生，他日再想消除就很难了。学风一旦败坏——事实上已经严重败坏了，再要重整重建，恐怕至少又要花一两代人的时间吧？那时人们必载指痛骂今天的量化考核：“这是什么人搞出来的，贻害无穷啊！”

原载《民主与科学》2006 年第 1 期

二〇〇七

[**纪事**] 我对科幻的兴趣越来越大，开始形成自己的一些看法，我认为我们应该用全新的眼光来看待科幻作品。我也持续发表了不少有关的文章，并且和中国科幻界最重要的杂志《科幻世界》以及最优秀的一些作家有了接触和交往。

本年我应邀在“2007 中国（成都）国际科幻·奇幻大会”上作了题为“科幻的三重境界”的主题报告，系于本年的第一篇文章就是根据这个报告整理后发表的。

我在成都参加大会期间，又由《新发现》杂志安排，请我和刘慈欣——他被认为是中国目前最优秀的科幻小说作家——在女诗人翟永明著名的“白夜”酒吧作了一次对谈。系于本年的第二篇文章《为什么人类还值得拯救？》就是这个对谈，由编辑王艳小姐整理后发表在《新发现》上。对谈中的小标题是我这次加上的。

由于我和刘慈欣的观点大相径庭，这篇对谈发表之后，在网上的反应十分有趣：国内网友大部分挺刘而骂我（他们热爱刘，所以对任何与刘意见不同的人都肆口谩骂），海外网友则多挺我而不赞成刘，说他“既不慈也不欣”（因为感到他的观点冷酷而悲观）。不过我和刘慈欣保持着友好的个人关系，颇合古人“君子和而不同”之旨。

科幻三重境界：从悲观的未来想象中得到教益
——2007年国际科幻大会主题报告（节选）

一个令人惊奇的现象

近年来，我观看了上千部美国的、欧洲的，以及在美国影响下的日本、韩国、中国香港等地的科幻电影。在这数百部科幻电影中，我注意到一个令人惊奇的现象，那就是——所有这些电影中所幻想的未来世界，清一色都是暗淡而悲惨的。

早期的科幻小说，比如儒勒·凡尔纳在19世纪后期创作的那些作品，其中对于未来似乎还抱有信心；不过，被奉为科幻小说鼻祖的玛丽·雪莱的《弗兰肯斯坦》（*Frankenstein*，1818）中，就没有什么光明的未来。就是凡尔纳晚年的作品，也开始变得悲观起来，被认为“写作内容开始趋向阴暗”。

在近几十年大量幻想未来世界的西方电影里，未来世界根本没有光明，总是资源耗竭、惊天浩劫、科学狂人、专制社会等。这些作品中的科学技术几乎都是不美好的——不是被科学狂人或坏人利用，就是其自身给人类带来灾祸。

而中国的科幻作品在这个问题上与西方明显不同——我们以前创作的作品都是乐观想象未来科学技术如何发达、人类社会如何美好、我们生活如何幸福的。科幻作品的任务似乎就是为读者或观众描绘一个科技高度发达、物质极度丰富的美妙未来世界。

前几年有人对法国的青少年做了一种问卷调查，这个调查后来也被移植到中国来，中法青少年在有些问题上的答案大相径庭，很值得玩味。比如其中有一题是这样的：“如果你可以在时空隧道中穿行，你愿意选择去哪个时代旅行？”中国和法国青少年的答案统计如下：

	法国		中国	
	男（%）	女（%）	男（%）	女（%）
我们这个时代	42	50	6	2

续表

	法国		中国	
	男（%）	女（%）	男（%）	女（%）
公元 2300 年	26	9	41	34
法老时代	13	19	13	22
中世纪	13	9	6	7
路易十四时代 大唐盛世	6	13	34	35

最大部分的法国青少年愿意选择今天，而不是未来；与此形成鲜明对照的，是只有极少的中国青少年愿意选择今天，而最大部分的选择未来。这就和上文所说的情形一致了：西方人普遍对未来充满忧虑，而中国人普遍对未来抱着朴素的乐观。

为什么会有这样的差别？这样的差别背后又有着什么原因？

对未来乐观的思想基础

对未来乐观的第一个原因是，在我们以前习惯的概念中，一直将科学想象成一个绝对美好的东西，从来不愿意考虑它的负面价值或负面影响，也不愿意考虑它被滥用可能带来的严重后果——事实上，一个绝对美好的东西是不可能被滥用的——无论怎样使用它都只会带来更多更美好的后果。

由此产生的一个实际上未经仔细推敲的推论是：科学技术的发展永远是越快越好。

我们又将科幻视为科普的一部分——只是为了让“小朋友们”喜闻乐见，所以使用了幻想的形式。科幻既然是科普的一部分，它当然必须为我们描绘一个因科学技术发达而带来的美好的未来世界。

另一个原因，则是传统的唯科学主义的强大影响。唯科学主义相信世间一切问题迟早都可以靠科学技术来解决，这就必然引导到一个对人类前途的乐观主义信念。在这个信念的支配下，人类社会只能越发展越光明。这种朴素的乐观主义信念，和早年空想社会主义颇有关系。18世纪末 19 世纪初，自然科学的辉煌胜利，使许多人相信自然科学法则可以应用于人类社会，比如法国的圣西门（Claude-Henri de Rouvroy）、孔德（A. F. X. Comte）等人就是如此。空想社会主义思想事实上深刻地影响了此后两个世纪的历史进程。

对未来的悲观与后现代思潮

从表面上看，似乎一味给科学技术歌功颂德只能流于浅薄庸俗，而悲观的态度和立场更有助于产生具有思想深度的作品。虽然这确实是事实，但仅仅这样来解释西方科幻作品中普遍的悲观是不够的。

要深入理解这种现象，必须和西方近几十年流行的某些后现代思潮联系起来思考。

我们今天所享受的物质生活，确实是依靠科学技术获得的。而科学技术的发展是有加速度的——它正在发展得越来越快。科学技术就像一辆特快列车，风驰电掣，而我们就乘坐在上面。刚开始，我们确实快活得如同电影《泰坦尼克号》（*Titanic*，1997）中那对在船头迎风展臂的青年男女。但随后我们逐渐发现，对于这辆列车的车速和行驶方向，我们实际上已经没有发言权了。我们既不知列车将驶向何方，也不知列车实际上是谁在操控，我们唯一知道的是：列车正在越开越快。

此时，作为车上的一员，你想问：我们正在驶向何处？我们能不能慢一点啊？开得太快会不会出危险啊？这难道不是很正常的吗？

如果你被斥道：不要多问！你懂什么？反正是驶向幸福的天国！反正再快也是绝对安全的！到了这时，你的心情还能如同那对在船头迎风展臂的青年男女吗？到了这时，你和被劫持还有什么两样呢？

科学越发达，有这种感受的人就会越多。也许，这就是为什么这么多的电影编剧、导演，这么多的小说作家，不约而同地要来写悲观作品的深层原因吧？

科幻之第一重境界：科学

有较多科学技术细节、有较多当下科学技术知识作为依据的作品，被称为“硬”，而幻想成分越大、技术细节越少，通常就越被认为“软”。通常越是倾向于唯科学主义立场的，就越欣赏“硬”，因为越“硬”就越“科学”，而“软”的那端，那就逐渐过渡到魔幻之类，甚至有可能会被斥为“伪科学”。

第一重境界的极致，是预言了某些具体的科学进展或成就。例如阿瑟·克拉克在他的《太空漫游》（*A Space Odyssey*，1968—1997）系列那些后记和序言中，就对于他早先小说中幻想的某些技术性细节与后来发展的吻合之处津津乐道。《太空漫游》系列确实也被视为“硬科幻”的冠冕。

第一重境界与先前将科幻视为科普一部分的观念是相通的。尽管最近由中国科普作协科学文艺委员会等单位主持的一项调查，已经否认了科幻具有科普功能。

科幻之第二重境界：文学

科幻作品第二重境界追求的目标，是要让科幻小说得以厕身于文学之林，得到文学界的承认和接纳。这种追求在中国作者中非常强烈。

由于我们以前很长时间一直将科幻视为科普的一部分，直到今天，许多人一提到科幻就只会联想到“小朋友”如何如何、“青少年”如何如何，科幻在人们心目中既然是这样的东西，当然就很难有资格登上文学的大雅之堂了。这种状况正是中国的科幻作者们非常痛心疾首的事情。

在一些关于科幻的老生常谈中，也一直想当然地将科幻的这第二重境界当作创作中追求的最高境界。他们和克拉克等人的“硬科幻”追求幻想预示后来发展之类的旨趣不同，比较强调作品中人物形象的塑造之类。

这重境界具有相当大的诱惑性。对于陷溺在第一重境界中的作者来说尤其如此，他们很容易将达到这第二重境界作为努力追求的理想境界，却不知这第二重境界其实并不值得科幻作品去汲汲追求。

科幻之第三重境界：哲学

一个多世纪以来，绝大多数科幻作品似乎不约而同地自觉承担起一种义务——对科学技术的无限发展和应用进行反思。

科幻作品的故事情节能够构成虚拟的语境，由此引发不同寻常的新思考。幻想作品能够让某些假想的故事成立，这些故事框架就提供了一个虚拟的思考空间（这方面小说往往能做得比电影更好）。有些高度抽象的问题，如果要想让广大公众接触并理解，最好的途径之一，也是让某部优秀的科幻电影或科幻小说将它们表现出来。

然而这还只是问题的一个方面。科幻作品在另一方面的贡献是更为独特的，是其他各种作品通常无法提供的。

这就是对技术滥用的深切担忧，对未来世界的悲观预测。这种悲天悯人的情怀，至少可以理解为对科学技术的一种人文关怀。从这个意义上说，这些幻想作品无疑是当代科学文化传播中的一个非常重要的组成部分。

而且，现在看来似乎也只有科幻在一力承担着这方面的社会责任。这不能不说是一个非常发人深省的现象。

再进一步看，在数学上，有“归谬”“反证”等方法，都是常用的有效方法；而许多幻想作品，其实就是在思考人类社会的问题或前景时，应用归谬法和反证法。幻想作品经常将某种技术的应用推展或夸张到极致，由此来提出问题，或给出自己的思考。比如机器人日见发达，《机械公敌》（*I, Robot*，2004）、《黑客帝国》（*Matrix*，1999—2003）等作品就导出机器人会不会、能不能统治人类这样的问题。许多科幻作品都可以作如是观。

从对人类文化的长远贡献来说，当然是作品的思想价值更重要。如果作品能促使观众思考一些问题，这些作品就具有更为重要、更为长远的价值。这时候，就进入了科幻作品的第三重境界——哲学思考的境界。

20世纪60年代，西方世界有所谓的“科幻新浪潮”运动，其主题中就包括了要向上述第二和第三重境界提升的诉求。目前国内的科幻创作，虽然尚未达到令读者和创作者自己非常满意的境界，但很多有代表性的作品都已经在向第三重境界迈进，这是与时俱进，和国际接轨的表现。我们可以很有把握地认为，“科幻新浪潮”的缺课，国内作者已经迅速补上了。

为什么人类还值得拯救?

——刘慈欣 vs 江晓原

[**纪事**] 有时候，科学让我们必须面对非常遥远的地方，那里有宇宙的浩渺，还有这份浩渺之美背后无数的未知与危险。在一个很大的尺度上，人类最终会被带到哪里？人类对于未来的信念能否一直得到维系？用什么来维系？科学吗？科学能解决什么？不能解决什么？这或许是一些大而无当的提问，可自从创办《新发现》杂志的那一天起，我们就不得不一次次面对类似问题，它们来自读者，来自内心。

2007年8月26日，闲适的夜晚，在女诗人翟永明开办的“白夜”酒吧，《新发现》编辑部邀请到前来成都参加“2007中国（成都）国际科幻·奇幻大会”的两位嘉宾：著名科幻作家刘慈欣，以及近年经常发表科幻评论的上海交通大学教授江晓原，就我们共同的疑惑，就科幻、科学主义、科学与人文的关系等问题进行了一场面对面思想交锋的精彩对谈。下面是对谈的记录。

刘慈欣：从历史上看，第一部科幻小说、玛丽·雪莱的《弗兰肯斯坦》（*Frankenstein*，1818）就有反科学的意味，她对科学的描写不是很光明。及至更早的《格列佛游记》（*Gulliver's Travels*，1726），其中有一章描写科学家，把他们写得很滑稽，从中可以看到一种科学走向学术的空泛。但到了儒勒·凡尔纳那里，突然变得乐观起来，因为19世纪后期科学技术的迅猛发展激励了他。

江晓原：很多西方的东西被引进来，都是经过选择的，凡尔纳符合我们宣传教育的需要。他早期的乐观和19世纪的科学技术发展是分不开的，当时人们还没有看到科学作为怪物的一面，但他晚年就开始悲观了。

刘慈欣：凡尔纳确实写过一些很复杂的作品，有许多复杂的人性和情节。有一个是写在一艘船上，很多人组成了一个社会。另外他的《迎着三色旗》（*Face au drapeau*，1896）也有反科学的成分，描写科学会带来一些灾难。还有《培根的五亿法郎》（*Les Cinq Cents Millions de La Begum*，1879）。但这些并不占主流，他流传的几乎都是一些在思想上比较单纯的作品。值得注意的是后来科幻小说的黄金时代反而出现在经济大萧条时期，20 世纪 20 年代。为什么呢？可能是因为人们希望从科幻造成的幻象中得到一些安慰，逃避现实。

江晓原：据说那时候的书籍出版十分繁荣。关于凡尔纳有个小插曲，他在《征服者罗比尔》（*Robur-le-Conquerant*，1886）里面写到徐家汇天文台，说是出现了一个飞行器，当时徐家汇天文台的台长认为这是外星球的智慧生物派来的，类似于今天说的 UFO。但其他各国天文台的台长们都因为他是一个中国人而不相信他，后来证实了那确实来自外星文明。这个故事犯了一个错误：其实那时候徐家汇天文台的台长不是中国人，而是凡尔纳的同胞——法国人。

刘慈欣：凡尔纳在他的小说中创立了大机器这个意象，以后很多反科学作品都用到了。福斯特就写了一部很著名的反科学科幻作品，《大机器停转之时》（*The Machine Stops*，1909）。说的是整个社会就是一个运转的大机器，人们连路都不会走了，都在地下住着。有一天这个大机器出了故障，地球就毁灭了。

江晓原：很多读者都注意到，你的作品有一个从乐观到悲观的演变。这和凡尔纳到了晚年开始出现悲观的转变有类似之处吗？背后是不是也有一些思想上的转变？

刘慈欣：这个联系不是很大。无论悲观还是乐观，其实都是一个表现手法的需要。写科幻这几年来，我并没有发生过什么思想上的转变。我是一个疯狂的技术主义者，我个人坚信技术能解决一切问题。

江晓原：那就是一个科学主义者。

刘慈欣：有人说科学不可能解决一切问题，因为科学有可能造成一些问题，比如人性的异化、道德的沦丧，甚至像南希·克雷斯（美国科幻女作家）说“科学使人变成非人”。但我们要注意的是人性其实一直在变。我们和石器时代的人，会互相认为对方是没有人性的非人。所以不应该拒绝和惧怕这个变化，我们肯定是要变的。如果技术达到了那一步，我想不出任何问题是技术解决不了的。我认为那些认为科学解决不了人所面临的问题的人，是因为他们有一个顾虑，那就是人本身不该被异化。

江晓原：人们反对科学主义的理由，说人会被异化只是其中的一方面，而另一方面的理由在于科学确实不能解决一切问题，有的问题是永远也不能解决的，比如人生的目的。

刘慈欣：你说的这个确实成立，但我谈的问题没有那么地宽泛。并且我认为人生的目的，用科学是可以解决的。

江晓原：依靠科学能找到人生的目的吗？

刘慈欣：但科学可以让我不去找人生的目的。比如说，利用科学的手段把大脑中寻找终极目的这个欲望消除。

江晓原：我认为很多科学技术的发展，从正面说，是中性的，要看谁用它——坏人用它做坏事，好人用它做好事。但还有一些东西，从根本上就是坏的。你刚才讲的是一个很危险甚至邪恶的手段，不管谁用它，都是坏的。如果我们去开发出这样的东西来，那就是罪恶。为什么西方这些年来提倡反科学主义？反科学主义反的对象是科学主义，不是反对科学本身。科学主义在很多西方人眼里，是非常丑恶的。

刘慈欣：我想说的是这样一个问题，如果我用话语来说服你，和在你脑袋里装一个芯片，影响你的本来判断，这两者真有本质区别吗？

江晓原：当然有区别，说服我，就尊重了我的自由意志。

刘慈欣：现在我就提出这样一个问题，这是我在下一部作品中要写的：假如造出这样一台机器来，但是不直接控制你的思想，你想得到什么思想，就自己来拿，这个可以接受吗？

江晓原：这个是可以的，但前去获取思想的人要有所警惕。

刘慈欣：对了，我要说的就是这一点。按照你的观点，那么“乌托邦三部曲”里面，《一九八四》反倒是最光明的了，那里面的人性只是被压抑，而另外两部中人性则消失了。如果给你一个选择权，愿意去《一九八四》还是《美丽新世界》（*Brave New World*，1932），你会选择哪一个？

江晓原：可能更多的人会选择去《美丽新世界》。前提是你只有两种选择。可如果现在还有别的选项呢？

刘慈欣：我记得你曾经和我谈到的一个观点是：人类对于整体毁灭，还没有做好哲学上的准备。现在我们就把科学技术这个异化人的工具和人类大灾难联系起来。假如这个大灾难真的来临的话，你是不是必须得用到这个工具呢？

江晓原：这个问题要这么看——如果今天我们要为这个大灾难做准备，那么我认为最重要的有两条：第一是让我们获得恒星际的航行能力，而且这个能力不是偶尔发射一艘飞船，而是要能够大规模地迁徙；第二条是让我们找到一个新的家园。

刘慈欣：这当然很好。但要是这之前灾难马上就要到了，比如说就在明年5月，我们现在怎么办？

江晓原：你觉得用技术去控制人的思想，可以应付这个灾难？

刘慈欣：不，这避免不了这个灾难，但是技术可以做到把人类用一种超越道德底线的方法组织起来，用牺牲部分的代价来保留整体。因为现在人类的道德底线是处理不了《冷酷的方程式》(*The Cold Equations*，1954)（汤姆·戈德温的科幻名篇）中的那种难题的：死一个人，还是两个人一块儿死？

江晓原：如果你以预防未来要出现的大灾难为理由，要我接受（脑袋中植入芯片）控制思想的技术，这本身就是一个灾难，人们不能因为一个还没有到来的灾难就非得接受一个眼前的灾难。那个灾难哪天来还是未知，也有可能不来。其实类似的困惑在西方好些作品中已经讨论过了，而且最终它们都会把这种做法归于邪恶。就像《数字城堡》(*Digital Fortress*，1996）里面，每个人的e-mail都被监控，说是为了反恐，但其实这样做已经是一种恐怖主义了。

刘慈欣：我只是举个例子，想说明一个问题：技术邪恶与否，它对人类社会的作用邪恶与否，要看人类社会的最终目的是什么。江老师认为控制思想是邪恶的，因为把人性给剥夺了。可是如果人类的最终目的不是保持人性，而是为了繁衍下去，那么它就不是邪恶的。

江晓原：这涉及了价值判断：延续下去重要还是保持人性重要？就好像前面有两条路可以走：一条是人性没有了，但是人还存在；一条是保持人性到最终时刻，然后灭亡。我相信不光是我，还会有很多人选择后一条。因为没有人性和灭亡是一样的。

刘慈欣：其实，我从开始写科幻到现在，想的问题就是这个问题：到底要选哪个更合理？

江晓原：这个时候我觉得一定要尊重自由意志。可以投票，像我这样的可以选择不要生存下去的那个方案。

刘慈欣：你说的这些都对，但我现在要强调的是一个尺度问题。科幻的作用就在于它能从一个我们平常看不到的尺度来看。传统的道德判断不能做到把人类作为一个整体来进行判断。我一直在用科幻的思维来思考，那么传统的道德底线是很可疑的，我不能说它是错的，但至少它很危险。其实人性这个概念是很模糊的，你真的认为从原始时代到现在，有不变的人性存在吗？人性中亘古不变的东西是什么？我找不到。

江晓原：我觉得自由意志就是不变的东西中的一部分。我一直认为，科学不可以剥夺人的自由意志。美国曾经发生过这样一件事，地方政府听从了专家的建议，要在饮用水中添加氟以防止牙病，引起了很多人的反对，其中最极端的理由是：我知道这样做对我有好处，但我应该仍然有不要这些好处的自由吧？

刘慈欣：这就是《发条橙》（*Clockwork Orange*，1971）的主题。

江晓原：我们可以在这里保持一个分歧，那就是我认为用技术控制思想总是不好的，而你认为在某些情况下这样做是好的。

现在的西方科幻作品都是在反科学主义思潮下的产物，这个转变至少在新浪潮时期就已经完成了。反科学主义可以说是新浪潮运动四个主要诉求里面的一部分，比如第三个诉求要求能够考虑科学在未来的黑暗的部分。

刘慈欣：其实在黄金时代的中段，反科学已经相当盛行。

江晓原：在西方，新浪潮的使命已经完成。那么你认为中国的新浪潮使命完成了吗？

刘慈欣：其实在 20 世纪 80 年代曾经有一场争论，那就是科幻到底姓“科”还是姓“文”，最后后者获得了胜利。这可以说是新浪潮在中国的迟来的胜利吧。目前中国科幻作家大多数是持有科学悲观主义的，及对科学技术的发展抱有怀疑，这是受到西方思潮影响的一个证明。在我看来，西方的科学已经发展到这个地步了，到了该限制它的时候了，但是中国的科学思想才刚刚诞生，我们就开始把它妖魔化，我觉得这毕竟是不太合适的。

江晓原：我有不同的看法。科学的发展和科学主义之间，并不是说科学主义能促进科学的发展，就好像以污染为代价先得到经济的发展，而后再进行治理那样。科学主义其实从一开始就会损害科学。

刘慈欣：但我们现在是在说科幻作品中对科学的态度，介绍它的正面作用，提倡科学思想，这并不犯错吧？

江晓原：其实在中国，科学的权威已经太大。

刘慈欣：中国的科学权威是很大，但中国的科学精神还没有。

江晓原：我们适度限制科学的权威，这么做并不等于破坏科学精神。在科学精神之中没有包括对科学自身的无限崇拜——科学精神之中包括了怀疑的精神，也就意味着可以怀疑科学自身。

刘慈欣：但是对科学的怀疑和对科学的肯定，需要有一个比例。怎么可以说所有的科幻作品，98%以上都是反科学的呢？这太不合常理。如果在老百姓的眼里，科学发展带来的都是一个黑暗世界，总是邪恶、总是灾难、总是非理性，那么科学精神谈何提倡？

江晓原：我以前也觉得这样是有问题，现在却更倾向于接受。我们可以打个比方，一个小孩子，成绩很好，因此非常骄傲。那么大人采取的办法是不再表扬他的每一次得高分，而是在他的缺点出现时加以批评，这不可以说是不合常理的吧？

刘慈欣：你能说说在中国，科学的权威表现在哪些方面吗？

江晓原：在中国，很多人都认为科学可以解决一切问题，此外，他们认为科学是最好的知识体系，可以凌驾于其他知识体系之上。

刘慈欣：这一点我和你的看法真的有所不同，尽管我不认为科学可以凌驾于其他体系之上，但是我认为它是目前我们所能拥有的最完备的知识体系。因为它承认逻辑推理，它要求客观的和实验的验证而不承认权威。

江晓原：作为学天体物理出身的，我以前完全相信这一点，但我大概从2000年开始有了一个转变，当然这个转变是慢慢发展的。原因在于接触到了一些西方的反科学主义作品，并且觉得确实有其道理。你相信科学是最好的体系，所以你就认为人人需要有科学精神。但我觉得只要有一部分人有科学精神就可以了。

刘慈欣：它至少应该是主流。

江晓原：并不是说只有具有科学精神的人才能做出正确的选择，实际上，很多情况下可能相反。我们可以举例子来说明这个问题。

就比如影片《索拉里斯星》(*Solaris*，2002)的索德伯格版(《飞向太空》)，一些人在一个空间站里，遇到了很多怪事，男主角凯尔文见到了早已经死去的妻子芮雅。有一位高文博士，她对凯尔文说："芮雅不是人，所以要把她(们)杀死。"高文博士的判断是完全符合科学精神和唯物主义的。最后他们面临选择：要么回到地球去，要么被吸到大洋深处去。凯尔文在最后关头决定不回地球了，而宁愿喊着芮雅的名字让大洋吸下去。在这里，他是缺乏科学精神的，只是为了爱。当然，索德伯格让他跳下大洋，就回到自己家了，而芮雅在家里等他。这个并非出于科学精神而做出的抉择，不是更美好吗？所以索德伯格说，索拉里斯星其实是一个上帝的隐喻。

刘慈欣：你的这个例子，不能说明科学主义所做的决策是错误的。这其中有一个尺度问题。男主角只是在个人而不是全人类尺度上做出这个选择。反过来想，如果我们按照你的选择，把她带回地球，会带来什么样的后果？这个不是人的东西，你不知道她的性质是什么，也不知道她有多大的能量，更不知道她会给地球带来什么。

江晓原：有爱就好。人世间有些东西高于科学精神。我想说明的是，并不一定其他的知识体系比科学好，但可以有很多其他的知识体系，它们和科学的地位应该是平等的。

刘慈欣：科学是人类最可依赖的一个知识体系。我承认在精神上宗教确实更有办法，但科学的存在是我们生存上的一种需求。这个宇宙中可能会有比它更合理的知识体系存在，但在这个体系出现之前，我们为什么不能相信科学呢？

江晓原：我并没有说我不相信科学，只不过我们要容忍别人对科学的不相信。面临问题的时候，科学可以解决，我就用科学解决，但科学不能解决的时候，我就要用其他。

刘慈欣：在一个太平盛世，这种不相信的后果好像还不是很严重，但是在一些极端时刻来临之时就不是这样了。看来我们的讨论怎么走都要走到终极目的上来。可以简化世界图景，做个思想实验。假如人类世界只剩你我她了，我们三个携带着人类文明的一切。而咱俩必须吃了她才能生存下去，你吃吗？

江晓原：我不吃。

刘慈欣：可是宇宙的全部文明都集中在咱俩手上，莎士比亚、爱因斯坦、歌德……不吃的话，这些文明就要随着你这个不负责任的举动完全湮灭了。要知道宇宙是很冷酷的，如果我们都消失了，一片黑暗，这当中没有人性不人性。现在选择不人性，而在将来，人性才有可能得到机会重新萌发。

江晓原：吃，还是不吃，这个问题不是科学能够解决的。我觉得不吃比选择吃更负责任。如果吃，就是把人性丢失了。人类经过漫长的进化，才有了今天的这点人性，我不能就这样丢失了。我要我们三个人一起奋斗，看看有没有机会生存下去。

刘慈欣：我们假设的前提就是要么我俩活，要么三人一起灭亡，这是很有力的一个思想实验。被毁灭是铁一般的事实，就像一堵墙那样横在面前，我曾在《流浪地球》中写到一句："这墙向上无限高，向下无限深，向左无限远，向右无限远，这墙是什么？"那就是死亡。

江晓原：这让我想到影片《星际战舰卡拉狄加》（*Battlestar Galactica*，2003—2012）中最深刻的问题："为什么人类还值得拯救？"在你刚才设想的场景中，我们吃了她就丢失了人性，一个丢失了人性的人类，就已经自绝于莎士比亚、爱因斯坦、歌德……还有什么拯救的必要？

一个科学主义者，可能是通过计算"我们还有多少水、还有多少氧气"得出这样的判断。但文学或许提供了更好的选择。我很小的时候读拜伦的长诗《唐璜》，里面就有一个相似的场景：几个人受困在船上，用抓阄来决定把谁吃掉，但是唐璜坚决不肯吃。还好他没有吃，因为吃人的人都中毒死了。当时我就很感动，决定以后遇到这样的情况，我一定不吃人。吃人会不会中毒我不知道，但拜伦的意思是让我们不要丢失人性。

我现在非常想问刘老师一个问题：在中国的科幻作家中，你可以说是另类的，因为其他人大多数都去表现反科学主义的东西，你却坚信科学带来的好处和光明，然而你又被认为是最成功的，这是什么原因？

刘慈欣：正因为我表现出一种冷酷的但又是冷静的理性。而这种理性是合理的。你选择的是人性，而我选择的是生存，读者认同了我的这种选择。套用康德的一句话：敬畏头顶的星空，但对心中的道德不以为然。

江晓原：是比较冷酷。

刘慈欣：当我们用科幻的思维思考这些问题的时候，就变得这么冷酷了。

（主持、记录：王艳）

二〇〇八

[**纪事**] 穆蕴秋小姐是第一个由我指导对科幻作品进行科学史研究的博士研究生，她的毕业论文也是国内这一方向上的第一篇博士论文，现在她已经以优异成绩获得博士学位。近年我和她联名发表了不少这方面的论文。系于本年的第一篇就是其中之一。

系于本年的第二篇文章，是我为《崩溃》一书写的中文版序，当时被发表在《南方周末》上，受到不少关注。这也是我第一次对于环境问题发表文章。

科学史上关于寻找地外文明的争论
——人类应该在宇宙的黑暗森林中呼喊吗？

前言

尽管地外文明是否存在的问题，目前尚无定论，但与其相关的理论探讨、实施方案以及由此引发的各种争议，已成为科学史领域的重要研究课题。

17 世纪之前，与其相关的探讨主要限于一些哲学家们的纯思辨性构想。[①] 17 世纪初，望远镜发明后，开普勒、伽利略等人基于一系列

---

① Dick S. J., *Plurality of Worlds: The Origins of the Extra-Terrestrial Life Debate from Democritu to Kant*, Cambridge: Cambridge University Press, 1982, pp. 6–60.

观测经验之上，对月球可居住性进行了讨论。[①] 这场讨论延续了整个17世纪，至19世纪，还余波未了。而这一时期，关于火星运河和火星生命的争论，则成为最被关注的科学问题之一。[②] 当时的很多天文学家着力于提高手中望远镜的观测精度，为的可能只是希望在这场争论中找到属于自己的话语权。此种情形曾惹得英国天文学家爱德华·蒙德（Edward Maunder）埋怨说：

> 1877年之前，行星研究领域被杂乱无章的业余成果所占领……而自1877年以来，最先进的望远镜……全部把观测方向对准了火星，最出色和最有经验的专业天文学家们，也毫不羞愧地把时间全部用于火星研究上。

20世纪六七十年代，一些科学人士开始掀起了寻找地外文明的热潮——搜寻来自地外文明的信息，或是主动向地外文明发送信息。在以往国内的公共话语中，这两种行动都被视为纯粹的科学问题，而且都只具有完全正面的价值。但事实上，这两种行动在欧美科学界都引发了相当严重的争议，而这也正是本文所要着重考察的。

一、从SETI到METI

1960年，美国天文学家弗兰克·德雷克发起了搜寻地外文明——简称SETI的第一个实验项目，“奥茨玛计划”。一年后，第一次SETI会议在美国绿岸举行。其后，别的SETI项目随即相继展开，并一直持续至今。与此同时，苏联对SETI也表现出了极大的兴趣，在20世纪60年代同样实施了一系列的搜索计划。

SETI的上马动工，和两项理论乐观的引导有关。1959年，天文学

---

① 穆蕴秋：《一部另类的天文学论著——述评〈开普勒之梦〉》，《中国科技史杂志》2007年，28（3）：291–295。

② Crowe M. J., *The Extra-Terrestrial Life Debate 1750–1900: The Idea of a Plurality of Worlds from Kant to Lowell*, Cambridge: Cambridge University Press, 1986, pp. 480–540.

家科科尼（Giuseppi Cocconi）和莫里森（Philip Morrison）发表了一篇文章《寻求星际交流》[1]——如今它已被该领域研究者奉为“经典中的经典”，其中提出了利用无线电搜索银河系其他文明的构想。稍后，德雷克于 1961 年在美国绿岸的第一次 SETI 会议上，提出了一组方程解“德雷克方程”（Drake Equation），用于估测银河系中可能存在地外文明的星球数量是多少。

SETI 计划自开展以来，在科学界引起了广泛的争论。与萨根、德雷克以及莫里森等人在此事上的激进与乐观相比，以物理学家弗兰克·蒂普勒（Frank Tipler）为代表的另外一些科学家，对此则持审慎的保守态度。[2]

SETI 历经差不多十年，始终一无所获，20 世纪 70 年代，与 SETI 相对的另一种试图接触地外文明的实践手段——向地外文明发送信息，简称 METI（Message to the Extra Terrestrial Intelligence 的缩写），或又称“主动 SETI”（Active SETI），开始被提上日程。

METI 基于这样一个猜想之上：我们之所以还没有发现外星文明的踪迹，只是因为他们还不知晓人类的存在，因此，可通过向外太空发射定位无线电信号，告知地外文明人类存在的信息。到目前为止，较有影响的 METI 项目共实施了四次（见表 1）。

表 1　四次 METI 项目重要参数表

名称	阿雷西博信息（Arecibo Message）	宇宙呼唤 1999（Cosmic call 1999）	青少年信息（Teen Age Message）	宇宙呼唤 2003（Cosmic call 2003）
日期	1974 年 11 月 16 日	1999 年 7 月 1 日	2001 年 9 月 4 日	2003 年 7 月 6 日
国家	美　国	俄罗斯	俄罗斯	美国、俄罗斯、加拿大

① Cocconi G. and Morrison P., “Searching for Interstellar Communications”, *Nature*, 1959, 184: 844–846.

② Tipler F. J., “Extraterrestrial Intelligent Beings do not Exist”, *Q. JL R. Astr. Soc.*, 1980, 21: 267–281.

续表

名称	阿雷西博信息（Arecibo Message）	宇宙呼唤 1999（Cosmic call 1999）	青少年信息（Teen Age Message）	宇宙呼唤 2003（Cosmic call 2003）
发起者	德雷克、萨根等	萨特塞夫等	萨特塞夫等	萨特塞夫等
目标星体	球状星团 M13 Hercules	HD190363 Cygnus HD190464 Sagitta HD178428 Sagitta HD186408 Cygnus	HD 9512 Ursa Major HD 76151 Hydra HD 50692 Gemini HD 126053 Virgo HD 193664 Draco	Hip 4872 Cassiopeia HD 245409 Orion HD 75732 Cancer HD 10307 Andromeda HD 95128 Ursa Major
信息量	1679 比特	370967 比特	648220 比特	500472 比特
使用雷达	Arecibo	Evpatoria	Evpatoria	Evpatoria
决议次数	1 次	4 次	6 次	5 次
持续时间	发射 3 分钟	发射 960 分钟	发射 366 分钟	发射 900 分钟
发射功率	83 千焦耳	8640 千焦耳	2200 千焦耳	8100 千焦耳

二、METI 引发的严重争议

METI 自实施以来，在科学界也引起了颇多争议。1974 年 11 月 6 日，在第一个星际无线电信息通过阿雷西博雷达被送往球状星团 M13 后，这一年度的诺贝尔奖获得者、射电天文学家马丁·赖尔（Martin Ryle）随即发表一项反对声明，警告说："外太空的任何生物都有可能是充满恶意而又饥肠辘辘的……" 并呼吁颁布国际禁令，专门针对地球上那些妄图与地外生命建立联系和向其传送信号的任何企图。

赖尔的这项声明，随后得到了一些科学人士的声援，他们认为，

METI有可能是一项因少数人不计后果的好奇和偏执，而将为整个人类带来灭顶之灾的冒险行为。因为，人类目前并不清楚，地外文明是否都是仁慈的——或者说，对地球上的人类而言，即便真的和一个仁慈的地外文明进行了接触，也不一定会得到严肃的回应。在此种情形下，处于宇宙文明等级最低端的人类贸然向外太空发射信号，将会泄露自己在太空中的位置，从而招致那些有侵略性的文明的攻击。而且，地球上所发生的历史一再证明，当相对落后的文明遭遇另外一个先进文明的时候，几乎毫无例外，结果就是灾难。①

同样站在反对METI立场上的以写科幻而知名的科学家戴维·布林（David Brin），则颇具想象力地猜测说，人类之所以未能发现任何地外文明的踪迹——布林将其称为"大沉默"（great silence）②，有可能是因为一种还不为人类所知晓的危险，让其他所有宇宙文明保持沉默，而人类所实施的METI计划，无异于是宇宙丛林中的自杀性呼喊。在一篇文章中，布林提醒METI的支持者们：

> 如果高级地外智慧生命是如此大公无私……然而却仍然选择沉默……我们难道不应该考虑以他们为榜样，选择和他们一样的做法？至少稍稍观望一下吧？很有可能，他们沉默是因为他们知道一些我们不知道的事情。③

作为告诫，布林还引用了《二十二条军规》中主人公约翰·尤萨林（John Yossarian）上尉的一句话，来作为人类实施METI行为的写照：如果别人都在做同一件事，而我却在做另一件事，那我就成了一个白

---

① 对相关内容有代表性的讨论，见以下文章及书籍：
Anonymous, "Ambassador for Earth ... Is It Time for SETI to reach out to the stars?", *Nature*, 2006, 443: 606.
Michaud M.A.G., *Contact with Alien Civilizations: Our Hopes and Fears about Encountering Extraterrestrials*, New York: Copernicus Books, 2007.

② Brin D., "The Great Silence—The Controversy Concerning Extraterrestrial Intelligent Life", *Q. JL R. Astr. Soc.*, 1983, 24(3): 283–309.

③ Brin D., Shouting at the Cosmos...or How SETI has Taken a Worrisome Turn into Dangerous Territory?, http://www.davidbrin.com/shouldsetitransmit.html, 2006.

痴。对此，俄罗斯科学家亚历山大·萨特塞夫（Alexander Zaitsev）以揶揄的口吻调侃说，如果事情果真如此，SETI岂不应该是“Searching for Extra-Terrestrial Idiots”（搜索地外白痴）的缩写？[①] 而作为继阿雷西博信息之后三次METI项目的主要发起者和最积极的拥护者，萨特塞夫并不这样认为，他坚持，METI对人类而言，不仅不是一种冒险，而且还非常必要。

对METI可能会为人类带来灾难的看法，萨特塞夫反驳说，人类从外星文明那里获得的不是危险而是学问，有可能，外星文明会传授人类知识和智慧，把人类从自我毁灭，如核战争、生化战争或环境污染中，挽救过来。这种想法无疑是对几位SETI先驱所持观点的一种继承。物理学家弗兰克·蒂普勒（Frank Tipler）在发表于英国皇家天文学会杂志上的一篇文章中，历数了萨根、霍伊尔（Fred Hoyle）、德雷克等人类似的书面言论后，很尖锐地指责说，这些对地外文明持拥护态度的科学家，他们抱有的希望地外文明可以充当人类“救世主”的热情，已经到了带有“半宗教动机”（semi-religious motivation）的地步。[②]

而作为METI必要性的辩护理由，萨特塞夫对布林等人所呼吁的人类只需实施SETI而应禁止进行METI的做法，质问说，宣称应该在宇宙丛林中保持沉默的人类，如果自己都不乐意发出声响，又怎能问心无愧期望他的宇宙同伴们给出反应？这就是萨特塞夫著名的SETI悖论（SETI paradox）。[③] 换言之，从宇宙尺度上来考虑的话，如果没有一个宇宙文明认为有向其他文明发射信号的必要，那么SETI所实施的单向搜索其实毫无意义，它注定将永远一无所获。

不过，与此相对的另一种看法则认为，从地球辐射到太空中的无线电波，如自20世纪70年代以来就每天24小时不间断连续运行、担负

---

① Zaitsev A., “Searching for Extraterrestrial Idiots?” , http://www.setileague.org/editor/ idiots. htm, 2006-11-04.

② Tipler F. J., “Additional Remarks on Extraterrestrial Intelligence”, *Q. JL R. Astr. Soc.*, 1981, 22: 279-292.

③ Zaitsev A., The SETI Paradox, http://arxiv.org/ftp/physics/papers/0611/0611283.pdf, 2006-11-29.

着一些国家安全防御任务和作为星际冲撞预警体系的军方雷达系统，它们所发射出的无线电信号，已经让地球文明在宇宙中很醒目地暴露了其存在位置，地外智慧生命——如果他们的确存在的话，迟早都会发现这些信号。所以，对人类而言，现在保持沉默，为时已晚。[①]

但一些科学人士指出，这种观点作为支持METI的间接论据，尽管流传甚广，但并非如它表面看来那样具有说服力。因为，一般而言，军方雷达信号在几光年的范围内，就已消散到了星际噪声水平之下，很难被探测到。相较而言，通过大型射电天文望远镜发射的定位传输信号就不一样，它们的传输功率比前者强了好多个量级，要容易被捕获得多。

对此，萨特塞夫反驳说，泄露到外太空的雷达信号尽管已经减弱到不会被Ⅰ型文明探测到，但这并不意味着就不会被Ⅱ型或Ⅲ型这样的超级文明所捕获。[②] 所以，为了避免这些逐渐划过天区的辐射信号，被那些"星际入侵者"探测到，就有必要禁止所有和雷达探测有关的活动——而这种做法毫无疑问是不切合实际的。所以，从这个意义上而言，为了能被一些居住在母恒星附近年轻的Ⅰ型文明探测到地球信号，进行定位信号发射是必要的。[③]

三、圣马力诺标度

由于METI争论双方观点的相持不下：一种看法认为，所有从地球发送出去的信号，都会招致潜在的威胁；另一个极端的看法则认为，所有METI计划都是利大于弊的行为。2005年3月，在圣马力诺共和国举办的第六届宇宙太空和生命探测国际讨论会上，伊凡·艾尔玛（Iván Almár）提出了圣马力诺标度（The San Marino Scale），作为评估人类有

① Zaitsev A., Detection Probability of Terrestrial Radio Signals by a Hostile Super-civilization, http://arxiv.org/ftp/arxiv/papers/0804/0804.2754.pdf, 2008-04-17.

② 1965年，苏联物理学家卡尔达谢夫（N. S. Kardashev）在一篇文章中，提出了以能量利用率来判定宇宙文明等级的分类标准，将宇宙中的文明分为Ⅰ型、Ⅱ型和Ⅲ型，并很快在相关领域内被接受，后称为"卡尔达谢夫标度"（Kardashev scale）。

③ Zaitsev A., "Sending and Searching for Interstellar Messages", *Acta Astronautica*, 2008, 63(5–6): 614–617.

目的地向可能存在的地外文明发射信号，这种行为将会导致的危险程度的试用指标。[①] 艾尔玛认为，以上两种看法都存在缺陷，因为并非所有的信号发射行为，都能被不加区分地等量观之，在下结论之前，应对其产生的结果进行具体量化分析。

圣马力诺标度（SMI）主要基于两项参数的考虑：所发射信号的强度（I）和特征（C）（见表 2），用公式表示为：SMI=I+C。

表 2 圣马力诺标度表

信号强度（I）	I 数值	信号特征（C）	C 数值
I_{SOL}（太阳背景辐射强度）	0		
$-10^{*} I_{SOL}$	1	不含有任何信息的信号（如星际雷达信号）	1
$-100^{*} I_{SOL}$	2	发射给地外文明以被其接收为目的的稳定非定位信息	2
$-1000^{*} I_{SOL}$	3	为引起地外文明的天文学家注意，在预设时间向定位的单颗或多颗恒星发射的专门信号	3
$-10000^{*} I_{SOL}$	4	向地外文明发射的连续宽频信号	4
$\geqslant 100000^{*} I_{SOL}$	5	对来自地外文明的信号和信息进行回应（如果他们仍旧不知道我们的存在）	5

通过这种方式，从地球传送向其他星体的信号，所产生的 30 种可能结果，其危险程度可量化为 10 个等级（见表 3）。

表 3 用圣马力诺标度分析各类 METI 行为所导致的危险程度系数表

评估等级	10	9	8	7	6	5	4	3	2	1
潜在危险	极端	显著	很高	高	偏高	中	偏低	低微	低	无

在圣马力诺标度之前，伊凡·艾尔玛和吉尔·塔特（Jill Tarter）在 2000 年巴西里约热内卢召开的 SETI 常设研讨会上，曾提出一项专门针

① Almár I., “Quantifying Consequences Through Scales”, paper presented at the 6th World Symposium on the Exploration of Space and Life in the Universe, Republic of San Marino, March 2005. Shuch P. and Almár I., “Shouting in the Jungle: The SETI Tranmission Debate”, *Journal of the British Interplanetary Society*, 2007, 60: 142–146.

对 SETI 的里约标度（The Rio Scale）[①]，作为对人类从可能存在的地外文明那儿接收到的信号，其重要性程度进行评估的一项试用指标。

圣马力诺标度和里约标度使用的数学模型，与 1997 年由行星天文学家理查德·宾泽尔（Richard P. Binzel）提出的都灵标度（The Torino Scale，又称都灵危险系数）类似，都灵标度是试图对小行星和彗星对地球造成的危险程度进行量化分级的一项指标。[②] 而三种标度之所以能采用相同的数学方法，是因为在科学人士看来，人类接收到来自地外文明的信号，或是所发射的信号被地外文明接收到，与小行星和彗星撞击地球，三者同属极端低概率事件，是类似的。

四、"费米佯谬"及其解决方案

伴随着 METI 的进行，另一方面，从理论上来探讨"地外文明是否存在"的问题，也开始在科学界广泛展开。相关讨论后来常被称为"费米佯谬"及其解决方案。[③] 由于缺乏任何经得起推敲的证据，来证明地外文明存在或不存在，这使得"费米佯谬"成了一个极端开放的问题，从而引出各种解决方案。

对 METI 抱拒斥态度的科学人士，给出的一个重要理由是，外星文明有可能是满怀恶意的。关于这一点，众多科幻作品此前早已进行过各种描绘，《世界之战》（*World War*）、《火星人攻击地球》（*Mars Attack!*）、《异形》（*Alien*）和《独立日》（*Independent Day*）等作品，都属于这一类型中的代表之作。更值得一提的是，一些科幻小说家在

---

① Almár I., "The Consequences of a Discovery: Different Scenarios", *Progress in the Search for Extraterrestrial Life*, Astronomical Society of the Pacific Conference Series, 1995, 74: 499–505.
Almár I. and Tarter J., The Discovery of ETI as a High-Consequence, Low-Probability Event, Paper IAA–00–IAA.9.2.01, 51st International Astronautical Congress, Rio de Janeiro, Brazil, 2000–10–2–6.

② Binzel R. P., "A Near-Earth Object Hazard Index", *Ann. NY Acad. Sci.*, 1997, 822(1): 545–551.

③ 1950 年夏天，某日早餐后的闲谈中，费米的几位同事试图说服他相信外星生命的存在，最后费米随口说道："如果外星文明存在的话，它们早就应该出现了。"（If they exited, they'd be here.）由于费米的巨大声望，此话流传开后，一些人将其称为"费米佯谬"（Fermi Paradox）。

此基础上更进一步，除了创作出很好看的故事之外，还为“费米佯谬”提出了不同的解释。

科幻作家福瑞德·萨伯哈根（Fred Saberhagen）在他的科幻经典《狂暴战士》（*The Berserker*）系列中，设想了一种拥有智能的末日武器“狂暴战士”。这种武器在五万年前的一场星际战争中被遗留下来，由杀手舰队用智能机器装备而成，统一受控于一颗小行星基地，除了能自主进行自我复制外，被赋予的唯一指令是消灭宇宙中的所有有机生命。受《狂暴战士》故事的启发，对“费米佯谬”的一种很严肃的解释就认为，宇宙中可能遍布类似狂暴战士的攻击性极强的末日武器，阻挠或消灭了其他地外文明，而幸存下来的地外文明，则因为害怕引起它们的注意，从而不敢向外发射信号，这导致了人类无法搜索与之相关的信息。[①]

另外，中国科幻作家刘慈欣最近创作的科幻小说《三体》系列[②]，也提出了一种对“费米佯谬”较为精致的解释——“黑暗森林法则”。该法则是对前面布林猜想的一种很好的充实和扩展，它基于两条基本假定和两个基本概念之上。

两条基本假定是：（1）生存是文明的第一需要；（2）文明不断增长扩张，但宇宙中物质总量保持不变。两个基本概念是“猜疑链”和“技术爆炸”。“猜疑链”是由于宇宙中各文明之间无法进行即时有效的交流沟通而造成的，这使得任何一个文明都不可能信任别的文明（在我们熟悉的日常即时有效沟通中，即使一方上当受骗，也意味着“猜疑链”的截断）；“技术爆炸”是指文明中的技术随时都可能爆炸式地突破和发展，这使得对任何远方文明的技术水准都无法准确估计。

由于上述两条基本假定，因此只会得出这样的推论：宇宙中各文明必然处于资源的争夺中，而“猜疑链”和“技术爆炸”使得任何一个文明既无法相信其他文明的善意，也无法保证自己技术上的领先。所以宇

---

① Webb S., *If the Universe Is Teeming with Aliens, Where Is Everybody? Fifty Solutions to Fermi's Paradox and the Problem of Extraterrestrial Life*, New York: Praxis Book/Copernicus Books, 2002, pp. 111–113.

② 刘慈欣：《三体Ⅱ》，重庆出版社，2008年，第441—449页。

宙就是一片弱肉强食的黑暗森林。

在《三体Ⅱ》结尾处，作者借主人公罗辑之口明确说出了他对“费米佯谬”的解释：

> 宇宙就是一座黑暗森林，每个文明都是带枪的猎人，像幽灵般潜行于林间……他必须小心，因为林中到处都有与他一样潜行的猎人。如果他发现了别的生命……能做的只是一件事：开枪消灭之。在这片森林中，他人就是地狱，就是永恒的威胁，任何暴露自己存在的生命都将很快被消灭。这就是宇宙文明的图景，这就是对“费米佯谬”的解释。

而人类主动向外太空发送自己的信息，就成为黑暗森林中点了篝火还大叫“我在这儿”的傻孩子。

不过，无论是从萨伯哈根小说中衍生出的“狂暴战士”理论，还是刘慈欣的“黑暗森林法则”，作为“费米佯谬”的解决方案，都存在局限。因为，人类通过自己的行为模式所定义出的善、恶等思维方式，是否可套用于所有地外文明，这是一个很有异议的问题。譬如，波兰科幻作家斯坦尼斯拉姆·莱姆（Stanislaw Lem）对类似想法就不屑一顾——在某种意义上，他那部奇特而又令人费解的小说《索拉里斯星》（*Solaris*），正是与这种观点对抗的一项成果。

相较而言，萨特塞夫等人在后来的争论中，设想出的另一种解释要合理一些。他们认为，SETI 多年来一直没有搜索到任何来自其他宇宙文明的无线电信号，是因为宇宙中星体间距离非常遥远，无论是来自其他宇宙文明的雷达信号，还是从地球泄露出去的雷达信号，即便真能到达对方所在天区，但由于信号变得很微弱，也根本无法被探测到。[①]

① Zaitsev A., Sending and Searching for Interstellar Messages, 58th International Astronautical Congress, Hyderabad, India, 2007.09.24–28.

五、余论

应该注意到，有关 METI 的争论还是对科学界产生了影响的。

其中体现在卡尔·萨根身上尤为明显，尽管他本人于 1974 年主持了首个 METI 项目，但随后不久对 METI 的态度就发生了转变，在针对弗兰克·蒂普勒反驳《SETI 倡议书》的回应中，萨根特别强调：

> 作为银河系中最年轻的有潜在交流倾向的文明，我们应该监听而不是发射信号。比我们先进得多的其他宇宙文明，应该有更充足的能源和更先进的技术来进行信号发射；根据我们的长期计划，现在还不到花上许多世纪通过单向交流来进行星际对话的时候；一些人担忧，即便是把信号传送到最邻近的星体，也可能会“泄露我们（在宇宙中）的位置”（虽然民用电视和军方雷达系统也会导致这种情形发生）；况且，我们也还尚不明确有什么特别感兴趣的事情需要告知其他文明。综合以上这些原因，目前 SETI 的策略仍然是监听而不是向外太空发送信息，这一点似乎是和我们在宇宙中落后的身份相符的。①

此外，国际航天航空学会在 1989 年发布了一项针对 SETI 的《关于探寻地外智慧生命的行为准则声明》，其中第七款提到，只有在经过相关国际磋商后，才可对来自地外智慧生命的证据和信号做出回应。而随着 METI 计划的逐渐引人关注，1995 年，国际航天航空学会 SETI 委员会又提议了专门针对 METI 的《关于向地外智慧生命发送交流信号的行为准则声明草案 》，其中明确规定，在进行相关国际磋商之前，某个国家来单独决定或是几个国家间合作尝试，从地球向地外智慧生命传送信息，都是不被允许的。

不过，从实际情形来看，上述草案并未对 METI 计划起到真正实质性的约束作用。甚至就在近一段时间里，一些新的 METI 项目也正在被

① Sagan C., “SETI Petition”, *Science, New Series*, 1983, 220: 462.

上马实施。

2008年2月5日，美国国家宇航局在成立五十周年的纪念活动中，通过设在西班牙马德里的巨型天线，向北极星方向发送甲壳虫乐队多年前演唱的一首歌曲，《穿越宇宙》（*Across The Universe*）。而在刚过去的8月4日，英国RDF电视公司和著名社会网站Bebo又启动了一项新的METI合作计划——"地球呼唤"（Earth Call），他们邀请当代名人、政要，以及Bebo网站的1200多万用户，编辑有关"从新视角看待地球"的信息和图片，参与网络投票评选。至9月30日，届时将从中选出500条信息放入一个电子"时空舱"（Time Capsule），然后通过乌克兰RT-70巨型射电天文望远镜，发射送往于2007年4月刚发现的、距离地球20光年外的一颗类地行星Gliese 581C。

由于大众对地外生命话题的兴趣一向持久不衰，这两项METI计划自然也引来了媒体的广泛关注。英国《每日邮报》（*Daily Mail*）在事后随即辟出专栏，对其进行了报道评论。评论者对此种做法皆持否定态度，特别是对"地球呼唤"计划，尽管RDF电视公司宣称，这将是首次以民主的方式选择发向太空的信息，但还是招致了严厉的抨击。[①]

寻找地外文明通常被视为一个"科学技术问题"——尽管一些学者也已经开始从科学社会学角度来思考这一问题[②]，但占主流的仍然是前者。从前面关于METI的争论中不难看出，METI的支持者们其实有着一种"唯技术主义"思维倾向，所考虑的只是想尽办法要在技术上达到目的，但在达成目的后准备怎么办，却不事先想好。

人类主动向外太空定位发送的信号，被地外文明发现的可能性也许微乎其微，但一旦产生结果，其影响却十分巨大，这种影响势必波及人类社会的科学、文化、宗教以及哲学等方方面面。所以在寻找外星文

---

① Derbyshire D., "Will beaming songs into space lead to an alien invasion?", *Daily Mail*, 2008-02-07(6).
Hanlon M., "Why beaming messages to aliens in space could destroy our planet", *Daily Mail*, 2008-08-08(6).

② 较早从SSK角度对搜寻地外文明问题进行探讨的文章，参见：
Pinotti R., "Contact: Releasing the News", *Acta Astronautica*, 1990, 21(2): 109-115.
Pinotti R., "ETI, SETI and Today's Public Opinion", *Acta Astronautica*, 1992, 26 (3-4): 277-280.

明这件事上，更重要的问题应该是：万一真找到了外星文明，我们该怎么办？

我们认为，在尚未做好接触地外文明的准备之前，实施 METI 显然是非常危险的。

原载《上海交通大学学报》第 16 卷第 6 期（2008）

什么是未来世界最大的政治

——戴蒙德《崩溃：社会如何选择成败兴亡》序

近几年来，我对环境保护问题有了较多的关注，也逐渐有了进一步的认识和体会。2006年的一件事，给我印象尤为深刻。

那次我和一批北京学者，应邀前往我国西部某省一个著名考古发掘遗址做学术考察及研讨。那个省份以污染严重著称，在前往遗址的路上，整个天空晦暗阴沉，空气中烟尘弥漫。虽然我们被当地政府安排入住在市政府的宾馆——那在当地也算豪华的所在了，但是污染的空气并不会被宾馆高高的围墙所隔断，大家都感到呼吸道相当难受。

我当时就感叹：在空气污染面前，真是人人平等啊！你看，哪怕你是身家亿万的老板，还是当地政府的高官，在污染的环境中，你不是也得和当地老百姓一样受害吗？等到考察研讨结束，踏上回京旅途时，几乎所有北京来的学者都开始咽喉肿痛，大家在车上深有感触地说：我们在北京天天抱怨空气污染，和这里一比，北京真是空气清新呢！

这样一次本来是再平常不过的学术旅行，事后细想起来，却竟然与许多重大问题发生了联系——从象征的意义上来说，它简直就是当今世界环境问题的一个缩影。

现在有一个相当有力的说法——“有限地球时代”。其实我们人类从来、从一开始就是处在有限地球时代，只是我们直到很晚的时候自己才意识到这一点。

所谓有限地球时代，意思是说，地球上的资源是有限的；还有一个平行的说法是：地球净化、容忍污染的能力是有限的。

这两个“有限”，在今天早已成为普遍的常识，可是在唯科学主义的信念——相信科学早晚可以解决一切问题——之下，这个常识竟然可以在一定程度上被遮蔽。当工厂烟囱中喷出的黑烟被政治诗人歌颂为“黑色的牡丹”时，当及时节制生育的建议被斥为“资产阶级”的谬论时，这个常识就被遮蔽了。取而代之的，是所谓“人定胜天”的盲目信念，是对大自然的疯狂征服和榨取。

在这样的信念之下，地球上的资源，地球净化、容忍污染的能力，似乎都已经被假想为无限的。即便在理性的层面没有否认其有限性，但这两个极限也被推到了无穷远处——在眼下就可以先当作无限来尽情榨取。

在工业文明到来之前，人类在思想中将上述两个极限推到无穷远处，确实是情有可原的，因为那时地球上还有大片的处女地未被开垦，在人类居住的土地上，低下的生产力造成的污染和今天相比也还极为有限。

但是工业文明和现代科学技术一旦出现，就显示出惊人的加速度。以人类历史的大时间尺度来看，几乎是转瞬之间，那两个遥远的极限就猝不及防地来到了我们面前！

所以，1962 年，当蕾切尔·卡森用她的《寂静的春天》（*Silent Spring*）一书，来强烈警告地球容忍污染的极限时，不啻“旷野中的一声呼喊”（美国前副总统戈尔对此书的评价）。全球范围的环境保护运动，可以说就是发端于此书。

《寂静的春天》出版之后两年，在药业公司利益集团的诅咒声中，发出“旷野中的一声呼喊”的卡森死于癌症（1964）。出版之后六年，著名的“罗马俱乐部”成立（1968）。出版之后十年，罗马俱乐部出版第一部报告，题目就是“增长的极限”（*The Limits to Growth*，1972）。环境保护和“有限地球”的观念，由此日益深入人心，最终汇成全球性的运动。

在中国，最初我们曾经认为，“环境污染”是资本主义国家才有的问题，和我们毫无关系。后来我们当然被现实所教育，知道这是谁也避免不了的问题，而且有些资本主义国家在这方面已经走在我们前面了。

但是，我们中的许多人还想当然地将环境保护问题理解成一个科学技术问题，以为只要进一步发展治理污染的技术，就可以逐步解决问题。那种“先发展致富，再治理污染”的想法，很大程度上也是依赖上述信念的。

但是事实上，今天的环境保护问题，首先不是一个科学技术问题，甚至几乎就不是科学技术问题。

在这个问题上，贾雷德·戴蒙德的这本《崩溃：社会如何选择成败兴亡》，对于我们就显得非常有意义了。

十年前，贾雷德·戴蒙德写了《枪炮、病菌与钢铁——人类社会的命运》（*Guns, Germs, and Steel: The Fates of Human Societies*, 1997）一书，在那本书里他试图探讨“人类史作为一门科学”的可能性。如果说他当时的这种意图还有一些唯科学主义色彩的话——尽管他是在更为广泛的意义上使用“科学”这个词的，那么在《崩溃》的结尾部分，他竟然已经明确地宣告：“我们不需要科学技术来解决问题！”——他的理由是：“虽然新科技可能会有所作为，但大部分问题，只是需要政治力量来实施已有的解决方案。”

唯科学主义有一句名言：“科学技术带来的问题只能靠进一步发展科学技术来解决。”套用到环保问题上，因为假定了环境污染是科学技术带来的，所以当然就成为“科学技术带来的环境污染只能靠进一步发展科学技术来解决”。但是事实上这个说法大谬不然。其谬有两个方面：

一、环境问题不是靠进一步发展科学技术就能解决的；

二、环境污染归根结底也不是科学技术带来的。

《崩溃：社会如何选择成败兴亡》全书正文分成四个部分。

第一部分“现代蒙大拿”，基本上只是一个引子，类似中国明清时代小说中的“楔子”。他在《枪炮、病菌与钢铁》中的“前言：耶利的问题”基本上也是如此。

第二部分“过去社会”，首先考察了历史上几个社会的崩溃，包括复活节岛、皮特凯恩和汉德森岛、阿纳萨兹人、玛雅人、维京人。一个基本的结论是：这些社会之所以会崩溃，主要原因就是环境恶化了——主要是当地可利用的资源耗竭了。当时那些社会中自然没有今天的科学技术（否则可以开发利用更多的资源），也没有全球化（否则可以从别处夺取资源），和今天的发达国家相比，维持其社会和生活方式的能力太弱，所以早早崩溃了。

这一部分的最后一章（第九章）讨论了新几内亚、日本等成功的案例。这从另一方面支持了前面七章的结论，即“环境恶化导致社会崩溃”。这一结论对于全书的观点来说，是至关重要的一个环节。

第三部分“现代社会”，讨论了四桩个案：卢旺达的种族屠杀、多米尼加共和国与海地的对比、中国、澳大利亚。

作为中国读者，很自然首先会对“中国：摇摆不定的巨人”这一章发生兴趣。本书原版出版于2005年，所以书中已经包括了中国近几年的情况和数据。更重要的是，由于中国如今是第三世界中全力奔向发达社会的领头羊，具有特殊的代表意义，所以作者的主要论点在本章中得到了充分阐述。

贾雷德·戴蒙德在本章中花费了大量篇幅谈论中国的资源短缺和环境污染，有时难免有危言耸听之嫌。不过至少从定性的角度来看，他的下述两个观点都是能够成立的：

第一，中国的资源短缺和环境污染问题，一定是世界性的问题。理由很简单：中国地方那么大，人口那么多，中国的资源短缺和环境污染必然影响到全世界；

第二，如果全体中国人民也想过上如今第一世界人民过着的生活——这种生活被贾雷德·戴蒙德称为是“穷奢极欲”的，那恐怕地球就会供养不起。

贾雷德·戴蒙德强调，人类对地球环境的影响，在数量上由两个数值相乘而得，即：

人口数 × 人均环境影响

其中后一个值“人均环境影响”在发达国家和第三世界之间有着巨大差异，越是发达国家，越是现代化的生活，耗费的资源就越多，造成的环境污染也越厉害，所以“人均环境影响”值就越大。

全体中国人民都要过上如今美国人民所过的生活，地球到底供养得起与否，这当然牵涉到数值的具体估计或推算，或许可以讨论商榷，但是作者往后的推论基本上不会有问题：“如果中国和其他第三世界的国家，以及当前第一世界国家，都过着穷奢极欲的生活，地球必定无法承受。”

至于他将中国称为“摇摆不定的巨人”，则是因为他认为中国几千年来一直有着中央集权的传统，这种传统既可以因为皇帝的一声令下而戛然终止郑和的七下西洋，也可以因为政府的强有力政策而广泛推行计划生育（他对这一点佩服之情溢于言表）。他“一边为中国的种种环境破坏问题忧心忡忡，一边又为政府正在大力施行的环境补救措施而欣喜若狂”，他表示相信：

> 如果中国政府将解决环境问题的重要性置于人口增长问题之上，以执行计划生育政策的魄力和效率来实施环境保护政策，那么中国的将来必定光辉灿烂。

为什么环保问题不是科学技术问题而是政治问题呢？这成为本书第四部分“实践教训”中重点论述的问题。

贾雷德·戴蒙德知道：“如果告诉中国，不要向往第一世界国家的生活水平，中国当然不能容忍这种态度。”但是你要第一世界国家人民放弃他们如今的生活水平，他们当然也不能容忍。而大家都过上“穷奢极欲”的生活呢？地球又不能容忍。这样一来，环境问题、资源问题、发展问题，自然就成为未来最大的政治问题了。

这里必须对我们经常见到或谈论的“污染治理”概念作一个重要的澄清。

不错，曾经乌黑发臭的泰晤士河后来又流水清清、游鱼可见了，这经常被说成是“污染治理”的成果，也使得那些主张“先发展致富，再治理污染”的人感到有了信心。但问题是，污染究竟是怎样被“治理”的？如果只是通过产业转移，将污染的工厂从泰晤士河边搬迁到第三世界的某一条河边，以邻为壑，将污染转移到别人那里，从整个地球的角度来看，污染还是同样的污染，这算什么“治理”？

不幸的是，第一世界的许多污染都是这样“治理”的。实际上经常发生的是，污染从第一世界转移到第三世界，从发达地区转移到不发达地区。后者为了快速脱贫致富，还往往乐于接受这种转移。因为从表面看，这种转移既引进了外资，又带来了“高新技术”，产品又能外销创汇，似乎很有好处。

在这个问题上，谈论道德也无济于事。资本要追求利润最大化，在本土真正治理污染，或将污染产业转移到乐于接受它们的不发达地区，哪个成本更小，人们就会选择哪个。我们不可能通过讲道德来说服“资本的意志”去选择成本高的那个。

由此我们就不难知道，环境污染问题，归根结底，是因为有一部分人抢先过上了穷奢极欲的生活而带来的。

于是在这个问题上，解决的办法只能是各方利益的残酷博弈，谁手里的牌更大，谁出牌更精明，谁就更能趋利避害。事情说到底就是如此而已，这不就成为赤裸裸的政治了吗？

贾雷德·戴蒙德希望第一世界的人们能够认识到，即使你们现在还可以向第三世界转移污染，但终究会有无法继续转移的那一天：“要第一世界居民降低他们对地球环境的影响，在政治上不可能实现。然而，依照目前的情况，继续冲击环境，更是不可能。”即使第三世界不反抗（这实际上肯定是不可能的），地球承受污染的极限也很快就要到了。

就像这篇序言开头我提到的那个污染严重的省份，随着空气污染的日益加剧，有害的空气必然要越来越多地飘向四周，并且逐渐到达越来越远的地方——直到那些向第三世界转移污染产业的第一世界的富人庄园上空。

这就是我那次学术旅行中的故事的象征意义。

虽然贾雷德·戴蒙德给他自己定位为“谨慎的乐观派”，但是他下面这段话还是充满了悲观的气氛：

> 由于当前的人类社会采取的是不可持续发展的生活方式，不管用何种方法，世界的环境问题都必须在今天的儿童和青年的有生之年得到解决。唯一的问题在于，是以我们自愿选择的愉快的方式来解决，还是以不得不接受的不愉快的方式来解决，如战争、种族屠

杀、饥荒、传染病和社会崩溃等。

这就是我们面对的现实。

2008年3月9日

于上海交通大学科学史系

原载2008年4月17日《南方周末》

二〇〇九

［**纪事**］近几年来，我多次为高校师生、国企高管、政府官员作过题为“误导与重构”的讲座，主旨是以新的眼光重新审视科学，指出我们先前对科学的一些想当然的误解，并由此重构一幅更符合当下现实的科学图像。这些讲座并没有激进的后现代内容，只是从常识和简单的逻辑出发，进行了一些新的思考。最初我曾担心讲座中某些听起来“离经叛道”的论点会使听众理解有困难，或产生抵触情绪，但事实上效果却非常好，许多听众表示：这对他们“思想上产生了很强的震撼”，他们“以前从来没有这样思考过”。

系于本年的文章，就是上述讲座的精简版。

科学的三大误导

在我们的日常生活和工作中，很多文科学者对科学非常崇拜，而真正行走在科学前沿的人，他们是知道科学有局限性的，他们也知道，我们平常对公众构造出来的科学图像，比方说科学是非常精密的，它是纯粹客观的，等等，那只是教科书构造出来的。那些在前沿做得比较深入的、成就比较高的科学家，他们完全知道自己在实验室里是怎么回事，所以他们也知道绝对的精确也是不存在的，还有很多所谓的客观的东西，其实也没有我们想象的那样客观。结果就会产生这样的现象：我下面要讲的某些观点，有时反而在搞前沿的科学家那里是容易被接受的。

文人面对科学有时会有自卑心理，因为他们自己确实对数字之类的东西感到厌倦，看到公式也感到厌倦。当年霍金写《时间简史》，他的出版商对他说："书中每放一个公式，你的书销量就减半"——连 $E=mc^2$ 这样的公式也不例外。但是在第二版的《时间简史》里，霍金把这句话删掉了，因为他的《时间简史》实在太畅销了，他现在往里面放公式也不会减半（尽管如此他还是推出了《时间简史》的普及版）。但是对于其他的人来说，霍金出版商的话基本上是对的。

这是一方面的情形，另一方面，长期的教育也让我们对科学非常崇拜，结果就会出现下面的情形——这是真实的事情，理工科的和文科的教授在学校的会议上吵起来的时候，那个理工科的教授盛气凌人地说：你有什么了不起啊，你写的论文我都能看懂，我的论文你能看懂吗？文科教授一想是啊，他的论文里有那么多公式，我看不懂啊。理工科教授觉得，你那点文学历史什么的我也能看懂。实际上，这种傲慢是没有道理的，要是弄一段古文，文科教授也同样能让理工科教授看不懂。

有一位很有名的院士，他经常攻击中国传统文化。有一天他在他住的小区里拦住了另一位著名学者，说某某啊，你说，《周易》它是不是伪科学？是不是糟粕？它阻碍我们科学的发展嘛。那位学者和这位院士都是同一个学校出身的，他回答说：我们的校训"厚德载物，自强不息"就是从《易经》里来的，你看怎么样啊？这位学者很机智，他当然不赞成这位院士惯常的唯科学主义观点，但他巧妙地利用了两人正好是同一个母校，又用母校的校训去回击院士，使得院士不知说什么好。

所以，实际上学文的和学理工的本来都有一些让对方看不懂的东西，那么为什么学理工的就可以这么傲慢，而学文科的就经常要自卑呢？这种自卑本来是没有必要的。

但是，这种自卑确实是有原因的，我们从小受的教育里有三大误导。这些误导有的人不会直接地赤裸裸地说出来，但在他们思想深处确实是这么想的。笔者自己是学天体物理专业出身，很长时间里，这三大误导在笔者身上都有，但是研究了一段科学史之后，就发现不是那么一回事了。

一、第一个误导：科学等于正确

很多人都会想当然地认为，科学当然等于正确啊。在平常的语境里，我们称赞某一个东西的时候，经常说这个东西“很科学”，在这样的语境中，科学当然被我们假定它就等于正确。

但是只要稍微思考一下，我们就知道科学不等于正确。

因为科学是在不断发展进步的，进步的时候肯定就把前面的东西否定掉了，前面那些被否定掉了的东西，今天就被认为不正确。比如，我们以前认为地球在当中，太阳围着地球转，后来我们知道是地球绕着太阳转，再往后我们又知道太阳也不是宇宙的中心，我们还知道地球绕日运行也不是圆周运动而是一个椭圆，再后来我们又知道椭圆也不是精确的椭圆，它还有很多摄动，如此等等。由于科学还在发展，所以你也不能保证今天的科学结论就是对客观世界的终极描述，任何一个有理性的人都知道这不是终级描述。以后科学还要再发展，未来的结论中我们今天的认识又不对了，或者退化为一个特例——比如牛顿力学退化为相对论效应非常小的情况下的特例等。旧的结论总是被新的结论取代，那么那些被取代的东西，它们是不是还算科学呢?

当初笔者提出“科学不等于正确”的时候，遭到了很多人的反驳，其中一种反驳的路径是，要求把被今天的科学结论取代了的部分从科学中拿出去，所以说托勒密的天文学现在就不是科学，因为它不正确。但是如果遵循这种路径，那么哥白尼也不正确，也不是科学；牛顿也不正确，也不是科学。为了保证自己逻辑自洽，一旦你宣称托勒密不是科学，你就必然宣称哥白尼、牛顿、开普勒、伽利略等都不是科学——只要有一点今天认为不正确的东西，它就不是科学。那么科学还剩下什么？就剩下爱因斯坦勉强站在那里，但是谁知道呢，说不定哪天又有一个新发现，爱因斯坦又不正确了，那么他又被从科学殿堂里踢出去了。

要是这样的话，科学就将不再拥有它自身的历史，科学就只存在于当下这一瞬，此前一秒钟的都不是科学，这样的话就整个否定了科学自身的历史。所以这个路径是走不通的。

我们当然要承认以前的东西是科学，我们判断一个东西是不是科学，主要不是看它的结论正确与否，而是看它所采用的方法，和它在当时所能得到的验证。用一个通俗的比方，就好比是做作业：老师布置了10道作业，你做错了3道，做对了7道，你把作业交上去，老师得承认你完成了作业，老师不能说你只完成了70%的作业，还有3道题目不是作业。做错了的题目还是作业，被我们放弃了的理论和结论仍然是科学，这个道理是一样的，它们的科学资格不能被剥夺。

那么下面这个说法就也能够成立："正确对于科学既不充分也非必要。"这个说法是北大的刘华杰教授想出来的，就是说有一些不正确的东西它是科学，还有一些肯定正确的东西它不是科学。这很容易举例，比方说今天晚上可能下雨也可能不下雨，这样的话就肯定是正确的，但没有人会承认这是科学，所以很多正确的废话都不是科学。

二、哥白尼学说胜利的例子

我们还要看一下哥白尼学说胜利的例子。这个例子说明：某一种理论被我们接受，并不一定是因为它正确。

我们以前被灌输进来的一个图像是这样的：科学是对客观世界的反映，一旦客观世界的规律被我们掌握，我们就能描述这个世界，我们甚至还能够改造它。认为科学的胜利就是因为它正确，它向我们展现一个又一个正确的事例，最后我们就接受它。

但是，实际上我们考察科学史的例子就能看到，在很多情况下，科学不是因为它正确才胜利的。这个哥白尼的事例是许多科学哲学家都分析过的——当年库恩等人在哥白尼身上花了很大工夫，拉卡托斯也是这样，因为这个例子很丰富，从中可以看出很多东西来。

哥白尼提出他的日心学说，为什么很长时间欧洲的科学家都不接受呢？这是因为他的学说有一个致命弱点——人们观测不出恒星的周年视差。而从日心学说的逻辑上说，恒星周年视差一定是存在的，哥白尼的辩解是它太小，我们观测不到。这个辩解是正确的，因为在那个时代还没有望远镜，观测仪器确实观测不到。后来直到1838年，贝塞尔（Bessel）才第一次观测到了一颗恒星（天鹅座61）的周年视差。因为那时候望远镜都已经造得很大了，才终于观测到了。

按照我们以前关于正确的图像，显然哥白尼学说要到 1838 年才能够被学者们接受，因为在此之前他的理论有一个致命的检验始终不能证实，我们就没有理由相信这个学说。然而事实上哥白尼学说很早就胜利了，比如开普勒、伽利略都很早就接受了哥白尼学说。为什么他们会接受它呢？在当这个学说还没有呈现出我们今天意义上的所谓“正确”的结果来时，为什么它已经胜利了呢？

现在库恩等人考证，这是因为新柏拉图主义。哥白尼也好，开普勒也好，这些人都信奉哲学上的新柏拉图主义——在这种哲学学说里，太阳被认为是宇宙中至高无上的东西。因此他们出于这种哲学思潮的影响，不等哥白尼被证实为正确，就已经接受它了。

这个例子确实可以说明，科学和正确的关系远远不像我们想象的那么简单，一些东西也并不是因为它正确才被接受的。这个事实可以直接过渡到后来 SSK 理论中的社会建构学说，实际上伽利略等人接受哥白尼学说就是在进行社会建构——用他们的影响、他们的权威来替这个学说作担保：虽然还没有验证它，但我向你们担保它肯定正确。

三、第二个误导：科学技术能够解决一切问题

很多唯科学主义者辩解说，我什么时候说科学技术可以解决一切问题啊？我从来没这样说过啊。但是他其实是相信的，我们当中的很多人也相信这一点。我们最多退一步说，只要给我们足够长的时间，科学技术就能解决一切问题。我们承认今天还有一些科学还没有解决的问题，但是它明天可以解决，如果明天它没有解决，那么后天它可以解决，后天它还不能解决，也不要紧，它将来一定可以解决。这是一种信念，因为科学已经给我们带来了那么多的物质上的成就，以至于我们相信它可以解决一切问题——只要有足够的时间。

这个说法也可以换一种表述，说科学可以解释一切事情：只要给我足够长的时间，我就可以解释这个世界上的一切。这和可以解决一切问题实际上是一样的。

归根到底，这只是一个唯科学主义的信念。这个信念本来是不可能得到验证的，实际也从来没有被验证过。但是更严重的问题是，这个信念是有害的。

因为这个信念直接引导到某些荒谬的结论，比方说已经被我们抛弃了的计划经济，就是这个信念的直接产物。计划经济说，我们可以知道这个社会的全部需求，我们还能知道我们这个社会的全部供给，我们科学计算了需求和供给的关系，我们就能让这个社会的财富充分涌流，它既不浪费，也不短缺——以前搞计划经济的人的理论基础就是这样的。结果当然大家都知道了，计划经济给我们带来的是贫困，是落后。今天我们中国经济这么发展，不是计划经济的结果，是抛弃了计划经济的结果。

阐述唯科学主义和计划经济关系的著作，最好的就是哈耶克的《科学的反革命——理性滥用之研究》。半个多世纪前，那时理性滥用还远没有今天这么严重，但那时他就有先见之明，而且对于唯科学主义会怎样导致计划经济，再进而导致政治上的专制集权等，他已经都根据苏联的材料非常准确地预言了。

四、第三个误导：科学是至高无上的知识体系

这第三个误导我相信很多人也是同意的。“科学是一个至高无上的知识体系”，笔者以前也是这样想的。因为这和科学能够解决一切问题的信念是类似的——它基本上是建立在一个归纳推理上：因为科学已经取得了很多很多的成就，所以我们根据归纳相信它可以取得更多的成就，以至于无穷多的成就。

科学哲学早已表明，归纳推理是一个在逻辑上无法得到证明的推理，尽管在日常生活中我们不得不使用它，但是我们知道它并不能提供一个完备的证明。因此，科学即使解决了很多很多的问题，在现有的阶段得分非常地高，这并不能保证它永远如此。况且这个得分的高低，涉及评分的标准，其他的学说、其他的知识体系的价值怎么评价，都是可以讨论的问题，并不是由谁宣布一个标准，大家就都要照着做。

那么，为什么相信科学是至高无上的知识体系呢？

除了类似于科学能解决一切问题这样的归纳推理之外，它还有一个道德上的问题。

因为我们以前还描绘了另外一个图景，我们把科学家描绘成道德高尚的人。他们只知道为人类奉献，他们自己都是生活清贫，克己奉公，他们身上集中着很多的美德。但是现在大家都知道，科学家也是人嘛，也有七情六欲，也有利益诉求。

为了维护上述图像，又有人宣称：科学共同体即使有问题，公众也没有资格质疑，因为你们不懂，你们不专业，而我们是既专业又道德高尚的，所以即使我们犯了错误，我们自己可以纠正，用不着你们来插手，也用不着你们来插嘴——这样的一种想法以前是很流行的，它也属于那种没有直接说出来过，但是被许多人默认的。

五、公众是否有权质疑科学？

说到公众质疑科学的问题，有一个很好的例子。

好多年前，现在的上市公司宝钢股份当年刚刚建设的时候，著名越剧演员袁雪芬当时在两会上提出质疑，说宝钢这个项目的建设合不合理？有没有必要？结果媒体上就出现了很多嘲笑的声音，说一个越剧演员，她根本不懂钢铁的冶炼、矿石的运输、电力的要求等，她整个都不专业啊，她凭什么来质疑宝钢建设是不是合理？现在我们重新来评价这件事情，我们认为袁雪芬一点都不可笑，即使她不懂，也可以质疑。

为什么不懂也可以质疑？因为你有这个权利。

因为今天的科学是用纳税人的钱供奉起来的，你是纳税人之一，因此你已经获得了这个权利，即使你不懂，你以一个外行的思路去质疑了，你也许很可笑，但是人们不应该嘲笑你，而科学家则有义务向你解释。所以今天我们说，那个宝钢工程的决策者，有义务向袁雪芬解释，我们设计这样一个企业是合理的，来说服袁雪芬，使她的疑惑冰释。当然我们今天看到，宝钢是一个相当成功的企业，可以说当年的决策是对的，但是袁雪芬当时要质疑，她也是对的，因为她有这个权利。作为“两会”的民意代表，她还有义务。

当科学没有拿纳税人的钱来供养，纯粹是科学家个人的业余爱好的时候，可以拒绝人们的质疑，那时科学家没有义务来回答这种质疑。比如爱因斯坦研究相对论的时候，纯粹是他的业余活动。按今天的标准，他甚至就像一个“民科”，他只不过是个小职员，业余有兴趣，他那时没有拿过任何纳税人的钱。等后来他到普林斯顿，被美国供养的时候，那他就拿了纳税人的钱了。但先前他纯粹是个人爱好，一个纯粹个人的行为，当然可以拒绝别人的质疑，也没有义务去回答——当然你有兴趣回答也很好，但是你可以不回答。现在科学都是拿纳税人的钱供养的，所以科学共同体有义务回答公众的质疑。

六、科学带来的问题，只能靠科学解决吗？

“科学带来的问题，只能靠科学来解决”，这也是我们很常见的一句话。当那些环保人士指出科学技术的发展和应用带来了环境的破坏，或者带来了很多其他的问题——比如互联网带来了心灵的疏离，电脑游戏带来了年轻人的病态，等等。科学主义的解释是：就算我承认这些东西是我带来的，这也只能靠我进一步发展来解决，你也甭想通过指出这些问题来向我泼什么脏水。

“好的归科学，坏的归魔鬼”，这个表达是北京师范大学的田松博士想出来的。在日常生活中，我们就是这样做的。因为我们已经把科学想象成一个至高无上的知识体系，所以每当看到科学带来的成就，或者我们看到某一个事情有好的结果，或者说它到现在为止呈现为好的结果的时候，如果它自己宣称它是因为科学而得到的，那么我们立刻把它记在科学的功劳簿上，说这是科学本身带来的福祉；而如果在哪件事情上科学技术带来了不好的结果（比如最近三聚氰胺带来的毒奶粉），我们立即把它分离出去，说这是某些坏人滥用了它的结果，科学技术本身是没有害处的。

所以“好的归科学，坏的归魔鬼”这种思路，确保了科学技术本身在任何情况下都不会受到质疑。

在这个基础上，当科学技术带来了问题，它就可以说：只有进一步让我发展才能解决。这听起来似乎也很合理，而且我们在很多情况下也不得不如此，我们被迫接受这种局面。但我们必须认识到，这个论证是有问题的。

有一个比较世俗化的比喻，这就和某些人的炒股类似：一个炒股的人做一单输掉了，他说我还要接着做，我要反败为胜；如果做一单赢了，他说我还要接着做，我要再接再厉。于是不管他做输还是做赢，总是成为他做下一单的理由。同样地，不管科学技术给我们带来了好的东西还是坏的东西，总是能成为让它进一步发展的理由。

我们应该想想，这样的局面是不是有问题？

比如，我们在电视上天天都能看到广告，什么减肥、补脑、美容等，所有这些广告，都要强调它是“科学”的，实际上公众通常不会参与对这些广告产品的科学性验证，事实上你也不可能去参与。实际上它们只是利用了公众对科学的迷信和崇拜，目的是完成资本的增殖。又如，关于各种各样的疾病的定义，很多都受到跨国大药品公司的影响，它们通过媒体把某种东西说成病，使得大家买更多的药品，这些实际上都是在利用科学来敛财。

科学技术现在已走向了产业化，它实际上也已变成了一个利益共同体。

这个利益共同体可以利用大家对科学技术的迷信，为它自己谋利益。最典型的例子就是要上大工程的时候。你在媒体上听见的，都是赞成的言论。政府的决策者想听听各方面意见时，即使让环保人士也发表了意见，但是最后他会觉得工程技术共同体的言论权重大，因为“专业”啊。

实际上，这就像西方学者所追问的：科学有没有无限的犯错权？这个共同体做了决策，得了大单，过了几年，结果根本没有他们最初承诺的那么好，这时这个共同体会承担责任吗？不会，因为科学技术带来的问题只能用进一步发展科学来解决，它站在一个稳赚不赔的立场上，它总是有道理的，它可以无限犯错误。如果我们都长期接受这种逻辑的话，后果可能不堪设想。

七、客观的科学与客观的历史

我们以前都相信有一个客观的科学，因为有一个客观的外部世界嘛，这个世界的规律被科学揭示出来，规律早就存在，它是不以人的意志为转移的，它在外面存在着，只是被我们发现了而已，所以它本身的客观性是完全不能质疑的。

但是这几十年流行的SSK——科学知识社会学，就是要强调这些知识有很多都是社会建构的。“社会建构”用我们中国人最直白的话说，就是“少数人在小房间里商量出来的”，它不是真的那么客观的东西，那个纯粹客观的东西到底有没有是可以存疑的，即使我们承认它有，我们是不是能知道它，也是有问题的。我们只能在经验的程度上，在经验的意义上，说我们可以知道这个东西。

历史的客观性与此类似，而且更容易理解。任何一个历史的事件，我们今天靠什么来知道呢？无非是靠留下来的文献，或地下发掘出的文物，或某些当事人留下的访谈——所谓的口述历史，这些东西没有一个是完备的，很多事情实际上都是由后人建构的。当然，谁的建构相对更合理，这还是可以比较的。

古代中国人在这个问题上倒是比较宽容，我们古人并不强调历史的真实性，我们强调的是用历史来教化后人，所以适度的建构是完全允许的。历史上一些著名的事例，比如“在齐太史简，在晋董狐笔”，其实恰恰是将“教化”置于至高无上地位的例子（篇幅所限只能另文讨论了）。

实际上，说客观的科学，它在某种程度上和客观的历史是类似的，它们都只是一个信念。这个信念是没办法验证的。我们可以保留这样一个信念，但是我们要知道它只是一个信念而已。

八、我们应有的态度

20世纪50年代，斯诺作过两个著名的演讲。斯诺自己原来是学理工科的，后来又在文科中混，所以他觉得他文理都知道。他有一个演讲《两种文化》，中译本有好几个了。他那时候觉得科学技术的地位还不够高，因为学文科的那些人还有某种知识上的优越感，所以他要给科学技术争名位。到了今天，情况完全变了，钟摆早就摆到另一端了，如果斯诺活在今天的话，他就要作另一个演讲了，他要倒过来给文科争名位了，因为如今在世界范围内人文学科都受到了很强的排挤。

实际上文和理之间，斯诺的诉求还是对的，这两者要交融，要多元和宽容，谁也不是至高至善的，大家都有平等的地位。

那么这个多元和宽容，意味着什么呢？

宽容可以是这样：即使我自己相信科学，我也可以宽容别人对科学的不相信。科学到目前为止仍然是一个非常好的工具。所以我们肯定在很多事情上要用科学来解决，但是那些科学不能解决的问题，我们还是要求诸别的东西。

所谓宽容，是说你自己可以有自己的立场，但是你不把这个立场强加于人；宽容就是要宽容和自己信念冲突的东西。这和你坚持自己的立场，和你自己恪守某些道德原则，并不是必然冲突的。

2007 年有一个《关于科学理念的宣言》(下称《宣言》)，是“中国科学院”和“中国科学院院部主席团”联名在报纸上公开发表的。这个历史文献的重要性，很可能还没有被充分估计和阐述，所以值得在这里特别提出。

这个文献里特别提到“避免把科学知识凌驾于其他知识之上”——这个提法是国内以前从来没有过的。因为我们以前都认为科学是最好的、至高无上的知识体系，所以它理应凌驾于别的知识体系之上。但是现在《宣言》明确地否定了这一点。

另外，《宣言》强调，要从社会伦理和法律层面规范科学行为，这就离开了我们以前把科学想象为一个至善至美事物的图像。我们以前认为科学是绝对美好的，一个绝对美好的东西，根本不需要什么东西去规范它，它也不存在被滥用的问题。绝对美好的东西只会带来越来越多美好的后果。所有存在着滥用问题的、需要规范的东西，肯定不是至善至美的东西。所以这种提法意味着对科学的全新认识。

《宣言》中甚至包含着这样的细节：要求科学家评估自己的研究对社会是不是有害，如果有害的话，要向有关部门通报，并且要主动停止自己的研究，这就等于承认科学研究是有禁区的。这也是以前从未得到公开认同的。

这个《关于科学理念的宣言》，是院士们集体通过的，所以它完全可以代表中国科学界的高层。这个文件表明：中国科学界高层对国际上的先进理念是大胆接受的。

原载2009年2月26日《文汇报》
《新华文摘》2009年第9期全文转载

二〇一〇

[**纪事**] 我发表影评，到本年已经是第八个年头了。经过初期的几次尝试之后，我将评论的影片集中在科幻类。我写过时间最长的一个影评专栏是《中华读书报》上的“幻影2004”，持续了数年之久，就全是科幻影评。因为我发现几乎所有的科幻影评都无法让我满意——它们通常都是由所谓“专业人士”撰写的。而在中国，一个能够被认可为电影方面的“专业人士”，就不可能是曾经受过严格正规科学教育的，所以他们评论别的所有类型的电影都可以游刃有余、出色当行，但是一评论科幻电影就难免隔靴搔痒、捉襟见肘了。

我开始发表影评的时候，恰好也是我开始从一个科学主义者“升级”为一个反科学主义（反对唯科学主义，不是反对科学本身）者的时候。而反科学主义作为一种思想纲领，能够给我们眼中的科幻电影带来一个全新的面貌和一个新的认识高度。在这个新的认识高度上再回首当年，看自己曾经作为科幻影片的一个科学主义观影者，那又是何等菜鸟，何等肤浅幼稚啊。系于本年的第一篇文章，就算是我影评文章的一个标本。

我对互联网的利弊进行比较认真的思考，始于2008年，那年我曾在《解放日报》上发表“三十年媒体之变迁：电台·电视·互联网”一文，开始反思互联网的弊端。此后我经常和朋友讨论这一话题，这种讨论有时也在媒体上发表。系于本年的后面两篇文章，正是我对互联网弊端的一些新想法。

反人类、反科学的《阿凡达》
——再谈“为什么人类还值得拯救”

“为什么人类还值得拯救”是我非常喜欢的问题。这原是科幻剧集《星际战舰卡拉狄加》(*Battlestar Galactica*，2003—2012)中人类逃亡舰队的指挥官阿达马提出的问题。这是一个终极性质的追问，许多思想深刻的幻想作品最终都会涉及这个追问。而影片《阿凡达》中对这个追问的答案竟然是如此明确——人类已经不值得拯救。

《阿凡达》在科幻电影史上的初步定位

影片《阿凡达》(*Avatar*，2010)伴随着超强力的营销推介，横空出世，全球热映，一票难求。许多人期许它成为科幻电影史上的又一座丰碑。这样的期许能不能成立呢?

网上和平面媒体上关于《阿凡达》的影评已经汗牛充栋，可惜其中大部分只是营销程序中标准动作所产生的泡沫。欲求真正能够直指精微的评论，则杳不可得。

看科幻影片，大致有三条标准：一曰“故事”，故事要讲得好，能吸引人；二曰“奇观”，即场景、画面给观众带来的视觉冲击；三曰“思想”，这要求影片能够提出某种深刻的问题，并通过故事情节的发展来引发观众思考。

在我看来，这三条标准是递进的——“故事”是对所有故事片的基本要求，“奇观”本来是科幻影片最适合展现的，而“思想”才是科幻影片的最高境界。

例如《星球大战》(*Star Wars*，1977—2005)系列，是科幻电影史上公认的丰碑。“故事”其实是常见的王朝兴衰故事，只是改在幻想的时空中搬演而已，主要胜在“奇观”，基本上没有什么深刻思想。又如《银翼杀手》(*Blade Runner*，1982)，被推为科幻影片中的头号经典，“思想”很深刻，“故事”和“奇观”也都有可取之处，但都没有达到令人震撼的地步。再如《黑客帝国》(*Matrix*，1999—2003)系列，也是科幻电影史上公认的丰碑，有“奇观”更有思想，地位肯定在《星球大战》和《银翼杀手》之上。

如果持上述三条标准，尝试给《阿凡达》一个科幻电影史上的大致定位，则“科幻电影史上的又一座丰碑”这样的期许是可以成立的。因为《阿凡达》不仅有一个相当不错的故事(它甚至能让人联想到“钉子户”和“强拆队”)，也有非常惊人的“奇观”(许多观众就是被这些“奇观”震撼和打动的)，更蕴含了极为深刻的问题和思想——而且是以前的科幻影片中很少涉及和很少这样表现的。

《阿凡达》敢于反人类

《阿凡达》之所以有资格成为科幻电影史上的丰碑，主要是因为它有思想——这些思想深刻与否是一个问题，正确与否是另外一个问题。

它的思想可以概括为两点：一曰反人类，二曰反科学。

卡梅隆自己谈《阿凡达》的思想，是这样说的：

> 科幻电影是个好东西，你要是直接评论伊拉克战争或美国在中东的帝国主义，在这个国家你会惹恼很多人。但是你在科幻电影里用隐喻的方法说这个事，人们被故事带了进去，直到看完了才意识到他们站在了伊拉克一边。

我不知道他这样一番赤裸裸地夫子自道之后，会不会在美国“惹恼很多人”。昔日我们有“利用小说反党”之罪，今日我们当然不必替美国人生气，指责卡梅隆“利用电影反政府”。不过卡梅隆上面那段话，确实接触到了科幻电影(以及科幻小说)中的一个奥妙之处，那就是科幻作品可以通过幻想中故事情节的发展，去讨论和思考一些人们平时不会去思考或不便去讨论的问题。

但是我们如果沿着《阿凡达》所用的隐喻思考下去，就会发现这根本不是卡梅隆所说的美国人和伊拉克人的问题所能限制的。如果我们仿照做代数习题的方式，将“伊拉克人”代入“潘多拉星球上的纳威人”，而将“美国人”代入影片中的“地球人”，那确实如卡梅隆上面所说的那样；然而如果我们直接在影片本身的故事框架中进行思考，会出现什么样的结果呢？假定人类在地球上的资源真的如影片中所假想的那样濒临耗竭，而某个有着文明的星球上恰恰有我们急需的资源，我们会不会去抢夺呢？我们应不应该去抢夺呢？或者说，当我们“以全人类的名义”去发动对潘多拉星球的掠夺战争时，有没有正义可言呢？

卡梅隆在《阿凡达》中的立场非常明确：人类对潘多拉星球的掠夺是不正义的。所以影片中的主角和他的几个反叛政府的朋友成为英雄。卡梅隆通过巧妙的叙事，让观众为人类的叛徒欢呼，为人类在潘多拉星球上的失败欢呼。

在这个意义上，《阿凡达》可以说是一部不折不扣的反人类电影。

当然，《阿凡达》的“反人类”在眼下并不是什么大逆不道的罪行——不过是对人类自身的弱点和劣根性进行反省、进行批判而已。卡梅隆能搞出这样的《阿凡达》，表明他有思想，而且有足够的深度。

《阿凡达》敢于反科学

接下来的问题是，为什么判定人类对潘多拉星球的掠夺是不正义的呢？人类确实需要那些矿石啊！作为一个人类，难道可以站到“非我族类”一边吗？

潘多拉星球上的纳威人，原型很像豹子——脸像，身材也像，也有尾巴，行动也极其敏捷……总之，它们完全就是卡梅隆以前执导的影片《异形》（*Alien*，1979）中的外星生物，只是比较接近人类形状而已。那么，我们为什么要和异形讲什么人权、公正和正义呢？我们屠杀它们，掠夺它们的财富，难道没有正当性吗？

对于上述诸问题，当然可以见仁见智，在这里我们只讨论《阿凡达》中的立场，并进而推测影片采取此种立场的理由。

面对这类问题时，有一种相当朴素的立场，是看两个冲突的文明孰优孰劣——当然这种判断不可能客观，通常总是根据局中人的利害关系来决定的。幸好我们现在是在讨论一部科幻影片，所以我们可以假定自己是外人，是第三者，我们需要评判的是影片中的两个文明孰优孰劣。在这样的假定之下，得出某种相对客观的判断是可能的。

那么影片中的人类文明和潘多拉星球上的纳威文明，究竟孰优孰劣呢？

在以往的绝大多数科幻影片中，外星文明都是先进科学技术的代表者——他们的科学技术远比人类已经拥有的更为发达和先进。但是在《阿凡达》中，这一点似乎已经被颠倒过来，至少在表面上是如此。

在《阿凡达》中，人类文明的形式是我们耳熟能详，甚至梦寐以求的——那就是帝国主义列强的船坚炮利。遮天蔽日的武装直升机、精准的战术导弹、暴雨般的机枪扫射、便捷的无线电指挥和定位系统……这些原本就是地球上“发达国家”的现代化武装力量形式。在影片中，人类是现代科学技术的代表。这是一个用科学技术武装起来的世界，是一个钢铁、炸药、无线电的世界。

站在人类侵略军对面的是潘多拉星球上的纳威人，它们没有“现代化”的科学技术，它们的武士是骑乘在一种大鸟上的“飞龙骑士”，武士的武器只有弓箭。这是一个相信精神可以变物质、相信世间一切生灵都可以相互沟通、相信巫术和神灵的世界，是一个圣母、精灵、智慧树的世界。

当这样的两个世界发生碰撞时，胜负不是早就可以预知了吗？现代化战胜原始文明，科学战胜巫术，机关枪战胜弓箭，无线电通讯打败“鸡毛信”……这些场景不是在地球上早就上演过无数次了吗？但是卡梅隆竟说：不！他要让和平的潘多拉星球战胜发动侵略的地球，要让善良的纳威异形战胜刚愎自用的人类侵略军。于是，人类的叛徒成为潘多拉星球的救世主，他召唤来的“飞龙骑士”们击落了武装直升机，被“圣母”召唤来的巨兽掀翻了人类侵略军的坦克……人类战败了。

卡梅隆通过这场战争告诉我们：潘多拉星球上的纳威文明更优秀，更应该得到保存，所以他让人类战败了。

在这个意义上，《阿凡达》又可以说是一部不折不扣的反科学电影。

当然，《阿凡达》的“反科学”在眼下更不是什么大逆不道的罪行——

不过是用电影来表现西方世界半个多世纪以来对科学技术进行的种种反思而已。曾几何时，科学是如此地被全世界人民所热情歌颂和崇拜，但是发达国家的思想家们，从20世纪中期就已经开始了对科学技术的反思。哈耶克早在20世纪50年代就呼吁要警惕“理性滥用”，再往后“科学知识社会学”（SSK）掀起的思潮席卷西方，不仅在大学中可以靠“反科学”谋得教职，而且在大众传媒中“反科学”也获得了越来越多的话语权。卡梅隆能搞出这样的《阿凡达》，表明他有思想，而且跟得上时代思潮。

真到了那一天我们怎么办？

这样一部让异形战胜人类、让神灵战胜科学的影片，竟然能够在西方和中国同时大受欢迎，这是令人欣慰的。

我同意《阿凡达》是一部思想深刻的影片——尽管有朋友开玩笑说，其实卡梅隆根本没有那么深刻，影片中的那些“深刻”之处，是我“拔高”的结果。我倒觉得，即使那真的只是我的拔高，至少也说明影片能够启发人们进行较为深刻的思考。

在还没有真正发现外星文明的今天，人类还显得很强大，人类的未来还有光明。在这样的状态下，我们还可以讲讲公正和正义，还有底气同情潘多拉星球上的纳威人，所以全世界的观众还会排队进电影院看《阿凡达》，并为它鼓掌（美国影院中放映《阿凡达》时确实如此）。这番景象，展现了人类尚存的仁爱和自信。

但是请想一想，如果今天人类已经到了危急存亡之秋，比如地球上的资源即将耗尽，我们如果不立即发动对潘多拉星球的掠夺战争，人类文明就会灭亡，那时我们会怎么办？

那时我们会像刘慈欣在他的科幻小说《三体》中想象的三体文明那样，出动一千艘太空战舰，以倾国之兵对潘多拉星球进行孤注一掷的战争吗？

那时我们会将反对发动掠夺战争的人视为“人类公敌”吗？

那时要是卡梅隆还敢拍《阿凡达》这样的影片，他会不会立即以“反人类罪”被起诉、被判刑、被流放，甚至被枪毙？

于是，我们必须回到本文开头的问题上来——为什么人类还值得拯救？

原载2010年1月28日《南方周末》

那条“长尾”其实是虚幻的

——关于互联网与文化之间关系的思考之一

一、一曲对魔鬼的新颂歌

未来的历史很可能会证明：互联网的问世，就是一个魔鬼从瓶子里被放出来了。这个魔鬼花了相当长的时间来等待自己长大成形，终于在21世纪到来的时候，它可以兴风作浪、呼风唤雨了。如今人类社会似乎已经被它劫持。

2004年的时候，一曲对这个魔鬼的新颂歌又唱响了，这就是所谓的“长尾理论”（The Long Tail）。这种理论认为，由于互联网的发展，无数曾经被人们冷落的商品，现在都可以起死回生，重新得到机会卖出了；而且这些冷落滞销商品的销售总数，据说可以大到与销量/品种曲线左端那20%畅销商品平起平坐的地步。

这个蛊惑人心的“长尾理论”，实际上还没有真正得到实践检验中的成功。因为曲线中的“长尾”所指示的只是销量，并不是利润，而只有利润才可以真正宣告一个商品的成功。互联网上低廉的乃至近乎免费的广告宣传，固然有可能使得任何一种极度冷门的商品得到销售，但是这件商品怎样才会真正到达买家手中呢？仓储、物流都是需要成本的，生产厂家或销售商凭什么会让一种极度冷门的商品占用他们珍贵的仓储、物流资源呢？

一定有人会说，即便你说的仓储、物流等方面的成本确实制约着“长尾”部分的盈利，那么对于不需要仓储、物流的商品，“长尾理论”总该可以成立吧？

魔鬼的诱惑又出现了——这确实是一个令人振奋的想法，因为世界上确实已经有了“不需要仓储、物流的商品”。

例如，电子书就可以是一种这样的商品。

但是，我相信只要从常识出发，就可以证明，即使对于电子书这样的商品，“长尾理论”也是无法成立的。

二、一个对“长尾”的致命约束

最近和一些优秀出版人漫谈关于电子书发展的前景，感触颇深，因为这关系到一些文化的深层问题。

在电子书基本取代纸质书籍——这一点被认为已经是不可阻挡的趋势，纸质书必将沦为小众的奢侈品——之后，第一步，书店这种行业就会先完蛋（这让我想起一位著名民营书店老板前不久在深圳一次会议上的惊人之语：“我们不是死不死的问题，只是死得好看难看的问题。”)，因为出版社可以直接在网上向读者出售自己出版的电子书，绝大部分书店就完全没有必要存在了，而极少数保留下来的将转化为小型古董书店。接着是第二步，作者都可以直接在网上向读者出售自己写作的电子书，就像在淘宝上开店卖货一样。

到了这时，出版社还有什么生存空间呢？

我前不久恰好和另一些出版人不止一次讨论过一个相关问题，即“谷歌图书馆”计划的远景。如果故意采取天真烂漫的立场，热烈讴歌电子书、谷歌图书馆等等的新玩意儿，那么主要的立论之点，似乎就是公众的无限选择——这正是“长尾理论”的基本支撑点：“这意味着以往几千年所形成的社会精英对知识的垄断从此彻底结束，那时一个大学教授可以看到的任何文献，一个打工仔都同样可以看到，打工仔可以和教授、博士站在同一条起跑线上做学问——如果他想做的话。”

但是，真的会这样吗？

我们先不考虑这样一幅“无限选择”的前景是不是美好——我认为是不美好的，我们先考虑这样的前景有没有可能实现。

让我们用类似“归谬法”的思路，打个比方来考察上面的前景。

如果你吃饭时只有四菜一汤，也许你觉得太俭朴、太寒酸，不能吃得畅快，那么现在给你提供一百个菜如何？也许你会说，那就是古人所谓的“食前方丈”啦，我想吃哪个菜就吃哪个菜，大快朵颐，不是很爽吗？那么好，现在我给你提供一万个菜如何？

面对一万个菜，就不可能用“吃一口看看”来进行尝试了——你一顿饭不可能吃到一万口。再说，这一万个菜如何摆放？摆成长列，你要走多远才能尝遍？

如果你已经开始感到局面有点荒谬了，但还不想放弃自己的论点，那么还有两个辩护的路径：

其一，你会说，我只吃近处的那些菜，还不行吗？是的，当你面对一万个菜时，你确实可以只吃近处的几个菜，但那样一来，其余的菜对你不是已经毫无意义了吗？更何况，你近处的菜可能是你的健康状况所不适宜食用的，而适合你健康状况的菜则隐藏在远处九千九百多个菜中，你将怎么办呢？

其二，你会说，不是会有电子菜单吗？我看了菜单选择还不行吗？是的，一定有电子菜单的，但这个菜单如果是二十项，你看一下做出选择当然没有问题，可是现在菜单长达一万项，你要用多长时间才能看完？难道你要让谷歌和百度或别的什么软件、算法、网站来替你选择吗？你不担心它们收受了津贴而将利润最高的菜推荐给你吗？

如果你现在已经无法再为自己辩护下去了，你也许会说，读书、学习、研究，毕竟不是吃饭嘛。

我之所以不厌其烦地打上面这个吃饭的比方，主要是为了强调一点——**对于有限的生命、时间和精力来说，那条“长尾”中可供“无限选择”的选项，不仅是完全没有用处的，甚至还会是荒谬的和有害的。**

三、从“无限选择”到“选择为王”

实际上，真到了人人都可以直接在网上向读者出售自己写作的电子书的那一天，将是“选择为王”。到了那一天，选择的问题仍将继续存在，而且会变得空前迫切和严重。

传统书籍的出版，主要是由编辑、出版、印刷、发行等方面的成本，构成问世的门槛。而有门槛就必然有选择，通常是门槛越高，选择就越严。真到了作者都可以直接在网上向读者出售自己写作的电子书的局面，上述门槛确实接近消失，但此时将出现另一种门槛，那就是选择——谁来选择？

从前面那个吃饭的比喻中我们知道，在那样的局面下读者很难靠自己来选择。于是仍然要依赖出版社和专业人士来选择。换句话说，我们仍然只接受经过合理选择的一二十项的菜单，而不会要那个毫无意义的“无限选择”的一万项菜单。

到人人可以在网上卖自己写的“书”的那一天，读者面对的选项岂止一万项，那将可能是几十亿项。可是你怎么可能去买一个你完全不了解的、名不见经传的人的作品呢？那样的作品在几乎无限长的“长尾”中又有多大的机会被你看到呢？只有那些专业的出版社，因为多年来术业有专攻，声誉卓著，它们出版的书才会有足够多的读者购买，从而形成商业利润。而它们出版的书，当然是经过了专业人士选择的。

到人人可以在网上卖自己写的“书”的那一天，电子书将迅速“垃圾化”——99%以上在网上叫卖的“书”肯定都是垃圾。经过短暂的混乱和狂欢（很可能我们此刻正在这一过程之中），新的门槛将重新建立起来，专业人士将继续为广大读者服务，即为广大读者选择合适的、有价值的、有意义的真正的书供他们阅读。而处在“长尾”中的另外99%的垃圾书籍，挂在网上即使偶尔也会有一两个读者购买，但肯定形成不了商业利润。

当然，也可能有某种名不见经传的作者的书意外大卖，但那必然是专业人士推荐或“精英”们策动炒作的结果。

所有这些选择机制，其实和纸书时代完全一样。

所以，电子书表面上看起来是一场“革命”，其实只是技术手段的改进而已，就像当年纸张取代了简帛一样。

“长尾”的虚幻，恰恰是文化之福，怕就怕它万一竟不虚幻，那就是文化的浩劫了。

原载《新发现》2010年第7期

生也有涯，网也无涯：互联网“无限选项”之害

——关于互联网与文化之间关系的思考之二

一、互联网在许多中国人头脑中的错误印象

互联网最初进入中国时，它曾经是百分之百高科技的象征，只有在某些高级科研机构才能够接触到它。记得20世纪90年代初，我在中国科学院上海天文台工作，作为“中央直属机关”的上海天文台，那时已经可以使用互联网。但那时“上网”可不是一件等闲之事，首先是只有在天文台的“机要部门”计算机房才可上网，进第一道门要脱鞋并换上专用的拖鞋，进入安静的、有专人管理的机房之后，我们只能在早期那种没有硬盘的终端上，与国际互联网连接。给远在美国或北京的同行发送一份“电子邮件”，还是一种陌生的、带有一点刺激性的体验。早期的电子邮件只能使用英文。

上面这幕场景，给许多人留下了一个深刻印象——只有科技精英才有可能成为网民。

但是，互联网在中国发展的速度，远远超出人们的想象。

今天你如果去问年轻网民，“瀛海威”是什么？许多人肯定茫然不知所云。但是，在中国互联网行业中，“瀛海威”这个名字曾经是何等地如日中天、如雷贯耳啊！1995年创建于北京的瀛海威（当时的名称是“北京瀛海威科技公司”），被认为是中国第一家真正意义上的互联网公司，当年瀛海威在中关村曾有一块名垂青史的广告牌，上面写着：“中国人离信息高速公路有多远——向北1500米”。而那两句宣传口号“坐地日行八万里，纵横时空瀛海威”则经常印在公司的简介手册和宣传品中。曾几何时，“出生太早”的瀛海威灰飞烟灭，而在它身后，互联网却以惊人的速度在中国普及。

由于互联网发展实在太快，那种“互联网=高科技”“网民=科技精英”的早期印象，仍然残留在许多人的脑海中。所以“网民”这个词汇，与“股民”“彩民”“烟民”“市民”等词汇所唤起的联想是不同的，“网民”听起来更现代、更科技、更高级，更容易让人产生“IT行业”“科

技精英”之类的联想。有些官员在上述早期印象的影响下，也经常将“网民”意见看得比“市民”意见更重要。而作为“网民”似乎也就比作为“市民”更光荣些。

然而，实际情况却已经完全改变了。

中国互联网络信息中心（CNNIC）的互联网发展统计报告每年发布两次，被认为是中国互联网领域的权威报告之一。在2009年1月发布的《第23次中国互联网络发展状况统计报告》中，一系列统计数据显示了目前中国网民的成分构成：

从收入上看，73.5%的网民月收入在2000元以下，60%在1500元以下。从学历上看，互联网使用者正迅速向低学历人群扩散。大专及以上的网民比例，已经从1999年的86%迅速下降至2008年的27.1%，目前约73%的网民只有中等及以下文化程度。这些数据表明，规模已达世界第一的中国网民，其主体已经演变成低学历、低收入群体。

还有一个特别重要的问题，经常被忽略，即网民参与网上活动是匿名的。而常识告诉我们，一个人在匿名情况下，通常会表现得更愤激、更极端、更不负责任。在匿名情况下，有些人在网上的表现可以突破人格底线。今天的互联网之所以被许多学者斥为“垃圾场”，最重要的原因之一，就是因为它已经成为许多网民发泄的场所。

如果我们试图思考中国互联网与文化之间的关系，那么纠正“互联网 = 高科技”“网民 = 科技精英”的早期印象，正确认识今日网民的成分构成，就是必要的前提之一。

二、有限的生命如何消受“无限选项”？

有一个叫安德鲁·基恩（Andrew Keen）的美国人，在第一波网络狂潮中赚了钱，成了富人，得以跻身于通常所说的“IT精英”圈子。但是他在这个圈子里混了一些年后，却渐渐开始反感这个圈子中普遍的“有知识没文化”——这些人拥有关于网络和计算机的知识，但是他们抛弃了（或者无视）传统的精英文化及其价值标准。为此基恩写了一书《业余狂欢：今日互联网如何扼杀我们的文化》（*The Cult of the*

Amateur: How Today's Internet Is Killing Our Culture)，专门谈他这方面的思考。

基恩的忧虑，主要是着眼于互联网上几乎无限的，同时又几乎没有任何过滤或选择门槛的发表和表现空间——任何人都可以在网上发表作品。比如无数的博客（截至 2008 年底中国有博客网民 1.62 亿人）、微博、论坛、人人都可以参与的各种"百科"、资源无穷无尽的视频网站等等。这种被基恩称为"业余狂欢"的场景，在中国被很多人盲目讴歌，众声喧哗消解了传统精英在文化上的权威，这被认为是"草根阶层"对昔日文化精英的伟大胜利。

基恩从"IT 精英"的沾沾自喜中觉悟之后，他最感到忧虑的事情，就是互联网正在扼杀我们的传统文化——这种文化是昔日的精英们为我们建设、选择、确立起来的。网上毫无门槛、人人可以自由参与的"业余狂欢"，正在使年轻一代误以为"文化不过如此""文化谁都能够搞"，他们已经渐渐分辨不出媸妍美丑、高下文野了——这正是互联网所提供的"无限选项"所带来的祸害。

也许有人会辩解："无限选项"有什么不好？高雅的精英文化也仍然存在着，谁都可以去亲近嘛——何况高雅文化难道没有借助互联网而获得更多的传播机会？这样提问的人，其实仍然停留在"信息越多越好"的幼稚思维中（选项就是信息）。在我们曾经长期生活于其中的信息短缺时代，"信息越多越好"当然可以成立，但是当信息多到一定程度后，就不再是越多越好了。道理其实很简单：

一个人的时间和精力总是有限的，一生不过百年，一天只有 24 小时，在同一段时间里，他上了网就不能读书（指阅读纸质书籍），看了电视就不能静心思考。面对网上的淹没了精英文化的"无限选项"，又没有足够的教育和训练来帮助他选择，他很容易就会在娱乐心态和感官刺激的引诱下去选择那些低俗的选项，这些选项就占去了他的时间。一日如此，百年三万六千日日日如此，他什么时候才会去亲近高雅文化？

三、阳春白雪在纸上，下里巴人在网上？

考察下面这个简单的表格，是相当有意思的：

	网上“业余狂欢”	电视节目	传统纸质书籍
上传成本	0	1	1
下载成本	0	0	1

现实中的规律是：成本越低越容易低俗化。

就受众方面而言，无成本获取（对应于上表中“下载成本”为0的项）导致无法实现受众分层，结果其内容只能迎合受众主体。由于购买传统纸质书籍需要成本（对应于上表中“下载成本”为1的项），书籍的出版就可以实现受众分层，从而让高雅文化继续生存。

这个规律是以商业化为前提的——网站、电视台、出版社都需要商业化生存，所以都逃不出这个规律的束缚。如果不需要商业化生存，比如政府或财团资助的博物馆，虽然可以不要门票免费参观，但高雅文化仍然可以在里面安然无恙。道理也很简单：因为它们没有收视率和点击率的压力，也就不需要去迎合受众。

就选项的提供者而言，虽然网站、电视台、出版社都需要商业化生存，但电视台和出版社有社会责任的约束，受到有关方面的监管，不能不对播出和出版内容有所选择；但互联网提供的平台使得上传无须选择，内容难以监管，而且匿名的个体在网上更可以不受社会责任的约束而为所欲为。

归根结底，互联网上的“业余狂欢”所提供的无成本无门槛的“无限选项”，如果找不到合适的过滤、选择机制，其结果只能是传统精英文化的崩溃和大众文化的低俗化。

原载《新发现》2010年第8期

二〇一一

[**纪事**] 霍金的《大设计》于2010年问世，2011年1月它的中文版就付印了。2018年3月14日霍金去世，我和穆蕴秋的这篇文章，被眼明手快的微信公众号编辑在半小时内编辑发出，两天内被至少24家新媒体公众号和App转载，成为该公众号的头号“爆款”文章。许多读者来问我：你们怎么可能在那么短的时间内，写出这样一篇深度分析的大文章？我总是向他们说明，这是七年前就已经发表的文章。

这一年所选的第二篇文章是对黄禹锡事件的讨论，文章完成于2009年冬。初投国内某著名学术期刊，审稿一年之久，仍未发表，我失去耐心，遂撤回稿件，交《上海交通大学学报》，学报当期发表，而且很快被《新华文摘》全文转载，封面列目。合作者方益昉是我在上海交通大学招收的攻读科学技术史博士学位的美国留学生，已经以优异成绩毕业。他和我的合作方向被定名为“科学政治学”。

霍金的意义：上帝、外星人和世界的真实性

一、科学之神的晚年站队

一个思想家——或者说一个被人们推许为、期望为思想家的人，这种情形通常出现在名人身上——到了晚年，往往会有将自己对某些重大问题的思考结果宣示世人、为世人留下精神遗产的冲动。即使他们自己没有将这些思考看成精神遗产，他们身边的人也往往会以促使“大师”留下精神遗产为己任，鼓励乃至策划他们宣示某些思考结果。史蒂

芬·霍金（Stephen Hawking）就是一个最近的例子。

霍金最近发表了——也可能是他授权发表，甚至可能是“被发表”——相当多听起来有点耸人听闻的言论，引起了媒体的极大兴趣。而媒体的兴趣当然就会接着引发公众的兴趣。要恰当评论他的这些言论，需要注意到某些相关背景。

最重要的一个背景是：霍金已经成为当代社会的一个神话。所以任何以他的名义对外界发表的只言片语，不管是真知灼见，还是老生常谈，都会被媒体披露和报道，并吸引公众相当程度的注意力。而当霍金谈论的某些事物不是公众日常熟悉的事物时，很多人慑于霍金神话般的大名，就会将他的哪怕只是老生常谈也误认为是全新的真知灼见。

霍金最近言论中的三个要点：一是关于宇宙是不是上帝创造的，二是关于我们要不要主动和外星文明交往，以及他另一个不太受关注却更为重要的“依赖模型的实在论”观点，恰好都属于这种情形。而且有可能进而产生某些真实的社会影响。

二、上帝不再是必要的

以前霍金明显是接受上帝存在的观点的。例如在他出版于1988年的超级畅销书《时间简史》中，霍金曾用这句话作为结尾：“如果我们发现一个完全理论，它将会是人类理性的终极胜利——因为那时我们才会明白上帝的想法。”①

但霍金现在在这个问题上改变了立场。最近他在新作《大设计》一书末尾宣称：因为存在像引力这样的法则，所以宇宙能够“无中生有”，自发生成可以解释宇宙为什么存在，我们为什么存在。“不必祈求上帝去点燃导火索使宇宙运行。”② 也就是说，上帝现在不再是必要的了。

科学家认为不需要上帝来创造宇宙，这听起来当然很“唯物主义”；

---

① Hawking S., *A Brief History of Time*, New York: Bantam Books, 1998, p.191.

② Hawking S., Mlodinow L., *Grand Design*, New York: Bantam Books, 2010, pp.98–99.

但是确实有许多科学家相信上帝的存在，相信上帝创造了宇宙或推动了宇宙的运行，他们也同样做出了伟大的科学贡献——牛顿就是典型的例子。“上帝去点燃导火索使宇宙运行”其实就是以前牛顿所说的“第一推动”。

这种状况对于大部分西方科学家来说，并不会造成困扰。因为在具体的科学研究过程中，科学家研究的对象是已经存在着的宇宙（自然界），研究其中的现象和规律。至于“宇宙从何而来”这个问题，可以被搁置在无限远处。正如伽利略认识到“宇宙这部大书是用数学语言写成的”，但写这部书的仍然可以是上帝；伽利略做出了伟大的科学发现，但他本人仍然是一个虔诚的宗教徒，他的两个女儿都当了修女。虽然教会冤枉过伽利略，但最终也给他平反昭雪了。

科学和宗教之间，其实远不像我们以前所想象的那样水火不相容，有时它们的关系还相当融洽。比如在“黑暗的中世纪”（现代的研究表明实际上也没有那么黑暗），教会保存和传播了西方文明中古代希腊科学的火种。在现代西方社会中，一个科学家一周五天在实验室从事科学研究，到周日去教堂做礼拜，也是很正常的。

霍金自己改变观点，对于霍金本人来说当然是新鲜的事情，但对于“宇宙是不是上帝创造的”这个问题来说，其实是老生常谈。因为他的前后两种观点，都是别人早就反复陈述和讨论过的。霍金本人在《大设计》中也没有否认这一点，在该书第二章中，霍金花去了不小的篇幅回顾先贤们在这一问题上表达的不同看法。比如书中提到，开普勒、伽利略、笛卡尔和牛顿等人就认为自然法则是上帝的成果。而与这种观点相反的是，后来的法国数学家拉普拉斯则排除了出现奇迹和上帝发挥作用的可能性，他认为给定宇宙在某一时间所处的状态，一套完全的自然法则就充分决定了它的未来和过去。霍金选择站在了后者一边，他说，拉普拉斯所陈述的科学决定论（scientific determinism）是“所有现代科学的基础，也是贯穿本书的一个重要原则”[1]。

但是霍金抛弃上帝，认为宇宙起源可以用一种超弦理论（即所谓 M

① Hawking S., Mlodinow L., *Grand Design*, New York: Bantam Books, 2010, pp.17-20.

理论）来解释的想法，激起了西方一些著名学者的批评。例如，高能物理学家拉塞尔·斯坦纳德（Russell Stannard）在《观察家报》上说：霍金的上述思想是一个科学主义的典型例子。科学主义者通常认为，科学是通往认知的唯一途径，我们将完全理解所有事情。“这种说法是胡说八道，而且我认为这是一个非常危险的说法，这使得科学家变得极其傲慢。宇宙因为M理论而自发生成，那么M理论又从哪里来的呢？为什么这些智慧的物理定律会存在？”而英国前皇家学院院长、牛津大学林肯学院药理学教授格林菲尔德（Susan Greenfield）也批评霍金沾沾自喜，宣称科学可以得到所有答案，“科学总是容易自满。……我们需要保持科学的好奇心与开放性，而不是自满与傲慢”。她还批评说：“如果年轻人认为他们想要成为科学家，必须是一个无神论者，这将是非常耻辱的事情。很多科学家都是基督教徒。”①

不过在中国公众多年习惯的观念中，总是将科学看作康庄大道，而将宗教信仰视为“泥潭”，所以看到霍金的“叛变”才格外兴奋，以为他终于“改邪归正”了。霍金只是改变了他的选择——有点像原来是甲球队的拥趸，现在改为当乙球队的粉丝了。当然，一个著名粉丝的“叛变”也确实会引人注目。

三、不要主动和外星文明交往

在第二个问题上，2009年5月份，霍金在发现频道（Discovery Channel）上一档以他本人名字命名的《史蒂芬·霍金的宇宙》（*Stephen Hawking's Universe*）的节目中表示，他认为几乎可以肯定，外星生命存在宇宙中别的许多地方：不仅仅只是行星上，也可能在恒星的中央，甚至是星际太空的飘浮物质上。按照霍金给出的逻辑——这一逻辑其实也是老生常谈，宇宙有1000亿个银河系，每个星系都包含几千万颗星体。在如此大的空间中，地球不可能是唯一进化出生命的行星。

当然，这样的情景只是纯粹假想的结果，但霍金由此提出一个严

---

① 《霍金vs上帝：谁通往终极真理？》，《环球杂志》2010年10月16日。

肃的告诫：一些生命形式可能是有智慧的，并且还具有威胁性，和这样的物种接触可能会为人类带来灾难性的后果。霍金说，参照我们人类自己就会发现，智慧生命有可能会发展到我们不愿意遇见的阶段，“我想象他们已经耗光了他们母星上的资源，可能栖居在一艘巨型太空飞船上。这样先进的外星文明可能已经变成宇宙游民，正在伺机征服和殖民他们到达的行星”[①]。

由于中国公众以前许多年来都只接触到一边倒的观点——讴歌和赞美对外星文明的探索，主张积极寻找外星文明并与外星文明联络，所以现在听到霍金的主张，中国的媒体和公众都甚感惊奇。其实在这个问题上，霍金同样只是老生常谈，同样只是“粉丝站队”。

在西方，关于人类要不要去“招惹”外星文明的争论，已有半个世纪以上的历史。

主张与外星文明接触的科学界人士，从20世纪60年代开始，推动了一系列SETI（以无线电搜寻地外文明信息）计划和METI（主动向外星发送地球文明信息）计划。这样做的主要理由，是他们幻想地球人类可以通过与外星文明的接触和交往而获得更快的科技进步。很多年来，在科学主义的话语体系中，中国公众只接触到这种观点。

而反对与外星文明交往的观点，则更为理智冷静，更为深思熟虑，也更以人为本。半个多世纪以来西方学者在这方面做过大量的分析和思考。比如以写科幻作品著称的科学家布林（D. Brin）提出猜测说，人类之所以未能发现任何地外文明的踪迹，是因为有一种目前还不为人类所知的危险，让其他所有外星文明都保持沉默——这被称为“大沉默”。[②]因为人类目前并不清楚，外星文明是否都是仁慈而友好的（卡尔·萨根就曾相信外星文明是仁慈的）。在此情形下，人类向外太空发送信息，暴露自己在太空中的位置，就很有可能招致那些侵略性文明的攻

---

① Leake J., “Don't Talk to Aliens, Warns Stephen Hawking”, *The Sunday Times*, 2010-04-25, http://www.timesonline.co.uk/tol/news/science/space/article7107207.ece.

② Brin D., “The Great Silence: The Controversy Concerning Extraterrestrial Intelligent Life”, *Q. JL R. Astr. Soc.*, 1983, 24(3): 283-309.

击。[①]

地外文明能到达地球，一般来说它的科学技术和文明形态就会比地球文明更先进，因为我们人类还不能在宇宙中远行，不具备找到另一文明的能力。所以一旦外星文明自己找上门来了，按照我们地球人以往的经验，很可能是凶多吉少。

还有些人认为，外星人的思维不是地球人的思维。它们的文明既然已经很高级了，就不会像地球人那样只知道弱肉强食。但是，我们目前所知的唯一高级文明就是地球人类，我们不从地球人的思维去推论外星人，还能从什么基础出发去推论呢？上面这种建立在虚无缥缈的信念上的推论，完全是一种对人类文明不负责任的态度。

而根据地球人类的经验和思维去推论，星际文明中同样要有对资源的争夺，一个文明如果资源快耗竭了，又有长距离的星际航行能力，当然就要开疆拓土。这个故事就是地球上部落争夺的星际版本，道理完全一样。

笔者的观点是，如果地外文明存在，我们希望它们暂时不要来。我们目前只能推进人类对这方面的幻想和思考。这种幻想和思考对人类是有好处的，至少可以为未来做一点思想上的准备。但是从另一个角度来看，人类完全闭目塞听，拒绝对外太空的任何探索，也不可取，所以人类在这个问题上有点两难。我们的当务之急，只能是先不要主动去招惹任何地外文明，同时过好我们的每一天，尽量将地球文明建设好，以求在未来可能的星际战争中增加幸存下来的概率。

对地外文明的探索，表面上看是一个科学问题，但本质上不是科学问题，而是人类自己的选择问题。我们以前的思维习惯，是只关注探索过程中的科学技术问题，而把根本问题（要不要探索）忽略不管。

在中国国内，笔者的研究团队从2008年开始，就已经连续发表论文和文章，论证和表达了同样的观点，比如发表在《中国国家天文》上的2009年国际天文年特稿《人类应该在宇宙的黑暗森林中呼喊吗？》

---

① Brin D., "Shouting at the Cosmos...or How SETI has Taken a Worrisome Turn into Dangerous Territory?", 2006, http://www.davidbrin.com/shouldsetitransmit.html.

一文中，我们就明确表达了这样的观点：至少在现阶段，实施任何形式的 METI 计划，对于人类来说肯定都是极度危险的。[①]

四、“依赖模型的实在论”——霍金在一个根本问题上的站队选择

前面谈及的，霍金关于宇宙是不是上帝创造的，以及我们要不要和外星文明交往这两个问题上的最新看法，很受中外媒体的关注。其实霍金近来意义最深远的重大表态，还不是在这两个问题上。

在《大设计》中，霍金还深入讨论了一个就科学而言具有某种终极意义的问题——和前面提到的两个问题一样，霍金仍然只是完成了“站队”，并没有提供新的立场。但是考虑到霍金“科学之神”的传奇身份和影响，他的站队就和千千万万平常人的站队不可同日而语了。正是在这个意义上，我们认为霍金在前面两个问题上“有可能用老生常谈做出新贡献”，而在这个我们下面就要讨论的重大问题上，霍金已经不是老生常谈了，因为他至少做出了新的论证。

1. 金鱼缸中的物理学

在《大设计》标题为“何为真实”（What Is Reality?）的第三章中，霍金从一个金鱼缸开始他的论证。[②]

假定有一个鱼缸，里面的金鱼透过弧形的鱼缸玻璃观察外面的世界，现在它们中的物理学家开始发展“金鱼物理学”了，它们归纳观察到的现象，并建立起一些物理学定律，这些物理学定律能够解释和描述金鱼们透过鱼缸所观察到的外部世界，这些定律甚至还能够正确预言外部世界的新现象——总之，完全符合我们人类现今对物理学定律的要求。

霍金相信，这些金鱼的物理学定律，将和我们人类现今的物理学定

① 江晓原、穆蕴秋：《人类应该在宇宙的黑暗森林中呼喊吗？》，《中国国家天文》2009 年第 5 期。

② Hawking S., Mlodinow L., *Grand Design*, New York: Bantam Books, 2010, p.21.

律有很大不同，比如，我们看到的直线运动可能在“金鱼物理学”中表现为曲线运动。

现在霍金提出的问题是：这样的“金鱼物理学”可以是正确的吗？

按照我们以前所习惯的想法——这种想法是我们从小受教育的时候就被持续灌输到我们脑袋中的，这样的“金鱼物理学”当然是不正确的。因为“金鱼物理学”与我们今天的物理学定律相冲突，而我们今天的物理学定律被认为是“符合客观规律的”。但我们实际上是将今天对（我们所观察到的）外部世界的描述定义为“真实”或“客观事实”，而将所有与我们今天不一致的描述——不管是来自金鱼物理学家的还是来自前代人类物理学家的——都判定为不正确。

然而霍金问道：“我们何以得知我们拥有真正的没被歪曲的实在图像？……金鱼的实在图像与我们的不同，然而我们能肯定它比我们的更不真实吗？”

这是一个非常深刻的问题，答案并不是显而易见的。

2. 霍金“依赖模型的实在论”意味着他加入了反实在论阵营

在试图为“金鱼物理学”争取和我们人类物理学平等的地位时，霍金非常智慧地举了托勒密和哥白尼两种不同的宇宙模型为例。这两个模型，一个将地球作为宇宙中心，一个将太阳作为宇宙中心，但是它们都能够对当时人们所观察到的外部世界进行有效的描述。霍金问道：这两个模型哪一个是真实的？这个问题，和上面他问“金鱼物理学”是否正确，其实是同构的。

尽管许多人会不假思索地回答说：托勒密是错的，哥白尼是对的，但是霍金的答案却并非如此。他明确指出：“那不是真的。……人们可以利用任一种图像作为宇宙的模型。”霍金接下去举的例子是科幻影片《黑客帝国》（*Matrix*，1999—2003）系列——在《黑客帝国》中，外部世界的真实性受到了颠覆性的质疑。

霍金举这些例子到底想表达什么想法呢？很简单，他得出一个结论：“不存在与图像或与理论无关的实在性概念。”（There is no picture-or theory-independent concept of reality.）而且他认为这个结论“对本书非常重要”。所以他宣布，他所认同的是一种“依赖模型的实在论”（model-dependent realism）。对此他有非常明确的概述：“一个物理理论和世界图像是一个模型（通常具有数学性质），以及一组将这个模型的元素和观测连接的规则。”霍金特别强调了他所提出的“依赖模型的实在论”在科学上的基础理论意义，视之为“一个用以解释现代科学的框架”[①]。

那么霍金的“依赖模型的实在论”究竟意味着什么呢？

这马上让人想到哲学史上的贝克莱（George Berkeley，1685—1753）主教——事实上霍金很快就在下文提到了贝克莱的名字——和他的名言“存在就是被感知”。非常明显，霍金所说的理论、图像或模型，其实就是贝克莱用以“感知”的工具或途径。这种关联可以从霍金“不存在与图像或理论无关的实在性概念”的论断得到有力支持。

在哲学上，一直存在着“实在论”和“反实在论”。前者就是我们熟悉的唯物主义信念：相信存在着一个客观外部世界，这个世界不以人的意志为转移，不管人类观察、研究、理解它与否，它都同样存在着。后者则在一定的约束下否认存在着这样一个“纯粹客观”的外部世界。比如“只能在感知的意义上”承认有一个外部世界。现在霍金以“不存在与图像或理论无关的实在性概念”的哲学宣言，正式加入了“反实在论”阵营。

对于一般科学家而言，在“实在论”和“反实在论”之间选择站队并不是必要的，随便站在哪边，都同样可以进行具体的科学研究。但对于霍金这样的“科学之神”来说，也许他认为确有选择站队的义务，这和他在上帝创世问题上的站队有类似之处。他认为“不需要上帝创造世界”也许被我们视为他在向“唯物主义”靠拢，谁知《大设计》中“依赖模型的实在论”却又更坚定地倒向“唯心主义”了。

这里顺便指出，吴忠超作为霍金著作中文版的“御用”译者，参与了绝大部分霍金著作的中文版翻译工作，功不可没。但在他提供给报纸

① Hawking S., Mlodinow L., *Grand Design*, New York: Bantam Books, 2010, p.24.

提前发表的《大设计》部分译文中，出现了几个失误。[①] 最重要的一个，是他在多处将“realism”译作“现实主义”，特别是将“依赖模型的实在论”译成“依赖模型的现实主义”，这很容易给读者造成困扰。“realism”在文学理论中确实译作“现实主义”，但在哲学上通常的译法应该是“实在论”，而霍金在《大设计》中讨论的当然是哲学问题。在这样的语境下将“realism”译作“现实主义”，就有可能阻断一般读者理解相关背景的路径。又如托勒密的《至大论》(*Almagest*)，霍金在提到这部著作时称它为“a thirteen-book treatise”，这当然是正确的，但是译成“一部十三册的论文”就不妥了，宜译为“一部十三卷的论著”。

五、《大设计》可能成为霍金的“学术遗嘱”

《大设计》作为霍金的新作，一出版就受到了极大关注——《科学》(*Science*)、《自然》(*Nature*)等有影响力的杂志几乎在同一时间发表了评论文章。[②③] 之所以出现这样的情形，除了霍金所具有的媒体影响力之外，恐怕还有另一个重要的原因——此书极有可能成为霍金留给世人的最后著作。

霍金在书中两个被认为最为激进的观点，在两份书评中都受到了特别的关注：他声称利用量子理论证明了多宇宙的存在，我们这个宇宙只是同时从无中生出、拥有不同自然法则的多个宇宙中的一个；预言 M 理论作为掌管多世界法则的一种解释，是“万有理论”的唯一切实可行的候选。

不过，在《自然》杂志的书评作者迈克尔·特纳(Michael Turner)看来，霍金的上述论断其实并不太具有说服力。根本原因是，多宇宙这一颇有创见的思想虽然“有可能是正确的”，但就目前而论，它却连能否获得科学资格都是有疑问的——不同宇宙之间无法交流，我们并不能

① 吴忠超:《没有人看见过夸克：霍金最新力作〈大设计〉选译》,《南方周末》, 2010 年 10 月 7 日。

② Silk J., “One Theory to Rule Them All”, *Science*, 2010-10-08, 330(6001): 179-180.

③ Turner M., “Cosmology: No miracle in the multiverse”, *Nature*, 2010-10-06, 467: 657-658.

观测到其他宇宙，这导致多宇宙论成为一个无法被检验的理论。而特纳认为，霍金在《大设计》中其实只是用多宇宙这一存在争议的观点“替代而不是回答了关于怎样选择和谁选择的问题”，并没有真正回答宇宙为什么是“有”而不是“无”。至于霍金主张的引力让万物从无中生有，则是从根本上回避了空间、时间和M理论为何如此的问题。

霍金在《大设计》书中第一页便宣称“哲学已死”，这一高傲的姿态也激怒了不少人士。例如《经济学人》上的书评认为：霍金宣称“哲学已死”，却把自己当成了哲学家，宣布由他来回答基本问题，“这些言论与现代哲学很难作比……霍金与莫迪纳把哲学问题看成闲来无事喝茶时的消遣了”。[①]

虽然一些人对霍金书中的观点持有异议，但霍金本人的影响力却是不能不承认的，用特纳的话来说就是“只要是霍金，人们就愿听”，况且霍金清楚、直白、积极的表达方式还是很具煽动性的。

就本文所分析的霍金最近在三个重要问题——上帝、外星人和世界的真实性——上的站队选择而言，笔者认为，最有可能对人类社会产生深远影响的是第二个问题：霍金加入了反对人类主动与外星文明交往的阵营。就笔者所知，他可能是迄今为止加入这一阵营的最“大牌”的科学家。考虑到霍金的影响力，尽管这也不是他的创新，但很可能成为他对人类文明做出的最大贡献。

原载《上海交通大学学报》第19卷第1期（2011）

---

① 《霍金vs上帝：谁通往终极真理？》，《环球杂志》2010年10月16日。

当代东西方科学技术交流中的权益利害与话语争夺
——黄禹锡事件的后续发展与定性研究

对韩国细胞分子生物学家黄禹锡而言，2005 年秋后的日子，是生命中注定难逃一劫的岁月。面对一边倒的舆论狂轰，即使作为曾经的国民英雄，黄禹锡阵营毕竟人单马稀，毫无招架之力。黄禹锡团队背负学术造假的丑闻，黯然告退。[①] 诡异的是，2009 年 10 月 26 日，韩国首尔中央地方法院对黄禹锡案一审判决，仅以侵吞政府研究经费和非法买卖卵子二宗罪，判处其有期徒刑两年。法院考虑到黄禹锡在科研领域的贡献等因素，同时宣布对其缓期三年执行。所挪用的政府研究经费，主要指对妇女的取卵补贴和匹兹堡大学夏腾教授的合作津贴。黄禹锡案件成为科学史上少见的，以司法介入告终的案例，即科学家被冠以侵犯社会伦理的罪名，依赖科学体系之外的司法话语体系，最终将其逐出学术共同体。

值得玩味的是，首尔中央地方法院有意扮演学术共同体角色，强调曾被视作假冒的黄氏科研成就，将其作为缓刑理由。黄禹锡在学术上到底有何贡献，得以功过相抵，免除牢狱之灾？在这里，时间充当了意想不到的法官，而且兼任幽默大师。

作为韩国本土培养的动物育种专家，黄禹锡不仅是世界上最早克隆牛的专家之一，更被誉为克隆狗之父。世界上第一条克隆狗“斯努比”就是他的杰作，举世公认。直到 2004 年，他开始转向更为先进的干细胞克隆领域，收获累累，一些本该属于正常范畴的学术观点争论，被一些大众媒体有意引向社会舆论的关注。缺乏西方现代分子生物学培育背景的黄禹锡开始陷于转型危机，既无力及时洞察大量实验结果背后的开拓性意义，也无力要求国际学术共同体提供公正的学术鉴定与评估。技术同行，利益团体，甚至团队内部，质疑声一波高过一波。先是指责他违背伦理约定，获取妇女卵子，用于克隆研究，最终排山倒海的舆

① 方益昉、叶剑：《克隆猴、基因鸡尾酒和黄禹锡事件——干细胞研究进展及科学话语权之争》，《科学》2008 年第 2 期。

论，一致认定黄禹锡获得的克隆干细胞株，缺乏传统识别标记，属于伪造作假。其实，此时的黄禹锡已经站在了将人类干细胞克隆带向单性繁殖的关口，而他本人正被各界压力搞得晕头转向。

2007年，黄禹锡被认定“造假”500天后，哈佛大学达利（G. Daley）教授通过确认黄氏干细胞株实属克隆产物，一夜功成名就[①]；又过了100天，体细胞克隆猴胚胎出笼[②]，“基因鸡尾酒”诱导的非胚胎型干细胞上桌[③]，在转折性的2007年，有关生命本质的三项突破性成果，全部突破了传统意义的有性克隆范畴，被美国和日本科学家尽收囊中。此时，斯坦福大学人类胚胎干细胞研究与教育中心主任培勒（Renee Reijo Pera）教授所言相当明确，黄禹锡事件大大影响了细胞核转移研究。其实，只要在当时认识并报道了单性繁殖（parthenogenesis）成果，他的工作将遥遥领先，这些成果将使黄禹锡博士成为真正的科学大师。[④] 因此，2005年以后的干细胞克隆领域，告别了与性别和胚胎的瓜葛，黄禹锡曾经的实验，功不可没。

2010年5月，美国科学家克雷格·文特尔（J. Craig Venter）博士又将生物技术推进到了分子合成的水准，炮制出人工合成基因组编码的细胞。“人造生命”发端于科学家掌控的电脑程序设计，可以自我繁殖。这种生灵在天堂和地狱的花名册上未曾登记，就连上帝也未曾相识，完全颠覆了西方宗教伦理和社会进化伦理，风险难料。尽管各个利益团体对此褒贬截然相反，也有对文特尔博士绳之以法的呼吁，但法院尚未受理任何指控科学家违背伦理的起诉。伦理规范作为有别于科学话语的另

---

① Kim K., Ng K., Rugg-Gunn P.J., Shieh J.H., Kirak O., Jaenisch R., Wakayama T., Moore M.A., Pedersen R.A., Daley G.Q., “Recombination Signatures Distinguish Embryonic Stem Cells Derived by Parthenogenesis and Somatic Cell Nuclear Transfer”, *Cell Stem Cell*, 1(3): 346–352, 2007–09–13, Epub 2007 Aug 2.

② Byrne J.A., Pedersen D.A., Clepper L.L., Nelson M., Sanger W.G., Gokhale S., Wolf D.P., Mitalipov S.M., “Producing Primate Embryonic Stem Cells by Somatic Cell Nuclear Transfer”, *Nature*, 450(7169): 497–502, 2007–11–22, Epub 2007 Nov 14.

③ Takahashi K., Okita K., Nakagawa M., Yamanaka S., “Induction of Pluripotent Stem Cells from Fibroblast Cultures”, *Nat. Protoc*, 2007, 2(12): 3081–3089.

④ Alice Park, “Korean Cloner Redeemed... Sort of”, *Time*, 2007–08–02, http://www.time.com/time/health/article/0,8599,1649163,00.html.

一套理论建构，伴随文化背景和社会发展的时空变化，与时俱进的性质成为评价西方伦理学说进步的特点之一。美国国会和政府首脑的最大动作，也就是请文特尔博士前去出席公开的听证会，当面了解学者下一步的研究计划，予以风险预警，包括探讨合作可能性。[①]

历史学者对于举世关注的公共事件，无疑必须超越大众媒体的围观心态和炒作手段。抗议学术作假的激情消退以后，作者持续五年，跟踪黄禹锡事件，梳理史实，有关细节已经公开发表。[②③]

一、后黄禹锡时代的全球几项干细胞研究重大进展

2007 年 11 月 14 日，《自然》杂志宣布，位于美国俄勒冈州比弗顿的国立灵长类动物研究中心科学家沙乌科莱特·米塔利波夫（S. Mitalipov）率领的研究小组，成功克隆出猴胚胎，并从中获得两批胚胎干细胞，研究人员从克隆胚胎中已经培育出成熟的猴子心肌细胞和大脑神经细胞。该中心前负责人唐·沃尔夫（T. Wolf）说，米塔利波夫的体细胞克隆技术首次突破了人体克隆的关键障碍，人类应用临床细胞治疗的时间可能在未来 5—10 年期间。他小心而巧妙地评价了该成果："我们在这方面首开先河，尽管该领域因韩国的造假事件被玷污。但韩国的研究可能有一定的有效性……"在此，曾经风风雨雨的黄禹锡克隆工作无法绕过，再一次在本月的干细胞研究进展中被提及。

就在两天前，联合国 11 月 12 日的声明《人体生殖克隆不可避免吗？联合国管理未来之选项》警告说，利用克隆技术制造的克隆人，可能面临被虐待、伤害和歧视的处境，各国应将人体克隆列为非法行为，或者出台严格措施规范相关技术的应用。该报告主要执笔人之一布伦

---

① Elizabeth Pennisi, "Synthetic Genome Brings New Life to Bacterium", *Science*, 328: 959, 2010-05-21.

② 方益昉、叶剑：《克隆猴、基因鸡尾酒和黄禹锡事件——干细胞研究进展及科学话语权之争》，《科学》2008 年第 2 期。

③ 方益昉：《关注干细胞时代的公共生物卫生安全》，《2007 上海公共卫生国际研讨会论文集》3617, 2007 年 12 月，第 187—192 页。

丹·托宾告诉法新社："如不把人体克隆列为非法，将意味着克隆人与我们分享地球将仅仅是时间问题。"

一周后的 11 月 20 日，由美国和日本科学家组成的另外两个独立研究团队几乎同时宣布，他们已经找到了一种全新的基因技术，通过将 Oct3/4、Sox2、c-Myc 和 Klf4 基因与成熟的人体细胞整合，可以将普通的皮肤细胞转换成任何组织细胞，从而避开了克隆胚胎技术引发的伦理学争议。将成熟细胞诱导后向未分化细胞水平发展，其失控的后果将与化学和物理致癌如出一辙，公共卫生专家们又将面临新的挑战。①

事实上，早在 2007 年 8 月，《时代周刊》科学专栏就发表了有别于主流大众媒体言论的报告②，展示了公正透明的专业素质。该专栏的美籍韩裔专栏记者爱丽丝·朴（Alice Park），一直在跟踪报道黄禹锡博士的学术造假事件，依据刚刚获悉的重大科学进展信息，及时报道了科学新闻并发表了专家评论：当天，哈佛大学的乔治·达利教授，刚刚发表在《细胞》上的一篇论文宣布，由韩国胚胎干细胞专家黄禹锡博士 2004 年建立的人类疾病基因胚胎干细胞株，已被该研究团队确认，这些细胞株的建立方法是不含外源性基因污染的单性繁殖胚胎干细胞，很有可能是一项历史性的创举。

通常，胚胎干细胞克隆又被描述为体细胞核酸转移融合法（somatic cell nuclear transfer，SCNT），常规的方法就是，通过人工微穿刺技术，将分离出来的皮肤细胞核转移植入卵子，而卵子的细胞核事先已被清除，经过 SCNT 克隆的细胞，在理论上还是属于双性繁殖，克隆后的胚胎干细胞带有 X 和 Y 两条染色体；被达利教授证实的方法可以被真正称为单性（孤雌）繁殖（parthenogenesis），达利教授的团队与英国、加拿大和日本科学家紧密配合，针对黄禹锡团队筛选的胚胎干细胞株，经过对成千上万枚细胞个体作全染色体 DNA 分析，一致认可上述细胞是不含外源性基因污染的单性繁殖胚胎干细胞。传统的 SCNT 胚胎干细

① Elizabeth Pennisi, "Synthetic Genome Brings New Life to Bacterium", *Science*, 328: 959, 2010-05-21.

② Alice Park, "Korean Cloner Redeemed... Sort of", *Time*, 2007-08-02, http://www.time.com/time/health/article/0,8599,1649163,00.html.

胞克隆，成功率仅为3%—5%，而胚胎干细胞的单性繁殖成功率高达20%，向实现糖尿病、帕金森病、早老性痴呆综合征和脊椎神经损伤等细胞治疗目标大大迈进了一步。

在宣布自己研究进展的同时，达利教授也不无可惜地对记者表示，2005年，巅峰时期的黄禹锡博士还没有来得及认识到自己科研成果的价值，就已经被涉及“伦理和造假”的舆论导向搞得焦头烂额，根本无法顾及对科研数据的深入分析，制定下一步的科研方向。与此同时，许多西方学者却从其初步的分析报告中，预见了一缕人类胚胎干细胞克隆的曙光。

二、与黄禹锡事件直接相关的关键人物和机构

1. 黄禹锡（Hwang Woo-Suk）

事实上，放牛娃出身、个性倔强的黄禹锡，从来就没有对自己的能力与追求丧失信念。2006年11月6日，距离年初纷纷扬扬的“造假事件”仅半年，稍作休整的黄禹锡就利用风波有所缓和的机会，向当地法院提起诉讼，要求重新恢复其首尔大学教授的名誉和职位。黄禹锡在诉讼书中称，首尔大学解雇他，是基于一次内部调查后取得的“被歪曲的、夸大其词的证据”。此项行动表明，黄禹锡并非就此沉沦，他依然雄心勃勃，希望重新证明他是世界上第一个成功克隆胚胎干细胞的人。当时的现实是，韩国政府取消了黄禹锡进行人类胚胎干细胞研究的资格，但是他培育出世界首条克隆狗的成就并没有遭到否定。

此前，在2006年8月18日，黄禹锡就已经开始商业行动。他通过律师宣布，重新设立研究机构，开展动物克隆研究。在首尔南部的生物研究设施，共集聚了30多名以前实验室的工作人员，与黄禹锡一起从零出发。当日，韩国科技部证实，黄禹锡已于7月14日从科技部获得设立“生命工程研究院”的许可。该机构由私人出资25亿韩元设立。

2008年5月22日，黄禹锡领衔的韩国Sooam生物技术研究基金会发表声明，从2008年6月18日开始，基金会的合作伙伴，美国加利福尼亚州的生物科技企业，“生物艺术”公司将通过网络在世界范围内拍

卖5只狗的克隆服务，每条狗的克隆服务起拍价为10万美元。6月19日，生命工程研究院高调宣布，以黄禹锡博士为首的一个科研小组成功克隆出了17只在中国广受欢迎的濒危动物藏獒，DNA检测证明，全部17只小藏獒都克隆自同一只藏獒。

同年9月25日，“人类干细胞研究以及制造方法”获得澳大利亚专利号2004309300。发明人共有19人，而此项发明的全部股份都归黄禹锡所有。事实上，2003年12月起，黄禹锡等已就人类干细胞研究技术向11个国家申请了专利。目前，他们还在等待加拿大、印度、俄罗斯以及中国的回复。生命工程研究院认为：“申请手续结束后，我们就可以从利用人类干细胞研究技术开发新药物的公司那里收取技术费了”，“这是一项可以与克隆羊多利持平的技术”。

从2005年遭遇低谷以来，黄禹锡研究团队不言放弃，满怀对自身成果与能力的信念，绝地反攻。与此同时，来自西方学术团体的科学数据与信息不断证实，黄禹锡们的努力成就从来就不应该被排斥在科学研究共同体之外。从2006年事发，到2009年6月，全球最完整的生物医学文献查询系统（PUBMED）内，可以发现黄博士至少已经发表了SCI论文27篇。[①]

2. 杰·夏腾（Gerald Schatten）

对于匹兹堡大学的夏腾教授而言，2009年6月，无疑是一段具有转折意义的日子。自从2005年告别《科学》等一流学术杂志近五年后，这个夏天，他的名字再次出现在同样著名的《自然》杂志上。唯一不同的是，这一次，他的文章合作伙伴不再是黄禹锡博士，取而代之的，是另一位以克隆猴而闻名的俄勒冈州比弗顿国立灵长类动物研究中心的沙乌科莱特·米塔利波夫博士。与世界一流的克隆专家联手撰写有关论文似乎成了夏腾教授的特色，尽管2005年，他以揭发人的身份，义正词严地举报了黄禹锡博士的学术伦理瑕疵，一度引起世人的关注，但同时也招来了一身的臊臭。这一次，针对5月27日，日本庆应义塾大学实

① Hwang Woo-Suk, http://www.ncbi.nlm.nih.gov/pubmed.

验动物研究中心佐佐木（Erika Sasaki）博士的研究团队，成功利用普通狨猴培育出世界上第一批可以复制人类疾病，并且会发出绿色狨猴皮肤荧光的转基因灵长类动物。[①] 夏腾以“一个毋庸置疑的里程碑”加以评论。事实上，转基因技术的长期危机与伦理危机一直困扰当今社会。[②]

1971年和1975年，夏腾教授分别获加州大学伯克利分校动物学学士学位和细胞生物学博士学位，以后在美国洛克菲勒大学和德国癌症研究中心做了多年的博士后研究。1999年起，他在《科学》与《自然》杂志上开始发表论文，成为以生物医学基础研究为业的千百位美国大学科研人员之一，2004年以前的夏腾并无特别建树，谈不上举世瞩目的贡献。2003年，作为灵长类克隆研究人士的夏腾甚至归纳说：“以目前的技术方法，在非人类灵长类动物利用核移植（NT，nuclear ）获得胚胎干细胞也许比较困难，生殖性克隆也难以实现。”这是继其经过716个猴卵实验，未获得单克隆细胞之后发表的言论。

2004年起，夏腾教授作为黄禹锡团队的主要研究人员，在《科学》与《自然》等重要杂志上刊登系列人类胚胎干细胞的克隆、纯化、分离和培育的文章，从而吸引学术圈的关注。夏腾教授如此评价黄禹锡团队的工作：这是一件“比研制出疫苗和抗生素更具划时代意义的大事”，“工业革命虽然起源于英国，但当时谁也不知道那是一场革命，如今在韩国首都首尔也许已经发生了能够改变人类历史的生命科学革命”。显然，处于欧美科学共同体中心的夏腾教授，此时已经比任何局外人都认可与了解这项工作的生物学专业意义，甚至可以说，具有战略眼光的夏腾教授已经更深刻地体会到了韩国团队的工作在科学发展历史上的永恒意义。

令人吃惊的是，2005年11月12日，夏腾突然指控黄禹锡在获取干细胞方面存在伦理学问题。11月21日，黄禹锡的合作者、生殖学专家卢圣一召开新闻发布会，承认他提取并交给黄禹锡作研究之用的卵子

---

① Erika Sasaki *et al*., “Generation of transgenic non-human primates with germline transmission”, *Nature*, 459: 523–527, 2009-05-28.

② 方益昉：《转基因水稻：科学伦理的底线在哪里？》，《东方早报》2010年3月21日。

是付费获取的。11月24日，黄禹锡因其主导的科研团队使用本队女研究员的卵细胞从事研究，并发生了与细胞获得有关的费用，黯然宣布辞去首尔大学的一切公职。

当黄禹锡的论文受到公开质疑后，夏腾立即远离了黄禹锡，在吸引全球眼光的黄禹锡事件中，作为当事人之一的夏腾，却从各路媒体中隐身，不再发表任何话语。原因之一是，当初，得知《科学》编辑部退还黄禹锡2004年的投稿后，正是夏腾自告奋勇，主动投奔黄禹锡主导的庞大科研团队，利用其置身欧美学术共同体中央的有利角色，出面为该论文在《科学》上的发表进行游说，同时，夏腾与黄禹锡达成合作协议，开始筹划另一篇投寄2005年《科学》的论文写作。

事实上，此时的夏腾还有更大的麻烦。因卷入黄禹锡事件，他正处于匹兹堡大学一个专门调查委员会的"研究不端行为"听证过程中。以罗森博格（Jerome Rosenberg）博士为委员会主席的听证报告指出，夏腾与黄禹锡的合作缘于2003年12月，在首尔召开的一次学术会议后，夏腾"辛苦地为这篇论文在《科学》杂志的发表进行游说，他并不真正知道这些数据的真实性"。委员会认为，夏腾的不端行为在于他在根本没有实施任何实验的情况下，将自己列为这篇论文的高级作者，但又"逃避"了验证数据的责任，"这是一个严重的过失，促进了伪造实验结果在《科学》杂志上的发表"。报告指出，夏腾还提名黄禹锡为美国科学院外籍院士和诺贝尔奖获得者。与此同时，夏腾接受了黄禹锡4万美元酬劳费，并要求黄禹锡再给他20万美元的研究经费，而且希望这笔经费每年都能更新。夏腾承认，自己负责了2005年《科学》论文的大部分写作，但三周后，他却告诉首尔大学调查委员会，自己没有为这篇论文写任何东西。可见其已前言不搭后语。

鉴于夏腾是在黄禹锡获取干细胞的途径方面首先发难，引发伦理学争议的。一般理解是，夏腾应是一位坚守传统西方伦理道德标准的忠实实践者，但事实并非如此。按西方伦理标准设立的科学道德规范中，夏腾在涉及卵子、金钱和人类生命终极关怀等一系列问题上，他在实际操作中是有选择性的，带有明显的功利倾向性。

2009年4月4日，《匹兹堡观察》披露，当年1月公布的专利申请中，刊登了夏腾与另两位匹兹堡大学同人一起提交的人体干细胞克隆技术。其中的许多细节，与他曾经的合作伙伴黄禹锡的技术如出一辙，为此，招致其收受黄禹锡资助的旧事被重提，但匹兹堡大学与夏腾均保持沉默，可见，一场有关人体干细胞克隆技术的商业专利之争，刚刚拉开帷幕。

掮客是商业发展中被认可的角色。当今时代，科学和技术已经与资本和利益捆绑在一起，学术掮客就必然成为科学共同体无法回避的现象之一。

3. 唐纳德·肯尼迪

在2005年的黄禹锡事件中，《科学》杂志被推向了浪尖。时至今日，如果在《科学》杂志的官方网站查阅黄禹锡的那两篇论文，刺眼的红字依然如故——“该文章已被撤销”。

2006年1月12日，美国《科学》杂志在首尔大学调查结果宣布当天，立即跟进撤稿。此时，离首尔大学介入调查（2005年12月18日）仅24天。时任《科学》主编唐纳德·肯尼迪（D. Kennedy）的声明反复强调，稿件撤除的最终依据，是基于首尔大学的调查报告。编辑部对论文数据概不负责，编辑部谨对《科学》的审稿人员和信任该杂志的其他独立研究人员企图重复该实验所花费的财力精力表示歉意。当然，他也披露，在黄禹锡涉及卵子伦理的2004年论文中，总共15名作者中有7人表示异议；2005年论文的全体作者同意了编辑部的撤稿决定。[①] 肯尼迪只字未提发稿过程中夏腾对《科学》的游说，以及《科学》的反应。直到“游说门”事件被披露后，他仍然冠冕堂皇地表示，夏腾为黄禹锡2004年论文的游说并没有违规，但这种行为已接近底线。夏腾的游说对发表论文的决定没有影响，因为《科学》杂志曾经要求过黄禹锡对论文作重新投稿处理。而同样掌握科学话语权的《美国医学联合会期刊》的执行编辑伦尼（Drummond Rennie）说，夏腾的游说行为和署名行为“是教科书上讲的典型例子，即将论文责

① Donald Kennedy (Editor-in-Chief), Editorial Retraction, *Science*, 311: 335, 2007-01-20.

献与责任和义务分开”。

将学术争论视为促进科学发展的必需途径，不屈服于一边倒的舆论影响，曾是《科学》等名牌杂志坚守的做派，他们对待争议论文和撤稿措施，一贯相当慎重，其中最为著名的事件，就要算基于肿瘤病毒研究，获1975年诺贝尔生理学或医学奖之一的巴尔的摩事件。1986年4月，时任美国洛克菲勒大学校长巴尔的摩教授，与麻省理工学院的合作者加里（T. I. Kari）教授，在《细胞》杂志发表了一篇有关重组基因小鼠内源性免疫球蛋白基因表达变化的论文，文章数据完整，程序清晰，结论合理。一个月后，加里的实验室同事、博士后研究员奥图尔（M. O'Toole）在仔细阅读原始实验记录后发现，论文中的关键数据无法在原始材料中找到，于是，她向有关方面对加里教授提出实验与论文造假的指控。但麻省理工学院认为，此事仅属记录有误，不算造假。奥图尔不服，继续向美国的国立卫生研究院（NIH）控告，《科学》《自然》《细胞》等权威杂志都拒绝刊登她的批评文章，巴尔的摩教授也拒绝声明撤回该论文。1988年，官司打到了国会。巴尔的摩教授在一份公开信中全力担保加里教授的人品与工作，并反击国立卫生研究院调查小组的行为是恶意干涉科学研究。直到1991年，另一个国会和联邦经济情报局的独立调查结果表明：实验的日期与加里教授的记录不一致。至此，巴尔的摩教授才承认自己为加里教授的辩护有误，辞去了洛克菲勒大学校长职务，并撤回论文；加里教授则被禁止十年内不得获取联邦研究经费资助。1996年，国立卫生研究院的另一个独立调查小组，再次推翻了对加里的全部19项指控，加里教授重新获聘任教，巴尔的摩教授随后出任加州理工大学校长，历时十年的科学声誉维权道路算是告一段落。

把巴尔的摩的陈年往事翻出来，并不是去评判这位出色生物学家的是非短长。以今日相对于当初，《科学》在黄禹锡事件中的处理标准和手法很不寻常，与巴尔的摩事件形成了一个显著对照。以24天对十年，《科学》在事件中的双重标准和处理手法，形成了一个显著的对照。时至今日，面对全球一流学者与杂志对黄禹锡贡献的逐步认识与肯定，相煎何急的24天中，主持《科学》的肯尼迪又做何感想。

4. 韩国政府

2009 年 4 月底，面对愈演愈烈的干细胞领域的商业竞争，韩国卫生福利部直属的健康产业政策局主任金刚理宣布，全国生物伦理委员会即日起有条件接受查氏医学中心（Cha Medical Centre）从事人类成体干细胞克隆的研究工作，该治疗性研究工作将在政府的严密监控下进行，项目主持人由曾作为黄禹锡研究团队主要研究人员的李柄千博士担任。至此，三年前由于黄禹锡突发事件被韩国政府迅速采取灭火措施，禁止任何形式的人体干细胞研究禁令最终松动。研究工作将直接从黄禹锡中断的体细胞核酸转移融合法（somatic cell nuclear transfer，SCNT）开始，考虑到愈来愈多的数据显示，该项工作的潜力与意义重大，而韩国在此领域的研究已经停顿了三年，从国际领先的地位，落到如今必须从头来过的尴尬境地。李柄千博士披露，他们的团队拥有 200 余位技术精英，政府每年拨款 1500 万美元资助，人体干细胞克隆的治疗性研究肯定会获得突破性进展。相比较上一次举全国之力，将黄禹锡奉为民族英雄的全国战略，这一次，政府的起步相对低调，但政府背景的全力背书格局，没有发生根本性的变化。在国家干细胞产业的战略层面，韩国目前面临着国内与国际的两大挑战，一方面，美国、日本、英国和中国的研究团队，分别在人体干细胞领域开展白热化程度的竞争。另一方面，至今被韩国政府吊销人体干细胞研究资格的黄禹锡，已经另辟动物克隆商业竞争战场，背靠韩国政府的李柄千团队声称，掌握狗克隆技术的首尔大学目前已向总部设在首尔的 RNL Bio 生物技术公司颁发了克隆许可，由李柄千亲自负责克隆狗项目。克隆狗服务的价格高达 3 万—5 万美元 / 条，一旦成功投放市场，将给公司带来数百万美元的丰厚回报。由此，黄与李分别领衔的、目前世界上仅有的成功克隆出狗的这两个团队之间的竞争随之升级，陷入了一场激烈的专利权争夺战。

对于韩国政府而言，近年来实施的干细胞全攻略的教训是惨烈的，因为这是一场基于西方学术、伦理、文化标准的高科技竞赛。黄禹锡被韩国民众捧上神坛，又因丑闻从神坛上跌落，从“国宝”变为“国耻”的这一过程，与韩国政府和民众寄予这位“克隆之父”过多的赞誉和过高的期盼密不可分。韩国民众执迷于韩国科学家荣获诺贝尔奖的急切企盼之中，并将希望寄托于黄禹锡的身上。韩国政府也头脑发热，授予黄禹锡韩国“最高科学家”称号，并迫不及待地将黄的“丰功伟绩”写入了韩国历史教科书。黄禹锡事件曝光后，韩国各界开始进行痛苦的，然而却是冷静的反思，领悟到这一切的一切似乎都来自于“在真相和国家利益中，国家利益至高无上”的错误思想。黄禹锡所描绘的干细胞研究造福人类的美好前景，恰恰契合了韩国经历金融危机后，迫切寻求经济动力的心理需求。在这种心理的推动下，很多人甚至在黄禹锡“反道德”获取卵子一事被披露后，仍主动要求捐献卵子用于研究，并对曝光“黄禹锡事件”的电视台进行攻击。一些支持黄禹锡的网民还摆出了“为了国家利益不管真的假的都支持”的理论。[①]

从政治层面而言，以举国之力承担国家战略，是儒家文化圈中理所当然的原则，而这恰恰击中了西方民主理念的大忌。作为一种国家战略，韩国政府表示，干细胞技术的产业化，可以体现新世纪科技实用主义与全球经济竞赛的绝妙关系，可谓阐述一针见血。韩国的干细胞研究仍然需要继续，为避免已达到国际水平的干细胞研究技术被埋没，决定由科技部和产业资源部等制订和推进多部门的综合计划，由来自政府和学术机构组成的有关专家，初步计划推动韩国在 2015 年进入世界干细胞研究三强，相关产品的产值占领全球市场的 15% 份额，按估算，计划中的干细胞产业经济总额将是目前韩国在全球电子与汽车所占份额的 100 倍。

2009 年 8 月 31 日到 9 月 3 日，由韩国“国际组织工程和再生医学学会”召集的第二届世界年会与 2009 年首尔干细胞论坛高调推出，论坛主旨是“一切为了患者的科学与技术”。这一次，因曾经的业内大腕容易引发联想，黄禹锡与夏腾均不在专家委员会名单中。

黄禹锡事件上，首尔方面既要向西方世界表明，其无意实行科学国家主义，政府举国之力争夺生物技术市场，有悖市场自由化的现代国家整体形象；又在黄禹锡事件的最终处理上，采用高高举起、轻轻放下的

① 方益昉、叶剑：《克隆猴、基因鸡尾酒和黄禹锡事件——干细胞研究进展及科学话语权之争》，《科学》2008 年第 2 期。

策略。牺牲一个小我，拯救家国大我，东方儒家文化在与西方的文化周旋中，有两难，未必两输。

三、黄禹锡事件的科学史研究意义

基于过去五年中，发生在黄禹锡事件中的关键细节与关键人物，尤其是发生在整个全球干细胞研究领域中的相关进展，任何一位历史学者都已经不难看出，黄禹锡事件不再是一个结论清晰的学术造假事件。从黄禹锡事件出发，获得史学与哲学层面上的研究成果，还有相当艰巨但是意义非凡的工作有待落实：（1）完整厘清历史真相；（2）将上述事件置于科学发展的整个历史进程中全盘研究；（3）科学交流对于世界进程的历史作用；（4）当下国际政治、经济、文化生态下，如何制定与采取战略性的科技发展政策；（5）建立一个基于东方文化传承的伦理标准和学术话语的可能性，等等。

回顾人类社会发展的历史，科学技术的进步与发展从来伴随着政权的争夺与资源的掌控。[①] 近三百年来，西方基督教文明的东征历程中，一直是以科学技术传播打头阵，甚至不惜以先进科学技术发展起来的快舰重炮打头阵，但是，世事并不如愿。“自我中心错觉”中的西方“狭隘与傲慢”，自始至终遭遇儒家文化圈的主流思想化解、解构与改良，晚清倡议的“中学为体，西学为用”，日本提出的“日本的精神，西方的技术”，最终使得西方赢得世界不是通过其思想、价值或宗教的优越，而是通过它运用有组织的暴力方面的优势，西方人常常忘记这一事实；非西方人却从未忘记。[②]

进入21世纪后，全球化的趋势又将资本的话语和文明的平等这些更为现实的普世基本理念植入世界文明圈、政权地缘、科学共同体和利益财团，用于交流、维持、帮衬和争夺的实际操作过程之中，话语和利益之争一如既往地成为科学、技术、经济和社会交流之间的重大影响因

① 江晓原：《天学真原》，辽宁教育出版社，2004年。
② 塞缪尔·亨廷顿：《文明的冲突与世界秩序的重建》，新华出版社，2002年。

素，对科学史与科学哲学研究者而言，及时介入有关科学技术的发展策略领域，妥善援用对话、理解与妥协的政治手段，适时提出“科学政治学”的学术概念，理应正逢其时。

以黄禹锡事件为研究样本，探讨科学史和科学哲学领域内，东亚儒家文化背景下的共同焦点，实属难得，极具借鉴作用。科学与技术的发生和发展，不仅展示了人类在科技进步中的智慧，同时延伸出人类社会应对伦理、利益与全球发展的深层焦虑，有待体现与高新技术发展孪生的，人类精神与社会层面的进化水准。

原载《上海交通大学学报》（哲学社会科学版）第 19 卷第 2 期（2011）
《新华文摘》2011 年第 13 期全文转载

二〇一二

［**纪事**］穆蕴秋是我指导的首位“对科幻作品的科学史研究”方向的博士生，2010年她以优异成绩获得博士学位，为她主持博士论文答辩的是中国科学院上海天文台前台长、著名天文学家赵君亮教授。2012年她正在博士后工作阶段，我们在文中提出了一个较为激进的理论。

科学与幻想：一种新科学史的可能性

一、绪论：伽利略月亮新发现的影响

和科学史上的其他许多问题一样，关于宇宙中其他世界上是否存在生命的问题，也同样可以追溯到古希腊。

原子论的提出者，留基伯（Leucippus）和德谟克里特（Democritus）最早表达了无限宇宙的思想，认为生命存在于宇宙的每一个地方。随后伊壁鸠鲁（Epicurus）及其思想继承人卢克莱修（Lucretius），也分别在各自的著作中表达过类似的思想。[①②] 与原子论者的看法相反，柏拉图（Plato）在《蒂迈欧篇》（*Timaeus*）中并不赞同“无限宇宙”的观点。[③] 亚里士多德（Aristoteles）从构成世界的物体本性相同的前提

① Diogenes Laertius, *The Lives and Opinions of Eminent Philosophers,* Yonge C. D.(Translated), London: H. G. Bohn, 1853, p. 440.

② 卢克莱修：《物性论》，方书春译，商务印书馆，1999年，第123—124页。

③ 柏拉图：《蒂迈欧篇》，谢文郁译，上海人民出版社，2005年，第21页。

出发，在《论天》（*On the Heaven*）中也对“多世界”观点进行了反驳。[①]

而伽利略（Galileo Galilei）在1609年通过望远镜所获得的月亮环形山新发现，**成为一个分界点：在此之前，关于外星生命或文明的讨论主要来自哲学家们的纯思辨性构想；在此之后，相关探讨结论是在望远镜观测结果的基础上进行的。**1610年，伽利略在新出版的《星际使者》（*The Sidereal Messenger*）一书中提到，1609年12月，他用望远镜对月球进行了一段时间的连续观测后确信：

> 月亮并不像经院哲学家们所认为的，和别的天体一样，表面光滑平坦均匀，呈完美的球形。恰恰相反，它一点也不平坦均匀，布满了深谷和凸起，就像地球表面一样，到处是面貌各异的高山和深谷。[②]

伽利略对月亮环形山的发现，与他观测到的太阳黑子和金星相位的变化，推翻了亚里士多德经院哲学家们一直所宣扬的，月上区天体是完美无瑕的说教。除了这一重要影响之外，伽利略通过望远镜所得到的天文观测结果，还在其他两个方面产生了值得关注的影响。

首先，一些科学人士基于望远镜的观测结果，开始对其他星球适宜居住的可能性，展开了持续的探讨。天文学历史上许多很有来头的人物，如开普勒（Johannes Kepler）、威尔金斯（John Wilkins）、冯特奈尔（Bernard le Bovier de Fontenelle）、惠更斯（Christian Huygens）、威廉·赫歇尔（Wilhelm Herschel）等，都参与了相关的讨论——不过几乎无一例外，在大多数正统的天文学史论著中，这些内容都被人为“过滤”掉了。

其次，与科学界人士对地外生命的探讨相对应的是，从17世纪开始，文学领域开始出现一大批以星际旅行为主题的幻想作品。公元2世纪卢西安（Lucian）的幻想小短文《真实历史》（“True History”），现在

---

① 亚里士多德：《论天》，《亚里士多德全集》（第二卷），苗力田译，中国人民大学出版社，1991年，第289页。

② Galileo Galilei, *The Sidereal Messenger*(1610). Carlos E. S.(Translated), London: Rivingtons, 1880, p. 15.

一般被认为是最早的星际旅行幻想故事，此后文学作品中有关星际旅行的作品极为少见。这一题材在17世纪的重新复苏，很大程度上与伽利略望远镜天文观测新发现有着直接关系。①

上述科学与幻想两方面的成果，在后来不断累积的过程中并非彼此隔绝，它们的边境始终是开放的，很多幻想都可以看作科学活动的一部分。下文将通过具体例证从三个方面对此进行详细论述。

二、幻想作为科学活动的一部分

1. 星际幻想小说对星际旅行探索的持续参与

约翰·威尔金斯是英国皇家学会的创始人之一，他很可能是科学历史上第一位对空间旅行方式系统进行关注的人士。1640年，他在《关于一个新世界和另一颗行星的讨论》（*A Discourse Concerning a New World and Another Planet*）一书第14小节的内容中，总结了三种到达月球的方式。②［在1648年出版的《数学魔法》（*Mathematical Magick*）第二部分有关“机械原理”的ⅵ、ⅶ和ⅷ三节内容中，威尔金斯又补充了

---

① 星际旅行幻想小说的这种中断和复苏的状况，很容易让人把它和亚当·罗伯茨在《科幻小说史》（北京大学出版社，2010年）中，提到的一个“所有（研究）科幻小说的历史学家必须回答的问题”对应起来：在整个文学领域，从400年到17世纪初，科幻出现了一千多年的中断期。
罗伯茨把出现这一漫长中断过程的原因，归结于这一时期占主流的“［新］柏拉图哲学、亚里士多德宇宙论和基督教神学的混合体”。这种“混合体”的特征是，“地上的王国与形而上－超越的天上王国的区别”。天上的王国被认为由高等而纯粹之物（以太）构成，尘世之物完全不可与之相比。因此，罗伯茨认为，这一时期的星际旅行面对的是一神教群体，受控于专制的宗教权威，它禁止了科幻小说所需要的想象空间。罗伯茨给出的这一理由，用于解释月球旅行幻想小说的中断其实也是贴切的，作为同属“月上区”完美天体的月亮，一样被纳入了宗教“神界”的范畴，旅行到那里并不是一个合适的构想。
至于科幻小说在17世纪的复苏，罗伯茨认为，这是哥白尼宇宙理论取代托勒密宇宙体系的过程中，在多方面产生革命性影响的一个附带结果。在哥白尼的宇宙模型中，从前的“神界”被尘世化了，这种宗教的禁忌一旦被逐渐打破，幻想的障碍也就随之不复存在。罗伯茨的这个解释观点颇有创见，但他在论述中完全忽略了望远镜的出现对这种文学类型的复苏所起到的重要影响。

② *The Mathematical and Philosophical Works of the Right Rev. John Wilkins*, London: Published by C. Whittincham, Dean Street, Petter Lane, 1802, 1: 127–129.

第四种月球旅行方式。[①]]

威尔金斯的四种月球旅行方式分别为：第一，在精灵（spirit）或天使（angel）的帮助下；第二，在飞禽的帮助下；第三，把人造翅膀扣在人体上作为飞翔工具；第四，利用飞行器（flying chariot）。在对第一种和第二种方案进行阐释时，威尔金斯特别援引了两部科幻小说的设想来作为例证——开普勒的《月亮之梦》（*Kepler's Dream*，1634）和戈德温（Francis Godwin）的《月亮上的人》（*The Man in the Moon*，1634）。

事实上，威尔金斯所谈及的其他两类旅行方式，也同样可以在幻想小说中找到类似的设想。把人造翅膀扣在人体上作为飞翔工具这种方法，公元2世纪卢西安在《真实历史》中就已经想象过。至于飞行器的设想，和威尔金斯同时代的法国小说家伯杰瑞克（Cyrano de Bergerac）的《月球旅行记》（*The Voyage to the Moon*，1656）和英国文学家丹尼尔·笛福（Daniel Defoe，他更有名的著作是《鲁滨逊漂流记》）的《拼装机》（*The Consolidator*，1705）两部小说中的主人公，都是通过这种方式到达月亮的。[②]

相较于17、18世纪的月球旅行，19世纪科幻小说中开始出现更多新的太空（时空）旅行方式，归纳起来主要有以下几种：

（1）通过气球旅行到其他星体上，代表作品是《汉斯·普尔法旅行记》（*Hans Pfaall*，1835）；（2）通过特殊材料制成的飞行器，代表作品是《奇人先生的密封袋》（*Mr. Stranger's Sealed Packet*，1889）；（3）太空飞船，代表作品是《世界之战》（*The War of the Worlds*，1898）；（4）炮弹飞行器，代表作品是《从地球到月球》（*From the Earth to the Moon*，1865）、《金星旅行记》（*A Trip to Venus*，1897）等；（5）时间机器，代表作品是《时间机器》（*Time Machine*，1895）；（6）睡眠，代表作品是马克·吐温的《康州美国佬在亚瑟王朝》（*A Connecticut Yankee in King Arthurs Court*，1998）。

---

① Wilkins John, *Mathematical Magick*(1648), London: Printed for Edw. Gellibrand at the Golden Ball in St. Pauls Churchyard, 1680, pp.199–210.

② 书名中的“consolidator”是笛福小说中飞行器的名称。因找不到对应的中译词汇，暂译为“拼装机”。

上述这些设想中，“时间机器”最具生命力。1895年，威尔斯（H. G. Wells）在小说《时间机器》中，让主人公乘坐“时间机器”来到了未来世界（公元802701年），所依据原理是“时间就是第四维”的设想。爱因斯坦在1915年发表的广义相对论，使得这一纯粹的幻想变成了有一点理论依据的事情，此后不少科学家，如荷兰物理学家斯托库姆（J. van Stockum）[①]、哥德尔（Kurt Gödel）[②]、蒂普勒（Frank Tipler）[③]等人，先后在爱因斯坦场方程中找到了允许时空旅行的解。事实上，关于时空旅行的探讨，在理论物理专业领域内已经成为一个重要的研究课题。

在《时间机器》之后，科幻领域出现了数量蔚为壮观的以时空旅行为题材的科幻作品。从科学与幻想存在互动关系的角度而言，最值得一提的有两部：一部是天文学家卡尔·萨根（Karl Sagan）创作的科幻小说《接触》（*Contact*，1985），另一部是吉恩·罗顿伯里（Gene Roddenberry）编剧兼制作人的长播科幻剧集《星际迷航》（*Star Trek*，1966—2005）系列。

《接触》在1995年改编为同名电影的过程中，由于萨根对自己设置的利用黑洞作为时空旅行手段的技术细节并不是太有把握，为了寻找科学上能站住脚的依据，他向著名物理学家基普·索恩（Kip S. Thorne）求助。索恩随后和他的助手把相关的研究成果，以论文形式主要发表在顶级物理学杂志《物理学评论》（*Physical Review*）上，从而在科学领域打开了一个新的研究方向，使得一些科学人士开始思考虫洞作为时空旅行手段的可能性。[④]

在《星际迷航》中，罗顿伯里想象了另一种新的超空间旅行方式——翘曲飞行（warp drive），它能使两个星球之间的空间发生卷曲并建立一

---

① Van Stockum W. J., “The Gravitational Field of a Distribution of Particles Rotating around an Axis of Symmetry”, *Proc. Roy. Soc. Edinburgh*, 1937, 57: 135.

② Gödel K., “An Example of a New Type of Cosmological Solution of Einstein’s Field Equations of Gravitation”, *Rev. Mod. Phys. D.*, 1949, 21: 447–450.

③ Tipler F. J., “Rotating Cylinders and the Possibility of Global Causality Violation”, *Phys. Rev. D.*, 1974, 9(8): 2203–2206.

④ Morris M. S. & Thorne K. S. & Yurtsever U. Wormholes, “Time Machines, and the Weak Energy Condition”, *Phys. Rev. Lett.*, 1988, 61(13): 1446–1449.

条翘曲通道，以此来实现超光速旅行。翘曲飞行现在一般也被称作“埃尔库比尔飞行”（Alcubierre Drive），这是因为1994年英国威尔士大学的马格尔·埃尔库比尔（Miguel Alcubierre）在《经典与量子引力》杂志上发表论文对翘曲飞行进行了认真讨论，引发了关于时空旅行新的研究热潮。①

2. 科幻小说作为独立文本参与科学活动

科幻小说作为独立文本存在时，也会直接或是间接地参与到科学活动中来，参与的形式归结起来主要有以下三种：

第一种，科幻小说中的想象结果对某类科学问题的探讨产生直接影响。这类例证中，最典型的是17世纪英国科学人士查尔斯·默顿（Charles Morton）撰写的一篇阐释鸟类迁徙理论的文章。默顿在文中提出一种惊人的观点认为，冬天鸟都飞到月亮上过冬去了。②研究鸟类迁徙理论的一些人士在后来谈及默顿这个结论时，都倾向把它当成一种匪夷所思的观点③，直到1954年，得克萨斯大学的学者托马斯·哈里森（Thomas P. Harrison）在《爱西斯》（*Isis*）上发表的一篇论文中，才从新的视角对默顿这本小册子中相关内容的思想来源进行了考证，他认为默顿的鸟类迁徙理论是受了戈德温1634年出版的幻想小说《月亮上的人》的影响。④

小说情节很简单，讲述了一位被流放到孤岛上的英雄，在偶然情形下被他驯养的一群大鸟带到月亮上，经历了一番冒险的故事。在第五章中，戈德温通过描述主人公在月亮上的所见对月亮世界进行了想象，其中特别描写主人公看到了许多从地球迁徙来的鸟类，并得出结论说：

---

① Alcubierre M., “The Warp Drive: Hyper-Fast Travel Within General Relativity”, *Classical Quantum Gravity*, 1994, 11: 73–77.

② An Enquiry into the Physical and Literal Sense of that Scripture Jeremiah viii. 7, *Harleian Miscellany*, London: Robert Dutton, Gracechurch-Street, 1810, 5: 498–511.

③ Barrington Daines, An Essay on the Periodical Appearing and Disappearing of Certain Birds, at Different Times of the Year. In a Letter from the Honourable Daines Barrington, Vice-Pres. R. S. to WilliamWatson, M. D. F. R. S., *Philosophical Transactions*, 1772, 62: 265–326; Frederick C. Lincoln, *The Migration of American Birds*, New York: Doubleday, Doran & Company, 1939, pp.8–9.

④ Harrison Thomas P., “Birds in the Moon”, *Isis*, 1954, 45(4): 323–330.

“现在知道了，这些鸟类……从我们身边消失不见的时候，全都是来到了月亮上，因为，它们和地球上同种类型的鸟类没有任何不同，长得几乎完全一模一样。”

很难判断戈德温对月亮上飞鸟的这种描述，究竟只是他的一种想象，还是他本人对鸟类迁徙理论观点的一种表达。不过这样的情节出现在一本幻想小说中，对读者来讲，原本应见怪不怪。但按照哈里森的解读，戈德温的这种想象结果，却给了同时代的默顿极大启发，进而用科学论证的方式来对此进行解释。而前面提及的威尔斯的《时间机器》、萨根的《接触》，以及电视系列剧《星际迷航》，其实也都可以归入这样的例证中。

第二种，科幻小说把科学界对某一类问题（现象）讨论的结果移植到自身创作情节中。此处可举威尔斯发表的《世界之战》为例。在小说第一章交代的故事背景中，威尔斯描绘了书中主人公和一些天文学家，观测到了火星上出现一系列奇异的火星喷射现象。① 而让地球人始料未及的是，这一切奇怪的现象，其实是生存条件恶化、已濒临灭亡的火星人派遣先头部队入侵地球的前兆。

小说中所描述的这一系列奇异的火星观测结果，并非威尔斯杜撰而来，书中提到的 1894 年 8 月 2 日发表在《自然》（*Nature*）杂志上报告“火星上出现剧烈亮光”的文章，在现实中确有其文，匿名作者甚至还把这种现象的“人为原因”指向了来自火星讯息的可能性。② 这一猜想导致该文随后受到了科学界人士和大众媒体的广泛关注，而威尔斯创作这一故事的灵感，也正是从当时关于猜测火星在向地球发射信号的传言中获得的。

除《世界之战》外，类似的例证还可举出很多。如 1835 年《太阳报》上的著名骗局“月亮故事”，就是受到了数学家高斯（Karl F. Gauss）等人对月亮宜居可能性讨论结果的启发③；博物学者路易斯·格拉塔卡

---

① Wells H. G., *The War of the Worlds*, Derwood: Arc Manor LLC, 2008, pp. 9–14.

② “A Strange Light on Mars”, *Nature*, 1894-08-02, 50(1292): 319.

③ 穆蕴秋、江晓原：《十九世纪的科学、幻想和骗局》，《上海交通大学学报》2011 年第 10 期。

（Louis Gratacap）的《火星来世确证》（*The Certainty of a Future Life in Mars*，1903），则是借用了特斯拉（Nikola Tesla）等人通过无线电和假想中的火星文明进行交流的设想[①]；而业余天文学家马克·威克斯（Mark Wicks）之所以写作《经过月亮到达火星》（*To Mars via the Moon: An Astronomical Story*，1911），则是想通过这部幻想小说来表达他对洛韦尔"火星运河"观测结果的支持。

第三种，科幻小说直接参与对某个科学问题的讨论。这样的案例中最有代表性的是对"费米佯谬"的解答。"费米佯谬"源于费米的随口一语，却有着深刻意义。[②]由于迄今为止，仍然缺乏任何被科学共同体接受的证据，能够证明地外文明的存在；另一方面，科学共同体也无法提出任何令人信服的证据，能够证明外星文明不存在，这就使得"费米佯谬"成为一个极端开放的问题，从而引出各种各样的解答方案。这些解决方案大致可以分成三大类：（1）外星文明已经在这儿了，只是我们无法发现或不愿承认；（2）外星文明存在，但由于各种原因，它们还未和地球进行交流；（3）外星文明不存在。

在上述三种可能性并存的情形下，"费米佯谬"为科学研究者和科幻作家们提供了巨大的施展空间，到目前为止，它已经被给出了不少于50种解答方案。其中代表性的学术成果有动物园假想（The Zoo Scenario）[③]、隔离假想（The Interdict Scenario）[④]、天文馆假设（The Planetarium Hypothesis）[⑤]等。为"费米佯谬"提供解答的知名科幻作品则有阿西莫夫的《日暮》、波兰科幻小说家斯坦尼斯拉夫·莱姆的《宇宙创始新论》等。[⑥]值得一提的是，中国科幻作家刘慈欣在2008年出

---

① "Talking with the Planets", *Collier's Weekly*, 1901-2-19, 4-5.

② 穆蕴秋、江晓原：《宇宙创始新论：求解费米佯谬一例》，江晓原、刘兵主编《我们的科学文化3·科学的异域》，华东师范大学出版社，2008年。

③ Ball J. A., "The Zoo Hypothesis", *Icarus*, 1973, 19: 347-349.

④ Fogg M. J., "Temporal Aspects of the Interaction Among the First Galactic Civilizations: The Interdict Hypothesis", *Icarus*, 1987, 69: 370-384.

⑤ Baxter S., "The Planetarium Hypothesis: A Resolution of the Fermi Paradox", *Journal of the British Interplanetary Society*, 2001, 54(5/6): 210-216.

⑥ 穆蕴秋、江晓原：《宇宙创始新论：求解费米佯谬一例》，江晓原、刘兵主编《我们的科学文化3·科学的异域》，华东师范大学出版社，2008年。

版的科幻小说《三体Ⅱ》中，提供了第一个中国式解答——“黑暗森林法则”。

3. 科学家写作的科幻小说

科学与幻想开放边境两边的密切互动，还体现为另一种比较特殊的文学现象——由科学家撰写的幻想小说。此处姑以早期文献开普勒的《月亮之梦》（*Kepler's Dream*）为例，来进行论述和分析。

《月亮之梦》的雏形，始于1593年开普勒就读德国图宾根大学期间。在文中开普勒设想，如果太阳在天空中静止不动，那么对于站在月球上的观测者，天空中其他天球所呈现出的运行情况将会是怎样的——是在日心体系中的情形。这篇已经富有科学幻想色彩的论文在当时未能公开发表。十五年后开普勒重拾旧作，在原文基础上扩充内容，1620年至1630年期间，他又在文末补充增添了多达223条的详细脚注，合起来其长度四倍于正文还不止，即成《月亮之梦》。[①]

《月亮之梦》除了作为一部讨论月亮天文学的论著，有时也被当作科幻小说的开山之作。[②] 从全书内容来看，这主要是由于以下三方面的内容：

首先是它的形式——以梦的形式写成。开普勒在书中说，本书中的内容，来自他某次“梦中读到的一本书”中主人公留下的记载，在那本梦中的书里，精灵引领着主人公和他的母亲作了一次月球旅行。

其次是关于月球旅行的方式。开普勒对这个情节的幻想完全体现了他天文学家的职业背景：那些掌握着飞行技艺的精灵，生活在太阳照射下地球形成的阴影中，精灵们选择当地发生月全食时作为从地球飞向月亮的旅行时刻——这时地球在太阳照射之下所形成的锥形阴影就能触及月亮，这就形成了一条到达月球的通道。

再次，相比以上两点更重要的，是开普勒对“月亮居民”的描述。

---

① Kepler J., *Kepler's Dream*(1634), Kirkwood P. F.(Translated), California: University of California Press, 1965.

② Menzel D. H., “Kepler's Place in Science Fiction”, *Vistas in Astronomy*, 1975, 18(1): 895–904.

这并非是开普勒的凭空想象，而是他对望远镜月亮观测结果的一种解释，所依据的观测现象是：月亮上一些斑点区域内的洞穴呈完美的圆形，圆周大小不一，排列井然有序，呈梅花点状。开普勒认为，这些洞穴和凹地的排列有序以及洞穴的构成情形，表明这是月球居民有组织的建筑成果。

由此可见，《月亮之梦》中的幻想与开普勒所讨论的月亮天文学其实有着直接关系。或者也可以这样说，这类幻想是开普勒关于月球天文学的科学探索活动的一部分。

除了开普勒的《月亮之梦》，当然还有很多科幻小说出自科学家之手，表1是其中代表性文本的概览：

表1　天文学家和物理学家所著科幻小说举要（根据相关作品整理）

<table>
<tr><th>姓名</th><th>专业背景</th><th>代表作品</th><th>年代</th><th>国别</th></tr>
<tr><td>开普勒</td><td>天文学家</td><td>《月亮之梦》（Kepler's Dream）</td><td>1634</td><td>德国</td></tr>
<tr><td rowspan="2">弗拉马里翁</td><td rowspan="2">天文学家</td><td>《鲁门》（Lumen）</td><td>1872</td><td rowspan="2">法国</td></tr>
<tr><td>《世界末日》（La Fin du Monde）</td><td>1893</td></tr>
<tr><td>马克·威克斯</td><td>天文学家</td><td>《经过月亮到达火星》（To Mars via the Moon）</td><td>1911</td><td>英国</td></tr>
<tr><td rowspan="3">齐奥尔科夫斯基</td><td rowspan="3">火箭科学家和太空航行理论的先驱</td><td>《月亮之上》（On the Moon）</td><td>1895</td><td rowspan="3">俄国</td></tr>
<tr><td>《地球和天空之梦》（Dreams of the Earth and Sky）</td><td>1895</td></tr>
<tr><td>《地球之外》（Beyond the Earth）</td><td>1920</td></tr>
<tr><td rowspan="2">弗里德·霍伊尔</td><td rowspan="2">天文学家</td><td>《黑云》（The Black Cloud）</td><td>1957</td><td rowspan="2">英国</td></tr>
<tr><td>《仙女座安德罗米达A》（A for Andromeda）</td><td>1962</td></tr>
<tr><td>卡尔·萨根</td><td>天文学家</td><td>《接触》（Contact）</td><td>1986</td><td>美国</td></tr>
</table>

值得补充的是，科学家所写作的科幻小说，作为一种较为特殊的文本，也已经被其他人士注意到了。1962年，著名科幻小说编辑克罗夫·康克林（Groff Conklin）主编了一本科幻小说选集《科学家所

著之优秀科幻小说》(*Great Science Fiction by Scientists*)。[1]书中选取了16位科学家写作的科幻小说。除了大名鼎鼎的阿西莫夫和阿瑟·克拉克之外，其他人物还有来自赫胥黎家族的朱利安·赫胥黎(Julian Huxley)——人们更熟知的可能是朱利安的同父异母弟弟奥尔德思·赫胥黎(Aldous Huxley)，即著名"反乌托邦"小说《美丽新世界》(*Brave New World*，1932)的作者；还有著名核物理学家里奥·西拉德(Leo Szilard)等人。西拉德入选的作品是《中央车站》(*Grand Central Terminal*，1952)，他还创作了另外七篇科幻小说。

三、如何看待含有幻想成分的"不正确的"科学理论

上一节中，我们探讨了科幻作品参与科学活动的几种形式，与此相对应的是，天文学历史上对地外文明进行探索的过程中，许多理论也包含幻想的成分。

要尝试将科学幻想视为科学活动的一部分，主要的障碍之一，来自一个观念上的问题：即如何看待历史上的科学活动中那些在今天已经被证明是"不正确"的内容？因为许多人习惯于将"科学"等同于"正确"，自然就倾向于将幻想和探索过程中那些后来被证明是"不正确的"成果排除在"科学"范畴之外。

关于科学与正确的关系，前人已有论述。英国剑桥大学的古代思想史教授G. E. R. 劳埃德，在他的《古代世界的现代思考：透视希腊、中国的科学与文化》一书中，就引入了对"科学"与"正确"的关系的讨论。[2]针对一些人所持有的，古代文明中的许多知识和对自然界的解释，在今天看来都已经不再"正确"了，所以古代文明中没有科学的观点。劳埃德指出："**科学几乎不可能从其结果的正确性来界定，因为这些结果总是处于被修改的境地**"，他认为，"我们应该从科学要达到的目标或目的

---

① Conklin G., *Great Science Fiction by Scientists*, New York: Collier Books, 1962.

② G. E. R. 劳埃德：《古代世界的现代思考：透视希腊、中国的科学与文化》，钮卫星译，上海科技教育出版社，2008年，第15—27页。

来描绘科学”。

劳埃德深入讨论了应该如何定义“科学”。他给出了一个宽泛的定义：凡属“理解客观的非社会性的现象——自然世界的现象”的，都可被称为“科学”。劳埃德认为，抱有上述目标的活动和成果，都可以被视为科学。按照这样的定义，任何有一定发达程度的古代文明，其中当然都会有科学。

与此相应的是，笔者之一在2005年发表的《试论科学与正确之关系：以托勒密与哥白尼学说为例》一文中，也从学术层面对该问题进行了正面论述。[①] 文中特别指出：

> 因为科学是一个不断进步的阶梯，今天“正确的”结论，随时都可能成为“不正确的”。我们判断一种学说是不是科学，不是依据它的结论在今天正确与否，而是依据它所用的方法、它所遵循的程序。

为了论证这一观点，文中援引了科学史上最广为人知的两个经典案例：

第一个案例是托勒密的“地心说”。站在今天的立场来看，托勒密的这个宇宙模型无疑是不正确的。但这并不妨碍它仍然是“科学”。因为它符合西方天文学发展的根本思路：在已有的实测资料基础上，以数学方法构造模型，再用演绎方法从模型中预言新的天象；如预言的天象被新的观测证实，就表明模型成功，否则就修改模型。托勒密之后的哥白尼、第谷，乃至创立行星运动三定律的开普勒，在这一点上都无不同。再往后主要是建立物理模型，但总的思路仍无不同，直至今日还是如此。这个思路，就是最基本的科学方法。

第二个案例是哥白尼的“日心说”。托马斯·库恩（Thomas Kuhn）等人的研究已经指出，哥白尼学说不是靠“正确”获胜的。

---

① 江晓原：《试论科学与正确之关系：以托勒密与哥白尼学说为例》，《上海交通大学学报》第13卷第4期（2005），第27—30页。

因为自古希腊阿里斯塔克的“日心说”开始，这一宇宙模型就面临着两大反驳理由：一、观测不到恒星周年视差，无法证明地球的绕日运动；二、认为如果地球自转，则垂直上抛物体的落地点应该偏西，而事实上并非如此。这两个反驳理由都是哥白尼本人未能解决的。除此以外，哥白尼模型所提供的天体位置计算，其精确性并不比托勒密模型的更高，而和稍后出现的第谷地心模型相比，精确性更是大大不如。按照库恩在《哥白尼革命》一书中的结论：哥白尼革命的思想资源，是哲学上的“新柏拉图主义”。换言之，哥白尼革命的胜利并不是依靠“正确”。

上述对“科学”与“正确”关系的探讨虽然没有涉及幻想的成分，但那些包含有幻想成分而且已被证明是“不正确”的理论，无疑也可纳入同一框架下来重新思考和讨论。在此我们不妨以英国著名天文学家威廉·赫歇尔“适宜居住的太阳”观点为例，来做进一步考察和分析。这个例子中明显包含了幻想的成分。

1795年和1801年，威廉·赫歇尔在皇家学会的《哲学通汇》（*Philosophical Transactions*）上发表了两篇文章，对太阳本质结构进行探讨，他提出了一个非常有想象力的观点——认为太阳是适宜居住的。根据前面提及的判断一种学说是否“科学”的两条标准，我们来看一看，赫歇尔在得出这一今天看来貌似荒诞的结论时，所使用的研究方法和所遵循的程序。

在第一篇论文开篇，赫歇尔对其研究方法进行了专门介绍：在一段时间内对太阳进行连续观测，然后对几种观测现象的思考过程进行整理，并附加了几点论证，这些论证采用的是“认真考虑过的”类比方式。[①] 通过此法，赫歇尔最后得出结论认为，发光的太阳大气下面布满山峰和沟壑，是一个适宜居住的环境。在第二篇论文中，赫歇尔在研究方法上更进一步，他提出了一种存在于太阳实体表面的“双层云”结构模型。在他看来，“双层云”结构模型除了为各种太阳观测现象的解释

---

① Herschel W., “On the Nature and Construction of the Sun and Fixed Stars”, *Philosophical Transactions of the Royal Society of London*, 1795, 85: 46–72.

提供了更加坚固的理论前提之外，还进一步巩固了他的太阳适宜居住观点。他很自信地宣称：

> 在前面发表的一篇论文中，我提出过，我们有非常充足的理由把太阳看作是一个最高贵的适宜居住的球体；从现在这篇论文中相关的一系列观测结果来看，我们此前提出的所有论据不仅得到了证实，而且通过对太阳的物理及星体结构的研究，我们还被激励了向前迈出了一大步。①

毫无疑问，威廉·赫歇尔采用的论证方法，完全符合西方天文学发展的根本思路：在已有的实测资料基础上，构造物理模型，再用演绎方法，尝试从模型中预言新的观测现象。

我们再来看看赫歇尔所遵循的学术程序。所谓学术程序，指的是新的科学理论通过什么方式为科学共同体所了解。当然，通常而言，最正式也最有效的途径，就是在相关的专业杂志上发表阐释这种理论的论文。而赫歇尔的做法也完全合乎现代科学理论的表达规范——他的两篇论文，都发表在《哲学通汇》这样的权威科学期刊上。

站在今天的立场来看，托勒密的"地心说"和哥白尼的"日心说"都是"不正确的"，但它们在科学史上却取得过几乎全面的胜利。赫歇尔"适宜居住的太阳"观点，不仅是"不正确"的，而且几乎从未取得过任何胜利——只有极少数的科学家，如法兰西科学院院长弗兰西斯·阿拉贡（François Arago）和英国物理学家大卫·布儒斯特（David Brewste），对它表示过支持。②③ 但这仍然不妨碍它在当时被作为一个"科学"理论在学术期刊上发表，换言之，**这个几乎从**

---

① Herschel W., "Observations Tending to Investigate the Nature of the Sun, in Order to Find the Causes or Symptoms of Its Variable Emission of Light and Heat; With Remarks on the Use that May Possibly Be Drawn from Solar Observations", *Philosophical Transactions of the Royal Society of London*, 1801, 91: 265–318.

② Arago F. & Barral J. A. & Flourens P., *Astronomie Populaire*, Paris: Gide et J. Baudry, 1855, 2: 181.

③ Brewster D., *More Worlds than One: The Creed of the Philosopher and the Hope of the Christian*, New York: Robert Carter & Brothers, 1854, pp. 100–107.

未被接受，如今看来也“不正确”，而且还包含有幻想成分的理论，在当时确实是被视为科学活动的一部分的，所以它完全可以获得“科学”的资格。

四、科学与幻想之间开放的边境

关于科学和幻想之间存在的互动关系，前人已通过各种研究路径进行过探讨。[①] 此外，还有一些研究者则把科幻看作科学与人文“两种文化”的桥梁。[②] 而无论是“存在互动关系”，还是“两种文化的桥梁”，隐含的意思都是科学与幻想分属不同的领地，它们之间存在一条泾渭分明的分界，只在某些地方才会出现交汇和接壤。

但事实上，通过上文考察天文学发展过程中与幻想交织的案例，以及其他例证来看，科学与幻想之间根本没有难以逾越的鸿沟，两者之间的边境是开放的，它们经常自由地到对方领地上出入往来。或者换一种说法，科幻其实可以被看作科学活动的一个组成部分。

这种貌似“激进”的观点其实已非本文作者单独的看法。另一个鲜活的例子来自英国著名演化生物学家理查德·道金斯（Richard Dawkins），在其《自私的基因》一书前言第一段中，道金斯就建议他的读者“不妨把这本书当作科学幻想小说来阅读”，尽管他的书“绝非杜撰之作”，“不是幻想，而是科学”。[③] 道金斯的这句话有几分调侃的味道，但它确实说明了科学与幻想的分界有时是非常模糊的。

又如，英国科幻研究学者亚当·罗伯茨在他的著作《科幻小说史》第一章中，也把科幻表述为“一种科学活动模式”，并尝试从有影响的西方科学哲学思想家那里找到支持这种看法的理由。[④] 罗伯茨特别关注

---

① Mark Brake, Neil Hook, *Different Engines: How Science Drives Fiction and Fiction Drives Science*, Basingstoke: Palgrave Macmillan, 2007.

② Schwartz S., “Science Fiction: Bridge Between the Two Cultures”, *The English Journal*, 1971, 60(8): 1043–1051.

③ ［英］理查德·道金斯：《自私的基因》，科学出版社，1981 年，第ix页。

④ ［英］亚当·罗伯茨：《科幻小说史》，北京大学出版社，2010 年，第 14—20 页。

了费耶阿本德（Paul Feyerabend）在《反对方法》一书中，关于科学方法“怎么都行”的学说，其中专门引用了一段费耶阿本德对“非科学程序不能够被排除在讨论之外”的论述：

> “你使用的程序是非科学的，因为我们不能相信你的结果，也不能给你从事研究的钱。”这样的说法，设定了“科学”是成功的，它之所以成功，在于它使用齐一的程序。如果“科学”指的是科学家所进行的研究，那么上述宣称的第一部分则并不属实。它的第二部分——成功是由于齐一的程序——也不属实，因为并没有这样的程序。科学家如同建造不同规模不同形状建筑物的建筑师，他们只能在结果之后——也就是说，只有等他们完成他们的建筑之后才能进行评价。所以科学理论是站得住脚的，还是错的，没人知道。①

不过，罗伯茨不无遗憾地指出，在科学界实际上并不能看到费耶阿本德所鼓吹的这种无政府主义状态，但他接着满怀热情地写道：

> 确实有这么一个地方，存在着费耶阿本德所提倡的科学类型，在那里，卓越的非正统思想家自由发挥他们的观点，无论这些观点初看起来有多么怪异；在那里，可以进行天马行空的实验研究。这个地方叫作科幻小说。②

尽管罗伯茨提出的上述观点很具有启发性，但只是从思辨层面进行了阐释，在《科幻小说史》中并未从实证方面对该理论给予论证。而本文前面两节正是这样的实证，通过具体实例的分析，我们已经表明，可以从几个方面论证科学幻想确实可以视为科学活动的一部分。

---

① 费耶阿本德的《反对方法》有中译本，但我们在中译本中没有找到这段被罗伯茨所引用的文字。所幸在英文版中可以找到：Feyerabend P. K., *Against Method* (1975), New York: Verso Books, 1993, p. 2。

② ［英］亚当·罗伯茨：《科幻小说史》，第 19 页。

五、一种新科学史的可能性及其意义

如果我们同意将科学幻想视为科学活动的一部分，那么至少在编史学的意义上，一种新科学史的可能性就浮出水面了。

以往我们所见到的科学史，几乎都是在某种“辉格史学”的阴影下编撰而成的。这里是在这样的意义下使用“辉格史学”（Whig History）这一措辞的——即我们总是以今天的科学知识作为标准，来“过滤”掉科学发展中那些在今天看来已经不再正确的内容、结论、思想和活动。这样做的结果是，我们给出的科学形象就总是“纯洁”的。所有那些后来被证明是不正确的猜想，科学家走过的弯路，乃至骗局——这种骗局甚至曾经将论文发表在《自然》这样的权威科学杂志上[①]，都被毫不犹豫地过滤掉，因为几乎所有的人都同意（或在潜意识中同意），科学史只能处理“善而有成”的事情。

在科学史著作中只处理“善而有成”之事的典型事例，在此可举两个案例为证。第一个和权威巴特菲尔德（H. Butterfield）有关，他的《历史的辉格解释》一书本来是讨论“辉格史学”的经典名著，可是20年后当他撰写《近代科学的起源》一书时，他自己却也置身于“辉格史学”的阴影中：他只描述“17世纪的科学中带来了近代对物理世界看法的那些成分。例如，他根本就没有提到帕拉塞尔苏斯、海尔梅斯主义和牛顿的炼金术。巴特菲尔德甚至并未意识到自己正在撰写一部显然是出色的辉格式的历史！”[②]

另一个典型例证则与法国著名天文学家卡米拉·弗拉马里翁（Camille Flammarion）1880年出版的《大众天文学》（*Astronomie populaire*）有关。该书在1894年首次被翻译成英文出版，是西方广为流传的一本天文学

---

① 即使到了20世纪，这样的骗局也不鲜见，例如80年代《自然》上发表的关于“水的记忆”的文章、关于“冷核聚变”的文章，现任《自然》主编Philip Campbell承认，这些文章“简直算得上是臭名昭彰”（参见《〈自然〉百年科学经典》，外语教学与研究出版社、麦克米伦出版集团、自然出版集团联合出版，2009年，第21页）。

② 刘兵：《克丽奥眼中的科学——科学编史学初论》，上海科技教育出版社，2009年，第45页。

通俗读物。全书共分为六个部分，讨论的主题分别是地球、月亮、太阳、行星世界、彗星和流星、恒星及恒星宇宙。在笔者所看到的 1907 年英译本与月亮相关的第二部分中，有一小节的标题为“月亮适宜居住吗？”，内容主要是对月亮存在生命的可能性进行讨论。[1]

但通过对照发现，在此书的中译本（1965 年初版，2003 年再版）中，相关内容却没有出现。[2] 根据译者序中的说明，中译本依照的版本是 1955 年的英译本。因此，出现上述结果，也就存在三种可能性：一种是 1901 年的英文版本在原作基础上，额外增添了这一节内容。不过，按常理度之，这种可能性实在不大；另一种可能性是 1955 年的英译本中删减了这一节的内容；第三种可能性是，中译本出版过程中，相关内容被删掉了。而后面两种情形无论哪种发生，都至少证明有关月亮生命的讨论在一些人士的心目中被当成了“无成”的事情，他们甚至很可能认为这样的内容出现在一本权威天文学著作中简直格格不入，所以应将其删除——哪怕是在违背原著作者本意的情形下。

不过，对于一种能够将科学的历史发展中所经历的幻想、猜想、弯路等等有所反映的新科学史，我们认为暂时还不必将它在理论上上升到某种新的科学编史学纲领的地步。因为在不止一种旧有的科学编史学纲领——比如“还历史的本来面目”或社会学纲领——中，这样的新科学史其实都是可以得到容忍乃至支持的。另外，这些幻想、猜想、弯路乃至骗局，虽不是“善而有成”之事，却也并不全属“恶而无成”。

这种新科学史的现实意义在于，通过它，我们可以纠正以往对科学的某些误解，帮助我们认识到，科学其实是在无数的幻想、猜想、弯路甚至骗局中成长起来的。科学的胜利也并不完全是理性的胜利。[3] 在现

---

① Camille Flammarion, John Ellard Gore, *Popular Astronomy: A General Description of the Heavens*(1880), New York: D. Appleton, 1907, pp. 145–165.

② ［法］卡米拉·弗拉马利翁：《大众天文学》，李珩译，广西师范大学出版社，2003 年。

③ 正如 B. K. Ridley 在《科学是魔法吗》一书中描述这种假象时所说的：“从事经验科学的人就好像与物理世界达成了一项协议，他们说：我们保证从不使用直觉、想象等非理性能力。”（广西师范大学出版社，2007 年，第 19 页）但事实并非如此，前引关于哥白尼学说胜利的例子同样说明了这一点。

今的社会环境中，认识到这一点，不仅有利于科学自身的发展，使科学共同体能够采取更开放的心态、采纳更多样的手段来发展自己；同时更有利于我们处理好科学与文化的相互关系，让科学走下神坛，让科学更好地为文化发展服务，为人类幸福服务，而不是相反。

江晓原、穆蕴秋

原载《上海交通大学学报》第 20 卷第 2 期（2012）

二〇一三

［**纪事**］我和穆蕴秋合作的“对科幻作品的科学史研究”，开始延伸到新的阵地——对西方著名科学期刊的社会学研究，*Nature* 杂志是重要的契机。从 2013 年起，我们合作的“*Nature* 实证研究”系列，以每年一篇主干论文的速度，持续在《上海交通大学学报》上发表，迄今已经发表了七篇。这一系列还在继续。

《自然》杂志科幻作品考

——*Nature* 实证研究之一

一、绪论

英国《自然》（*Nature*）杂志从 1869 年创办至今，经过约一个半世纪的经营，已成为具有国际声誉的周刊。在习惯性的语境中，它的声望总是与它发表过的那些科学史上的重要论文联系在一起：中子的发现（1932 年）、核裂变（1939 年）、DNA 双螺旋结构（1959 年）、板块构造理论（1966 年）、脉冲星的发现（1968 年）、南极上空臭氧空洞（1985 年）、多利羊的克隆（1997 年）等等。相关的科学经典论文选集，目前已出版数种，兹举其中有代表性的两种：

《〈自然〉百年》（*A Century of* Nature），书中收入了 1900 年（普朗克提出量子理论）到 1997 年（多利羊克隆）近一百年间的 102 项重大科学发现。其中重点列出 21 项，每篇原始论文皆附有知名科学人士所写的导读。[①]

《〈自然〉百年科学经典》预定出版十卷，所选文章涵盖物理、化学、天文、地理和生物等基础学科及众多交叉学科，全部中英文对照。从已出版的一、二卷来看，和前面那类选集已经有了一个明显的区别，它不再试图向读者勾勒这样的图景：科学发展的历程，是从一个胜利走向另一个胜利，一个成果接着另一个成果。书中甚至收进了一些在主编看来“简直算得上是臭名昭彰”的文章，比如关于“水的记忆”的文章，以及关于名噪一时的“冷核聚变”的文章。这两个事件现在基本上被科学共同体界定为骗局。[②]

以上两类选集所记录的科学史上的一座座“丰碑”，在彰显《自然》丰功伟绩的过程中发挥了重要的作用，但它们并不能代表《自然》的全部，事实上，还存在另一类文集，它们在内容上可以与上面那类选集形成互文。兹举两例：

《枕边〈自然〉：科学史上的天才和怪异》[③]是1869年到1959年发表在《自然》杂志上的文章选集。与前两种文集最大的区别在于，“科学经典”不再是筛选标准，“趣味性”成了主要侧重点——书名“枕边”即隐含此义。书中收入了大量曾正式发表在《自然》杂志上，但在今天看来匪夷所思、错误甚至荒谬的文章。该书编者声称，希望用《自然》杂志上的这些“成功失败，奇情异想”的文章，呈现一幅19—20世纪的科学全景图。

《幻想照进〈自然〉：百篇科幻精选》（下文简称《百篇精选》）[④]，这是刊登在《自然》的短篇科幻小说选集。《自然》从1999年起新

---

① *A Century of* Nature*: Twenty-One Discoveries that Changed Science and the World,* Chicago: University of Chicago Press, 2003.

② 《〈自然〉百年科学经典》（Nature: *The Living Record of Science*），Sir John Maddox、Philip Campbell、路甬祥主编，外语教学与研究出版社、麦克米伦出版集团、自然出版集团联合出版，第一卷，2009年。

③ *A Bedside* Nature*: Genius and Eccentricity in Science*, Walter B. Gratzer (Editor), London: W. H. Freeman & Co., 1997. 该书中译本近期将由上海交通大学出版社出版。

④ *Futures from* Nature*: 100 Speculative Fictions*, Henry Gee (Editor), New York: Tor Books, 2007. 该书中译本近期亦将由上海交通大学出版社出版。

辟了一个名为“未来”（futures）的栏目，专门刊登“完全原创”“长度在850—950个单词之间”的“优秀科幻作品”[①]。2007年，专栏主持人亨利·吉（Henry Gee）从中挑选出100篇优秀作品，集辑成此书。

到目前为止，尽管《自然》杂志的各类精选集已经出了好几部，但让人感到诧异的是，相关的科学史研究成果却并不多见。[②]

本文将以《自然》杂志上发表的科幻作品作为主要研究对象，从科幻参与科学活动的角度出发，对这些作品的科学史意义进行系统考察。这一方面，固然是对作者先前一系列相关实证研究的进一步延伸和拓展，另一方面，则是由于《自然》杂志在国内学界如今享受着至高无上的待遇，本文的研究亦可以为人们更加全面认识和了解这份杂志，提供另一种视角下的例证。

二、《自然》杂志荣膺“最佳科幻出版刊物”

“未来”专栏1999年开设至今，中间暂停过两次。第一次时隔最长，达五年之久，从2000年12月到2005年2月。第二次从2006年12月到2007年7月5日，期间被续接到了《自然物理学》（*Nature Physics*）上。[③④⑤]专栏开设初期，就得到了科幻界很大程度的接纳，这一点从它入选美国《年度最佳科幻》的数据统计可以看出，参见表1[⑥]：

---

① Nature's Guide to Authors: Futures, 2013-05-07, http://www.Nature,com/nature/authors/gta/others.html#futures.

② 这一点可以从《自然》现任主编菲利普·坎贝尔那里得到支持，他在《〈自然〉百年科学经典》的前言中说：“然而，令人颇为诧异的是，此前居然没有任何关于《自然》出版历史的有分量的概述。”（参见《〈自然〉百年科学经典》，第13页）

③ Futures' End, *Nature*, 2000-12-21, 408: 885.

④ Days of Futures Past, *Nature*, 2006-12-21, 444: 972.

⑤ Parallel Worlds Galore, *Nature*, 2007-07-05, 448: 1.

⑥ *Year's Best SF* (5-17), David G. Hartwell (Editor), New York: Harper Collins, 2001-2012.

表 1 《自然》杂志科幻作品入选美国《年度最佳科幻》数据统计

年度入选 杂志	2001	2006	2007	2008	2009	2010	2011	2012
《自然》	7	10	3	3	1	0	1	0
《阿西莫夫科幻杂志》	2	8	10	4	4	5	3	2
《奇幻与科幻》	4	1	3	2	3	3	3	4

列表显示，在 2000 年，也就是“未来”专栏开设一周年的时候，《自然》就有七篇作品入选“年度最佳科幻”（*Year's Best SF* 6），而老牌科幻杂志《阿西莫夫科幻杂志》（*Asimov's Science Fiction*）和《奇幻与科幻》（*F&SF*），入选的数量分别是二篇和四篇。2006 年——“未来”专栏二次回归的当年，《自然》更是有十篇作品入选年度最佳。

《自然》刚涉足科幻就受到热捧，与它“顶级科学杂志”的头衔有直接关系。按照通常的看法，科幻一般被当作一种和科学有关的文学类型，但事实上，它在文学领域一直处于边缘，从未成为主流，相比科学更是大大处于弱势地位。[①]这种情形下，《自然》杂志开设科幻专栏，对科幻人士无疑是一种鼓舞，他们很愿意向外界传达这样一个信息，即科幻尽管未能进入文学主流，却得到了科学界的高调接纳。2005 年，欧洲科幻学会甚至把“最佳科幻出版刊物”（Best Science Fiction Publisher）的奖项颁给了《自然》，专栏主持人亨利·吉事后说过一句很有意思的话，他说，颁奖现场“没有一个人敢当面对我们讲，《自然》出版的东西是科幻”。[②③]

除此之外，《自然》的号召力还带来了另一重效应，在极短时间内，它就汇集了欧美一批有影响力的科幻作家，“未来”专栏成为一个名副

① 关于科幻在科学和文学两个领域遭遇的现状，资深科幻作者格利高里·本福特在《自然》发表的文章中曾有过论述，参见 Gregory Benford, “Where Might It Lead?”, *Nature*, 2001-11-22, 414: 399。他谈到，一些人把虚构的想法贬低为“不过是科幻”，言下之意是这类思想缺乏科学所能利用的特设条件。这样的看法可能是来自一种职业文化，即看重的是严格的观测报告，讲求的是符合已被接受的观点，但却很少会去谈及科幻的社会影响。另一方面，即便是现在，主流文学实际上还没有认识到科幻的思想性、创造性和它的社会影响。

② “Three Cheers”, *Nature*, 2005-09-01, 437: 2.

③ “Quantified: Futures”, *Nature*, 2006-07-06, 442: xi.

其实的科幻论坛。

为了达到更直观的认识，此处可以《百篇精选》为例做进一步分析。书中对入选文章的作者背景都有简要介绍，通过简单归类统计，可以把这些作者分成三类，参见表 2：

表 2 《百篇精选》的作者背景

职业			性别	
科幻作家	写作科幻的科学人士	业余作者	男	女
56 人	27 人	17 人	77 人	23 人

（资料来源：根据《百篇精选》相关内容整理）

第一类，专职科幻作家。其中包括了阿瑟·克拉克（Arthur C. Clark）、布莱恩·爱尔迪斯（Brian Aldiss）[①]、女作家厄休拉·勒奎恩（Ursula K. Le Guin）[②]、欧洲科幻“新浪潮”代表人物迈克尔·莫尔科克（Michael Moorcock）[③] 等科幻界元老。克拉克的《成长中的太空邻居》[④] 是《自然》刊登的第一篇科幻小说。

值得一提的是，这并不是克拉克的作品第一次出现在《自然》上。1968 年，导演库布里克（Stanley Kubrick）在克拉克的同名小说创作时同步拍摄的著名科幻影片《2001 太空漫游》（*2001: Space Odyssey*）上映后，《自然》随即发表了影评。只是对这部后来被尊奉为“无上经典”的影片，《自然》的评价却并不高，认为故事“进入人类阶段就走向了失败”，情节“含糊其辞、轻描淡写”，甚至嘲讽它“好在两小时二十几分钟的电影只用了三十几分钟不着边际的对话来破坏极致的视觉体验”[⑤]。2008 年，克拉克 91 岁高龄去世，《自然》举行了高规格悼念活动，除发表讣告，主编还撰写了社论。[⑥⑦]

---

① Brian Aldiss, “Cognitive Ability and the Light Bulb Free”, *Nature*, 2000-01-20, 403: 253.

② Ursula K. Le Guin & Vonda N. McIntyre, “LADeDeDa”, *Nature*, 2009-03-12, 458: 250.

③ Michael Moorcock, “The Visible Men”, *Nature*, 2006-05-18, 441: 382.

④ Arthur C. Clarke, “Improving the Neighbourhood”, *Nature*, 1999-11-04, 402: 19.

⑤ Aubrey E. Singer, “Homo Cyberneticus”, *Nature*, 1968-06-01, 218: 901.

⑥ 1917-2008: “A Space Optimist”, *Nature*, 2008-03-27, 452: 387.

⑦ Gregory Benford, “Obituary: Arthur C. Clarke (1917-2008)”, *Nature*, 2008-04-02, 452: 546.

中青代科幻作家中，则有弗诺·文奇（Vernor Vinge）[①]、罗伯特·索耶（Robert J. Sawyer）[②]、格雷格·拜尔（Greg Bear）[③]、尼尔·阿舍（Neal Asher）[④]等知名科幻人士。

第二类，写作科幻的科学人士，依侧重有所不同，还可再分为两类。一类是科学人士中的专职科幻作家。尝试科幻创作最成功的两位科学人士为加利福尼亚大学物理天文学系的格利高里·本福特（Gregory Benford）和 NASA 天文学家杰弗里·兰迪斯（Geoffrey A. Landis），目前都活跃在"未来"专栏上。[⑤]其中本福特最高产。[⑥]而生物学家杰克·科恩（Jack Cohen）[⑦]和数学家伊恩·斯图尔特（Ian Stewart）[⑧]，则是既能在《自然》上发表学术论文，又能发表科幻小说的"多面手"。另一类是把科幻创作当成业余爱好的科学人士。像收入《百篇精选》的《实例》[⑨]就是科学人士卡斯蒂（J. Casti）和他的研究小组成员一人一段写成的游戏之作。此外，《自然》杂志一些编辑也可归入此类中。[⑩]

第三类是业余科幻作者。他们在《百篇精选》中所占比例不到五分之一，其中《爸爸的小错算》[⑪]的作者只是一个 11 岁的小女孩——她很可能是《自然》目前为止年龄最小的一位作者。

---

① Vernor Vinge, "Win a Nobel Prize!", *Nature*, 2000-10-12, 407: 679.

② Robert J. Sawyer, "The Abdication of Pope Mary III", *Nature*, 2000-07-06, 406: 23.

③ Greg Bear, "RAM Shift Phase 2 Free", *Nature*, 2005-12-14, 438: 1050.

④ Neal Asher, "Check Elastic before Jumping Free", *Nature,* 2006-06-21, 441: 1026. Neal Asher, "Recoper Free", *Nature,* 2007-12-12, 450: 1126.

⑤ Geoffrey A. Landis, "Avatars in Space Free", *Nature,* 2000-02-24, 403: 833.

⑥ Gregory Benford 在《自然》上已经发表了如下科幻短篇："Taking Control", *Nature*, 2000-08-03, 406: 462; "A Life with a Semisent", *Nature,* 2005-05-11, 435: 246; "Applied Mathematical Theology", *Nature*, 2006-03-01, 440: 126; "Reasons not to Publish", *Nature Physics,* 2007-11, 3: 896; "The Champagne Award", *Nature*, 2008-02-13, 451: 864; "SETI for Profit", *Nature*, 2008-04-23, 452: 1032; "Caveat Time Traveller", *Nature*, 2009-04-01, 458: 668; "Penumbra", *Nature*, 2010-06-09, 465: 836; "Gravity's Whispers", *Nature*, 2010-07-14, 466: 406.

⑦ Jack Cohen, "Omphalosphere: New York 2057", *Nature*, 2005-06-22, 435: 1136.

⑧ Ian Stewart, "Play it Again, Psam Free", *Nature*, 2005-02-02, 433: 556. Ian Stewart & Jack Cohen, "Monolith", *Nature,* 2000-12-21, 408: 913.

⑨ J. Casti, "A Concrete Example", *Nature*, 2006-11-02, 444: 122.

⑩ "Quantified: Futures", *Nature*, 2006-07-06, 442: xi. 文章中提及，截至当时，"未来"专栏上共有 15 篇科幻小说出自《自然》杂志的编辑之手。

⑪ Ashley Pellegrino, "Daddy's Slight Miscalculation", *Nature*, 2006-02-15, 439: 890.

三、《自然》杂志科幻作品主题分析

《自然》"未来"专栏上的科幻作品，几乎涉及所有常见的科幻主题：太空探索、时空旅行、多世界、克隆技术、全球变暖、人工智能等。本节将选择其中有代表性的例证，从科幻作品参与科学探索活动的角度入手，对这些文本进行考察。

1. 科幻作品对科学难题的解答——"费米佯谬"

与地外文明探索有关的"费米佯谬"，尽管源于费米的随口一语，却有着深刻意义。由于迄今为止，仍然缺乏任何被科学共同体接受的证据，能够证明地外文明的存在，另一方面，科学共同体也无法提出任何令人信服的证据，能够证明外星文明不存在，这就使得"费米佯谬"成为一个极端开放的问题，从而引出各种各样的解决方案。这些解决方案大致可以分成三大类：（1）外星文明已经在这儿了，只是我们无法发现或不愿承认；（2）外星文明存在，但由于各种原因，它们还未和地球进行交流；（3）外星文明不存在。

本文作者之前曾发表论文，对参与解决"费米佯谬"的科幻作品进行过考察。[①] 其实在《自然》杂志上，同样可以找到不少这样的科幻作品，见表3[②]：

表3 《自然》杂志上解决"费米佯谬"难题的科幻小说举例

作者	作品及发表年份	解决方案
大卫·布林	《现实写照》，2000	外星文明已经毁灭
巴克斯特	《火星冰下的秘密》，2005	外星文明已拜访过太阳系的火星

① 江晓原、穆蕴秋：《科学与幻想：一种新科学史的可能性》，《上海交通大学学报》第20卷第2期（2012），第51—60页。

② David Brin, "Reality Check", *Nature*, 2000-03-16, 404: 229; Stephen Baxter, "Under Martian Ice", *Nature*, 2005-03-10, 433: 668; Harles Stross, Caroline Haafkens & Wasiu Mohammed, "MAXO Signals", *Nature*, 2005-08-25, 436: 1206; Alastair Reynolds, "Feeling Rejected", *Nature*, 2005-09-29, 437: 788; Gregory Benford, "Reasons not to Publish", *Nature Physics*, 2007-11, 3: 896.

续表

作者	作品及发表年份	解决方案
查理斯·斯特罗斯	《MAXO 信号》，2005	宇宙中充满危险
阿拉斯泰尔·雷诺兹	《遭拒绝的感情》，2005	外星文明存在，但无法交流沟通
乔治·本福特	《不可发表之秘》，2007	宇宙图景是高等文明虚拟出来的

这些对“费米佯谬”的解决当然也可归入上述三大类，其中巴克斯特的设想——人类始终没有发现外星文明的踪迹，是因为他们在几十亿万年前就已拜访过太阳系的火星，当时地球还处于混沌状态——尽管并不太具说服力，但有两位科学人士随后给《自然》的“通信”中谈到，他们关于“费米佯谬”的讨论结果，正是在阅读这篇短文后才受到的启发。[①]

值得一提的是，地外文明探索作为一个受到关注的科学问题，《自然》杂志曾发表过不少这方面的重要论文。其中像天文学家科科尼（G. Cocconi）和莫里森（P. Morrison）1959 年发表的《寻找星际交流》[②]（提出了利用无线电搜索银河系其他文明的构想），就已被一些研究者奉为“经典中的经典”。

2.《自然》杂志与时空旅行科幻作品的历史渊源

时空旅行作为一个处于科学与幻想交界上的经典论题，《自然》曾发表过大量相关的学术文章。开设“未来”专栏后，《自然》也刊登了多篇这一主题的科幻作品，如《自造时间机器》[③]、《照顾自己》[④]、《特斯拉行动》[⑤]，以及《(外)祖父佯谬》[⑥] 等等。其中像《照顾自己》这样的

① R. Kamien & M. Kaul, “Nice Planet, Shame about the Human Race”, *Nature*, 2005-04-28, 434: 1067.

② Giuseppe Cocconi, Philip Morrison, “Searching for Interstellar Communications”, *Nature*, 1959, 184(4690): 844-846.

③ Igor Teper, “Build Your Own Time Machine”, *Nature,* 2008-05-01, 453: 132.

④ Jan R. MacLeod, “Taking Good Care of Myself”, *Nature*, 2006-05-04, 441: 126.

⑤ Jeff Hecht, “Operation Tesla”, *Nature*, 2006-10-05, 443: 604.

⑥ Ian Stewart, “Grandfather Paradox”, *Nature*, 2010-04-29, 464: 1398.

故事还很发人深省，它讲述在未来世界，老无所依是个非常普遍的问题，人们只能通过时间旅行去到未来，陪伴自己直到终老。

事实上，《自然》与该题材的科幻作品素有渊源。早在1895年，乔治·威尔斯（H. G. Wells）发表科幻小说《时间机器》，《自然》就刊登了一则匿名书评，书评作者结合威尔斯生物学专业的学业背景，认为小说的科学性在于"帮助人们对持续生物进化过程所产生的可能结果，有了连贯的认识"[①]。不过《时间机器》在科幻历史上产生深远影响，却并非得益于此，而是与小说情节中的两个要素有关——"时间机器"和"时间就是第四维"的创造性设想，它们为后来的科幻作品所反复借用。

1915年，爱因斯坦发表的广义相对论，使得《时间机器》中"时间就是第四维"的设想，成了有一点理论依据的事情，此后多位物理学家在爱因斯坦场方程中找到了允许时空旅行的解。但时空旅行真正成为一个专门的科学研究课题，或始于基普·索恩（Kip Thorne）有关虫洞理论的研究，而这一研究背后的直接动因，则源于著名天文学家卡尔·萨根1985年出版的科幻小说《接触》（*Contact*）。

萨根在创作《接触》的过程中，对自己设想的利用黑洞作为时空旅行手段的技术细节不是太有把握，为了寻找科学上能站住脚的依据，他向索恩求助。索恩和他的助手把相关的研究成果发表在物理学杂志《物理学评论》（*Physical Review*）上，随后在科学领域打开了一个新的研究方向，使得一些科学人士开始思考虫洞作为时空旅行手段的可能性。用索恩的话来说："一本像《接触》这样的小说，在科学研究上促成一个重要的新方向，这很少见，也许真是绝无仅有的。"[②]

1995年，《接触》被改编成同名影片上映，《自然》给予了其他科幻影片在这本杂志上从未获得过的褒赞，认为它娱乐性和思想性兼具，在保证科学准确性方面也颇为值得称道，"虽然这是以丧失某些艺术上

---

① "The Time Machine", *Nature*, 1895-07-18, 52: 268.

② 基普·索恩：《物理定律容许有星际航行蛀洞和时空旅行机器吗？》，见《卡尔·萨根的宇宙》演讲集，上海科技教育出版社，2000年，第145页。

的美感换取来的”。[①]

3. 科学与幻想存在互动关系的典型例证——多世界理论

1957年，休·埃弗里特（H. Everett）首次提出“多世界”理论，并未引起物理学界的重视。这个在物理学界遭受冷遇的理论，在科幻领域却结出了丰硕的成果。在“未来”专栏上，也可以找到大量相关题材的作品，如《隐身人》(“*The Visible Man*”)、《奥林匹克天才》(“*Olympic Talent*”）等。

值得注意的是，多世界假想与科幻作品之间的这种相互影响，作为科学与幻想存在密切互动关系的一类典型例证，还引起了《自然》杂志的关注。

2007年7月5日，为了纪念“平行宇宙”思想诞生五十周年，《自然》发行了一期“科幻特刊”，封面被有意做成早期科幻通俗杂志《科学惊奇故事》的风格：一个表情惊悚的女人，在多世界里有着若干的分身。社论的解释不乏幽默，大意是，之所以要费尽心思通过这种方式“误导”读者，让他们以为这一期的《自然》是“来自另一个平行宇宙”，目的只是为了“展示科学世界与它所激发和哺育出的诸多故事之间的互动关系”，那些以多世界为主题、数量丰富的“惊奇故事”，一方面是已经用滥了的科幻素材，但另一方面得承认，它们也是理解薛定谔波动方程基本原理的一种有效手段。[②]

特刊组稿部分，资深科幻编辑加里·沃尔夫（Gary Wolfe）撰文对多世界题材的科幻作品进行了系统回顾，其中重点分析了《永恒冠军》(*The Eternal Champion*，1962年至今)系列[③]、《高塔里的男人》(*The Man in the High Castle*，1962)、《时景》(*Timescape*，1981)、《时间之船》(*The Time Ships*，1995）这几部经典著作。值得一提的是，这些作品的作者，除菲利普·狄克已离开人世之外，其他的几位——莫尔考克、本

---

① “Aliens, Lies and Videotape”, *Nature*, 1997-08-14, 388: 637.

② “Parallel Worlds Galore”, *Nature*, 2007-07-04, 448: 1.

③ 莫尔考克在这部小说中首次使用了“multiverse”（多重宇宙）一词，德国物理学家 David Deutsch 后来把它与埃弗里特的理论联系在一起，后成为一个正式的物理学术语。

福特和巴克斯特，本文前面就已提及过，目前都是“未来”专栏的常约作者。

这期特刊随后引起了一位化学家的兴趣，他给《自然》来信说，在相关的讨论中，化学这门学科被忽略了，事实上，一些化学家对“以原子而不是以碳作为生命构成基础的平行宇宙中，生命会以什么形式存在”，诸如此类的问题，也非常感兴趣。[①]

4. 对生物技术滥用的反思

转基因、克隆等生物技术早已成为科研领域的热门课题，与此同时，许多科幻作品也在从中获取思想资源，而对滥用生物技术的忧虑，也就成了这类作品的主基调。

以克隆技术为例，《自然》杂志上相关题材的作品有《长生猫咪》[②]、《肉》[③]、《教母协议》[④] 等。其中《肉》最有思想深度——受限于篇幅的缘故，它读起来更像是一部长篇小说的故事背景介绍：未来世界，利用活体细胞克隆肉块的技术已广为普及，为了满足一些人食用名人、政要克隆肉的特殊癖好，买卖这类人士的活体细胞成了一项流行的黑市交易，一种新兴职业随即出现——清理员，他们的职责是采取一切可能的预防措施，防止委托人的活体细胞落入“肉耗子”之手。

除了刊登这些科幻作品，以克隆为主题的科幻电影《侏罗纪公园》（*Jurassic Park*）和科幻小说《秘密》（*The Secret*），也是《自然》关注的对象。[⑤⑥]《侏罗纪公园》当年票房大卖，《自然》认为它“表现还算上乘”，是一部与斯皮尔伯格之前《印第安纳·琼斯》（*Indiana Jones*）系列类似的冒险电影。自然出版集团下的《自然应用生物学》（*Nature Biotechnology*）则评价它对科学的运用缺乏准确性。对此，影片故事作者迈克尔·克莱

---

① Pedro Cintas, “Chemical Reaction to the Many-Worlds Hypothesis”, *Nature*, 2007-08-16, 448: 749.
② Peter Hamilton, “The Forever Kitten”, *Nature*, 2005-07-28, 436: 602.
③ Paul McAuley, “Meat”, *Nature,* 2005-05-05, 435: 128.
④ Heather M. Whitney, “The Godmother Protocols”, *Nature*, 2006-12-14, 444: 970.
⑤ Henry Gee, “Jaws with Claws”, *Nature*, 1993-06-24, 363: 681.
⑥ Justine Burley, “Exactly the Same but Different”, *Nature*, 2002-05-16, 417: 224-225.

顿回应说：“正如希区柯克曾经说过的——这只是一部电影。”[①]

可以看出，撰写这类影评的这些科学人士，其思想还停留在比较初级的层次上，他们仍然习惯高高在上以垂教的姿态，总是以“在科学上准确与否”来评判科幻作品的优劣，却完全忽视影片深刻的思想价值——技术滥用可能导致玩火自焚式的悲剧结果。

相较而言，波兰女作家伊娃·霍夫曼（Eva Hoffman）的科幻小说《秘密》引发的讨论要深入一些。故事讲述一位事业成功的女性通过克隆方式获得了一个女儿，为了避开周围人非议，让女儿有良好的生长环境，她来到乡下小镇过起半隐居生活，但逐渐长大的女儿对自己身世来历的疑惑却日益加深，当她发现母亲讳莫如深的背后其实隐藏着一个惊人秘密后……事情被推向了失控的境地。

书评作者认为小说是在“利用文学反科学”，向读者释放的信息是，克隆本身对克隆个体的成长经历、家庭和社会关系会产生消极的干扰效应，所以应该被禁止。[②]结合小说的故事情节来看，这样的观点或许有点过度解读，但无论如何，小说引发评论者在一份科学杂志上对克隆技术的伦理问题进行探讨，本身就是一件很有意义的事情。

5. 对气候环境问题的关注

《自然》杂志发表了大量的文章对气候环境问题进行讨论，但极少被关注到的是，科幻作品其实也是参与讨论的一种重要文本形式。

《自然》上以气候环境问题为主题的作品有《乔治之岛独立王国》[③]、《世界尽头的热狗》[④]、《沙堡：一个反乌托邦》[⑤]、《祖父的河流》[⑥]等。其中《世界尽头的热狗》构思很有意思，作者把看似无关的两件事情结合到了一起，认为超空间旅行是人类避免全球变暖灾难后果

① Michael Crichton, “Correspondence”, *Nature Biotechnology*, 1993-08-01, 11: 860.
② Justine Burley, “Exactly the Same but Different”, *Nature*, 2002-05-16, 417: 224-225.
③ Donna McMahon, “The Republic of George’s Island”, *Nature*, 2006-07-13, 442: 222.
④ Jeff Crook, “Hotdogs at the End of the World”, *Nature*, 2006-12-21, 444: 1104.
⑤ Kathryn Cramer, “Sandcastles: A Dystopia”, *Nature*, 2005-10-06, 437: 926.
⑥ Brenda Cooper, “Godfather’s River”, *Nature*, 2006-08-17, 442: 846.

的可行方式。从目前的研究现状来看，“全球变暖”当然还是一个很有争议的问题，但无论这个结论是真是假，作品本身隐含的“应该保护环境”的思想总是正确的。

除了科幻小说，《自然》对相关题材的科幻影片也很关注。2005 年，反映气候灾变的科幻影片《后天》（*The Day after Tomorrow*）上映，引发全球观影热潮，《自然》先后发表了三篇文章进行讨论。

第一篇介绍的是《后天》在科学界引发的关注。其中提到剧中全球变暖使气候发生突变的故事前提，在科学人士中就引来了广泛的争议。①

第二篇是主张“人为全球变暖理论”（Anthropogenic Global Warming）的著名气候学者迈尔斯·艾伦（Myles Allen）撰写的影评。按照艾伦“科学准确性”的衡量标准，影片尽管把地球物理专业弄得很酷（片中拯救世界的英雄从事的正是这个专业），但所借用的流体热力学理论模型其实存在很大谬误。此外，他还顺带驳斥了丹麦学者比尤恩·隆伯格（Bjørn Lomborg）②的观点，后者在《星期日独立报》上指责说，《后天》试图煽动各国政要签订《京都议定书》，完全是大惊小怪。③

第三篇是对美国观众和德国观众观影反应的两份调研报告综述。调研结果显示，一些原本相信全球变暖理论的德国观众看完电影后，开始认为这种观点的说服力在下降，美国观众则没有受到影片太大的影响。④

从这些文章可以看出，《后天》的影响确实很大，在大众、科学家，以及政界人士中，都引起了广泛的注意。而《自然》发表多篇文章进行讨论，也体现了它对《后天》的重视程度。这一方面固然与影片积极“借

① Mark Peplow, “Disaster Movie Makes Waves”, 2004-05-17, http://www.Nature.com/news/2004/040512/full/news040510-6.html.

② 隆伯格曾在他《多疑的环境保护论者》（*The Skeptical Environmentalist*）一书中表达了这样的观点，在全球变暖、人口增长、物种灭绝、资源枯竭等焦点问题上，绝大多数环境保护论者选择性地利用一些科学证据，给公众形成了许多错误印象。而他想要告诉公众的是，环境问题并没有想象的那么糟糕。

③ Myles Allen, “Film: Making Heavy Weather”, *Nature*, 2004-05-27, 429: 347-348.

④ Quirin Schiermeier, “Disaster Movie Highlights Transatlantic Divide”, *Nature*, 2004-09-02, 431: 4.

用”科学造势有关，另一方面也反映了《自然》大众科学杂志的本色——它乐于关注公众感兴趣的话题。

四、《自然》杂志上和科幻有关的其他文本

除“未来”专栏开设至今已发表的几百篇科幻作品，《自然》杂志上和科幻有关的其他文本形式，种类也非常丰富，归结起来，至少有如下几类：

1. 对科幻作品的述评

《自然》“书评”专栏的主旨是“发表科学界普遍感兴趣的新书评论”，有时也会推介和科幻有关的论著。如：

（1）《万亿年狂欢：科幻史》（*Trillion Year Spree: The History of Science Fiction*，1986）；①

（2）《吉恩·罗登伯里：最后的访谈》（*Gene Roddenberry: The Last Conversation*，1994）；②

（3）《幻想旅程：从科幻电影里学科学》（*Fantastic Voyages: Learning Science through Science Fiction Films*，1994）；③

（4）《〈X档案〉背后的真科学：微生物、陨星和突变异种》（*The Real Science Behind The X-Files: Microbes, Meteorites and Mutants*，1999）；④

（5）《〈银河系漫游指南〉之科学指南》（*The Science of the Hitchhiker's Guide to the Galaxy*，2005）；⑤

（6）《未来的证据》（*Future Proof*，2008）。⑥

---

① John Treherne, “Back to the Future”, *Nature*, 1986–11–27, 324: 312.

② Grace A. Wolf-Chase & Leslie J. Sage, “Science Boldly Popularized”, *Nature*, 1994–11–10, 372: 141.

③ Harry T. Kloor & Dennis Harp, “Vulcans, Terminators and Science”, *Nature*, 1994–03–10, 368: 112.

④ Henry Gee, “The Truth is in Here”, *Nature*, 2000–01–13, 403: 135–136.

⑤ Joanne Baker, “Don't Panic!”, *Nature*, 2005–05–12, 435: 148.

⑥ Adam Rutherford, “The Future Ain't What It Used to Be”, *Nature*, 2008–08–28, 454: 1051.

以上这些文章，除（2）是对科幻长剧集《星际迷航》首创编剧罗登伯里的访谈记录之外，其他几部倒是可以囊括进当今科幻研究的两种主流中：《万亿年狂欢：科幻史》属于科幻作品的文学研究，如今已被奉为这一领域的经典；余下几部则是把科幻当成科普的一种方式，对作品中所涉及的科学背景进行知识性介绍。

2. 对科幻作家的访谈

《自然》杂志的访谈对象通常以科学人士为主，有时科幻作家也会接受访谈，不过他们大多是有科学职业背景的（参见表4）。列表中的这些科幻作家，除玛格丽特·阿特伍德（M. Atwood）外，其他人士都在“未来”专栏上发表过科幻作品。

表4 《自然》杂志访谈的科幻人士及代表作品

姓名	职业背景	科幻代表作品
R. Metzger	电学工程师	《尖端》（*Cusp*，2005）
P. Watts	海洋生物学家	《冰山裂缝》（*Rifters Trilogy*，1999—2004）系列
J. Slonczewski	微生物学家	《大脑瘟疫》（*Brain Plague*，2000）
K. Macleod	生物学家	《星体片段》（*The Star Fraction*，1995）
P. McAuley	生物学家	《四千亿颗星》（*Four Hundred Billion Stars*，1988）
G. Bear	科幻作家	《血乐曲》（*Blood Music*，1983）
B. Aldiss	科幻作家	《温室》（*Hothouse*，1962）
D. Brin	行星物理学家	《提升之战》（*The Uplift War*，1987）
M. Atwood	科幻女作家	《羚羊与秧鸡》（*Oryx and Crake*，2003）

（资料来源：见本文注释）[①]

① “The Biologists Strike Back”, *Nature*, 2007-07-05, 448: 18-21; Nicola Jones, “Q&A: David Brin on Writing Fiction”, *Nature*, 2010-02-18, 463: 883; Caspar Henderson, “Q&A: Turning up the Heat on Sci-fi”, *Nature*, 2008-08-07, 454: 698; “Abstractions-Futures Author”, *Nature*, 2005-11-17, 438: xi; “Futures Author”, *Nature*, 2005-12-15, 438: xiii; Jascha Hoffman, “Q&A: Speculative Realist”, *Nature*, 2011-10-06, 478: 35.

3. 对科幻活动的参与和关注

《自然》杂志对各类科幻活动保持着持续的关注和参与热情。[①] 如2004年的一期上，就刊登了著名科幻作家格雷格·拜尔的文章，其中提到，微软公司合伙人艾伦（P. Allen）打算创办世界上第一个综合式科幻博物馆，邀请拜尔和另一位科幻作家尼尔·史蒂文森，就展馆的布局进行了讨论。[②] 而后在2007年，《自然》杂志赞助了想象科学电影节（Imagine Science Film Festival，参展影片以科学和科幻类为主）两个奖项：《自然》科学价值奖和《自然》民众公选奖。[③]

五、《自然》刊登科幻作品之缘由

本文前面几节的内容，对《自然》杂志上的科幻作品，以及和科幻有关的其他文本材料，进行了梳理和分析。在此基础上，一个疑问也随之浮现，《自然》杂志作为一份科学杂志，为何会开设科幻专栏并发表了数量如此丰富的科幻作品？

关于这个问题，"未来"专栏开设之初，《自然》杂志在社论中进行过解答：

> 科幻作为一种文学类型，还具有除了娱乐之外的其他功能。作者通过它，不仅可以表达他们对未来的预期，还可以表达他们对当下的关注。而且，比起科学家，科幻作家也许能更好地理解和传达技术的改变会对人们的生活产生怎样的影响。[④]

从这段话可以看出，科幻的三种功能：对未来的预期、娱乐、表达作者对当下的关注，构成了《自然》开设科幻专栏的主要理由。

其中科幻的"预见功能"，即认为科幻能够预言某些具体的科学进

---

① 关于这一问题本文作者将另文详细考察论述。

② Greg Bear, "Science in Culture", *Nature*, 2004-07-08, 430: 147.

③ Jascha Hoffman, "Science at the Movies", *Nature*, 2008-10-09, 455: 734-735.

④ "Fiction's Futures", *Nature*,1999-11-04, 402: 1.

展或成就，是《自然》最重视的。这一点从“未来”专栏的征稿条件就反映出来，它要求“来稿风格最好是‘硬科幻’（和科学直接有关的），而不是纯粹的幻想、意识流或恐怖小说”[①]。所谓“硬科幻”，通常以当下的科学技术知识作为依据，并对想象中的科学技术细节有较为详细的描写，这类作品追求的主要旨趣，就在于展现其“预见功能”，而比较小说中幻想的某些技术性细节与后来的发展在多大程度上能够吻合，也就成了衡量“硬科幻”作品优劣的一个重要标准。

《自然》杂志在后来的社论中，对科幻的“预见功能”还反复论及：

> 《自然》非常自豪“未来”专栏已成为目前最具号召力的科幻新论坛，专栏里的这些文章——无论出自名家还是新手——探索的主题，在接下去的半个世纪里都可能成为我们所要面临的挑战。[②]
>
> 当前的系列——千禧之际新设的一个专栏——关注的是在下个五十年可能出现的新事物……[③]

强调科幻作品的“预见功能”，其实主要是与一个相当陈旧的观念有关，即把科幻当作科普的一种方式，认为科幻小说家创作科幻作品，只是为了普及科学知识、展望美好的科学未来，之所以采用小说、电影等文学艺术表达形式，只是让普及方式更容易理解、更容易接受而已。然而事实上，科幻当然不是教科书科学知识的附属品，科幻之所以能一直经久不衰，保持旺盛的生命力，与它扎根深厚的科学土壤，包含丰富的人文思想价值，拥有自身独特的角色定位，有着直接的关系——在“未来”专栏上，我们能阅读到大量这样的作品。

关于科幻作品的“娱乐功能”，杂志现任主编菲利普·坎贝尔（Philip Campbell）在后来的一篇社论中做了进一步的论述，他表示，《自然》自 1999 年以来，已发表了不少于 156 篇科幻故事，有些严肃，有些异

---

① *Nature*'s Guide to Authors: Futures, http://www.Nature,com/nature/authors/gta/others.html#futures.

② “Sooner than You Think”, *Nature*, 2005-02-24, 433: 785.

③ “Three Cheers”, *Nature*, 2005-09-01, 437: 2.

想天开，（希望）它们为读者带来愉悦——值得关注的是他接下来的这句话：

> 那正是关键所在——科幻在当下意味着娱乐。[①]

坎贝尔对达成这一目的的路径补充说："大多数让人难忘的科幻作品，正是通过把我们对当下的关注，投射到作为未来历史一部分而存在的更宏大的不确定的时代背景中，来做到这一点的。"但"科幻意味着娱乐"为何是"关键所在"？对于这一更加重要的问题，他却没有进一步说明。不过，《自然》杂志刊登的另一则事例或许有助于我们对这句话做进一步理解。

2009 年的一期上，剑桥大学一位著名生物学教授给《自然》来信，表达了他对专栏上一篇与宗教相关的讽刺小故事的不满，他说自己不是一名天主教徒，但认为"这样一篇莫名其妙、带有攻击色彩的垃圾文章，确实不应该出现在一本严肃的科学杂志上"[②③]。一段时间后，《自然》刊登的另一封读者来信措辞激烈地反驳了教授的看法，认为"'未来'专栏除了使人可以从阅读前面那些严肃的科学文章中解脱出来放松一会儿，有的文章还很发人深省"[④]。杂志刊登的读者来信，当然都是筛选的结果，所以可以这样认为，第二封信其实是《自然》为所刊登的科幻短文进行辩护的一种做法，其中让读者"从阅读科学文章中解脱出来放松了一会儿"，即"娱乐功能"，成为了一个重要的理由。

说到底，"娱乐"就是想要取悦读者，而任何一本杂志，无论通过何种方式、何种文本取悦读者，其背后的目的通常是为了满足增加发行量的需求，《自然》杂志在这一点上当然也不例外——这应该就是坎贝

---

① "Days of Futures Past", *Nature*, 2006-12-21, 444: 972.

② Ian Watson, "Divine Diseases", *Nature*, 2009-12-24, 462: 1088.

③ Denis Alexander, "Science Friction as Fantasy Irritates Religious Sensibilities", *Nature*, 2010-01-28, 463: 425.

④ Robin Thompson, "Futures Perfect-Food for Thought and Welcome Light Relief", *Nature*, 2010-02-24, 463: 1018.

尔所言“关键所在”背后的真正缘由吧。[①]

相比较而言，社论中提及的科幻的另一项功能——表达作者对当下的关注，其实是最有理论深度的，因为它已经触及了科幻的人文价值。

以本文前面提到的涉及克隆技术和气候问题的那些作品为例，尽管故事背景大多被设置在未来，但作者所要表达的，其实是对当下基因工程、克隆技术以及环境气候问题发展走向的关注。这类作品已不再满足于对未来的科学技术进行简单预想，而是对未来社会中科学技术的无限发展和应用开始进行深刻思考，这样的思考，是在立足当下的基础上，对科学发展前景提出的警示。

除了以上这些专门针对“未来”专栏发表的社论，《自然》对待科幻的态度，还体现在它别的一些文章里。

如1989年有一期上报道了这样一则内容，澳大利亚默多克大学给科学专业学生开设了科幻阅读课程，其中“生命和宇宙”的阅读专题选用的科幻读物是《沙丘》（*Dune*）和《环形世界缔造者》（*The Ringworld Engineers*），课程设计者认为，这种做法不但培养了学生对课外读物的兴趣，还让他们了解了生物学的基本概念。[②]

又如，澳大利亚新南威尔士大学的两位教师也给《自然》写信说，他们开设了一门名为“科学与电影”（Science and Cinema）的课程，利用电影教授非科学专业学生一些基础科学，如通过《极度恐慌》（*Outbreak*，1995）让学生了解病毒，《侏罗纪公园》讨论克隆话题，《千钧一发》（*Gattaca*，1997）讨论基因优生学，《后天》讨论和气候改变有关的科学问题，效果非常理想。教学中还发现，尽管电影品质参差不齐，但正是这些瑕疵激发了学生们的学习兴趣，使他们对“当下的科学研究，未来的可能性及与之相应他们应该承担的责任”，有了想要进一

---

① 如曾任《科学》杂志编辑的查尔斯·塞费在《瓶中的太阳》（上海科技教育出版社，2011年）一书中就提到过（第188页），《自然》杂志的“读者来信”专栏就是以不时发表能够吸引眼球但并不可靠的研究而著称的。

② Tania Ewing, “Science Fiction for Science Students”, *Nature*, 1989-04-20, 338: 609.

步了解的想法。[①]

六、余论:《自然》是一本什么杂志

《自然》杂志如今在国内科学界似乎拥有至高无上的声誉，很多研究机构把能在《自然》上发表文章当作衡量科研人员学术水平的一项重要指标。前些年流传的“能在《自然》上发文章，评上院士就是迟早的事情”之说，也反映了这种情况。既然如此，人们就很难不对《自然》杂志长期刊登与科幻有关的作品和文章感到惊奇——高踞神坛的“顶级科学杂志”怎么可能是这样的呢?

仅仅考虑本文第五节的讨论，还不足以给出理想的解释。这里我们必须直面一个国内很少有人认真考虑过的问题——《自然》杂志到底是一份什么性质的杂志?而这个问题恰恰是国内不少人士颇有误解的。

《自然》杂志现任主编菲利普·坎贝尔在《〈自然〉百年科学经典》前言中，给中国读者写了一封信，其中有一段对于理解《自然》杂志的性质非常重要:

> 我们在编辑方针上是独立的，我们应当发表什么内容由我们自己来判断。关于作者所投论文的决定，由我们与专家审稿人协商做出。但我们没有编委会，所以我们经验非常丰富的编辑人员可以不受约束地就哪些论文会对不同领域产生重大影响做出自己成熟的判断。完全独立的另一个好处是，在判断我们的读者喜欢阅读什么样的内容时，我们可以不必苛求意见一致，我们的学术思想可以更加灵活。[②]

这段话的要点是:《自然》杂志并非我们通常意义上的学术刊物——

---

① J. Justin Gooding & Katharina Gaus, “... yet even flawed films raise interest in research”, *Nature*, 2004-09-16, 431: 244.

② 《〈自然〉百年科学经典》, Sir John Maddox、Philip Campbell、路甬祥主编，外语教学与研究出版社、麦克米伦出版集团、自然出版集团联合出版，第一卷，2009 年，第 13 页。

因为**它既不实行学术同行的匿名审稿制度，也没有编委会**。

《自然》如今每期会设置15个左右的栏目，但只在“通信”（letters）和“论文”（articles）两个栏目上刊登论文，前者约16篇，比较简要，是对某一原始科研成果的初步介绍，后者约2篇，篇幅稍长，是对某一项研究工作更全面的介绍。只有当杂志编辑部认为某篇论文需要送审时，责任编辑才会选择两到三位审稿人进行审稿，这些审稿意见固然会成为决定论文发表与否的重要参考，但编辑并不会完全受这些审稿意见的约束。

《自然》杂志在中国获得神话般的地位和声誉，被许多学界人士视为“国际顶级科学杂志”，很大程度上只是得自“通信”和“论文”两个栏目的印象——本文开头提到的《〈自然〉百年》和《〈自然〉百年科学经典》两种选集，入选文章大多是来自这两个栏目。

但是，国内严格意义上的学术刊物，以在编辑审稿制度上早就“与国际接轨”的《天文学报》为例，首先是一定有编委会；其次，发表的任何一篇论文都必须由同行匿名审稿；最后，一篇文章是否发表，既不是主编也不是编辑部的什么人能说了算的，而是取决于审稿专家的意见，最终由编委会决定。这样的刊物是学术公器。而将这三条标准与坎贝尔上文所述《自然》杂志工作规程一比较，《自然》杂志的性质就一目了然了。

坎贝尔在《〈自然〉百年科学经典》前言中，曾对《自然》的性质有过简明的概括：最初《自然》杂志是一份“完全针对专业人士的期刊”，但它早就经过转型，现在的《自然》杂志是“**一个集记录科学与将科学的最新进展以易于理解的方式呈现给读者为一体的出版物**”——这样的刊物非常接近国内通常意义上的“科普刊物”。至于它记录什么、呈现什么，如上所述，由主编和他的工作团队决定。所以从本质上说，《自然》并非学术公器。从文章层次上来看，它和上海的《自然》和《科学》非常相似，而这两个刊物在国内多年来一直被视为“科普杂志”（尽管它们从不刊登科幻小说和影评）。

事实上，《自然》从1869年创刊至今，从来就不像我们想象的那样“科学”，它一直在刊登许多并不那么“学术”的东西。只是在科学主义的传统科学评价体系中，这些“常常异想天开，有时荒唐无稽，总是令人吃惊”（often humorous, sometimes silly, consistently startling）[1] 的内容，都会被人为过滤掉——《自然》在国内学界所呈现的神化幻象，也是由这种过滤帮助形成的。而本文前面探讨的《自然》上的大量科幻文本，无疑就是其中最具代表性的案例。

穆蕴秋、江晓原

原载《上海交通大学学报》第21卷第3期（2013）

① *A Bedside* Nature*: Genius and Eccentricity in Science 1869–1953,* Walter B. Gratzer(Editor), London: W. H. Freeman & Co., 1997, 见封面内页。

二〇一四

[**纪事**] 这是我和方益昉博士合作的“科学政治学”方向上的第二篇重要论文。在本文中，我们纯粹依据公开的信息资料，和自己的分析论证，做出了一些颇有先见之明的论断，被后来的政治和司法事件所证实。

中国转基因主粮争议的科学政治学分析

导言： 转基因主粮争议与社会及科学伦理

自2010年初起，针对农业部是否应该，或者是否有权，从法律意义上许可转基因主粮种子商业化种植、加工、销售的争论，贯穿于从草根到精英、从学府到企业等不同社会阶层和利益集团。极力支持与坚决反对两种意见不断碰撞，当下正在日夜发酵，愈演愈烈。引爆这场社会大争论的诱因，是农业部2009年5月批准，但直到年底才经由媒体披露的，包括世上首批转基因水稻生产应用安全许可证的颁发。[①] 法律上，这批三张转基因主粮许可证仅具象征意义，不得据此获取经济效益。也就是说，行政主管部门只不过从立项监管层面，放行了转基因主粮种子的中试规模种植，但继续严禁该种子的全面产业化种植和商业化流通。由于主粮种子兼具直接食用特征，所以该类农产品不具备出现在

---

① 许可证分别是抗虫转基因水稻“华恢1号”、杂交种“Bt汕优63”和转植酸酶玉米“BVLA430101”。

食品加工、市场销售和餐饮制作环节的合法性，相关安全许可有待卫生食药行政主管部门依法审批，至今未予放行。上述农业许可证的有效期2014年即将终止，为此“挺转”和“反转”双方不断提升各自的诉求分贝，试图最大程度影响主管决策部门。短期来看，观察上述许可证有幸继续生存，还是调整取消，似可作为判断这场短短五年之争的暂时胜负节点，并且随着临界点的接近，主管层方面不断释放渐趋明朗的走向暗示。①

但是，纵观人类农业的漫长历史，转基因主粮被广泛欣然接受的时代，恐怕还是遥遥无期。②

抗虫转基因水稻和转植酸酶玉米项目，因涉及广大公众的日常主粮，且系由纳税经费资助，就必然要接受社会伦理与科学伦理的充分质疑。

转基因主粮项目讨论的范畴大大超越技术本身，涉及错综复杂的综合问题。政府高层官员在转折关口主动介入该项目的未来预测，以及多年来的该争议项目所涉及的话题范围，更加证实它兼具科学政治的特征。在学术层面上，该项目也是现代科学技术发展模式下，考察各方利益平衡的研究范例。作为典型的科学政治项目，又事关国计民生，允许各行各业不分专业背景，充分表达利益诉求，这是现代政治的基本原则。从科学政治学的学术角度出发，通过洞察粮食安全治理工程，研究技术精英与垄断资本、市场利润和行政许可的关系，则是科学史与科学文化学科建设直接融入社会发展的历史使命。

本文拟按照科学政治学评价原则，对技术升级的社会环境、技术本身的先进程度、技术带来的安全漏洞、技术研发的人员素质，以及技术监督的有效管理等层面，进行评估、分析和论述。

---

① 2014年1月22日国务院新闻办农业问题记者会上，中央农村工作领导小组副组长、办公室主任陈锡文代表中央农业最高决策层，就转基因农产品明确表态：（1）转基因是世界先进前沿技术，中国不能落后；（2）转基因农产品能否上市销售，必须经过严格安全评价；（3）要让消费者有充分知情权，买与不买由消费者自己决定（详见 http://news.sohu.com/20140122/n393975620.shtml）。目前中国的口粮97%来自本土，粮食连续十年增产（详见 http://roll.sohu.com/20140122/n393964956.shtml）。

② 农业发展史表明，人类从采集渔猎社会过渡到农业定居社会，花费了几十万年。现代多元化社会特征在于允许体现不同价值观的生存方式，科技进步不是快速灭绝生态多样性的托词。有关历史参考游修龄：《中国农业通史·原始社会卷》，中国农业出版社，2008年。

一、转基因主粮争议与许可证颁发权位及程序质疑

转基因主粮的特殊性在于，纯科学层面的常规实验室技术，竟然与涉及国家稳定的口粮安全产生了瓜葛，社会关注的焦点自然迅速从“基因”转移至“主粮”，两者结合掀起的社会冲击，波及传统科学范式之外的，与现代科技孪生的价值判断。

过去几年，转基因棉花、转基因木瓜面世，也曾掀起一波伦理研讨，但两者在国民经济和民生保障中的战略高度与威胁广度，与转基因主粮不具可比性，无缘成为当下深入讨论转基因主粮项目的参照标杆。必须强调的是，自20世纪中叶DNA基因概念确定，伦理界针对基因技术包括转基因技术的质疑，基本限于理论层面[①]，自然科学与社会科学研究人员、社会公众和行政立法机构达成基本的社会共识，并不反对转基因技术的科学研究。[②]

粮食安全作为立国之本，历来是世界各国的决策基石，在不同的历史阶段，关注焦点各有侧重。迄今为止，我国粮食总量保持十年连续增产，小麦、稻谷和玉米的进口量不到自产谷物的2.7%，即中国口粮97%来自本土。国家持续粮食进口是市场价格和品种调剂的策略，并非粮食短缺。现阶段，中国粮食安全的主要威胁来自耕地荒废流失、重金属和化学污染、水资源减少、生产流通成本和腐败浪费等因素，有关宏观环境与制度建设的主要问题，2013年末以来的《十八届三中全会公报》、中央经济工作会议、中央农村工作会议及其2014年一号文件中，均做了详尽表述。

在这样的局面之下，农业科技界某些人士，极力推动技术上尚欠完善、安全性尚留疑虑、经济上回报存疑、战略上漏洞无数的转基因主粮，试图将转基因主粮商业化实质性地转化为国家农业规划。此举既非雪中送炭，也非锦上添花，实属忙中添乱。**最为蹊跷的是，“挺转”精英始**

---

① 理查德·道金斯《自私的基因》不仅从生物技术层面，而且从社会行为层面诠释了基因的潜能。见卢允中等翻译的中信出版社三十周年纪念版。本文作者以“基因自私，人更贪婪”为题撰写书评，讨论了转基因技术，载《文汇读书周报》2013年7月23日。

② 小布什总统执政期间，严格限制联邦经费资助人类胚胎干细胞研究。

终欠缺一个直截了当的理由：为何国泰粮足之际，中国必须立即实施转基因主粮商业化？

现代政治作为一种平衡艺术，旨在缓解社会矛盾，调整导向偏差。将此运用于现代资本捆绑下的科学技术决策，即成科学政治的艺术。2009年农业部转基因主粮安全证书出台以来，社会各界从不同视角，直指农业部颁布证书的程序与实质瑕疵。面对争议，代表“华恢1号”和“Bt汕优63”安全证书获得方的华中农业大学生命科学技术学院院长张启发院士依旧表示：不知为什么那么多人反对转基因，并对该证书的前景表示悲观，流露出批评农业部行政不作为的牢骚情绪。①

如果换一个角度来解读，这恰恰说明当下国家农业最高决策层，对农业部当年颁布的转基因主粮证书及其后续社会反应，开始予以重视，并采取审慎的态度。2010年设立的“国务院食品安全委员会”，作为国家食品安全工作的高层次议事协调机构，由15个部门构成。此委员会按照《中华人民共和国食品安全法》授权，“国务院农业行政、质量监督、工商行政管理和国家食品药品监督管理等有关部门……应当向国务院卫生行政部门提出食品安全风险评估的建议，并提供有关信息和资料”（第十五条）。也就是说，未来由农业部独自定夺转基因主粮出台的程序将被纠正，以避免行政纰漏。

对照《中华人民共和国行政许可法》信息公开有关规定，农业部组织的转基因安全审批人员构成相当片面，以系统内部人员为主，利益倾向明显，至今未见结构调整。如今农业部公开信息栏目，仍列有2004年“全国农业转基因生物安全管理标准化技术委员会”构成名单，参见下表②：

---

① 2013年10月20日《南方都市报》采访：张启发院士对转基因水稻在中国的前景表示悲观，“2009年5月，在11年的争取之后，我们研究的两种转基因水稻，华恢1号与Bt汕优63取得了国家所颁发的安全证书，当时我比较乐观，但现在4年过去了，这两张证书也将在明年失效，但转基因水稻商业化不是更近，而是更遥远了。”张启发透露，今年7月，我国61名两院院士联名上书国家领导人，请求尽快推进转基因水稻产业化。同时院士们指出农业部的不作为（详见 http://epaper.oeeee.com/A/html/2013-10/20/content_1954195.htm）。

② 农业部信息中心：http://www.stee.agri.gov.cn/biosafety/gljg/t20051107_488652.htm。

表 1　全国农业转基因生物安全管理标准化技术委员（SAC/TC276）成员构成

委员会职务	农业部		直属科研院校		其他监管		疾控与健康		其他		总计	
	人	%	人	%	人	%	人	%	人	%	人	%
主任委员	1	2	0	0	0	0	0	0	0	0	1	2
副主任委员	1	2	2	5	2	5	0	0	0	0	5	12
秘书长	1	2	0	0	0	0	0	0	0	0	1	2
副秘书长	1	2	0	0	0	0	0	0	0	0	1	2
委员	4	10	19	46	2	5	5	12	3	7	33	81
总计	8	20	21	51	4	10	5	12	3	7	41	100

这份统计分析名单提供了值得关注的问题：（1）农业部官员直接担任主任和委员，标准制定与监督裁判合二为一，计主任一名，副主任一名，正、副秘书长各一名，委员四名，占 20%；（2）来自农业部直属单位的委员占了 50%；（3）直接监管消费者健康安全的委员仅四名，占 2%。六名主任委员中，仅一名农业部以外的食品安全监督部门官员。未见环保机构专业人员，社会伦理等人文学科专家的意见更是无从表达。可见，“全国农业转基因生物安全管理标准化技术委员会”严重轻视主粮质量、消费者健康安全、环境保护与文化传承，是公信力极其有限的咨询机构。由其审核并蹊跷出台的安全证书，越位越权，垄断了涉及全国民众食品、健康和环境全局的头等大事。

二、仅靠陈旧粗糙的技术无力参与国际政经博弈

抗虫转基因水稻和转植酸酶玉米等转基因作物的技术实现路径，主要依靠抗虫、抗旱、抗药、功能蛋白等特定基因片段，在传统主粮基因上克隆或者修饰。该分子生物学思路并非农业科研原创，在 20 世纪七八十年代的基础生命科研中已经成熟，我国也有大批理论与技术胜任基因改造的研究机构和研发人员。

90 年代起，转基因作物如番茄、木瓜、大豆、棉花的人工育种和

大田应用趋于完成，至今仍在跨国公司的注册专利保护之中。[①]2013 年 11 月，以安德生（Heather M. Anderson）为主的七名美国孟山都公司（Monsanto Technology LLC, St. Louis, MO）雇员重新补充，并且重申了对 Bt 基因在玉米种植上下游产业链中的技术更新和专利保护（美国专利局登记号 USP# 8581047）。

据本文作者之一在美国的调查，目前，孟山都公司仅在美国专利局，就拥有与 Bt 基因有关的有效专利 87 项。孟山都公司的主要市场对手杜邦公司，也在美国专利局获得 74 项有效 Bt 基因专利保护。在其他国家专利局中，跨国公司早已将自己的利益登记在册，可以随时启动司法诉求。

就目前的“华恢 1 号”和“Bt 汕优 63”水稻而言，即使水稻原株土生土长，但抗虫基因显然缺乏自主技术产权，随时会遭遇外强挑战。除非我们在此研究基础上，再接再厉，开创性地发现本土抗虫基因并且在植株上克隆修饰成功，具有广泛杀灭各种害虫的实用特性，真正名副其实地积聚中国创新能量。在此之前，所有夸大其词地宣传我国转基因主粮将有效应对未来粮食危机的战略口号，都为时过早。

绿色和平组织近年连续发表报告，警示中国转基因水稻中的外国专利问题，例如 2013 年提交的报告《双重风险下的转基因水稻研究》，主要结论认为：目前中国国内的三种转基因稻种，不仅涉及孟山都公司的专利，而且还涉及先锋公司和拜耳公司的专利。这些专利可能会对中国的粮食自主权、中国农民的生计、中国的粮食价格等方面产生负面影响。[②]

---

① 仅美国专利局电子数据库中，孟山都公司对 Bt 基因的有效专利就有 87 种，最新专利注册于 2013 年 11 月 12 日（专利号 USP#8581047），最早相关专利可追溯到 1983 年（专利号 USP#4370160），http://patft.uspto.gov/netacgi/nph-Parser?Sect1=PTO2&Sect2=HITOFF&u=%2Fnetahtml%2FPTO%2Fsearch-adv.htm&r=1&f=G&l=50&d=PTXT&s1=monsanto&s2=%22bt+gene%22&co1=AND&p=1&OS=monsanto+AND+“bt+gene”&RS=monsanto+AND+“bt+gene”。杜邦公司拥有对 Bt 基因的有效专利也有 74 种，最新专利注册于 2013 年 5 月 7 日（专利号 USP# 8436162），http://patft.uspto.gov/netacgi/nph-Parser?Sect1=PTO2&Sect2=HITOFF&p=1&u=%2Fnetahtml%2FPTO%2Fsearch-bool.html&r=1&f=G&l=50&co1=AND&d=PTXT&s1=dupont&s2=%22bt+gene%22&OS=dupont+AND+“bt+gene”&RS=dupont+AND+“bt+gene”，最早相关专利可追溯到 1993 年（专利号 USP#5218104）。

② 文佳筠：《养活中国必须依靠转基因吗？》，北京大学中国与世界研究中心《研究报告》总第 78 号，2013 年 12 月。

作为我国现代生命科学分支的农业基础科研，在分子生物学整体水平中起步晚、理论弱，目前尚处于消化、吸收、模仿学科成熟技术的阶段。至于生命科学要求配套实施的科学伦理，更是长期滞后，缺乏重视。近年来，政府从粮食安全和基础保障考虑出发，投入上百亿元的公共研究经费加强农业基础研究固属必要，但科研的主导方向，首先应该着眼弥补基础断层，其次突出成熟技术应用指导，再次赶超世界先进学术目标。上述农业科研发展优先顺序的定位中，研究主体的内在意识起了决定作用，研发人员要摆脱急功近利的利益考虑，行政部门摆脱好大喜功的政绩羁绊。

2013年，哈佛大学等机构的最新植物分子生物学研究，包括在人工设计的小分子RNA上，自主调控目标基因的开、关程序，未来的转基因作物将按照人类目的，产生精确、高效、及时的终极产品。[①]诸如此类的研究方向和技术储备，国内农业科研资金最充沛的院士级实验室，尚无公开发表。主要农业科研机构发表的研究成果影响力有限，与大部分国产学术数据结局类似，研究成果缺乏同行引用，远离实质贡献。[②]

比较而言，上海交通大学生命科学与技术学院在转基因植物表达数字化分析上，尚属领先一步。[③]而农业部许可的转基因主粮样本，不过是原始转基因技术的同质重复。一代转基因作物依托基因枪技术，随机将基因片段插入目标作物，已被发现潜伏重大缺陷，比如基因活性逐年递减、非特异性未知蛋白意外分泌等。国内某些号称转基因主粮领军人

---

① Li J.F., Chung H.S., Niu Y., Bush J., McCormack M., Sheen J., "Comprehensive Protein-based Artificial MicroRNA Screens for Effective Gene Silencing in Plants", *Plant Cell,* 2013 May, 25(5): 1507–1522.

② 2011年中国科技人员发表的国际热点论文数量，超过加拿大，排在美国、英国、德国和法国之后，位居世界第5位。2001—2011年，中国科技人员发表的国际论文总数为83.63万篇，排在世界第2位（详见 http://www.people.com.cn/h/2011/1203/c25408-2250063430.html），但2009—2011年，最有影响力的百篇中国论文中，被引用不足10次的占31篇，被引用超过100次的仅2篇。其中一篇共9位作者，外籍占了7位（详见 http://www.istic.ac.cn/ScienceEvaluateArticalShow.aspx?ArticleID=91495）。

③ Rao J., Yang L., Wang C., Zhang D., Shi J., "Digital Gene Expression Analysis of Mature Seeds of Transgenic Maize Overexpressing Aspergillus Niger PhyA2 and Its Non-transgenic Counterpart", *GM Crops Food*, 2013 Apr–Jun, 4(2): 98–108.

物者，其学术专长与技术优势，与分子生物学研究前沿相距几何？即使在同行联盟和科研立项中占据优势，但在国际上转基因理论拓展和技术创新的竞争中，仍难免捉襟见肘。故即使转基因主粮研发有诱人前景，欲蒙其利则路尚遥远。

三、目前转基因主粮有严重缺陷，当下绝不应在国内推广

转 Bt 基因主粮作物分泌各种不同分子结构的 CRY 抗虫蛋白，直接毒死对其敏感的部分农作物害虫。据此，部分转基因主粮理论上被间接解释为减少农药用量，增加产量，从而获得经济效益。由于主持方至今未公布转基因主粮大田种植基本数据，上述观点缺乏科学数据的有力佐证，有关信息只能作为理论假设，对转基因主粮远景有所期待而已。

曾有中科院遗传与发育研究所研究员在基因农业网上撰文[①]，2011 年中国抗虫棉种植面积达到 390 万公顷，占全国棉花总种植面积的 71%，目前自主抗虫棉品种已占中国抗虫棉市场的 95% 以上。至 2011 年，全国累计种植抗虫棉约 2500 万公顷，十四年的应用，减少农药用量 80 多万吨，新增产值 440 亿元，农民增收 250 亿元。单因种植抗虫棉，每年减少的化学农药使用量，相当于中国化学杀虫剂年生产总量的 7.5% 左右；棉农的劳动强度和防治成本显著下降，棉田生态环境得到明显改善。但以上描述缺少基本数据支撑，如年度种植面积与用药量的关系、年度棉花市场价格、当年其他非转基因经济作物与农药关系等，因此难以就此得出成绩归功于转基因作物的结论。

在中国基层总体统计数据不准，国务院宁愿通过用电量估计各地 GDP 实况的背景下，即使上述棉业数据计算无误，但在缺失统计学指标的方式下非但难以证明农药减少、产量增加，反而暴露出统计素质的

① 储成才：《中国转基因作物研究回顾》，详见 http://www.agrogene.cn/info-418.shtml。

低下。类似的困扰，一直影响着中国顶级农口院士的形象。[①]

对转基因农业描绘的诱人前景，必须有清醒认识，并考察已规模化种植的南美诸国和印度国民经济发展现况。在目前的技术水准和市场格局下，上述国家先行转基因种植十几年，饥饿与贫困依然同行，向中国大量出口转基因大豆、转基因玉米，是他们缓解农业困境的强国战略。[②]显然，转基因主粮未能担当农业救济手段，粮食安全的危机在发展中国家具有政治共性。[③]法国卡逊奖得主罗宾的《孟山都眼中的世界——转基因神话及其破产》陈述了重要观点[④]，转基因技术的安全漏洞，和跨国资本的种业垄断阴谋，应该作为两个极端重要的科学政治学视角。主权国家切忌匆忙实行转基因主粮种植。

北美从1996年开始大规模种植玉米、大豆、油菜籽这几种作物的转基因品种，而在西欧，法国、德国、荷兰、奥地利、比利时、卢森堡、瑞士等国家是不准种植转基因作物的（西欧只有西班牙允许种）。新西兰埃内曼（Heinemann）教授等人，比较了数十年来北美和西欧这几个作物的种植，旨在考察同样的作物，具体到种植转基因品种和非转基因品种，到底孰优孰劣。他们的研究结果发表在2013年6月的《国际农业可持续性》（*International Journal of Agricultural Sustainability*）杂志上[⑤]，已被广泛引用。在该论文中，详细数据和图表都清楚地表明：无论是在种转基因品种的北美，还是在不种转基因品种的西欧，上述作

① 作为转基因主粮争论双方共同争取的话语对象，袁隆平院士一再声称自己愿意试吃转基因主粮，2014年1月10日，袁隆平接受记者采访，再次声称愿“身体力行支持转基因技术的发展，自己也愿意试吃转基因作物”（http://finance.sina.com.cn/consume/20140110/133817913824.shtml）。

② 最新消息见凤凰网2013年11月10日报道《全球三大转基因玉米生产国玉米全获批进入中国》，http://finance.ifeng.com/a/20131110/11044736_0.shtml，2013年12月21日报道《中国退回54.5万吨美转基因玉米》，http://news.ifeng.com/mainland/detail_2013_12/21/32357613_0.shtml。

③ 《陈锡文：中国粮食政策面临两难选择》，http://china.caixin.com/2013-12-31/100623750.html;《李国祥：为何中国要强调粮食安全》，http://opinion.caixin.com/2013-12-25/100621509.html。

④ 玛丽-莫尼克·罗宾著，吴燕译：《孟山都眼中的世界：转基因神话及其破产》，上海交通大学出版社，2013年。此书为国内首套“科学政治学系列”中的一册。

⑤ Jack A. Heinemann，Melanie Massaro，Dorien S. Coray，Sarah Zanon Agapito-Tenfen，文佳筠，“Sustainability and Innovation in Staple Crop Production in the US Midwest”，*International Journal of Agricultural Sustainability*（2013-06-18.）。

物的产量都在上升，农药的使用量都在下降。但是西欧的产量上升得比北美的快，在农药的使用上更明显地比北美下降得多。所以，转基因品种能够增产和减少使用农药这两个神话，至少在这项研究中，是完全破产了。

埃内曼教授的论文还强调了一点：凡是种植转基因品种的地区，可供种植的同类作物的品种就会急剧减少。换言之，实际上转基因品种会破坏当地环境的多样性。而对于转基因品种的这一有害之处，推广转基因主粮的人从未向公众提及。

中国农业科学院作物科学研究所佟屏亚研究员最接近农业科研核心内层，他提供的数据厘清了中国转基因农业进程的前世今生，学术界至今没有获得粮食增产基因；所谓杀虫可以减少农药使用，只是理论计算；Bt 蛋白不能对所有自然界的昆虫起作用，况且还有昆虫抗药反应。他的原话令人震撼，国际跨国种业巨鳄布局十年，渗入民族种业，从人才培育到市场垄断，都已大有斩获，有关情形令人触目惊心。①

四、以史为鉴，在转基因主粮争论中实践民主协商机制

2010 年初，本文作者之一率先从学术角度挑战“转基因主粮技术有助于解决我国粮食危机”的观点，从科学政治学的研究角度，开始探寻现阶段实质放行转基因主粮的“科学伦理底线在哪里”②。此后几年，本文作者一直近距离关注这场涉及生命科技畸化的争论③，到目前为止，

---

① 佟屏亚：《中国没有必要率先种植与推广转基因水稻》，载《我们的科学文化·科学的畸变》，华东师范大学出版社，2012 年，第 32—42 页。作为农业科学技术专家，佟屏亚研究员的观点被新华网、环球网等媒体转载报道，http://finance.huanqiu.com/data/2013-10/4492898.html。

② 方益昉：《转基因水稻：科学伦理的底线在哪里？》，《东方早报》整版特稿，2010 年 3 月 21 日。《上海书评》五周年佳作精选，转载于《流言时代的赛先生》，译林出版社，2013 年。

③ 方益昉、江晓原：《当代东西方科学技术交流中的权益损害与话语争夺——黄禹锡事件的后续发展与定性研究》，《上海交通大学学报》（哲学社会科学版）第 19 卷第 2 期（2011）。《新华文摘》2011 年第 13 期作为封面文章全文转载。该文提出的“生命科技畸化”概念，起源于生物学中诱导染色体质量和数量变化从而发生畸形和死亡的专用概念，在此特指当下生物科技异化现象。科学政治重在探讨影响科学发展所有相关因子的平衡艺术。哈佛大学教授克尔·桑德尔则从哲学层面长期探讨生命科学技术突破超越社会价值观调整速度带来的生存危机，见《反对完美——科技与人性的正义之战》，中信出版社，2013 年。

这场争论中政府运作记录所表现的开明姿态，最值得称道。几年来各方利用报刊、电视、网络、讲座和街头示威等各种方式，表达观点诉求[①]，他们往往从技术层面切入，直面转基因主粮产业化导致的产品安全问题。但争议的深层其实涉及国家政策制定、行政执法困境、民生危机根源、集团利益掠夺等重大政治元素。

这是一场源于技术争论的意外民众实践，实为科学政治学的极佳研究范例。在我国转基因主粮争议中，也不乏利益部门及其代言人物，试图将激烈、平等的争论焦点，贴上政治归类标签，拖入“阻碍科学发展”“造谣生事”等意识形态边缘[②]，所幸目前结果显示，高层决策与实施部门相对开明，这种运动式惯用伎俩并未得逞。我国科技思想探讨园地尚留一方净土，使之得以按照自身的发展规律求生、进化。

现代文明进程中曾有过科技清明阶段的纯真年代，回顾历史，可知开创和培育去意识形态化的宽松环境，是促进科学技术健康发展的先决条件。

第二次世界大战前后，DDT 在传染病控制和粮食增产上确实起了很大作用，但战后长期累积和普遍喷洒 DDT 引起的环境毒害和健康危害，日益显现并逐步得到技术实证。至上世纪 60 年代，有关 DDT 与环境危害的争论，被罹患乳腺癌的弱女子卡逊《寂静的春天》点燃后，反对 DDT 阵营中，加入了《纽约客》这样文艺时尚的大众媒体，杂志居然将该书关键文字，以一线记者报道的形式，连续三期原文刊登。而支持 DDT 阵营的论点，则延续一贯的冠冕堂皇，高谈“民生温饱”“国家利益”“全球战略”，他们代表的既得利益集团，维持惯用的思维定式，以政治正确占据舆论高地。

如果我们查阅 20 世纪六七十年代有关 DDT 生产、使用和争论的原

---

① 街头抗议作为草根民众最直接表达利益诉求的方式，近年来首先出现在转基因食品的主题上，并被新华网、环球网等主流媒体所公开报道，http://health.huanqiu.com/headline/2012-01/2368264.html。

② 2013 年 10 月 17 日，农业部新闻办公室以答记者问形式，将转基因食品致癌、影响生育、导致土地报废等争论焦点，直接定性为“谣言”“说事”。相关背景则是有关农业部某副部长曾任职美国杜邦公司高层的传言不绝于耳。见农业部官方网站 http://www.moa.gov.cn/zwllm/zwdt/201310/t20131017_3633155.htm。

始记载，有关专家、政客、媒体从不同视角发表的未来发展憧憬和当下危机证据，继而比较今日发生在我们身边的转基因主粮争论，历史就是如此轮回相似。

有关 DDT 对环境与健康危害的思想、作品，直到 20 世纪 70 年代末的中国，才开始被有识之士逐步介绍、出版。其中，代表作《寂静的春天》被认为是近五十年最有影响力，改变了科学技术与人类生存关系的扛鼎之作。“多数人希望通过科学和技术的发展来解决这些问题，而没有意识到这些问题恰恰根源于我们现代性的存在方式。”①②

《寂静的春天》的思想性，长期没有在中国达成共识，这一方面是因为盲目崇拜科学技术的风气浓烈，另一方面是唯利是图的初级市场对科学技术已经告别纯真年代的实况视而不见。20 世纪下半叶，国际社会开始思考“增长的极限”“只有一个地球”等问题。③ 美国前副总统、诺贝尔和平奖获得者戈尔为 1994 年版《寂静的春天》作序说：“作为一位民选政府官员，给《寂静的春天》作序有一种自卑的感觉，因为它是一座丰碑，它为思想的力量比政治家的力量更强大提供了无可辩驳的证据。”④ 我们希望更多对国家科技决策具备影响力的精英阶层，关注和审视当下中国的转基因主粮化产业进程。

五、转基因主粮“试吃”活动的合法性问题

按照中国食品分段管理制度，农业部的转基因主粮许可，应严格控制在种子产业范围内。所有关于试吃、人体试验和营养毒性的话题，都超越了农业部门行政许可范围。中国卫生食药部门至今没有颁发任何转基因主粮加工、流通和餐饮行政许可，即使转基因产品的科学实验，也

① 吴国盛：《寂静的春天》英文评点本序，《寂静的春天》英文评点本，科学出版社，2007 年。
② 方益昉：《农药 DDT 命运的争议》，《科学》杂志，第 39 卷第 2 期，第 141—144 页。
③ 李克强：《建设一个生态文明的现代化中国——在中国环境与发展国际合作委员会 2012 年年会开幕式上的讲话》，中央政府门户网站，2012 年 12 月 12 日，http://www.gov.cn/ldhd/2012-12/13/content_2289232.htm。
④ 蕾切尔·卡逊著，吕瑞生、李长生译：《寂静的春天》，吉林人民出版社，1997 年，第 9 页。

在美国塔夫茨大学私自来华开展黄金大米人体试验事件中[①]，被医学主管单位一再否认曾经立项。现阶段，法律禁止任何境内的转基因主粮加工、烹饪和流通，上述行为均涉嫌违法。

这有《中华人民共和国食品安全法》明文规定的法律条款为据。该法第四条：国务院质量监督、工商行政管理和国家食品药品监督管理部门依照本法和国务院规定的职责，分别对食品生产、食品流通、餐饮服务活动实施监督管理。第三十六条：食品生产者采购食品原料、食品添加剂、食品相关产品，应当查验供货者的许可证和产品合格证明文件；对无法提供合格证明文件的食品原料，应当依照食品安全标准进行检验；不得采购或者使用不符合食品安全标准的食品原料、食品添加剂、食品相关产品；等等。[②]

但是，由于留种稻谷和玉米均可直接食用，农业部转基因主粮许可证问世之后，有关专家有意混淆农业许可与食药许可的区别，混淆基本毒理学评价概念，罔顾科学伦理，欺骗并误导公众，实属主动突破伦理底线，违纪、违规和违法的行为明证。

2013 年 10 月 19 日，《北京晚报》和《南方都市报》等记者被邀出席在武汉华中农业大学国际会议报告厅举行的“全国首届黄金大米品尝会”[③]，现场提供转 Bt 基因大米制作的月饼、米糕、米粑和豆皮；另有 10 公斤“黄金大米”（转胡萝卜素基因，连农业安全许可证也没有的试验产品）熬成米粥。张启发院士当场作了题为“作物育种的主要发展趋

---

① 新华网 2013 年 9 月报道，美国塔夫茨大学就科研人员私自来华，从事转维生素 A 基因“黄金大米”非法人体实验事件致歉。无论出于种何动机，任何科研项目的程序与伦理失序，直接导致结果的有效性和正义性，http://news.xinhuanet.com/world/2013-09/18/c_117425514.htm。

② 《中华人民共和国食品安全法》第六条：“县级以上卫生行政、农业行政、质量监督、工商行政管理、食品药品监督管理部门应当加强沟通、密切配合，按照各自职责分工，依法行使职权，承担责任。”第二十八条：“禁止生产经营下列食品：第一款，用非食品原料生产的食品或者添加食品添加剂以外的化学物质和其他可能危害人体健康物质的食品，或者用回收食品作为原料生产的食品。”

③ 《300 网友武汉试吃“黄金大米”》，http://news.ifeng.com/gundong/detail_2013_10/21/30491198_0.shtml。类似的违法活动两个月后再次举行，包括食品安全专家到场背书。《首届转基因食品嘉年华，院士当场辟谣破解误区》，http://news.ifeng.com/gundong/detail_2013_12/01/31706064_0.shtml。

势”的演讲。

当公众质疑上述活动组织者将尚未通过生产、流通和卫生许可的中试样品，提供非特定人群食用，有重大违规、违法嫌疑，呼吁行政、执法部门严肃查处时，11 月 9 日，黄大昉研究员接受《新京报》记者采访时为该活动掩饰，声称这是“网民、消费者自发组织的一些转基因食品的品尝”，试图以此规避法律与道德追究。然而，普通网民和消费者从何处得到转 Bt 基因大米和“黄金大米”？并可公然占据重点大学国际会议厅从事涉嫌违法的聚众事件？公众还强烈要求张院士公开其声称的 61 名院士的集体“挺转”文字和名单，则至今未见答复。

其实按照科学共同体规范，即使品尝实验阶段的产品，也必须遵循人体实验的伦理和技术程序。依靠大众媒体报道，诉诸再多的“口感好、香气浓”之类溢美之词，依然不具任何科学价值，缺乏统计学设计与分析的数据，展示不了任何学术结论。

某些技术精英的欺骗性在于，他们通过改装的科学共同体专业话语，随意歪曲和偷换概念。比如“国内大部分人吃过转基因食物”的说法，就有意混淆食用油和食用主粮摄入人体数量上的几何级差别，摄入质量也有本质区别，前者主要由提纯脂肪构成，后者则为全成分食品，含有更多未知成分。再如“转基因食品无毒”的言论，只是简单表述了没有腹泻、发热等 90 天急性毒性实验结果，有意回避教科书上被学术共同体重点讨论的慢性毒性试验、致畸、致癌、致突变等为期数年，甚至几代的动物实验、人体实验、流行病学回顾实验和队列前瞻实验。[①] 类似的经典工作，老一辈食品卫生工作者皆亲力亲为，本文作者之一 30 年前作为大学生志愿者，也曾参与国家为期数年的辐照食品人体实验。再看现在“试吃”活动中的某些专家，他们没有能力向国际学界提交数据确凿的毒理学和统计分析论文，却在国内大众媒体上公开误导公众，真让人有往事不堪回首之感。

---

① 作为农业部直属机构，中国农业科学院农作物分子生物学重点实验室主任的黄大昉研究员目前是最活跃的代言人，发表大量转基因救国、转基因无害的言论。最新言论见其 2013 年 11 月 9 日接受《新京报》记者的原始记录（A17 版），http://epaper.bjnews.com.cn/html/2013-11/09/node_8.htm。

又如，2012年，美国塔夫茨大学在湖南涉案“黄金大米”人体试验，既违背科学伦理，更有乘人之危的恶劣事件出现后，预防医学领域的专家除了急欲自证清白，丝毫没有就“黄金大米”所代表的转基因主粮和人体试验现实危机公开深刻反省。

在某些人看来，转基因主粮项目预示着未来巨大的商业机会和资本利润。即使真是如此，地方政府的食药监督管理部门对这种面向非特定人群的社会活动，理应及时核查许可文件，对违规、违法行为公开予以取缔、惩戒。而公众对此提出任何高标准的、哪怕是苛刻的技术挑剔和道德质疑，也绝对是应有的权利。

六、远离商业经济诱惑，转基因研发需要伦理约束

另一方面，转基因主粮项目面对着巨大的研究经费诱惑。农业是根本，随着国力的强盛，加大农业扶持，改变我国现代农业起步晚，农业科研投入少，农业院校招生难，农业技术成果最零碎的现状，也是中国梦的一个片断。但是，实际操作中的现况依然不容乐观，在农业部网站嵌入“2012年科研经费总数”的查询，电脑搜索结果为“零”，其管理方式之落后可见一斑。农业部网站挂出的《人民日报》文章《别让腐败捆住科技创新之翼》，更加触目惊心。[①] 揭示有“造假也能过审批”“不论证也可立项”“没条件也得资金”“未完成也过验收”等科研监管漏洞。

基于科研项目的公众透明度极差，我们只能参考农业科研内部人士的数据，分析转基因农业的框架。佟屏亚披露：“在跨国公司策动下，转基因种业规划未经广泛听取意见，农业部科教司每年下达项目。比如支持种子企业发展生物育种共5个亿，明确规定培育转基因品种，41家申报单位获600万元到1200万元不等，当年1200万元花完，滚动再给1200万元，这样滚动三次。外国公司稳步渗透，不仅科研单位，中国主要的水稻为主的企业都进去了。为什么会这样？因为第一是有钱，

① 杨凯：《别让腐败捆住科技创新之翼》，《人民日报》，2013年10月15日，农业部官网转载，http://www.moa.gov.cn/sjzz/jcj/llyd/201310/t20131015_3629955.htm。

这十年当中，由某院士带头的十位专家给原国务院负责人的一封信很起作用，240 个亿就下来了。生物育种比常规育种要多出十倍上百倍的资金，有钱就好办，就能拉拢一部分人。”[①]

难怪转基因主粮利益抢占中，勇夫泛滥，重赏之下，自私的基因和人性的懦弱双重发酵。在上百亿元科研经费追逐中，转基因主粮的研究意义必须膨胀到拯救农业命运、拯救民族命运的救世主层面，方才实至名归。笔者在研究过程中，希望核实或者反驳上述数据，此事唯有赖于农业官方部门及时提供更新确凿的数字依据，向全社会纳税者澄清。而更高的层面上，必须反思科技转化的现实动力和遗留弊端，促使科学研究回归技术储备的创新基石角色，发挥厚积薄发的潜在能量。

因科技人员在技术发展活动中的核心地位，该人群的生理、心理和利益的潜移默化，影响和决定了项目的未来走向。因此规划相应的制衡设计，即利用法治社会的司法约束，为科研活动划定红线、底线，从科研立项、经费审计、技术评审和司法惩戒诸方面，建立最优化监督管理，从中逐渐调适新时代的科学伦理观念，使之更加符合人类社会健康生存与进化的终极理想。

转基因主粮事关民族口粮与农业技术，但单纯相信“科技解决一切”最终很可能事与愿违。其实，拯救人类社会共同危机的理性方案，在于各领域科学技术与人文成果的沟通、尊重与合作。经济落后、制度缺陷和慈善缺乏的复合纠结，才是造成当下社会贫困与饥饿的关键因素。农业科研精英如能分出一点点参与转基因主粮“试吃”闹剧的热情，直接加入扶贫行动，对国家更有帮助。也能够为农业科研争取时间空间，有助于资质浅薄却雄心勃勃的农业研究队伍静下心来，不是急于推出导致严重争议的产品，而是研究精准的、自主的未来农业技术。

方益昉、江晓原

原载《上海交通大学学报》第 22 卷第 4 期（2014）

---

① 佟屏亚：《中国没有必要率先种植与推广转基因水稻》，第 32—42 页。

二〇一五

［**纪事**］这是我和穆蕴秋在“*Nature* 实证研究”方向上的第三篇主干论文。此时穆蕴秋已经入职上海交通大学科学史与科学文化研究院成为讲师。

SCI 和影响因子：学术评估与商业运作
——*Nature* 实证研究之三

英国《自然》（*Nature*）杂志创刊于1869年，如今已成科学神话。它在中国科学界更是高居神坛，据2006年《自然》杂志上题为“现金行赏，发表奖励”的文章中说，当年中国科学院对一篇《自然》杂志上的文章给出的奖金是25万元人民币，而中国农业大学的类似奖赏高达30万元人民币以上，这样的“赏格”让《自然》杂志都感到有点受宠若惊。[①]

《自然》之所以被学界捧上“神坛”，主要的原因是它在风靡全球的“刊物影响因子”（impact factor）游戏中，长期以来遥遥领先于世界上绝大部分科学杂志——2014年，它的影响因子高达41.5，在SCI期刊中位居第七。换言之，对《自然》的迷信，很大程度上就是对SCI和期刊“影响因子”的迷信。

但奇怪的是，与这种“迷信”形成鲜明对照，学界对SCI和期刊“影响因子”的历史形成过程，了解却十分有限，而且几乎完全没有注意到

① I. Fuyuno & D. Cyranoski, “Cash for Papers: Putting a Premium on Publication”, *Nature*, 2006, 441: 792.

这两者纯粹的商业性质。当前的研究，仍然集中在把SCI和期刊“影响因子”当成理所当然的权威学术评估手段，用于衡量个人、学术团体、研究单位，甚至一个国家的整体学术水平。另一方面，由于对相应历史缺乏必要的了解，即使对“游戏规则”的合理性有所质疑，也难以形成深入的看法。

本论文将从科学史研究视角出发，结合SCI和期刊“影响因子”的历史形成过程，从源头上对其规则设计的合理性进行深入考察，并揭示这两种学术评估手段背后的商业化运作过程，这是前人未曾涉及的工作。

一、科技信息的商业价值

科学情报研究所（Institute for Scientific Information，以下按通行习惯简称ISI）逐年发布的科学引用索引（Science Citation Index，简称SCI）和期刊引证报告（Journal Citation Report，简称JCR），被当今科学界视为两种最权威的学术评估数据。许多人误以为它们是由“**科学界权威机构**”发布的——尽管实际上这家“科学情报研究所”从一开始就是一家地地道道的**商业公司**，1992年又被汤森路透（Thomson Reuters）收购。只是ISI的这一性质，多年来一直不太为普通公众和许多学界人士所知。

行用半个多世纪以来，两种数据已经彻底改变了科学界的学术生态和发表机制。创立者尤金·加菲尔德（Eugene Garfield），个人经历显得中规中矩，没有任何“出格”之处。他1925年出生于纽约布朗克斯区，1949年、1954年先后从哥伦比亚大学获化学学士学位和图书情报学硕士学位，1961年获宾夕法尼亚大学结构语言学博士学位。

1956年，在职攻读博士的加菲尔德注册成立一家名为DocuMation的小公司，推出的第一款信息产品——《目录快讯》（Current Contents，简称CC），是一种对管理类杂志目录进行定期汇编的小册子。除了零售散卖，贝尔实验室（Bell Lab）成为他第一家企业用户。加菲尔德后来回忆，为了完成与贝尔实验室签订的500份订单，需要先投入500美元作为印刷经费，他靠从私人银行贷款才勉强渡过难关。[①]

加菲尔德的事业转折发生在1960年。这年他将公司正式定名“科学情报研究所”，此前曾一度改名“尤金·加菲尔德学会”（Eugene Garfield Institute），与美国国家健康学会（National Institutes of Health）合作，获得国家科学基金（NSF）30万美元政府资助，共同承担建设基因文献引用索引库（Genetics Citation Index）项目。

项目对1961年28个国家613家期刊出版的20000本杂志上的140万条参考文献，建立引用索引，进行编目，最终结果共得五卷，其中基因类文献的引用索引独立成一卷。1963年，基因引用索引数据库顺利结项，加菲尔德原本期望国家科学基金能进一步提供资助，将余下四卷一起出版，但后继申请计划被拒。加菲尔德决定独力承担出版事宜，并将其统一命名为科学引用索引（Science Citation Index），即学界现今所熟知的SCI。

二、SCI和JCR的历史起源

SCI收录一定范围数量的期刊——这通常也被称为“源刊”（source journals），通过在源刊文本和源刊参考文献之间建立“引用索引”（Citation Index），可提供检索学者的SCI论文发表数量和被引用次数——在理工科领域，对学者学术水平的评判现今主要取决于这类数据。

1964年，ISI首次出版1961年SCI报告，此后逐年出版，延续至今。ISI在1973年、1978年相继推出的社会科学引用索引报告（Social Science Citation Index，简称SSCI）和艺术与人文科学引用索引报告（Arts & Humanities Citation Index，简称A&HCI），完全套用了SCI的产品思路和模式。

从方法上来说，SCI采用的“引用索引”受到的是美国一种判例援引法律工具书的启发。美国法律遵照“判例”原则，法院进行判决时，

---

① E. Garfield, “How It All Begain—With a Loan from HFC”, *Current Contents*, 1980-01-21, 3: 5-8.

必须与本院或上级法院此前对相似案例做出的判决保持一致。1873年，芝加哥一个叫弗兰克·谢帕德（Frank Shepard）的法律出版商，开始出版一种他自己编印的工具书，在判例和援引案例之间建立索引，统一进行编列，并标记判例是否已被推翻、撤销、修改或加入限制条件。这种工具书能帮助律师快速了解一个判例是否仍然适宜援引，出版后大受欢迎，法律人士几乎人手一本。谢帕德的名字甚至衍化成了一个法律术语“Shepardize”，意为“查阅《谢帕德引证》”。①

JCR，即“期刊引证报告”，本质上是SCI的衍生产品，它逐年发布的期刊影响因子（详见下文），是基于对SCI（后来包括SSCI和A&HCI）“引用索引”数据进行整合处理后得到的结果，该数据现今已成为学界评判期刊优劣的权威指标。②1975年，JCR首次以SCI附卷的形式出版，1993年，它被独立推向市场。

作为一种期刊评估手段，JCR的思想源头可追溯至格罗斯（Gloss）夫妇1927年发表在《科学》（*Science*）上的一篇文章。他们试图解决这样一个问题：在图书馆预算有限的情形下，应该参照什么标准为学生购买供查阅的化学期刊？③④

最简便的方法，当然是找一个权威专家为图书馆开列一个目录清单，但这会受到专家本人阅读经验和个人好恶的左右，特别在购买范围较大的情形下，并不太适用。

格罗斯夫妇提出的解决方案是，选取知名刊物《美国化学学会杂志》（*Journal of the American Chemical Society*），对它1926年发表的247篇文章的3633条参考文献进行统计，按引用次数对所有被引刊物进行排序，刊物重要性与排序结果直接对应，图书馆可参照此清单进行购买。这种筛选方式操作简便，且不存在太高专业“门槛”，很快被其

① W. C. Adair, “Citation Indexes for Scientific Literature”, *American Documentation*, 1955, 6: 31–32.

② E. Garfield, “How can Impact Factors be Improved”, *British Medical Journal*, 1996, 313: 411–413.

③ E. Garfield, “Science Citation Index”, *Science*, 1955, 122: 108–110.

④ P. L. K. Gross, E. M. Gross, “College Libraries and Chemical Education”, *Science*, 1927, 66(1713): 385–389. P. L. K. Gross & A. O. Woodford, “Serial Literature Used by American Geologists”, *Science*, 1931, 73(1903): 660–664. I. Hackh, “The Periodicals Useful in the Dental Library”, *Bull. Med. Libr. Assoc.*, 1936, 25(1–2): 109–112.

他信息科学家借鉴推广到别的学科领域（参见表1先前学者的整理结果）。①

表1　SCI和JCR出现之前各学科筛选期刊的方式

作者（论文发表年份）	选取期刊数量	参考文献数	学科领域
Gross & Gross，1927	1	3633	化学
Allen，1929	9	2165	数学
McNeely & Crosno，1930	7	17991	电气工程
Gross & Woodford，1931	6	3574	地理
Gregory，1934	约40	26760	医学
Hooker，1935	5	12794	物理学
Hackh，1936	20	22575	牙科
Henkle，1938	1	17198	生物化学
Brown，1956	57	38000	多学科
Garfield，1961	613	约140万	所有科学学科

SCI作为JCR的数据基础，相较前人有所突破的地方在于，不再区分学科类别，收录期刊海量增加。

但这并不是它们之间根本的区别，根本区别在于，格罗斯夫妇及其后继者们采用同样的方案对期刊进行筛选时，还保持着非常“纯洁”的动机，为的是创造便利、服务学术。SCI和JCR却不是这样，它们从一出生就是商业信息产品，“赚钱”才是它们与生俱来的属性。

这种属性也是加菲尔德千方百计让它们位居高端，凌驾于学术之上的真正动力。其中力证SCI可以预测诺贝尔奖，对帮助实现这一目标起到了关键作用。

三、SCI推广之诺贝尔奖预测

1965年，即SCI推向市场的次年，在美国海军研究办公室（Office for Naval Research）主办的一次学术会议上，加菲尔德和他的助手提交

① Éric Archambault, Vincent Larivière, “History of the Journal Impact Factor: Contingencies and Consequences”, *Scientometrics*, 2009, 79: 635-649.

论文作了大会报告。[①] 当时 ISI 迫切需要打开 SCI 的市场，所以这次大会报告很大程度上也是一次不失时机的产品推介。加菲尔德的报告从五个方面阐释了 SCI 的功能：

（1）便于学者了解前人工作，减少不必要的重复研究；

（2）作为评估研究成果的手段；

（3）便于追踪发表成果的来源和出处；

（4）可用于计算期刊的“影响因子”（参见本文第五节）；

（5）为科学史研究提供一种有效的辅助手段。

在阐述第 2 项功能时，加菲尔德选择了最能撩拨学界敏感神经的“诺贝尔奖预测”来进行论证。他利用 1964 年首次出版的 1961 年度 SCI 报告比较了两组数据：

（1）1961 年共有 257900 位学者的成果被 SCI 论文引用，统计他们的引用情况；

（2）1962 年、1963 年共产生 13 位物理、化学和医学诺贝尔奖获得者，统计他们 1961 年度被 SCI 论文引用的情况。

从数据结果可看出（参见表 2），13 位学者在得诺贝尔奖的前一年，他们的成果被 SCI 论文引用的平均数量和次数远高于一般水平。这确实能说明，优秀科学家群体有着更高的 SCI 论文被引用数，但并不足以支撑加菲尔德的论断：SCI 论文引用数可以反过来用于评估单个学者的学术水平。

事实上，就在两年前的一篇文章中，加菲尔德还主动发出警告，利用论文引用次数评估科学家和科学成果可能存在风险，理由是“论文的影响和论文的重要性及意义是两码事”。他甚至恰如其分地引用了苏联李森科（T. D. Lysenko）的例子，说如果引用次数最多的作者应该获得诺贝尔奖，那会得出李森科是苏联最伟大的科学家的荒谬结论。[②]

---

① I. Sher and E. Garfield, “New Tools for Improving and Evaluating the Effectiveness of Research”, Research Program Effectiveness, Proceedings of the Conference Sponsored by the Office of Naval Research Washington, D. C., July 27–29, 1965.

② E. Garfield, “Citation Indexes in Sociological and Historical Research”, *American Documentation*, 1963, 14 (4): 289–291.

其实13位诺贝尔奖获得者中，已经存在一个明显的反例。按照加菲尔德的统计，1963年度物理学诺贝尔奖获得者，约翰内斯·詹森（J. H. Jensen）1961年3篇论文的SCI引用才4次。如果单凭SCI论文引用次数来衡量詹森的成果，会得出一个荒谬的结论，这位诺贝尔奖获得者的学术水平连平均线（5.51次）都没达到。

表2　1961年两组SCI引用数据的对比结果

1961年SCI引用情况	人均被引论文	人均被引次数	论文平均被引次数	自引率
257900位学者	3.37篇	5.51次	1.57次	7.8%
13位1962—1963年诺贝尔奖得主	58.10篇	169次	2.90次	10.5%
比较结果	17.24倍	30.67倍	1.84倍	

但是，加菲尔德在随后持续打造SCI"产品形象"的过程中，却似乎完全忘记了当初发出的警告。从1965年至1983年，他先后撰写了30余篇文章，力图证明SCI论文引用可以"预测"诺贝尔奖。在1990年的一篇综述文章中，加菲尔德对这些文章的讨论结果进行了归纳（参见表3）。[①]

表3　1961—1990年六组SCI"高引名录"预测诺贝尔奖的结果

引用年份	1967	1972	1961—1972	1961—1975	1961—1976	1965—1978
截取年限	1	1	11	14	15	13
引用排名	前50	前50	前50	前249	前300	前1000
已获诺贝尔奖者	8	5	5	13	15	26
起止年份	1967—1990	1972—1990	1972—1990	1975—1990	1976—1990	1978—1990
后获诺贝尔奖者	6	7	13	38	22	35
获诺贝尔奖总人数	145	118	118	97	89	76

列表中的数据，以1967年为例，该年度论文被引用数排名前50的

① 在这篇综述中，加菲尔德对此前的30余篇文章皆有具引：E. Garfield, "Of Nobel Class: Part 1. An Overview of ISI Studies on Highly Cited Authors and Nobel Laureates", *Current Contents*, 1992-08, 15: 116-126。

学者中，包括8位已获诺贝尔奖的人士，1967年至1990年共产生145位科学（物理、化学和医学）诺贝尔奖获得者，其中有6位出现在这个名单上。余下5组数据，包含了类似的信息。

这些结果中，SCI“高引名录”中已获诺贝尔奖的人数不能说明问题。因为一旦某位学者获得诺贝尔奖，立马会被当成首屈一指的“大权威”供奉起来，他的论文自然会受到更多关注，也就可能获得更多的SCI引用。

要检验引用是否可以预测诺贝尔奖，主要还得看“高引名录”未来究竟产生了多少诺贝尔奖获得者。从加菲尔德呈现的6组数据来看，“高引名录”获诺贝尔奖的概率确实比较大，两者存在“正相关关系”。如果把抽样年限加长、名单扩大，这种相关性还会得到加强。

不过，只要稍微深入探究一下，就会发现加菲尔德对数据的处理存在三个问题：

首先，非常明显的一个问题是，**加菲尔德有对结果进行“选择性呈现”的重大嫌疑**。我们知道，学界每年新增SCI论文数以万计，这些论文产生的引用会让SCI高引作者名单各年大不相同，而且截取年限不同，高引名单的结果也不一样。加菲尔德六组数据起始年份各不相同（最早为1961年），截止都在1990年（综述写于这一年），截取年限依次为1年、1年、11年、14年、15年和13年，并无章法可循。套用他的做法，如果把1961年到1990年这三十年按所有可能截取的持续年限进行排列，会得到465种结果，对应排列出来的高引名单应该有465份——而加菲尔德仅仅给出了其中6份，呈样率仅为1.2%，他没有交代如此选择的任何理由（哪怕宣称是“随机抽取”）。

其次，没有说明“高引名录”人数的选取标准。通常情形下，名单越长，出现诺贝尔奖得主的概率也就越大。加菲尔德的6组数据，名单人数从最初的50扩大到了后来的1000，并没有给出任何解释理由。

再次，没有明确预测的有效年限。通常来讲，预测事件发生是有时限要求的。加菲尔德6组数据的预测年份截止于1990年，只是因为他的综述写于这一年，意味着“高引名录”的预测有效期限可能止于任何年份，也可能永久有效，这完全背离了“预测”的基本要求。

在加菲尔德之后，有学者采用相同路径加入“预测”行列[①]，这些研究对引导学界相信SCI论文高引名单可成功预测诺贝尔奖起到了推波助澜的作用——实则是在自觉不自觉帮助SCI树立产品形象。

ISI在2014年最新公布的“高引名录”（Highly cited Researchers 2014）包括的科学人士多达3216位。尽管该名录2014年诺贝尔奖命中率为零，但这并不妨碍它继续受学界追捧。因为在“SCI引用”风行整个学界的年代，能进入“高引名录”已经被当成学术水平突出的象征。另一方面，按照加菲尔德早就备好的逻辑，它放眼的是未来，2014年不中，但保不准名单上会出现2015年、2016年乃至未来更远年代的诺贝尔奖得主。

事实上，SCI引用数据究竟能不能预测诺贝尔奖，学界当前还存在相当大的异议。学者金格拉斯（Y. Gingras）和华莱士（M. L. Wallace）2010年做了一项研究，他们对比物理和化学领域的两组数据，逐年统计1901—2007年排名前500的高引作者的被引用情况[②]；和1901—2007年330位诺贝尔奖得主的被引用情况。统计结果显示：1900—1945年间，诺贝尔奖得主在获奖当年的平均被引用次数明显高于其他高引作者，出现一个突出的峰值；但是1946—2007年，这样峰值再未出现。这意味着，1900—1945年间，成果引用确实可以看作预测诺贝尔奖的有效风向标，但是从20世纪50年代开始，试图凭借成果引用从高引学者中鉴别出诺贝尔奖得主，已经完全没有可能。[③]

金格拉斯两人把解释的理由归结为两点：50年代以来科研人数在急剧增加；物理、化学领域专业分支在不断细化。如果他们的研究结论成立，这会导致一个加菲尔德不愿意看到的事实，在SCI开发出来的大约二十年前，它在“预测”诺贝尔奖这件事上就已经失效了。

---

① D. Pendlebury, “The 1989 Nobel Prize in Medicine: 20 Who Deserve It”, *The Scientist*, 1989-10-02, 3(19): 14, 16, 19. A. Martello, “Scientists with the Right Chemistry to Win a Nobel”, *The Scientist*, 1990-09-17, 4(18): 16-17.

② 汤森路透已把SCI数据补充到1900年至当前，可通过Web of Science查询（需订阅）。

③ Yves Gingras, M. L. Wallace, “Why It Has Become More Difficult to Predict Nobel Prize Winners: A Bibliometric Analysis of Nominees and Winners of the Chemistry and Physics Prizes (1901-2007)”, *Scientometrics*, 2010-02, 82(2): 401-412.

四、学界对 SCI 的争议

值得注意的是，SCI 还处于早期推广阶段的时候，在学界已经引发争议。1970 年，围绕加菲尔德在《自然》杂志上宣传 SCI 功能的文章《研究科学的引用索引》——其实就是 1965 年报告的缩减版（参看本文第三节）①，一些学者表达了异议。

争论焦点主要集中于这个问题：利用 SCI 论文引用次数来衡量学者的学术水平，是不是一种合理的做法？科学人士的主要观点可归纳如下②：

（1）引用并不仅仅表示赞同，还包括对前人成果的批评或一般性综述，一些作者为了获得引用，可能有意制造耸人听闻的“诈文”；

（2）引用带有很大主观性，某些情形下，论文被频繁引用只是因为作者是知名学者，和论文学术水平无关；

（3）一些学者虽然有着可观的论文引用数量，但引用发生在早前的年代，实际情形是他们当前的学术创造力已经枯竭；

（4）没有出现在论文参考文献中的成果，并不意味着完全没有影响，一些在相关领域被普遍接受的专业术语，同行在论文中提及一般不会给出原始出处；

（5）论文引用与奖励、基金申请、职位申请等直接挂钩，会导致配合引用等作假手段；

（6）SCI 在收集处理引用数据的过程中，存在不容忽视的误差；

（7）对于集体成果，只计算论文第一作者引用次数的做法不合道理。典型例证是生化学家劳里（O. Lowry）1951 年与另外三位作者共同发表的一篇论文③，在加菲尔德 1967 年统计的“高引作者前 50 名”中，劳里因这篇论文位居第一，它当时被引次数已达 2350 次，但另外三位合

① E. Garfield, “Citation Indexing for Studying Science”, *Nature*, 1970-08-15, 227: 669-671.

② D. Croom, “Dangers in the Use of the Science Citation Index”, *Nature*, 1970-09-12, 227: 1173. P. T. P. Oliver, “Citation Indexing for Studying Science”, *Nature*, 1970-08-22, 227: 870.

③ O. H. Lowry, N. J. Rosebrough, A. L. Farr, R. J. Randall, “Protein Measurement with the Folin Phenol Reagent”, *Journal of Biological Chemistry*, 1951, 193(1): 265-275.

作者并没有出现在名单上。

针对这些质疑，加菲尔德公司团队做出了回应，ISI 欧洲分公司高管考克尔（A. E. Cawkell）反驳说，学者们列举的 SCI 缺陷都属于“可能事件”，而非“必然事件”，所以不会影响 SCI 作为评估手段的有效性，加菲尔德则再次强调诺贝尔奖预测的有效性。[①②]

与《自然》杂志类似，《科学》（*Science*）杂志上两位学者 1972 年的一篇文章也引发同样争议，他们利用 1965 年 SCI 报告对物理学家的研究成果进行评估，得出结论认为只有少数精英科学家对物理学发展做出贡献。[③]

两份期刊关于 SCI 的讨论只是短暂一现，随后很快归于沉寂，但这些争议对我们当下重新审视 SCI 对学界产生的影响及后果，却有很好的参照和启发作用。

到 20 世纪 90 年代，当一些学者开始意识 SCI 的使用正在失控，并试图重新质疑其合理性时，SCI“权威学术评估手段”的地位已无可动摇。学界最终“跪倒”在 SCI 面前的结果是，早期少数学者发出的警告不仅一一应验，甚至其他更夸张、更离谱的事情也正在发生。这样的情形下，回头再看学者阿兰·麦凯（Alan Mackay）1974 年《自然》上的文章《发表还是毁灭》（*Publish or Perish*）——他把 SCI 称为“学术独裁”，确实具有超前的预见性。[④]

五、对“影响因子”两项准则合理性的质疑

1955 年，“影响因子”首次作为一个专门术语出现在加菲尔德在《科学》杂志上的一篇文章中，他在两个地方谈及“影响因子”[⑤]：

---

① A. E. Cawkell, “Science Citation Index”, *Nature*, 1970-11-21, 228: 789-790.

② E. Garfield, “Citation and Distinction”, *Nature*, 1973, 242: 485.

③ J. R. Cole and S. Cole, “The Ortega Hypothesis”, *Science*, 1972-10-27, 17(4059): 368-375.

④ A. Mackay, “Publish or Perish”, *Nature*, 1974-08-30, 250: 698.

⑤ E. Garfield, “Science Citation Index: A New Dimension in Indexing”, *Science*, 1955, 144: 649-654.

> 通过该系统（指科学引用索引），可以有效检索收录期刊中的论文被哪些文章引用过，这在历史研究中将发挥明显作用，当人们尝试评估某项研究成果的意义，或它对同时期的文献或思想产生的影响时，“影响因子”应该比科学家出版成果的绝对数量更具说服力。
>
> 对于意义重大的文章，引用索引具有量化价值，它能帮助历史研究者评估文章的影响——这也就是“影响因子”。

从这两段话可以看出，加菲尔德最初是将一篇文章的被引用次数当成“影响因子”。

后来在1963年的一篇文章中，加菲尔德把“影响因子”定义重新修正为“期刊文章的平均被引用次数”。[①] 这主要是为了解决期刊“体量”（size）差异带来的问题。按照格罗斯夫妇首创的传统期刊评估方法，期刊优劣取决于它总的被引用次数，但通常情形下，期刊发表文章的数量越多，获得的引用次数也就越多。对一些“体量”小的期刊而言，传统方法无疑是不公平的。

汤森路透现今逐年发布的JCR报告上，影响因子算法的标准定义是：**期刊X在前面两年发表的源刊文本（source items）在当年度的总被引用数，除以期刊X在前面两年发表的文章（article）总数量，即为期刊X当年度影响因子的得数。**[②] 其中“源刊文本”，指的是SCI（后来包括SSCI和A&HCI）任一收录期刊上发表的所有文本。算式表达为：

$$\text{期刊}\ N\ \text{年度的影响因子} = \frac{\text{该刊}(N-2)+(N-1)\text{年所有源刊文本在}\ N\ \text{年度的总被引用数}}{\text{该刊}(N-2)+(N-1)\text{年发表引用项总数}}$$

① E. Garfield, & I. Sher, “New Factors in the Evaluation of Scientific Literature Through Citation Indexing”, *American Documentation*, 1963, 14(3): 195–201.

② 考虑到影响因子定义在本研究系列讨论中的重要性，有必要附上原文：“The impact factor of journal X would be calculated by dividing **the number of all current citations of source items** published in journal X during the previous two years by **the number of articles** journal X published in those two years.”

从算式可看出，计算期刊“影响因子”需遵守两项基本准则：

第一准则，源刊文本的“引用窗口”（citation window）是两年。通俗的解释就是，SCI 期刊文本只有发表后第二、三年度发生的引用，对期刊“影响因子”产生有效贡献——尽管实际上它们可能一直会被引用。

加菲尔德在 1972 年《科学》杂志上的文章中，对这一准则的设定进行了解释（参见第 464 页注释②）[①]，他通过逐年统计 1964 年至 1970 年 SCI 收录期刊的参考文献，发现发表年限在三年内的比例依次为：31.09%、30.24%、26.60%、25.91%、25.32%、25.18% 和 23.95%（换一种呈现方式就是，期刊参考文献和注释发表年限在三年以上的比例依次为：68.91%、69.76%、73.40%、74.09%、74.68%、74.82%、76.05%）。

从这组数据，加菲尔德还总结出一种趋势，随着 SCI 收录期刊数量逐渐增加，发表年限三年内的被引用文献比例在逐渐下降——这意味着如果这种趋势保持下去，比例可能越来越小。但不知何故他居然就得出判定：“论文被引用主要发生在发表当年后的两年内。”

照理来说，“两年有效引用”作为“影响因子”算法非常重要的一项准则，加菲尔德有必要在文章中（或单独撰文）详细说明缘由，但他居然只用一条注释草草带过。这也难怪一些西方学者在讨论中，甚至无从知晓“两年”标准是按什么依据得来的。[②]

事实上，针对这一问题，学者格伦策尔（W. Glänzel）和莫伊德（H. Moed）2002 年的一篇论文，已经提供了一个非常有力的反驳案例。[③] 他们抽样考察医学期刊《柳叶刀》（*The Lancet*）和社会学期刊《美国社会学评论》（*American Sociological Review*），对两份期刊 1980 年发表的文章在之后十年的平均被引用率进行逐年比较。发现在前面三年，《柳叶刀》1980 年论文的平均引用率明显高于《美国社会学评论》，但随着年限逐渐累积，《美国社会学评论》的引用率大大高于《柳叶刀》（参见表 4）。

---

① E. Garfield, “Citaition Analysis as a Tool in Journal Evaluation”, *Science*, 1972, 178: 471–479.

② Éric Archambault, Vincent Larivière, “History of the Journal Impact Factor: Contingencies and Consequences”, *Scientometrics*, 2009, 79: 635–649.

③ W. Glänzel, H. Moed, “Journal Impact Measures in Bibliometric Research”, *Scientometrics*, 2002, 53(2): 171–193.

这一结果意味着，对医学期刊和对社会学期刊采用同样的“引用窗口”年限并不合理。医学作为最活跃的研究领域，新旧理论的更迭在频繁发生，其中某些成果发表后引发的关注甚至是“爆发式”的。而在人文社会学领域，新的思想和观点提出后，往往需要等待若干年的“发酵”，才可能引发关注。换言之，汤森路透 ISI 逐年公布的“影响因子”结果，很难讲是一个客观的结论。

表 4 两份期刊 1980 年发表文章不同年限的平均引用率

引用年限 / 平均引用率	1980—1980	1980—1981	1980—1982	1980—1985	1980—1989
《柳叶刀》	0.6	2.4	4.5	9.7	14.0
《美国社会学评论》	0.2	1.8	4.3	12.1	20.9

不过，在“影响因子”被捧上神坛的今天，学界即使意识到这一点，“路径依赖”已让他们别无选择。2003 年，加菲尔德对“两年有效引用”的回应，就完全是一副“木已成舟，能奈我何”的架势：

> 我们不想等若干年后才了解一份期刊的被引用情况。ISI 完全有能力计算 3 年、5 年的影响因子。我们甚至有 10 年、15 年的影响因子数据库，但它们需要单独订阅。[1]

在这个傲慢的表态中，“影响因子”的合理性是无所谓的，商业利润才是王道——“它们需要单独订阅”。

第二准则，“影响因子”算式分母的“文章”只包括“原创研究论文”(original research paper)和“评论”(review)。

这一准则专门针对的是那些除了发表原创论文和评论，还发表社论、技术通信、来信、通告、读者来信、科学讯息观察和报告、书评等文本的刊物，当今世界上最知名的几家刊物——《自然》、《科学》、《柳叶刀》、《美国医学会杂志》(*The Journal of the American Medical*

---

① E. Garfield, “The Meaning of the Impact Factor”, *International Journal of Clinical and Health Psychology*, 2003, 3(2): 363-369.

Association），以及《新英格兰医学杂志》（*The New England Journal of Medicine*），都属于这一类型。对单纯发表原创论文的期刊，如知名的《现代物理评论》（*Reviews of Modern Physics*）和《化学评论》（*Chemical Reviews*），就不需要进行这种区分，因为它们的“源刊文本”数量就等于“文章”数量。

这一准则的形成也有一个渐变的过程。1972 年，加菲尔德发表在《科学》杂志的一篇文章中[①]，以 1967—1969 年三年的 SCI 数据为基础，计算 1969 年度的期刊“影响因子”，他当时的做法是将《自然》《科学》《柳叶刀》《美国医学会杂志》这类刊物上的所有文本都计入算式分母，理由（参见本页注释①）是：“全部计入”不失为较为便捷的处理手段；更重要的是，“这些期刊上的非学术文本也是潜在的被引用文本”。

这种做法显然对《自然》《科学》之类的期刊非常不利，庞大的分母直接拉低它们的影响因子，排名结果全都落到 40 名开外（参见表 5）。

针对这一情况，**在 1975 年首次作为 SCI 附卷发布的 JCR 报告中，加菲尔德对规则进行调整**，规定分母项只包括三类“学术文本”：原创研究论文（original research articles）、评论文章（review articles）和技术报告（technical notes）。“非学术文本”不再计入的理由是，它们“很难获得引用”。[②③]

分母数量大幅减少对《自然》《科学》这类期刊的影响因子结果产生了立竿见影的效果——尽管加菲尔德只委婉地承认“部分归结于这个原因”，但相较 1969 年，它们的排名全部大幅上升，其中《美国医学会杂志》惊人地提升了 100 位（参见表 5）。

分母规则在 1995 年度的 JCR 报告中再次被调整，范围进一步缩小，“技术报告”被剔除，只保留“原创研究论文”和“评论文章”两项——

---

① E. Garfield, “Citation Analysis as a Tool in Journal Evaluation”, *Science*, 1972-11-03, 178(4060): 471-479.

② E. Garfield, Preface to Journal Citation Reports, Vol. 9 of SCI, Published by Institute for Scientific Information(philadephia), 1975: 7-8.

③ E. Garfield, “Journal Citation Reports”, *Current Contents*, 1976-08-30, 35:7-20.

这一做法基本保持到今天。[①]

关于“准则二”还有很大的讨论空间，此处姑先指出这一点，后文将做进一步探讨。

表 5　1969 年、1974 年五本知名刊物在不同标准下的影响因子排名结果

年份	排名	《自然》	《科学》	《美国医学会杂志》	《柳叶刀》	《新英格兰医学杂志》
1969	修改定义前的位数	55	40	127	99	56
1974	修改定义后的位数	38	10	27	8	3

相较 SCI 推广阶段引发的争议，一个饶有意味的对比结果是，尽管“影响因子”从提出到算法定则最终确立，与《自然》和《科学》有着极深的渊源——1955 年，它首次作为专门术语出现在《科学》上；1972 年《科学》刊登了 1969 年度期刊“影响因子”报告；1976 年，《自然》摘载了 JCR 报告的减缩版——考虑到 JCR 在 1975 年才首次出版，这几乎等同于这两份大牌期刊在帮助它进行市场“预热”和产品“推广”了[②]，而且这两份期刊当时没有出现任何对它的质疑或讨论文章。[③]

一种可能的解释是，“影响因子”当时没有引起学界的关注。但这种解释不合常理，因为“影响因子”是基于 SCI 报告的数据得出的，如果 SCI 存在诸多不合理之处，“影响因子”当然也会存在缺陷，何况加菲尔德提出把“影响因子”作为衡量学术期刊优劣的标准，涉及的同样是学界非常敏感的问题，很难想象学者们能对 SCI 提出犀利的质疑，对“影响因子”的缺陷却完全视而不见。

关于“影响因子”和《自然》杂志之间的微妙关系，笔者将在后续论文“*Nature* 实证研究之四”中，展开进一步的专题研究。

---

① 1995 Journal Citation Reports, Published by Institute for Scientific Information(Philadephia), 1996, 11.

② E. Garfield, “Significant Journals of Science”, *Nature*, 1976-12-16, 264: 609-615.

③ M. Benarie, “Significant Journals of Science”, *Nature*, 1977-01-20, 265: 204.

六、为商业机构打造高端学术形象

ISI创立之前，美国的科技情报通常由政府学术机构牵头采集、整理和公布，套用今天时髦的话来讲，加菲尔德一手开创了科技情报的商业化经营模式。《科学》杂志1978年的一篇文章称他为“把信息王国建立在脚注上的百万富翁”，可谓十分贴切。[①]

对加菲尔德而言，1964年投产SCI完全是背水一战的商业冒险。为了弥补资金缺口，他把公司20%的股权以50万美元价格卖给华尔街风投。SCI当年的市场发售价格为700美元，老年加菲尔德在一次访谈中回忆，它的第一份订单来自美国中央情报局（CIA）图书馆，出人意料的是第二份订单——它来自中国。[②③]

事实证明，加菲尔德对SCI的产品决策堪称“高风险高收益”。SCI从1964年推向市场到1971年短短七年时间，ISI的利润平均每年以27.5%增长，随后又开发了十余款新品，公司业务迅速拓展到全球近十个国家，成为世界第一大科技信息服务咨询公司。[④]

1988年，加菲尔德把ISI超过50%的股权卖给JPT出版公司（JPT Publishing）。1992年4月，汤森路透以2.1亿美元价格收购JPT出版公司。据汤森路透首席运营官说，交易主要是为了得到ISI，“ISI在全球拥有30万客户，每年净利润约为1500万美元”。[⑤]

当前，汤森路透和英国里德·爱斯维尔集团（Reed Elsevier，成立于1993年）、荷兰威科集团（Wolters Kluwer，初建于1836年），共同

---

① W. Broad, “Librarian Turned Entrepreneur Makes Millions off Mere Footnotes”, *Science*, 1978-11-24, 202: 853.

② Transcript of an Interview Conducted by Robert V. Williams at Philadelphia, Pennsylvania (1997-07-29), pp.30, 56, http://garfield.library.upenn.edu/papers/oralhistorybywilliams.pdf.

③ New Books, *Science*, 1964-06-05, 144(3623): 1211.

④ S. Lazerow, Institute Scientific Information, *Encyclopedia of Library and Information Science*, ed. A. Kent *et al.*, New York: Marcel Dekker, 1974, 12: 89-97.

⑤ The Thomson Corporation History, http://www.fundinguniverse.com/company-histories/the-thomson-corporation-history/.

占据全球情报市场 90% 的份额。[①]

除了 SCI 和 JCR 这样的“灵魂产品”，ISI 开发的其他知名产品还包括[②]：

《目录快讯》（CC），1956 年首次面市，对各类期刊和书籍的目录进行汇编，以周刊形式出版，订阅者可通过它快速了解相关领域最新发表的前沿消息。CC 最早只对管理类期刊的目录进行汇编（前面提到贝尔实验室购买的就是这种），1957 年，它将汇编对象拓展到医药、化学、生命科学等领域的学术期刊。作为 ISI 开发的第一个产品，CC 在 SCI 出现之前一直是公司最赚钱的产品。

《化合物索引库》（Index Chemicus，简称 IC），这一数据库除了有助于研究者了解新出现化合物的相关研究数据，还可获得重要有机化学期刊对它的评价结果。1960 年开发推出后尽管一直只赔不赚，但加菲尔德对其倾注巨大热情，手下四名主要副手集体辞职也未能迫使他终止，IC 如今已成为汤森路透的又一热门产品。

由于 ISI 经营的客户对象以学者和学术机构为主，所以尽可能让自身显得“学术”，也是一种非常重要的营销手段。

在公司草创阶段，加菲尔德对公司的冠名已经带有明显的学术包装意味。如果说“尤金·加菲尔德学会”的前用名还显出几分“伪学术”的话，**“科学情报研究所”听起来就完全像一家政府科学机构了（这对中国这样的发展中国家来说尤其如此）**。加菲尔德非常坦率地承认，他要的就是这种容易引起混淆的效果——为的是与化学文摘（Chemical Abstracts）和国家医学图书馆这类政府学术机构争夺市场，**“特别是在国外，‘科学情报研究所’这样的叫法，很容易被当成一家非营利**

① Laurence Bianchini, Scientific Publication: “The Model and Scandals”, 2011-07-19, https://www.mysciencework.com/news/2852/scientific-publication-the-model-and-scandals.

② 作者任职的大学当前就订阅了汤森路透七种信息产品：Web of Science（包括 SCI、SSCI、A&HCI 等），JCR，BIOSIS Previews（生物科学数据库），Current Contents（目录快讯），Derwent Innovations Index（德温特专利情报数据库），Essential Science Indicators（基本科学指标，ESI），ISI Emerging Market（ISI 新兴市场信息服务）。

机构”。[1]

ISI 商业运转正式上轨之后，接纳了两位诺贝尔奖获得者成为公司董事会成员，这其中当然也有打造高端“学术”形象的考虑。[2]

此外，为了拉近和学术圈的关系，ISI 为学术机构、大学图书馆设立专项奖金，奖金可作为这些机构购买 ISI 产品的抵扣——这其实相当于发放某种商业“抵扣券”。[3]

当然，最有效的手段还是发表学术论文和参与学术研讨会，产生的效果可谓一举两得，除了提升企业学术形象，还可以把论文发表的期刊和研讨会作为 ISI 产品的推广平台。

加菲尔德本人在这方面充分发挥了表率作用，他一生勤奋高产，对倾力打造的各种信息产品相关的科学写作，始终保持着高昂的兴趣——其中不少成果发表在《自然》《科学》这类被学界认为高端的期刊上。据作者统计，从 20 世纪 50 年代至 2012 年，加菲尔德发表文章 400 余篇。1986 年，他还创办了《科学家》（*The Scientist*）杂志。

ISI 的学术“包装”是如此卓有成效，以至有被误导的公众经常写信抗议，指责 ISI 作为一家政府科技情报机构，履行职责并不到位。为此加菲尔德又不得不反复澄清，表示 ISI 完全是一家以市场盈利为目的的商业公司。[4]

七、“黄金俱乐部”的准入门槛

加菲尔德 1985 年写过一篇文章专门谈论他的“生意经”，标题是“为你的钱袋子着想”。[5] 大意是，在收录期刊增加、通货膨胀导致成本投

---

① E. Garfield, Chemical Information Entrepreneurship: A Personal Odyssey, Joseph Priestley Society Symposium “Knowledge: Our Competitive Weapon” at The Chemical Heritage Foundation, Philadelphia, PA, 2004-11-09.

② W. Broad, “Librarian Turned Entrepreneur Makes Millions off Mere Footnotes”, *Science*, 1978-11-24, 202: 853-857.

③ E. Garfield, “The ISI Grant Program”, *Current Contents*, 1977-05-02, (18): 5-6.

④ E. Garfield, “The Who and Why of ISI”, *Current Contents*, 1975-01-06, 1: 5.

⑤ E. Garfield, “More for Your Money: Technology, Marketing, and Hard Work Help ISI Beat Inflation and the Information Explosion”, *Current Contents*, 1985-10-14, 41: 3-8.

入增加的情形下，ISI 两种主要产品——CC 和 SCI 的价格涨幅，仍然大大低于行业同类产品的平均增长水平，这主要得自公司不断改进技术，完善产品功能，吸引更多用户，达到了薄利多销的目的。为了贴补成本，《目录快讯》从 1982 年开始刊登商业广告。①

这些做法都表明，ISI 经营方式和一般商业公司并无二致，都要在参照成本预算、销售业绩的前提下考虑可能赚取的利润。所以 ISI 每年都要做严格的预算，控制期刊的收录数量，对什么样的期刊满足收录条件，设定相应的准入门槛。

以 SCI 为例，早期对收录期刊的选择并没有统一标准，主要由加菲尔德的团队根据经验进行鉴选。但人为经验往往存在很大局限，比如，1964 年发布的首期 SCI 报告，居然没收入在科学界享有很高声誉的《哲学通汇》（*Philosophical Transactions*）②，而另一份当时享有世界声誉的苏联期刊《热工程杂志》（*Teploenergetica*），直到 1968 年才首次被收录。③

JCR 的出现，为 SCI 筛选期刊提供了一项相对独立的参照评估指标：通过计算待选刊物的“影响因子”，可以了解它被 SCI 期刊引用的情况。④

以此为基础，加菲尔德将 SCI 筛选收录期刊的标准归纳为三条：

（1）待选刊物的 SCI 引用情况；

（2）杂志本身需要满足的各种形式要件（出版周期、编辑团队、作者国际多样性等）；

（3）相关领域专家的评估意见。⑤

---

① E. Garfield, “Will Advertising Change Current Contents? —Yes and No”, *Current Contents*, 1981-12-14, 50: 5-6.

② P. Wouters, The Citation Culture, Doctoral Thesis(University of Amsterdam in the Netherlands), 1999, 19.

③ M. Weinstock, Citation index, Essays of an Information Scientist, 1962-1973, 1: 208.

④ E. Garfield, “Is Citation Frequency a Valid Criterion for Selecting Journals?”, *Current Contents*, 1972-4-5, 13: 289-290. 通常情形下，SCI 收录期刊的参考文献（和注释）的范围要远远大于 SCI 收录期刊范围本身，所以一份刊物即使没有被 SCI 收录，也可以统计它被 SCI 期刊引用的情况，计算它的影响因子。

⑤ E. Garfield, “How ISI Selects Journals for Coverage: Quantitative and Qualitative Considerations”, *Current Contents*, 1990-05-28, 22: 5-13.

汤森路透基本沿用了这三条筛选标准。[①] 其实，按加菲尔德的说法，这样的规则在早期运用过程中，由于存在成本控制的问题，已经存在“灵活操作”的余地：

> 我们每年做完杂志收录预算，一如既往总有一些杂志出版社或编辑会表达意愿，希望他们的杂志能被收录进来。如果杂志完全满足筛选要求，那怎么办？我们要么告诉杂志主办方等下一年，要么让他们同意自己支付杂志收录的相关费用，这样做可以帮助我们在预算允许的情形下继续经营下去。[②]

当然，加菲尔德也不忘记澄清：“原则上这是好事。但也造成一些下意识的猜测，认为杂志可以靠钱买进 CC 或 SCI 的收录名单。”[③]

而这样的事也确有发生，1995 年 8 月，《科学美国人》（*Scientific American*）在一篇文章中披露，墨西哥一家期刊为了能被 SCI 收录，每年被要求花 10 万美元订阅 ISI 的信息产品。[④] 汤森路透为此大为光火，威胁要将《科学美国人》告上法庭，后者迫于压力，在 10 月号上做了更正声明，才算了结此事。[⑤⑥]

SCI 如今俨然已被打造成学界的“黄金俱乐部”，准入门槛今非昔比，特别在发展中国家，学术期刊一旦被 SCI 收录，即被看成“权威”的标志。

日常生活中常见的情形是，一些高级“俱乐部”对申请加入的成员，除了必要的资质考量之外，还要求交纳高昂的“会员费”。在 SCI 面世不到十年的时候，一些符合收录要求的杂志，已经被要求为“准入”费

---

① Jim Testa, The Thomson Reuters Journal Selection Process(2012-05), http://wokinfo.com/essays/journal-selection-process/.

② E. Garfield, “Citation Frequency and Citation Impact”, *Current Contents*, 1973-02-07, 5-6.

③ E. Garfield, “The Economics and Realpolitik of Exponential Information Growth; or, Journal Selection Ain’t Easy!”, *Current Contents*, 1973-08-22, 34: 5-6.

④ W. Gibbs, “Lost Science in the Third World”, *Science American*, 1995-08, 92.

⑤ “Clarifications and Errata”, *Science American*, 1995-10, 10.

⑥ Transcript of an Interview Conducted by Robert V. Williams at Philadelphia, Pennsylvania (1997-07-29), pp.75-77, http://garfield.library.upenn.edu/papers/oralhistorybywilliams.pdf.

用买单。而如今，在坐落于美国纽约时代广场的汤森路透公司独家经营下，SCI 和 JCR 背后究竟是怎样的光景，确实给人留有很大的想象空间。

原载《上海交通大学学报》第 23 卷第 5 期（2015）

二〇一六

[**纪事**] 这是我和穆蕴秋在“*Nature* 实证研究”方向上的第四篇主干论文。我们最初是因为“对科幻作品的科学史研究”而涉入 *Nature* 杂志的，但是相当偶然和意外地发现了影响因子问题——原来四十年来国内对影响因子计算公式的理解和陈述竟一直是错的！于是我们的研究开始向更陌生的领域延伸。

不公平游戏：“两栖”SCI 刊物如何操弄影响因子

——*Nature* 实证研究之四

一、提升影响因子的奥秘与捷径

当人们称 *Nature* 为“世界顶级科学期刊”时，习惯援引的依据首先就是它的高影响因子和排名——2014 年，它的影响因子高达 41.5，在 SCI 期刊中位居第七。如果进一步指出，在影响因子游戏刚刚开始的 1974 年，*Nature* 的影响因子其实才是 4，排名第 38 位。那些将 *Nature* 捧上“神坛”的人士很可能会以为，它之所以最终能在这场游戏中胜出，主要得自其逐渐提升学术影响力，持续发表“高影响”论文的结果。

这样的理解貌似很有说服力，但它忽略了一个常识，什么样的文章发表后能产生“高影响”，受到广泛的引用，其实很难提前进行预判。相较而言，期刊提升“影响因子”其实存在更可靠、更快捷、更省事、更有效的方法。

在《SCI 和影响因子：学术评估与商业运作——*Nature* 实证研究之三》一文中，笔者已对发布 SCI 和影响因子的营利机构——它的正式名称被故意取作“科学情报研究所”（Institute for Scientific Information，简称 ISI）——的商业性质进行了揭示，并对风靡全球的期刊影响力评价指标“影响因子”的算式规则合理性进行了质疑。[①]

按照 ISI 确立的影响因子算法标准定义：**期刊 X 在前面两年发表的源刊文本（source items）在当年度的总被引用数（分子），除以期刊 X 在前面两年发表的学术文章（article）总数量（分母），即为期刊 X 当年度影响因子的得数。算式表达为：**

$$\text{期刊}N\text{ 年度的影响因子}=\frac{\text{该刊}(N-2)+(N-1)\text{年所有源刊文本在}N\text{年度总被引用数}}{\text{该刊}(N-2)+(N-1)\text{年发表引用项总数}}$$

其中“源刊文本”指的是该 SCI 期刊发表的所有文本，而影响因子算式中作为分母的“学术文章”，即“引用项”（citable items），根据 1995 年度重新确立后沿用至今的准则，只包括“原创研究”（original study）和“综述评论”（review）。

上述区分主要针对的是《自然》（*Nature*）、《科学》（*Science*）、《柳叶刀》（*The Lancet*）、《美国医学会杂志》（*The Journal of the American Medical Association*）、《新英格兰医学杂志》（*The New England Journal of Medicine*）这类期刊。

以 *Nature* 为例，它每期刊登的文章中，被认定为“引用项”的仅有三个栏目：归于“原创研究论文”的通信（letters）和论文（articles），以及综述评论（reviews）。通信比较简要，是对某一原始科研成果的初步介绍，论文篇幅稍长，是对某一项研究工作更全面的介绍。[②] 其余的 15 个栏目：消息和评论（news and comment）、读者来

---

① 穆蕴秋、江晓原：《SCI 和影响因子：学术评估与商业运作——*Nature* 实证研究之三》，《上海交通大学学报》第 23 卷第 5 期（2015），第 68—80 页。

② http://www.nature.com/nature/authors/gta/index.html#a1.1.

信（correspondence）、讣告（obituaries）、观点（opinion）、书籍与艺术（books & arts）、未来（futures）、书评（book reviews）、消息与观点（news & views）、洞见（insights）、评论和视野（reviews and perspectives）、分析（analysis）、假想（hypothesis）、招聘（careers）、技术特征（technology features）、瞭望（outlooks），全都被归为非学术文本，即“非引用项”（uncitable item）。

本文将 *Nature* 杂志这类既刊登“引用项”又大量刊登“非引用项”的刊物，统称为“两栖刊物”。对“两栖刊物”而言，影响因子算式中，分子项“源刊文本”和分母项“引用项”的区别，为它们提升影响因子留下了巨大的操作空间。本文将以 *Nature* 杂志为案例，对此进行系统深入的揭示，这也是前人未曾关注过的工作。

二、*Nature* 如何利用分母规则提升影响因子

简而言之，*Nature* 大幅提升影响因子的捷径之一，就是利用影响因子的算式分母规则，逐渐削减引用项（学术文本）的数量。何况，对 *Nature* 这样的周刊而言，它还有着先天的优势，庞大的发表数量，使得它可以在不引人关注的情形下，逐年削减引用项数量。如果把多年数据进行逐年统计和对比，结果颇为惊人，相关数据参见表 1。

从表 1 可看出，从汤森路透科学情报研究所 1974 年开始出版 JCR 报告至今，*Nature* 一直在持续削减引用项的数量，2014 年的 862 篇，相较 1974 年的 1502 篇，削减幅度达 42%。

与引用项大幅削减形成鲜明对比的是，过去的四十年里，*Nature* 杂志的影响因子一直在逐年攀升，1969 年为 2.3，2014 年为 41.4，增长约 18 倍。对应的是，*Nature* 在 SCI 期刊中的排名，1974 年位列第 55 名，20 世纪 80 年代后期开始跃升，1990 年至今一直稳居前十的位置。

表 1　1949 年以来 *Nature* 杂志全年“引用项”与影响因子相关数据[①]

年份	1949	1954	1959	1964	1969	1974	1979	1984	1989	1994	1999	2004	2009	2014
引用项数	1324	1266	2582	3528	2288	1502	1489	1192	980	922	852	878	866	862
非引用项数	1606	2052	2189	2117	2700	1645	1924	2322	2731	2458	2248	1666	1595	1705
影响因子					2.3	4.0	5.8	10.2	18	25.4	27.9	32.1	34.4	41.4
排名					55	38	54	27	11	6	5	9	8	7

（表格说明：笔者对数据进行了逐年统计，此处为了便于列表，间隔期限定为五年）

靠削减学术文本数量来提升影响因子，在显性层面是显而易见的，事实上并非 *Nature* 单独一家有此做法。据 2007 年的一项研究，1994 年至 2005 年，《内科学年鉴》（*Annals of Internal Medicine*）、《英国医学杂志》（*British Medical Journal*）、《美国医学会杂志》、《新英格兰医学杂志》、《澳大利亚医学杂志》（*The Medical Journal of Australia*）、《加拿大医学联合会杂志》（*Canadian Medical Association Journal*）等著名医学期刊，学术文章数量都在逐年大幅下降。[②] 至于其隐性机制，详见下文第五节。

著名的《柳叶刀》杂志的学术文本在 1997—1999 年三年间曾大幅增加，不过这一“反常”行为恰恰证明了学术文本数量对影响因子的直接影响——《柳叶刀》杂志影响因子随之大幅下滑（参见表 2）。

《柳叶刀》杂志主编后来在 *Nature* 上发文披露，这纯属意外。[③]1997 年杂志决定把原本不计入影响因子算式分母的“通信”（letters），分为“读者来信”（correspondence）和“研究通信”（research letters），前者

① 发布影响因子的 JCR 报告虽于 1974 年正式推出，但加菲尔德此前曾在论文中计算过 1969 年的期刊影响因子，本文一并整理给出。

② Chew M., Villanueva E. V., Van Der Weyden M. B., “Life and Times of the Impact Factor: Retrospective Analysis of Trends for Seven Medical Journals (1994–2005) and Their Editors' Views”, *Journal of the Royal Society of Medicine*, 2007, 100(3): 142–150.

③ Kathleen D. Hopkins, Laragh Gollogly, Sarah Ogden & Richard Horton, “Strange Results Mean it's Worth Checking ISI Data”, *Nature*, 2002-02-14, 415: 732.

不计入影响因子算式分母，后者由于走同行评审程序，汤森路透科学情报研究所将其归为“原创论文”计入分母，这直接导致杂志的“引用项”数量大幅增加。《柳叶刀》2000年原本计入引用项的数量是821项，与汤森路透沟通后纠正为684项。此后的年份，《柳叶刀》及时进行“矫正”，大幅削减学术文本数量，影响因子随之一路回升。

表2　1996—2006年《柳叶刀》的学术文本与影响因子对比

年份	1996	1997	1998	1999	2000	2001	2002	2003	2004	2005	2006
引用项数	532	983	1009	1108	684	569	522	498	416	360	301
影响因子	17.9	16.1	11	10	15	18	21	23	25	23.8	25.8
排名	20	23	37	56	66	48	36	28	20	17	18

值得注意的是，《柳叶刀》上同一类型的文本，归入“通信”栏目不算“引用项”，归为“研究通信”栏目却算“引用项”，这暴露了影响因子规则存在的另一漏洞：“两栖刊物”栏目繁多，而各家刊物对栏目的命名并不统一，除了“综述评论”和“论文”之外，ISI对刊物其余栏目归属“引用项”的界定并不明确。

*Nature*和*Science*杂志的例证也很能反映这一情况，创建“影响因子”学术评价指标的尤金·加菲尔德在早年文章中曾专门指明，除“评论”之外，*Nature*归为“引用项”的栏目是“论文”和“通信”[①]，*Science*归为“引用项”的栏目是除“评论”之外的“论文”和“报告”（report）。[②]而对*Science*上的常设栏目“通信”不算为“引用项”的做法，加菲尔德的解释是，“不可将*Science*的‘通信’混同*Nature*的‘通信’，因为后者相当于*Science*上的‘报告’”。

按实际发表内容而不仅凭名称来决定栏目的归属，这当然是合乎情理的做法。但问题在于，由于人力的限制，汤森路透很难做到对所有

① E. Garfield, “*Nature*: 112 Years of Continuous Publication of High Impact Research and Science Journalism”, *Current Contents*, 1981-10-05, 40: 5-12.

② E. Garfield, “*Science*: 101 Years of Publication of High Impact Science Journal”, *Current Contents*, 1981-09-28, 39: 253-259.

"两栖刊物"都逐期逐个栏目进行仔细甄别，这就为一些刊物提升影响因子留下缺口。

2006年，美国《公共科学图书馆医学杂志》(*PLoS Medicine*)公开披露，杂志2005年首次被SCI收录的时候，他们曾通过邮件、电话、面谈等方式展开说服工作，试图让汤森路透少算分母项，而类似做法在行内已是公开秘密，"编辑们都试图说服汤森路透减少杂志的分母数，而公司拒绝把挑选'引用项'的过程公之于众"。[①] 几番接触后，他们意识到，除原创论文之外，汤森路透公司对余下哪些文本应该归入"引用项"，完全含糊其词。《公共科学图书馆医学杂志》的情形是，分母项如果只包括原创论文，影响影子将达到11，如果将所有文本全部包括在内，影响影子将直降为3。从最终结果来看，杂志的这番"努力"貌似产生了效果，2005年它的影响因子是8。

如果真像《公共科学图书馆医学杂志》所言，期刊和汤森路透公司之间"讨价还价"的做法已如此普遍，其间是否存在"权力寻租"的问题，其实是很引人遐想的。我们甚至可以进一步设想，作为一家商业公司，这样的规则漏洞完全有可能是汤森路透科学情报研究所最初有意留下的。

三、非学术文本对影响因子的直接贡献

影响因子算式分母规则几经改变，"两栖刊物"上的"引用项"目前仍然界定不清。相较而言，算式分子的规则倒是始终如一，且界定非常明确——所有文本产生的引用全部计入分子。也就是说，"两栖刊物"的"非引用项"不会计入分母，但它们产生的"引用项"却会计入分子。

加菲尔德1975年最初确立这一原则时，理由是这类文本"很少会被引用"。[②] 有意思的是，在1981年一篇介绍*Nature*的文章中，他开列

---

① "The Impact Factor Game", *PLoS Medicine*, 2006-06, 3(6): 707-709.

② E. Garfield, Preface to Journal Citation Reports, Vol. 9 of SCI, published by Institute for Scientific Information(philadephia), 1975, 7-8.

了1961—1980年间杂志被引用排名前20的物理学论文，其中排名第20位的文章（被引196次），并不在“引用项”之列，而是一篇“讯息”（news）。[①] 这表明，*Nature* 上“非引用项”也能产生可观的引用次数。[②]

由于“非引用项”对影响因子结果“只做贡献，不算消耗”，多年来一直遭受学界诟病。2005年，加菲尔德受邀出席芝加哥举行的同行评审及生物医学出版国际会议，作了题为“影响因子的历史及意义”的报告，对此进行专门回应。他表达了两个观点：第一，“非引用项”会被引用，但主要集中在发表当年度，所以不会对影响因子结果产生明显影响。[③] 第二，JCR发布的影响因子算式分子尽管包括了“非引用项”的引用次数，但只会对小部分杂志的影响因子产生一定影响——影响幅度大约在5%—10%之间。[④][⑤]

加菲尔德进行上述回应时，并未提供任何实证检验数据，但已有学者在这一方向进行过研究，此处可参看两份成果。

学者海内伯格（P. Heneberg）2014年测算了11家知名刊物——*Nature*、《自然医学》（*Nature Medicine*）、《自然免疫学》（*Nature Immunology*）、*Science*、《科学信号》（*Science Signaling*）、《细胞》（*Cell*）、《细胞代谢》（*Cell Metabolism*）、《细胞干细胞》（*Cell Stem Cell*）、《新英格兰医学杂志》、《美国医学会杂志》、《柳叶刀》—— 2009年发表的各栏目文章，在当年度（2009）和接下去两年（2010—2011）的被引用情况。[⑥]

---

① Wilson I. T., “Did the Atlantic Close and Then Re-Open?”, *Nature*, 1966, 211: 676-681.

② E. Garfield, “*Nature*: 112 Years of Continuous Publication of High Impact Research and Science Journalism”, *Current Contents*, 1981-10-05, 40: 5-12.

③ 详细缘由，参见穆蕴秋、江晓原：《SCI和影响因子：学术评估与商业运作——*Nature* 实证研究之三》，《上海交通大学学报》第23卷第5期（2015），第68—80页。

④ E. Garfield, “The Agony and the Ecstasy—The History and the Meaning of the Journal Impact Factor”, International Congress on Peer Review and Biomedical Publication Chicago, 2005-09-16.

⑤ 加菲尔德的会议报告修订后2007年发表在《美国医学会杂志》，参见Garfield E, “The History and Meaning of the Journal Impact Factor”, *The Journal of the American Medical Association*, 2006, 295(1): 90-93.

⑥ Petr Heneberg, “Parallel Worlds of Citable Documents and Others: Inflated Commissioned Opinion Articles Enhance Scientometric Indicators”, *Journal of the Association for Information Science and Technology*, 2014, 65(3): 635-643.

结果表明，加菲尔德的第一个观点并不成立，这些期刊上非学术文本发表后第二、第三年度产生的有效引用，要远高于当年度的引用。本文摘取了海内伯格论文中与 *Nature* 杂志相关的数据（见表 3），从中可看出，和论文、综述这类“引用项”一样，所有“非引用项”在第二、第三年度产生的引用，都要远远高于当年度的引用。

表 3 *Nature* 杂志 2009 年各栏目文本发表后三年的被引用情况

	原创论文	评论	传记类	更正	社论	读者来信	消息	书评
文本数量	800	66	19	78	780	250	381	169
2009 年被引	6126	406	2	3	332	52	103	9
2010 年被引	24183	2481	2	13	1232	129	197	8
2011 年被引	29241	3225	2	13	1281	168	179	6

第二份成果来自 1996 年，为了验证 ISI 关于“可引用项”定义的合理性，学者莫伊德（H. F. Moed）等人挑选 1988 年的 320 份 SCI 期刊，把“非引用项”的引用次数从影响因子算式分子完全排除，对“可引用项”（文章、评论和技术通信）[①] 的影响因子进行单独计算。结果表明，其中一些刊物上的“非引用项”栏目，其实对影响因子有着很大贡献。文章着重列出 10 家知名期刊（其中包括 *Nature* 杂志），其“非引用项”对影响因子贡献比值在 6%—50% 之间（参见表 4）——其中《柳叶刀》高达 50%，*Nature* 为 11%，皆超出了加菲尔德所宣称的限度。[②]

莫伊德的论文比加菲尔德 2005 年的报告早 9 年发表且颇具影响，据“谷歌学术”统计它在正式刊物上被引已达 200 余次，但加菲尔德在报告中对莫伊德的结论居然只字未提——很难想象加菲尔德对此完全一无所知，因为他们二人 2004 年还合作发表过论文。[③]

---

① 按照汤森路透的规则，1995 年之后，“技术通信”被从“可引用项”中剔除，详情参见穆蕴秋、江晓原：《SCI 和影响因子：学术评估与商业运作——*Nature* 实证研究之三》。

② H. F. Moed and Th. N. Van Leeuwen, “Improving the Accuracy of Institute for Scientific Information’s Journal Impact Factors”, *Journal of the American Society for Information Science*, 1996-07, 46(6): 461-467.

③ H. F. Moed and E. Garfield, “Inbasic Science the Percentage of ‘Authoritative’ References Decreases as Bibliographies Become Shorter”, *Scientometrics*, 2004, 60(3): 295-303.

表 4　10 家期刊 1988 年度“非引用项”对影响因子的贡献比值（%）[①]

杂志	A	B	C	D
《柳叶刀》	14.48	12.01	7.23	50.06
《新英格兰医学》	21.15	19.26	15.61	26.19
《神经科学趋势杂志》	9.15	8.78	7.04	23.06
《内科医学年鉴杂志》	8.47	7.74	6.55	22.67
《神经病理及实验神经学杂志》	4.88	4.79	3.81	21.92
《今日免疫学杂志》	10.65	10.08	8.45	20.65
Nature	15.76	15.14	13.91	11.73
《分子生物学杂志》	6.56	6.7	5.82	11.28
《现代物理学评论》	15.13	14.34	13.53	10.57
Science	16.46	16	15.47	6.01

（图表说明：A：ISI 公布的影响因子；B：重新验算的影响因子；C：排除“非引用项”引用次数后计算的影响因子；D：“非引用项”对影响因子的贡献百分比值。在莫伊德的论文中，这个值是以 B、C 两项之差除以 B 求得，但实际上以 A、C 两项之差除以 A 来求得，更能突显问题的严重性，故此处所列 D 值是笔者用后一方法计算所得。）

四、非学术文本对影响因子的隐性贡献

结合 *Nature* 的早期历史，如果用“学术”和“大众”文本的数量比例来衡量，它从 1869 年创刊至今，栏目设定经历过三个阶段的演变：

第一阶段，创刊（1869 年）至 20 世纪 30 年代，*Nature* 只发表极少数量的“论文”。总体而言，**这一时期的 *Nature* 确实是一份忠实履行其创刊宗旨的大众科学期刊**：将科学成果和科学的重要发现以通俗形式呈现给公众；促使公众在教育和日常生活中对科学达到更普遍的了解；也为科学人士提供一个定期相互了解、交流各自工作成果的

① 列表还证明，莫伊德等人对研究刊物影响因子重新验算的结果（B），相较 ISI 公布的结果（A）皆存在一定误差。事实上，学界对 ISI 公布的影响因子数据存在计算错误一直有所诟病，因与本研究主题无关，此处不再赘述。参见相关文章：“Errors in Citation Statistics”, *Nature*, 2002-02-10, 415: 101; Shengli Ren, Guang'an Zu & Hong-fei Wang, “Statistics Hide Impact of Non-English Journals”, *Nature*, 2002-02-14, 415: 732; “Initial Sequencing and Analysis of the Human Genome”, *Nature*, 2001-02-15, 409: 860-921.

平台。[①]

第二阶段，20世纪40年代起，*Nature* 开始增加学术文本的数量，60年代的大约十年，是 *Nature* 发表学术文章数量最多的阶段，单期上"论文"和"通信"多达60篇不止。笔者在"*Nature* 实证研究之二"中，曾通过H. G. 威尔斯的案例证明，直至40年代，*Nature* 在英国学界眼中还只是一份普通的大众科学杂志。[②] 这一阶段它如此加强"学术性"建设，很可能是为了获得学界对其"学术身份"的认可。

第三阶段，从ISI发起影响因子游戏的20世纪70年代起，*Nature* 开始逐渐削减学术文章数量，从每年1500篇左右减少至现今每年800余篇，影响因子明显提升。考虑到 *Nature* 在推广影响因子游戏过程中扮演的重要角色，有理由认为，*Nature* 和加菲尔德一手创办的ISI之间，存在某种心照不宣的共谋关系。

加菲尔德在1981年介绍 *Nature* 的那篇文章中，曾说过这样一段话：

> 和 *Science* 一样，*Nature* 除"原创论文"（original paper）之外，还有其他文章。正如现任主编马多克斯（John Maddox）所言"谁说我们是一本顶级科学杂志？"，它每期有相当篇幅的版面刊登和科学时讯（news of science）有关的内容。得益于顶级科学杂志的身份，*Nature* 发表的观点在国际科学界有着巨大影响。[③]

这段话充分表明 *Nature* 介于"学术"与"大众"之间的身份多么暧昧，同时强调了它"顶级科学杂志"的光环，让人们更多地关注其大众科学的内容——尽管其时任主编表现得对这一头衔貌似也不是

---

① Wordsworth, "A Weekly Illustrated Journal of Science", *Nature*, 1870-01-20, 224: 424.

② 穆蕴秋、江晓原：《威尔斯与〈自然〉杂志科幻历史渊源——*Nature* 实证研究之二》，《上海交通大学学报》第22卷第1期（2014），第74—84页。

③ E. Garfield, "*Nature*: 112 Years of Continuous Publication of High Impact Research and Science Journalism", *Current Contents*, 1981-10-05, 40: 5-12.

多么在意。但加菲尔德忽略了一个事实，*Nature* 从创刊至现在，从未放弃对科普通俗文本的经营，它们对影响因子其实有着巨大的隐性贡献。

为了更好地说明这一点，我们需要先了解加利福尼亚大学学者菲利普（D. P. Phillips）等人 1991 年针对知名顶级刊物《新英格兰医学杂志》的一项研究。[①] 他们的研究基于这样一个前提，按照惯例，《纽约时报》（*New York Times*）每周会从知名科学杂志上摘选一些学术文章，全文刊登在它的科学版面上。菲利普等人抽样对比了两组数据：

第一组，研究数据，将 1979 年刊登在《新英格兰医学杂志》上的文章分为两类：A 类，《纽约时报》全文推荐转载文章，25 篇；B 类，未被推荐文章，33 篇。

第二组，参照数据（在研究数据生存环境被打破的情形下，对比观察会出现什么结果），1978 年 8 月 10 日至 11 月 5 日，《纽约时报》发生长达 12 周的罢工，报纸对推荐论文仅列出标题，不登载全文。研究小组将这一期间发表在《新英格兰医学杂志》上的文章抽样分为两类：C 类，《纽约时报》列出标题的推荐文章，9 篇；D 类，未被推荐文章，16 篇。

通过统计两组数据中四类文章在之后十年（1980—1989）的引用情况，结果发现：第一组数据中，A 类文章十年来的引用持续高于 B 类文章（平均高 35.2%），进一步验算表明，这并非是单独几篇高引用文章支撑的结果，也不是流行刊物之间互引的结果——如果把引用源刊缩小到学术刊物，引用率还要更高；第二组数据中，C 类只有四年（1980、1986、1987、1989）的引用稍高于 D 类，其余六年结果相反。

菲利普等人的抽样研究结果表明，《纽约时报》对《新英格兰医学杂志》论文的二次全文转载，提升了论文受关注的程度，增加了论文的被引用次数——这种效应能持续长达十年不止。也就是说，《纽约时报》

---

① Phillips D. P., Kanter E. J., Bednarczyk B., Tastad P. L., "Importance of the Lay Press in the Transmission of Medical Knowledge to the Scientific Community", *New English Journal of Medicine*, 1991-10-17, 325(16): 1180-1183.

的转载对学术成果的传播，具有非常明显的放大效应。这样的放大效应当然是基于《纽约时报》广泛的读者群和影响力之上的，学术论文一经被它筛选转载，即被看作具有说服力的象征，会受到学界人士的格外关注。其效果有点类似国内文章被《新华文摘》全文转载。

稍作比较就会发现，《纽约时报》的上述特性，*Nature* 杂志本身完全兼具。可以这样说，绝大部分读者阅读 *Nature*，其实是冲着它的非学术文本去的——只有少数相关领域的研究者才会特别关注它发表的纯学术文本，普通大众很难对它们产生真正的阅读兴趣。所以期刊一旦拥有了庞大的读者群，学术文本刊登在这类知名“两栖刊物”上，就会获得和被《纽约时报》全文转载类似的放大效应——这正是非学术文本的隐性贡献。说得极端一点，在 *Nature* 这样的“两栖刊物”上发表学术论文，就类似学术论文被《纽约时报》全文转载。

五、“两栖化”成为提升影响因子的捷径

笔者在本文第一节末对“两栖刊物”进行了界定，而在非两栖类 SCI 收录期刊中，按发表文章的类型划分，又可区分出两个类型：

论文类期刊（Original Research Journal），以发表原创论文（Original Paper）为主（兼发表综述评论）的期刊；

综述类期刊（Review Journal），即专门发表综述评论（Review）的期刊。[①] 典型的如《物理学评论》（*Physical Review*）、《现代物理学评论》（*Modern Physical Review*）、《化学评论》（*Chemical Review*）等，就属于这类刊物。

以上述分类为基础，如果对 2000 年以来 SCI 期刊影响因子排名前 20 的期刊做一个统计，会得出一个有意思的结果：“两栖刊物”（其中包括大量 *Nature* 杂志的子刊）和综述刊物几乎各占半壁江山，论文期

---

① 按汤森路透发布的 JCR 报告中的定义，满足以下四项条件之一，即为“综述”：参考文献超过 100 项；出版在综述杂志或杂志综述专栏上；标题有“综述”（review）或“评论”（overview）字样；摘要表明是一篇评论或综述。

刊只占很少的数量（参见表 5）。

表 5 影响因子前 20 名中三类杂志的比例（2000—2013）

数量＼年份	2000	2001	2002	2003	2004	2005	2006	2007	2008	2009	2010	2011	2012	2013
两栖类	6	7	7	7	10	10	8	9	9	8	10	9	9	10
综述类	12	12	12	12	9	9	10	9	10	9	8	10	10	9
论文类	2	1	1	1	1	1	2	2	1	2	2	1	1	1
Nature 子刊	3	4	7	9	8	8	7	8	7	8	9	8	11	10

这一结果有力地证明了，以 *Nature* 为代表的杂志通过“两栖化”，既刊登学术文本又刊登非学术文本的做法，在“影响因子游戏”中取得了非常显著的效果。值得一提的是，*Nature* 还把“两栖”模式复制到它的子刊上，成效同样惊人，SCI 排名前 20 的期刊中，*Nature* 出版集团（*Nature* Publishing Group，该集团当前已拥有近 90 家杂志）旗下期刊已由 2003 年的 3 份增加至近年的 10 份以上。

作为对照，作者对 2000 年以来被 SCI 收录的中国期刊的前 20 位做了考察，发现全部是以发表原创研究论文为主的论文类期刊。事实上，中国几乎不存在 *Nature* 这样的“两栖刊物”。让人费解的是，国内学界一面对 *Nature* 和 *Science* 这两种期刊崇拜迷信得五体投地，一面却又看不起科普，认为在一份学术刊物上发表非学术文本，就会“不纯粹”，会大大降低刊物的学术品位。为此笔者特别在“*Nature* 实证研究之一”和“*Nature* 实证研究之二”两篇论文中，挑选了 *Nature* 杂志上的科幻小说和科幻影评这类典型案例，揭示了 *Nature* 杂志极度强烈的“两栖化”性质。[①]

当中国学界拜倒在西方学术评价指标面前，一厢情愿地恪守“高标准、严要求”，跟随西方老牌列强老老实实玩儿“影响因子”游戏，并为自己被远远甩在后面而极度自卑耿耿于怀拼命追赶的时候，以 *Nature*

---

① 穆蕴秋、江晓原：《〈自然〉杂志科幻作品考——*Nature* 实证研究之一》，《上海交通大学学报》第 21 卷第 3 期（2013），第 15—26 页；穆蕴秋、江晓原：《威尔斯与〈自然〉杂志科幻历史渊源——*Nature* 实证研究之二》，《上海交通大学学报》第 22 卷第 1 期（2014），第 75—84 页。

为代表的这些西方老牌科普杂志，却已将自身的“不纯粹”变为优势，成功地摸索出一条以“两栖化”提升影响因子，从而使自己跻身“世界顶级科学期刊”的捷径。

在本文第二节所描述的*Nature*杂志“两栖化”策略实施过程中，虽然从表面上看，似乎分母的减少尚不足以直接解释表1中影响因子升幅的全部，但实际上另有隐性机制作用于其间：既然决定减少计入分母的文章，当然就可以尽量减少以往低引用作者或主题的文章，而这一点完全可以通过考察该杂志前几年学术文本的引用情况来做到。

例如，*Nature*杂志2005年就曾做过一项统计表明：2004年*Nature*杂志89%的引用数是由25%的文章贡献而得。2002年和2003年*Nature*共发表约1800篇引用项，其中只有不到一半的文章在2004年被引超过100次——引用排名第一的文章单篇引用次数超过1000次，其余绝大部分被引的都少于20次。统计结果还进一步证明，论文引用和学科类别直接相关，从2003年度*Nature*发表的论文来看，热门领域如免疫学、癌症学、分子生物学、细胞生物学方向的论文，引用在50—200次之间，而冷门专业如物理学、古生物学和气候学，论文引用通常少于50次。[①]

至于综述类杂志在SCI影响因子前20名期刊中也得以占据半壁江山，按照学界早已明确的共识，是因为综述评论相较研究论文通常会获得更多的引用，当整本期刊发表的全是评论（或以发表综述评论为主），引用优势当然会得到更加集中的体现。综述评论的高引用也为期刊提升影响因子提供了很大的操作空间，笔者将在下一篇文章——“*Nature*实证研究之五”中，通过案例对此进行分析和揭示。

六、余论：SCI“两栖刊物”的商业价值

我们知道，一家媒体的商业价值，最直接的体现之一就是它的广告价格。很少被人关注的是，*Nature*这样的“世界顶级科学期刊”也追求

---

① “Not-so-deep Impact”, *Nature*, 2005-06-23, 435: 1003-1004.

发行量，也刊登广告——它每年都会定期发布广告定制宣传手册（参见表6）。可以这样说，在追求商业价值这一点上，*Nature* 和《纽约时报》本质上完全一样。

表6　知名“两栖刊物”的单期发行量和广告价格（单位：美元）[1]

杂志		*Nature*	*Science*	《柳叶刀》	《新英格兰医学杂志》	《细胞》	《美国医学会杂志》
年份		1981	1981	2008	2014	2014	2014
当年度发行量（份）		25000	155000	29103	160000	5200	309677
广告报价	黑白全页	1245	2730	4100	7600	4585	7395
	四色全页	1895	3630	6000	9900	6374	9480

（数据来源：根据各期刊当年度的市场广告定制宣传手册统计而得）

问题在于，*Nature* 究竟靠什么吸引广泛读者从而实现其商业价值呢？我们可通过比较两种刊物来解答这个问题，一种是《物理学评论》，作为影响因子长期高居前列的SCI综述刊物，《物理学评论》从不大肆宣扬它的发行量，也没有逐年发布的广告定制手册，表明它并不追求商业价值。而另一种是高级科普杂志《科学美国人》（*Scientific American*，2008年已被 *Nature* 出版集团收购），尽管多年来它在影响因子游戏中表现平平，但却有着极高的商业价值，它的黑白全页和彩色全页广告，在1981年售价就已分别高达11200美元和16800美元[2]（2014年度广告报价参见表7）。

---

① 作者已力求给出各期刊当前的市场广告报价，但 *Nature* 和 *Science* 情况较为特殊，逐年发布的广告定制手册价格详情尽被隐去，只附注“有意者请与市场广告部直接联系”。某次会议上，笔者之一凑巧被安排与麦克米伦集团（*Nature* 的出版商）科学大中华区总经理邻座，曾当面询问 *Nature* 的广告报价，对方以“商业秘密不便透露”为由婉拒。此处只能给出加菲尔德文章中1981年度的报价，供读者参考：E. Garfield, “*Nature*: 112 Years of Continuous Publication of High Impact Research and Science Journalism”, *Current Contents*, 1981-10-05, 40: 5-12; E. Garfield, “*Science*: 101 Years of Publication of High Impact Science Journal”, *Current Contents*, 1981-09-28, 39: 253-259。

② E. Garfield, “*Scientific American*: 136 Years of Science Jousmalism”, *Current Contents*, 1981-05-25, 21.

表 7 《科学美国人》2014 年世界各区版面广告售价（单位：美元）

	美国版	国际版	欧洲版	环球版
黑白全页	48845	15875	13450	55200
彩色全页	73210	23490	19840	82690

上述比较结果表明，尽管在影响因子排名前 20 的 SCI 期刊中，"两栖刊物"和综述刊物几乎各占半壁江山，但头顶"世界顶级科学期刊"光环的"两栖刊物"却有着综述刊物无法比拟的商业价值。这样的商业价值并不单纯建立在象征其高端学术性的影响因子之上，而是和它们另一重身份——大众科普属性直接相关。说到底，*Nature* 这类"两栖刊物"的终极秘密就是：

全力提升影响因子打造学术高端形象，同时利用大众科普追求最大商业利益。

江晓原、穆蕴秋

原载《上海交通大学学报》第 24 卷第 2 期（2016）

二〇一七

［**纪事**］随着“*Nature* 实证研究”系列日益深入，尽管我们揭示了“国际顶级科学期刊”操弄影响因子的各种手法，但对“影响因子之父”加菲尔德所成就的事功却相当欣赏。2017 年初传来加菲尔德去世的消息，我们决定为他写一篇祭文，顺便讲讲西方期刊评价领域中群雄争霸的江湖故事，遂成此文。这一年我们还为加菲尔德写了一篇学术评传（载《自然辩证法通讯》2017 年第 6 期）。

本年年底，我因年龄到届，卸任上海交通大学科学史与科学文化研究院院长，于是我的“正式身份”变为：上海交通大学讲席教授，科学史与科学文化研究院首任院长。这一身份此后将长期使用。

反抗影响因子暴政的时刻来临了吗？

——加菲尔德百日祭

2017 年 2 月 25 日，笔者在上海“文汇讲堂”作了题为“我们不能再跪拜影响因子了！”的学术报告，不料次日就传来“影响因子之父”加菲尔德（Eugene Garfield，1925—2017）去世的消息。江湖传言，老先生是被笔者气死的——这当然是有失恭敬的玩笑。事实上，随着对有关历史事件及背景的研究逐渐深入，以及近来国际期刊江湖的风云变幻，笔者对加菲尔德的“批判性欣赏”正与日俱增。

影响因子之一统江湖

本来，办学术杂志的目的，是帮助学者之间进行学术交流；办普及杂志的目的，是将科学家研究的新成果以相对通俗的形式介绍给更多读者。这就是办杂志最原初的动机，也可以谓之“初心”吧。至于一本杂志的优劣好坏，当然是看杂志上刊登的文章本身水准高不高，读者口碑好不好，这样的标准，数百年来也已成天经地义。

但是这一切，从 1975 年开始，逐渐被颠覆了。而近十年来，西方科学杂志的江湖更是进入了全新时代，办杂志的“初心”，早已被许多杂志彻底抛弃。

为什么是 1975 年？因为这一年加菲尔德的私人商业公司“科学情报研究所”（Institute for Scientific Information，ISI）开始逐年出版“期刊引证报告”（Journal Citation Report，即 JCR 报告）。

出版这种报告，是为了发起一项名为“影响因子”（Impact Factor）的游戏。

此前加菲尔德向世人兜售他的 SCI（Science Citation Index）数据已经十年了。SCI 收录一定范围数量的期刊——逐年增长，现今已达 8856 种，通过在期刊论文和论文参考文献之间建立“引用索引”，可检索学者的 SCI 论文发表数量和被引用次数。在理工领域，对学者学术水平的评判现今主要取决于这类数据。

1964 年，ISI 首次出版 SCI 报告，此后逐年出版，延续至今。ISI 在 1973 年、1978 年相继推出的“社会科学引用索引报告”（Social Science Citation Index，SSCI）和“艺术及人文科学引用索引报告”（Arts & Humanities Citation Index，A&HCI），完全套用了 SCI 的产品思路和模式。JCR 报告则是 SCI 的衍生产品，它是基于对 SCI（后来包括 SSCI、A&HCI）“引用索引”数据进行整合处理后得到的结果，每年全球 SCI 期刊的“影响因子”排名就在该报告中。这个排名遂成为科学界评判期刊优劣的权威指标。

影响因子游戏彻底改变了世人对杂志的评价标准——**现在，一份杂志的优劣，不再取决于它刊登的文章本身的水准，而是取决于它刊登的**

文章被别人引用的次数。

四十多年影响因子游戏玩儿下来，许多杂志已经主动或被迫忘记了“初心”——人们不再是为了交流学术或传播知识而办杂志了，现在他们只是为了“影响因子”而办杂志，只是为了每年JCR报告中的那个排名而办杂志了。

四十多年后，影响因子游戏早已风靡全球，加菲尔德本人则在世人的顶礼膜拜和一片赞誉声中，在他的SCI数据和JCR报告以及其他信息产品所带来的惊人财富中，悠然驾鹤西去了。在他身后留下的，却是被影响因子游戏极度恶化了的全球学术生态。

江湖游戏之黑水深潭

笔者近年每谈及影响因子，必称之为“游戏”，这不是故意要对它出语轻薄，而是别有深意。要知道，发起任何“排名”游戏，都是极富江湖色彩的行为（旧社会黄色小报发起“花榜”就是典型例证），而影响因子游戏，当时就是一个无名之辈发起的对全球科学期刊的排名游戏，这是何等的视野和气度？当真是“儿抚一世豪杰”！

还在加菲尔德正式发起影响因子游戏的前夜，他的多年老友、著名科学社会学家默顿在1973年出版的经典论著《科学社会学》中，就犀利而又极富先见之明地表达了对这个已经预热数年的游戏的担忧：

> 自从科学引证索引（SCI）发明以来，引证研究已获得了如此迅速的发展，以至于有失控的危险。在对其经常的无批判的应用中，人们忽视了许多方法论问题。此外，SCI的存在和日益增加的大量引证分析（甚至用于帮助决定科学家的任命和擢升这类事情），有可能导致……它们作为研究质量的衡量标准将受到损害或完全失去效力。

默顿担忧的情形如今早已全部变成现实，SCI和影响因子已经从评判手段本末倒置变成学者极力追求的目标。

至于这个游戏本身在规则方面的一些问题，比如两年期限的合理性等等，学界从它发起之初就一直质疑不断，不过这些技术性的细枝末节，在我们此刻的“江湖大视野”中就忽略不计了。这里我们只需注意两个最主要的操弄影响因子的手法，以见此江湖游戏黑水深潭之一斑即可。这两个手法，笔者在《上海交通大学学报》2016 年第 2 期、2017 年第 4 期的论文中，已分别深入剖析，可以简单归纳如下：

第一个手法，是利用影响因子计算公式——这个公式几经修改别有玄机——中所暗藏的方便之门。这个公式的最终形式是：

$$\text{期刊}N\text{年度的影响因子}=\frac{\text{该刊}(N-2)+(N-1)\text{年所有源刊文本在}N\text{年度总被引用数}}{\text{该刊}(N-2)+(N-1)\text{年发表引用项总数}}$$

国内许多人士，甚至包括专业人士，普遍忽略了这个公式中，分子中的“源刊文本”是指期刊上的所有文章，而分母中的“引用项”仅指学术文本。所以只要将期刊“两栖化”，即刊登大量大众文本吸引更多读者，同时大幅减少学术文本，这样影响因子计算公式中的分母就会很小，影响因子值就会很大。

第二个手法比较简单，就是办综述期刊，或在期刊上尽量多刊登综述文章。因为人们很早就发现，综述（review）文章天然具有高引用优势。

放眼当今全球影响因子游戏的顶级玩家，排名前 20 的期刊，一半主打第一个手法，著名的 *Nature*、*Science*、*The Lancet* 都是如此；另一半则主打第二个手法，例如在 2017 年 6 月新鲜出炉的最新一轮影响因子排名中，前 20 家期刊中就有 9 家是综述期刊。这两种手法堪称平分秋色。

黑水深潭的影响因子江湖游戏，在白手起家的英雄帮主加菲尔德的主持下，很快进入有序而稳定的阶段。大家努力争取让自己的杂志进入 SCI，进入之后努力争取让自己的影响因子排名往上升，而影响因子的顶级玩家们则长期盘踞在前 20 名的虎皮交椅上。

全球 8856 种 SCI 期刊的影响因子排名当然是金字塔形的，对大批期刊来说，能将影响因子搞到 2 或 3，就要弹冠相庆了；上一轮排名中，有一家中国的英文期刊影响因子达到了14.8，那在国内就牛得不行了。而盘踞在虎皮交椅上的顶级玩家，影响因子值都在30以上，比如最新一轮的排名中，*Nature*是40.1，*Science*是37.2，*The Lancet*是47.8，而那份长踞榜首的“顶级神刊”《临床医师癌症杂志》（*CA: A Cancer Journal for Clinicians*），这次更创造了影响因子游戏史无前例的新高度——187！

群雄并起之三大叛军

这样一个格局长期稳定，又能“有序竞争”的江湖，本来似乎也还不算太黑暗。帮主加菲尔德则成了“把情报王国建立在脚注上的大富翁”，非但坐享滚滚财源，还有“科学计量学家”的学术名声，以及科学界圈子中人的顶礼膜拜。

然而，近几年江湖上风云突变，竟已隐隐有群雄并起之势，企图挑战影响因子一统江湖的反叛者层出不穷，各方势力已经提出了十来种宣称可以并且应该用以取代影响因子的指标，其中有三路叛军声势尤为浩大。

第一路是Altmetric，最初是几个网络草莽搞起来的，现在由国际科学出版巨头麦克米伦（Macmillan）资助，数年之间已经迅速坐大，居然连*Nature*杂志及其旗下子刊都已“提供自2012年以来基于论文的指标和Altmetric数据”。他们主张，影响因子只考虑SCI期刊的引用，忽视了文章的“社会影响”，所以Altmetric将统计引用的范围大大扩展，包括了新闻、博客、论坛、推特、谷歌、Facebook，甚至包括新浪微博。

第二路是CiteScore，这是另一国际科学出版巨头爱思唯尔（Elsevier）推出的明目张胆向影响因子挑战的指标。2017年6月2日正式开始发布“年度期刊引用分数榜”——完全相当于加菲尔德的JCR报告。所不同的是如下几点：一、JCR报告目前只涵盖8856种期刊，而CiteScore涵盖了22618种。二、影响因子计算的引用时间区间是两年，CiteScore改为三年。三、CiteScore将影响因子计算公式中的分母改为期刊所有文章的篇数。

第三点的改动影响巨大，在6月2日发布的第一份CiteScore榜中，操弄笔者在本文上一小节中所说第一种手法的顶级玩家纷纷铩羽：*Nature*降到了第67名，*Science*降为第54名；爱思唯尔自己旗下的*Lancet*（《柳叶刀》）是操弄第一种手法的老手，在影响因子排名中常年高踞前五，在这份CiteScore榜中竟然下降为第315名。

然而，虽然现在CiteScore被一些媒体吹嘘成“影响因子的重量级对手”，其实它对计算公式分母所作的改动，根本不是什么创新，而只是加菲尔德四十多年前的唾余——他早期的影响因子计算公式分母就是如此。

第三路是Nature Index（NI），仿佛富家公子翩然临世，是*Nature*自己倾情推介的新指标。NI选定了全球68份权威期刊，统计全球大学和科研机构在该68份期刊上发表论文的篇数，一篇文章计为1分，有合作者则人均分享，计入各自所属单位。

*Nature*认为该指标简捷易行，客观公正。但明眼人很快会追问：这68份期刊名单是怎么产生的？对不起，*Nature*只告诉大家，这是他们从全球2800位科学家的问卷中选出来的，甄选标准则无可奉告，不过这68份期刊中*Nature*和它的子刊就占了11份。

那么这全球2800位科学家是怎么来的？*Nature*告诉大家，是他们发放10万份问卷后收到的2800份有效答卷。从这个数据中笔者读到的是：全球97.2%的科学家都没有搭理*Nature*企图自立标准的游戏请求，那NI还有多少代表性呢？

顺便说一句，目前这些叛军产品都是免费的，而加菲尔德老帮主的SCI和JCR报告可都是要钱的！什么叫“一统江湖”？唯有他能够坐地收钱，这就是一统江湖。

为何直到老帮主垂暮之年才群起反叛？

四十多年来，对影响因子一统江湖心怀不满或嫉妒眼红的人久已有之，但除了学术探讨之外，几乎没有人在行动上挑战加菲尔德帮主的事业。为什么直到近来老帮主垂暮之年，才有人跃跃欲试直至揭竿而起？

老帮主今年2月26日刚刚仙逝，尸骨未寒，爱思唯尔就在6月2日推出“影响因子的重量级对手”CiteScore榜单，这种时间上的巧合也耐人寻味。莫非老帮主健在之日，真的能“镇住”潜在的商业对手？

老帮主当年空手套白狼，起家创业，颇异常人。他一生勤奋高产，对他倾力打造的各类商业信息产品，进行学术推广和相关写作不遗余力。下面是笔者统计的一些惊人数据：

从20世纪50年代至2012年，加菲尔德在各类期刊上发表相关文章400余篇，其中不少发表在*Nature*、*Science*这类知名高端期刊上。

1986年他自己创办《科学家》(*The Scientist*)杂志，至2002年歇笔，他又在该刊共发表评论文章141篇。

更为惊人的是，他自1962年起开始在ISI的出版物上撰写专栏文章。开头几年还是不定期发表，从1969年起每周发表一篇，此后再未间断，一直持续至1993年，总计发表专栏文章1122篇。

自1977年起，ISI出版社将加菲尔德的专栏文章结集出版，皇皇15卷之多，取名《情报学家作品集》(*Essays of an Information Scientist*)。这个加菲尔德的个人作品集还有一个相当引人注目之处，是他每卷邀请一位学界名人作序，阵容极度豪华，主要由科学家和科学史学者组成，除三位诺贝尔奖获得者，还有“避孕药之父”杰拉西（C. Djerassi）这样的科学界重量级人物，以及普赖斯（D. J. de S. Price）、默顿（R. K. Merton）、霍尔顿（G. Holton）等科学史界名流。

这一方面凸显加菲尔德交游广泛，另一方面也通过这种方式给世人一种印象：ISI的信息产品得到了科学界乃至学术界很大程度的认同。事实上，加菲尔德与科学史界的一些知名人物长期过从甚密，名头最大的三位就是普赖斯、默顿和贝尔纳（J. D. Bernal）。加菲尔德还热衷于参加学术研讨会，产生的效果可谓一举两得，既可提升自身学术形象，又能将学术期刊和会议当成ISI产品的推广平台。

加菲尔德这个持续长达三十一年的个人专栏，发挥了类似今天一些大公司“官网”或“官博”的功能，主要着力打造ISI公司“服务学术”的品牌形象，将其作为推广SCI和影响因子的主阵地，不定期发布各类新产品的预告，对公司主要团队人物进行介绍。除此之外，专栏文章还涉猎加菲尔德个人感兴趣的一些话题，如科学评论、科学奖励、科学评审、科学写作、科学政策、诺贝尔奖、科学中的女性等等。

想想看，如此“神一样的存在”，是能随便挑战的吗？所以加菲尔德老帮主一统江湖四十余年，非偶然也。但是，他终究也要衰老的。

Nature 杂志与影响因子曾经的蜜月

在这场对影响因子一统江湖的反叛中，有些在影响因子游戏中获利的杂志，出来力挺影响因子，这当然是正常的反应。但 *Nature* 杂志的反应却出人意表。要知道，*Nature* 杂志受加菲尔德老帮主发起的影响因子游戏的恩惠，可不是一星半点儿！

四十多年前，影响因子游戏从技术上看确实大有名利双收的潜质，一直不忘与时俱进的 *Nature* 杂志“慧眼识珠”，立刻与加菲尔德展开了一段迄今尚未被人关注的合作。这段合作是如此地心照不宣配合默契，不啻一曲流畅动听的四手联弹。

加菲尔德与 *Nature*、*Science* 两家杂志的共谋合作，最明显的莫过于他多次修改影响因子的计算公式。

1955 年，加菲尔德最初将影响因子定义为“一篇文章的被引用次数”。

1963 年，加菲尔德将影响因子定义修改为“期刊文章的平均被引用次数”。

1972 年，加菲尔德将某年度的影响因子定义再次修改为“期刊前两年所有文章的所有引用除以期刊前两年发表的所有文章篇数”——分母恰好就是爱思唯尔刚刚推出的 CiteScore 所用的定义，但是这样的定义对于 *Nature*、*Science*、*The Lancet*、《美国医学会杂志》（*The Journal of the American Medical Association*）等刊物都非常不利，它们的影响因子排名全都落在 40 名之后。

1975 年，在首次发布的 JCR 报告中，加菲尔德再次修改影响因子定义，形成了现今仍在使用的计算公式（见上文）。

这次的定义修改使得 *Nature*、*Science*、*The Lancet* 和《美国医学会

杂志》等杂志的影响因子排名全部大幅上升，其中《美国医学会杂志》惊人地提升了100位。

1995年，影响因子定义再次微调，分母中的“引用项”进一步缩小，只包括“原创研究论文”和“综述评论”。

Nature、*Science* 当然也“投桃报李”，它们提供版面作为发布平台，积极为影响因子游戏造势：1955年，“影响因子”首次作为专门术语出现在 *Science* 上；1972年，*Science* 刊登了最初的年度期刊影响因子报告；1976年，*Nature* 刊登了JCR报告的缩减版——考虑到JCR报告1975年才首次出版，这几乎等于在帮它进行市场预热和产品推广了。当时这两份期刊上，没有出现任何对影响因子质疑或商榷的文章。

如今世人但凡说到 *Nature*、*Science*、*The Lancet* 等杂志，必顶礼膜拜，誉之为“国际顶级科学期刊”。但理由何在呢？几乎只有一条——就是它们的影响因子高。因为它们多年来一直在影响因子游戏中高踞前20名甚至前10名之内，比如在最新一轮全球8856种SCI期刊的影响因子排名中，*The Lancet* 居第5，*Nature* 居第10。

可以毫不夸张地说，没有影响因子游戏，就没有 *Nature* 杂志的今天。

Nature 杂志为何如此忘恩负义？

然而，*Nature* 杂志尽管多年来在影响因子游戏中大获其利，得以长踞影响因子排名前10的虎皮交椅，成为世人眼中的“国际顶级科学期刊”，如今却悍然加入反叛影响因子一统江湖的阵营。

在舆论上，它多次刊登文章，号召“反抗影响因子暴政”——回想一下它当年多次刊登加菲尔德提倡影响因子文章的光景，简直恍如隔世！

在行动上，它不仅向别的叛军投怀送抱，在自己杂志上提供文章的Altmetric指标，而且自组叛军直接加入叛乱，乘机推出自己的NI指标。

2017年4月27日，也就是加菲尔德老帮主去世后两个月，*Nature* 杂志签署了《旧金山宣言》(San Francisco Declaration on Research

Assessment, DORA)。该宣言“建议科研资助机构、研究机构等有关各方，**在资助、任命和晋升的考量中，停止使用基于期刊的指标，如期刊影响因子，评估要基于研究本身的价值而不是发表该研究的期刊**”。*Nature* 杂志现任主编坎贝尔（Sir Philip Campbell）称：“我希望我们的行动能给这些管理者传递一个明确的信息。他们有必要改变规则，以更加精细和适当的标准来评估科学家……在‘高影响力’的期刊发表论文就给奖金的做法应当停止了。”

签署该宣言的还包括 *Nature* 杂志旗下的大批期刊，计有：

所有冠名 *Nature* 的研究期刊；

所有冠名 *Nature* 的综述期刊；

所有 *Nature* 合作期刊（*Nature* Partner Journals）；

《自然 - 通讯》（*Nature Communications*）；

《科学报告》（*Scientific Reports*）；

《科学数据》（*Scientific Date*）。

如此赤裸裸的忘恩负义，以怨报德，在江湖上实属罕见。但 *Nature* 杂志的行动很可能是经过深思熟虑的。

Nature 杂志是一家非常奇特的刊物，它一方面是“国际顶级科学期刊”，通常认为只有牛人可以在上面发表文章；但另一方面，它又是依赖科学界芸芸众生的顶礼膜拜，才能够维持广泛关注和知名度的。

而在影响因子的一统江湖中，科学界如何分层？大体上，少数上层人物，发高影响因子刊物很容易；广大中下层芸芸众生，则是“影响因子暴政”的受害者。屁股决定脑袋，那对影响因子的一统江湖，必然是上层安享其利，下层闻乱则喜。

所以 *Nature* 杂志现今的策略属于两头下注，是江湖枭雄常用的策略。它鼓吹叛乱，可以迎合芸芸众生，而只要影响因子还一统江湖，它就依旧高居神坛；万一叛乱成功，那它即使未能如愿分一杯羹，至少也是叛乱的鼓吹者和参与者，“首义”之功仍不可没。打个比方，*Nature* 杂志之鼓吹“反抗影响因子暴政”，有点像特朗普身为大房地产商却在竞选中为下层蓝领代言。

最后，笔者冷眼旁观，稍可告慰加菲尔德老帮主的是：也许反抗“影响因子暴政”的时刻是来临了，**但是推翻影响因子的时刻还未来临。更重要的是，如果推翻影响因子之后，只是由三大叛军中某一家取而代之，那只是以暴易暴；如果最终形成几家平分秋色之局，那更是群魔乱舞，都只会使这个江湖更加混乱无序，铜臭熏天。**

江晓原　穆蕴秋

（原载2017年6月22日《南方周末》）

二〇一八

［**纪事**］所谓的“开放存取运动”，是一种极具欺骗性的商业套路，正在西方期刊领域引发日益严重的学术生态灾害。本文竭诚发出警告，希望国内有关各方面皆能提高警惕。

本年诚为多事之秋，大到中美贸易争端，小到学校学院调整，君子淡定自如，小人哭天抢地，俗谚云“君子坦荡荡，小人长戚戚”，其此之谓乎！

开放存取运动：科学出版乌托邦的背后
——*Nature* 实证研究之六

一、开放存取期刊的快速发展及宣传中的乌托邦想象

风起云涌的“开放存取运动”

20 世纪 90 年代，伴随互联网迅速兴起和普及，学术发表领域出现一种新的在线期刊形式——开放存取期刊（Open Access Journal，有时简称 OA 期刊）。

开放存取期刊一出现就显出非常强劲的增长势头，多种统计都明确反映了同样的趋势。例如据 M. Laakso 研究小组的统计，1993 年开放存取期刊不过 20 种，开放存取论文只有 247 篇，但十六年之后，到他们统计截止的 2009 年，开放存取期刊已剧增至 4767 种，开放存取论文

数量也相应多达 19 万篇。[①] 而据 Directory of Open Access Journals（简称 DOAJ）网站的统计，在 2004—2014 年，开放存取期刊数量从 1135 种剧增至 9873 种。[②]

笔者则统计了 SCI 论文的情况，同样表明，2010 年以来开放存取论文的数量总体也持续增长：从 2010 年的 34.6 万篇增长到 2016 年的 50.4 万篇，详见表 1[③]：

表 1　SCI 开放存取论文绝对数量增长及在总论文数中的占比情况（2010—2016）

年份	2010	2011	2012	2013	2014	2015	2016
开放存取论文数	345844	378357	423452	456021	486971	509705	503899
SCI 论文总数	1518395	1598823	1678774	1770614	1818572	1859923	1907188
开放存取占比（%）	22.8	23.7	25.2	25.8	26.8	27.4	26.4

虽然统计口径或有不同，但从上述统计结果可见，二十余年间开放存取期刊从起初寥寥几家到现今应者云集，成为一场席卷全球学界的“运动”。

布达佩斯会议上的乌托邦叙事

所谓“开放存取”，即指将内容放置到互联网供公众免费取用，允许自由阅读、下载、复制、散布、打印、检索、嵌入软件作为资料，除了保证内容的完整性及作者的署名权，不存在任何法律及技术方面的障碍。简单来说，就是读者可以不受限制地在互联网上获取文献。

---

① Mikael Laakso, Patrik Welling, Helena Bukvova, Linus Nyman, Bo-Christer Björk, Turid Hedlund, “The Development of Open Access Journal Publishing from 1993 to 2009”, *PLoS ONE*, 2011, 6(6): 1-10. 特别说明：由于开放存取期刊发展迅速，本文较多使用了互联网上的在线资料，这些资料中很多会随时更新，笔者已尽可能使用截至本文定稿时的数据。以下各处在线资料引用同此。

② Heather Morrison, “Dramatic Growth of Open Access”, https://dataverse.scholarsportal.info/dataset.xhtml?persistentId=hdl:10864/10660, 2014. DOAJ 收录期刊数随时更新，此处取每年 6 月 23 日数据。

③ 数据来源：科睿唯安（Clarivate Analytics，发布 SCI 和影响因子排名报告的“科学情报研究所”的新主人）的 web of science 核心合集 SCI 数据库（数据采集日期：2018 年 1 月 21 日）。2016 年 SCI 开放存取论文比上年略有减少，可能有多种原因，尚待进一步观察。

学者个人或群体自发创立开放存取期刊，通过搭建简单的网络技术平台交流成果，这样的行为在20世纪90年代甚至更早就已出现，但“开放存取”作为一个专门术语，最早出现在2002年2月开放学会研究所（Open Society Institute）发布的《布达佩斯开放存取宣言》（Budapest Open Access Initiative）中。①后经2003年6月《贝塞斯达开放存取发表宣言》②和同年10月的《柏林科学人文知识开放存取宣言》③进一步修改完善，定义最终版本得以确定。

开放存取的宣扬者们将这一发表形式鼓吹为一场“发表革命”，他们声称，这种新的发表模式将彻底打破学者在传统订阅期刊上发表的“费用门槛”和“使用门槛”，学术共享“乌托邦”的美好世界近在眼前，主要体现在以下方面④：

（1）大学、学会、研究机构、图书馆及个人可以在线免费获取发表成果，从而节省下大笔订阅费用；

（2）发表不受篇幅限制，作者享有更高的文本表达自由；

（3）开放存取审稿效率高，可大大压缩发表周期；

（4）开放存取杂志相较传统订阅期刊具有更高刊用率，发表相对更加自由；

（5）成果在线自由共享，读者容易获取，可大大提升其可见度；

（6）成果使用方式不受制约和限制，能够最大化发挥其潜在效用。

不过，我们从下文的分析将会看到，期刊出版商的实际作为已经使得《布达佩斯开放存取宣言》中所描绘和宣称的“开放存取运动”成为一个乌托邦故事，而在这个故事的背后则是高明的宣传策略和精明的商业算计。

---

① Budapest Open Access Initiative, http://www.budapestopenaccessinitiative.org/read, 2002-02-14.

② Bethesda Statement on Open Access Publishing, http://legacy.earlham.edu/~peters/fos/bethesda.htm, 2003-06-20.

③ Berlin Declaration, https://openaccess.mpg.de/Berlin-Declaration, 2003-10-22.

④ Benefits for Authors, http://www.nature.com/openresearch/about-open-access/benefits-for-authors/, 2018-03.

二、开放存取期刊商业经营道路的开启

开放存取商业化经营之路的开启，几乎与《布达佩斯开放存取宣言》同步，其最初的始作俑者可追溯到两家线上出版机构：生物医学中心（BioMed Central，简称 BMC）和公共科学图书馆（The Public Library of Science，简称 PLoS）。[①]

BMC 作为当代科学出版集团（今科学导航集团前身）旗下分公司，正式成立于 2000 年，它发行约 300 种开放存取期刊，其中代表刊物有 *Genome Biology* 和 *Genome Medicine*，此外还包括 BMC 系刊物 65 种（其中近九成被 SCI 收录），2008 年，Springer-Nature 集团将其打包收购。

PLoS 的创建筹备工作始于 2001 年 8 月，发起者包括诺贝尔奖获得者、前美国健康学会（NIH）主任瓦尔姆斯（Harold Varmus），斯坦福大学教授布朗（Patrick O. Brown），劳伦斯伯克利国家实验室教授艾森（Michael Eisen）等知名学者。此前，这些学者曾发起联合倡议，呼吁科学家们从 2001 年 9 月始，不要再向"没有立即（或延期六个月后）向公众免费自由开放论文全稿"的学术期刊投稿，请愿活动获得全球约 28000 名科学家的签名响应，但事后证明大部分签名科学家实际上并未真正履行这一倡议。所以很大程度上，创立 PLoS 是发起此次倡议的学者们对自身发表理想的一次践行。[②]

BMC 和 PLoS 实施了一系列与开放存取相关的重要举措，相关重要事件如下：

1999 年 4 月，生物医学中心宣布对其下所有期刊实施在线免费。

2000 年 7 月，BMC 发表第一篇在线免费文章。

2002 年 1 月，BMC 率先开始收取文章处理费，用于支付免费在线共享的产生费用。

2003 年 10 月，PLoS 启动第一种开放存取杂志，*PLoS Biology*。

2004 年，PLoS 启动第二种开放存取杂志，*PLoS Medicine*。

---

① "Open Sesame", *Nature*, 2012-04-08, 464: 813.

② Vicki Brower, "Public Library of Science Shifts Gears", *EMBO Reports*, 2001, 2(11): 972–973.

2006年12月，PLoS启动新刊*PLoS ONE*，摩尔基金（Moore Foundation）总计对其投入1000万美元的启动资助（2002年、2006年分别资助900万美元和100万美元）。①

开放存取的商业化经营之路，其标志就是BMC在2002年1月率先启动的“作者付费模式”（author-pays model）。②该模式简单来说就是，作者在论文录用后，需向投稿期刊缴付一笔规定数额的“论文处理费用”，名曰“弥补发表过程中产生的成本和开支”，费用通常由作者本人或所获研究基金来承担。通过这种方式，PLoS成功打造了开放存取第一“巨刊”*PLoS ONE*——2014年该刊发表论文超过3万篇，日均发文约80篇！

与*Nature*这类老牌传统订阅期刊相比，*PLoS ONE*走的是另一条路线，详见表2：

表2 *Nature*和*PLoS ONE*两种期刊模式的区别一览

特征 \ 期刊模式	传统订阅期刊（*Nature*）	作者付费的开放存取期刊（*PLoS ONE*）
收费方式	读者付费（订阅）、广告	作者付费、基金资助、广告
发表方式	**纸刊**	**在线**
篇幅	严格受限	稿件长度不限
发文数	版面、发文数量固定	**发文数量几乎无限制**
发表周期	较长	较短
更新周期	周刊（每周四出版）	日刊（即时更新）
审稿标准	文章发表与否由期刊编辑最终决定，但也会在发表前通过同行对论文的重要性和学术价值进行筛选把关	宣称“**将评判论文优劣的权利还给读者**”，论文意义和重要性不是接受或拒绝稿件的主要标准，偏重考量实验和数据分析是否缜密合理③

① Declan Butler, “BioMed Central Boosted by Editorial Board”, *Nature*, 2000-05-25, 405: 384. Declan Butler, “Publishing Group Offers Peer Review on PubMed Central”, *Nature*, 1999, 402: 110.

② BioMed Central's Method of FOS, http://legacy.earlham.edu/~peters/fos/newsletter/09-06-01.htm, 2009-06-01.

③ Jim Giles, “Open-access Journal Will Publish First, Judge Later”, *Nature*, 2007, 445: 9.

表2中已将若干重要区别用黑体字标出来，其中最重要的分界，其实可以只用一项来鲜明表征——**期刊有没有纸质印刷的版本**。在目前的状况中，纸质期刊仍然在很大程度上意味着“高端”“正式”“严肃”等。

至于“将评判论文优劣的权利还给读者”，作为口号虽然动听，却明显违背期刊的办刊初衷——期刊的基本义务之一，就是为读者选择值得阅读的论文和文章发表，著名期刊的声誉很大程度上就来源于对文章选择的严格和精当。如果不分良莠随意发表，还美其名曰“让读者自己判断”，那读者还需要这样的期刊吗？谁才需要这样的期刊？后一个问题的答案，将是相当出人意表的。

三、开放存取期刊类型及其对传统订阅期刊格局的影响

对于那些主要依靠用户订阅的老牌传统期刊和出版机构而言，作者付费的开放存取期刊完全是新兴事物，有些刊物一度如临大敌，认为来势汹汹的新对手会扰乱现有发表规则和格局，乃至危及自身的生存状况。

据 *Nature* 杂志2007年1月的一篇文章披露，爱思唯尔（Elsevier）、威利（Wiley）和美国化学学会（American Chemical Society）就曾以美国出版协会（Association of American Publishers）的名义，高薪聘请危机公关专家德赞霍尔（Eric Dezenhall）——号称“公共关系斗牛犬”，寻求抵抗开放存取的应对之策。德赞霍尔收取了近50万美元的咨询费，开出的“处方”包括：祭出“公共存取等同政府审查”的口号、共同抵抗政府公共开放项目等。[①]

不过，德赞霍尔的建议还未及践行，风向就已发生改变，或许是意识到“作者付费”存在巨大的牟利空间，在很短时间内，几大出版商就从最初欲图抵制，转而拥抱开放存取。典型的如爱思唯尔，2007年3月它即与霍华德·休斯医学会（The Howard Hughes Medical Institute）签

---

① Jim Giles, “PR's ‘Pit Bull’ Takes on Open Access”, *Nature*, 2007-01-25, 445: 347.

订协议，约定研究所资助的学者在其旗下刊物发表开放存取论文，研究所需向出版社每篇论文支付 1000—1500 美元，此类文章发表六个月后，上传至 PubMed Central 向公众免费开放。

相较而言，还是老牌商业出版巨头施普林格（Springer）反应最敏捷，早在 2005 年 8 月，杂志社即聘请 BMC 的初创者韦尔特罗普（Jan Velterop）担任开放存取首席运营官，成为首家设置专门部门运营开放存取业务的商业出版公司。

时至今日，国际上能排得上号的知名出版机构，几乎无一例外将开放存取列为重要的业务拓展方向。例如据较新的数据，爱思唯尔旗下的开放存取期刊已达 500 家，施普林格旗下已有 530 家，威利集团旗下也已有 87 家。[①] 与此同时，一些企图对原有市场格局进行重新洗牌的新兴出版机构和期刊，也将开放存取当作强行进入出版市场的一次重要契机。归纳起来，采用的方式主要有如下几种：

老牌传统订阅期刊的转型

创刊于 1915 年《美国国家科学院院刊》（习惯简称 *PNAS*），是一份著名的老牌综合类科学期刊。2003 年 8—10 月，*PNAS* 向 610 位作者发出调研问卷，最终得到 210 份反馈。其中有两个主要问题：一是“你是否愿意为发表在 *PNAS* 上的论文支付论文处理费用”，回答“是”的为 104 份（49.5%），回答“否”的为 106 份（50.5%），正反双方人数基本持平；二是对于选择开放存取的学者而言，“能接受的期刊理想论文处理费用价位”，81 人选择 500 美元（占比 79.4%），15 人选择 1000 美元（占比 14.7%），4 人选择 1500 美元（占比 3.9%），2 人选择 2000 美元（占比 2.0%）。[②]

上述调研的数据并未给“*PNAS* 是否应该转型开放存取”提供明确的判断依据。不过次年 6 月 *PNAS* 还是宣布正式转型为“混合期刊”

---

① Beata Socha, “How Much Do Top Publishers Charge for Open Access?”, http://openscience.com/how-much-do-top-publishers-charge-for-open-access/, 2017-04-26.

② Nicholas R. Cozzarelli, Kenneth R. Fulton, Diane M. Sullenberger, “Results of a PNAS Author Survey on an Open Access Option for Publication”, *PNAS*, 2004-02-03, 101(5): 1111.

（hybrid journal）——保持传统投稿方式的同时，提供发表开放存取论文选择，论文处理费用每篇 1000 美元（本文写作时收费为 1450 美元）。

时任 *PNAS* 主编的克扎雷利（Nicholas R. Cozzarelli）在社评中对期刊的转型给出了四个理由[①]：

所有期刊都应努力做到不限读者，不限地域，便利获取科学文献；

开放存取“作者付费模式”不会导致期刊发生“财务风险”；

PNAS 愿意带头尝试开放存取，为其他期刊发挥表率作用；

尽管目前只有少数学者（人数还在上升）愿意选择开放存取期刊发表论文，但 *PNAS* 不想失去发表这部分学者优秀成果的机会，愿意为他们提供发表平台。

克扎雷利几乎把开放存取抬升到了“政治正确”的高度，成了所有期刊都应努力达到的目标，*PNAS* 率先发表开放存取论文，则是为了积极发挥著名老牌期刊的表率作用。很难判断这究竟是 *PNAS* 的真实态度，还是一种修辞手法——因为对很多期刊而言，它们陈述类似的漂亮说辞，其实只是想掩饰一个目的：把开放存取作为赚钱的工具和手段。

无论如何，从期刊经营角度来看，混合模式确实是一种安全的做法，它为期刊留下足够的回旋余地：可以紧跟出版潮流，有利占取开放存取新兴发表市场的份额；在实际操作过程中“进可攻，退可守”，如果大多数作者倾向选择开放存取，那期刊可以转型为完全开放存取期刊，如果多数作者对开放存取并不积极，那期刊仍然保持传统投稿方式。[②]

PNAS 的转型方式在传统订阅期刊中很有代表性，颇受各大出版商青睐，据学者比约克（Björk）集中整理的 2009 年至 2012 年相关数据，各大出版商启动混合期刊的数量增加非常明显，其中最突出的是爱思唯尔，2009 年，它旗下混合类期刊仅有 68 种，到 2012 年，此类型期刊

① Nicholas R. Cozzarelli, “An Open Access Option for *PNAS*”, *PNAS*, 2004-06-08, 101(23): 8509.

② Bo-Christer Björk, “The Hybrid Model for Open Access Publication of Scholarly Articles—A Failed Experiment?”, *Journal of the Association for Information Science and Technology*, 2012, 63(8): 1496–1504.

已暴增至1160种。①

表3 国际知名出版机构混合期刊数量变化和平均收费（2009—2012）

出版机构		Springer	Elsevier	Wiley-Blackwell	Taylor & Francis	Sage	Cambridge U. P.	American Chem. Soc.	Nature P. G.
混合期刊种数	2009	1100	68	300	300	54	15	35	14
	2012	1360	1160	726	577	177	120	38	37
收费价格（美元）		3000	3000	3000	3250	3000	1350—2700	1000—3000	2500—3900

除了“混合模式”，有一些订阅期刊还会采用更激进的做法——彻底转型为完全开放存取期刊（不再接受传统投稿），其中最具代表性的是老牌医学杂志 *Medicine*。

Medicine 创刊于1922年，2014年它正式宣布转型为完全开放存取期刊。这主要来自两方面的考量：*Medicine* 不是学会期刊，没有固定的会员作者及读者基础，在与其他医学杂志竞争稿源过程中落入下风；订阅量跟广告收益都在持续减少，而原来的作者大多都转向开放获取期刊投稿。②

Medicine 的改革大刀阔斧，一上来就仿照 *PLoS ONE* 直接开启“巨刊”模式：

接受稿件大幅增加，由原来每年发稿30篇左右，增为每年1500篇以上；

转型为大综合类医学期刊，涉及医学学科达40余个；

将此前由少数专家组成的编辑部进行大幅人员扩充，目前人数多达近800人；

论文稿件发表标准更加宽松自由，不强调研究的创新性和潜在影响

① D. C. Prosser, “From Here to There: A Proposed Mechanism for Transforming Journals from Closed to Open Access”, *Learned Publishing*, 2003, 16(3): 163-166.

② 《期刊转型成开放获取的技巧，以及 mega-journal 在学术出版的角色》，http://www.editage.cn/insights/1562.html, 2016-03-31.

力，在符合伦理道德的前提下，可以发表结果为阴性的医学研究和案例报告。

Medicine 的一系列激进做法，从拯救期刊达成的效果而言，目前还无法判断是“出路”还是“绝路”。不过一个显著的事实是，期刊影响因子已经从改革之初 2014 年的 5.7，下降到了 2016 年的 1.8。此外，*Medicine* 受诟病的地方还有，杂志大幅扩充编委会以来，尽管充任编辑的学者遍布全球，但主编之位却空缺至今。

顶级期刊创办开放存取子刊

自 2010 年起，学界知名度很高的四大期刊——*Nature*、*Science*、*Cell*、*The Lancet*，已先后创办开放存取子刊，详见表 4：

表 4　*Nature* 等四大期刊旗下开放存取子刊及收费情况

主刊	*Nature*			*Science*	*Cell*	*The Lancet*
开放存取子刊	*Nature Communications*	*Scientific Reports*	*Scientific Data*	*Science Advances*	*Cell Reports*	*The Lancet Global Health*
创办年份	2010	2011	2014	2014	2012	2014
影响因子（2016）	12.1	4.2	4.8	（非 SCI）	8.2	17.6
目前收费（美元）	5200	1760	1675	1200	5000	5000

“四大刊”中的三家，*The Lancet*、*Cell* 和 *Science* 不同程度也走上了“混合期刊”道路，它们通过和某些具有国际影响力的大基金会签订合约，定向接受此类基金资助的研究所产生的开放存取论文。

截至本文定稿时，与 *The Lancet* 签约的基金会有 17 家①，与 *Cell* 杂志及子刊签约的基金会达 43 家②，两家刊物发表此类基金会资助的开放存取论文，收费都是每篇 5000 美元。而据 *Science* 官网 2017 年 2 月 14

① Information for Authors, http://www.thelancet.com/pb/assets/raw/Lancet/authors/tl-information-for-authors.pdf, 2018-03.

② Funding Bodies/Open Access, http://www.cell.com/cell/authors, 2018-03.
Agreements, https://www.elsevier.com/about/open-science/open-access/agreements, 2018-03.

日发布的消息，美国科学促进会和盖茨基金会（Gates Foundation）首次达成协定，基金会每年支付学会10万美元，换取学会旗下*Science*及子刊上的10—15篇文章的版面，用于发表该基金会支持的开放存取论文。[①]

此消息引发行内关注，*Nature*发文跟踪报道。[②]事件起因和盖茨基金的开放存取项目有关，基金会每年约花9亿美元在全球健康项目上，其中部分用于科研，但对受资助研究人员有高于一般基金的开放条款要求：论文成果和采集数据必须以开放存取方式发表，完全免费对公众开放，允许无限制自由使用（包括商业用途）。[③]而这样的“开放”限度，是*Nature*、*Science*、*PNAS*、*The New England Journal of Medicine*都无法满足的。[④]盖茨基金为了让资助成果既发表在高端期刊上，又满足自身设定的开放存取要求，曾和各大出版机构展开谈判——此前它已顺利签下*Cell*和*The Lancet*。

美国科学促进会终于愿意打开缺口，可能的原因是，目前四大期刊的开放存取子刊中，只有*Science Advances*还未被SCI收录，而通常情形下，学者会选择优先将稿件投向SCI期刊。这一严重“短板”导致*Science Advances*在开放存取稿件市场的争夺中，竞争力明显不足，所以*Science*主刊只能亲自“纡尊降贵”进行弥补了。

相较而言，*Nature*杂志显得相当另类，它是“四大刊”中唯一“保全金身”的刊物，截至本文定稿时，还未与任何基金会签订合约发表接

① AAAS and Gates Foundation Partnership Announcement, http://www.sciencemag.org/about/aaas-and-gates-foundation-partnership-announcement, 2017-02-14.

② Richard Van Noorden, “*Science* Journals Permit Open-Access Publishing for Gates Foundation Scholars”, https://www.nature.com/news/science-journals-permit-open-access-publishing-for-gates-foundation-scholars-1.21486, 2017-02-14.

③ Richard Van Noorden, “Gates Foundation Announces World’s Strongest Policy on Open Access Research”, http://blogs.nature.com/news/2014/11/gates-foundation-announces-worlds-strongest-policy-on-open-access-research.html, 2014-11-21.

④ Richard Van Noorden, “Gates Foundation Research Can’t Be Published in Top Journals”, *Nature*, 2017-01-13, 541: 270.

受定向资助的开放存取论文。[①]

不过，一个耐人寻味的现象是，以上三家大牌刊物即使接受定向基金会资助的开放存取论文，但对这类论文发表数量的控制其实相当严格，这种现象背后的原因至少有两个：

其一，**追求影响因子的刚性约束**。

顶级刊物今天在学界的声誉很大程度上得益于超高的影响因子，笔者先前的考察表明，多年以来这些刊物的“可引用项数”（影响因子公式中分母）普遍呈减少趋势，因为这是提升影响因子非常直接有效的手段。[②] 而开放存取刊物的典型特征恰恰是大量发文，以数量求利润（详见后文），在操作上与 *Science* 这类“精英刊物”追求影响因子的基本目标完全背道而驰。

其二，**让开放存取子刊去发低端论文**。

Science 所属的美国科学促进会（AAAS）2014 年发行开放存取期刊 *Science Advances* 之初，曾非常明确地阐释了启动新刊的理由：

> 美国科学促进会属下的 *Science* 等刊物因为没有提供多余的出版渠道，被迫拒绝了很多优秀的稿件（*Science* 每年约接受 14000 篇稿件，刊用率仅为 6%），*Science Advances* 将会满足这个要求。投给 *Science* 及其姊妹刊 *Science Translational Medicine* 和 *Science Signaling* 的稿件，**被拒后自动转投 *Science Advances*，不再进行同行评议，**期刊同时也接受别的新稿件。[③]

---

① 这里有两点需要说明：一、在 *Nature* 等杂志的网页上，会有一些标注为“open”的文章，可以免费阅读，但它们还不是开放存取论文。在这种情况下，资助基金的标注是一个重要标识，例如在 *Cell* 上的开放存取论文会明确标注受什么基金资助。二、论文的“开放存取”本身还可以有不同的程度，比如发表若干时间以后再开放，或从上线之日起就开放，等等，这往往和资助者的要求及资助者和期刊的讨价还价有关。对此类情形笔者将另文论述。

② 穆蕴秋、江晓原：《不公平游戏：“两栖”SCI 刊物如何操弄影响因子——*Nature* 实证研究之四》，《上海交通大学学报》（哲学社会科学版）第 24 卷第 2 期（2016），第 59—67 页。此文还讨论了“两栖刊物”的基本概念以及国内外对此事的不同态度和做法。

③ Jocelyn Kaiser, David Malakoff, AAAS Launches Open-Access Journal, http://www.sciencemag.org/news/2014/02/aaas-launches-open-access-journal, 2014-02-12.

这段话赤裸裸地道出一个真相，美国科学促进会创办 *Science Advances*，就是让其发表属下另外几种订阅期刊的拒稿，“肥水不流外人田”，这实际上就是将开放存取期刊，包括他们新创办的 *Science Advances*，视为“劣等刊物”。其作用就是让高端订阅主刊的“纯正血统”不受低端开放存取论文的“污染”。

除了创办开放存取子刊，顶级刊物还最大程度地在利用主刊光环效应进行“吸稿”，与全球学术机构、研究中心合作建设开放存取期刊。这种做法主要迎合这类研究者的心理：他们无法将稿件发表在大牌期刊上，就退而求其次让稿件发表在这类合作期刊上，似乎也能沾沾主刊的“牛气”。

几大刊物中，*Nature* 杂志目前这一业务开发得最为充分，在其官网上，相关的开放存取期刊分为五类[①]：被列为“综合类杂志”（Multidisciplinary）的三种子刊已见表 4，最高收费每篇 5200 美元。其次是“自然通讯”系列（*Nature Communication* Journals），也是三种，都收费 2570 美元。列入“《自然》合作期刊”（*Nature* Partner Journals）的 24 种，最高收费 3300 美元，这些子刊虽举着 *Nature* 的豪华招牌，但发文量极少，有的发文竟只有一两篇，如此“有价无市”，应该和它们未被 SCI 收录有直接关系。“学院和学会期刊”（Academic and society journals），目前有 20 种，是合作办刊性质，其中有 SCI 期刊 13 种，最高收费 3975 美元。还有“混合期刊”，目前有 40 种，大多为 SCI 期刊，在自身领域已经建立了良好声誉，目前正积极转型为混合期刊，在保持传统订阅模式的同时，也开始发表开放存取论文，最高收费 4400 美元。

新兴开放存取期刊的收费“套路”：*PeerJ* 和 *eLife*

对一些新兴期刊而言，开放存取是打破原有出版格局挤入学术发表市场的绝佳路径。这些期刊采用的经营手法简直让人大开眼界，典型的有两家：*PeerJ* 和 *eLife*。

---

① Nature Research Open Access Journals, http://www.nature.com/openresearch/publishing-with-npg/nature-journals/, 2018-01-26.

PeerJ 采用赤裸裸的商业促销策略。

PeerJ 把电话公司常搞的那套固定收费打折促销手段，原封不动地搬用到学术杂志的经营上。期刊 2012 年启动之初，*PeerJ* 即提供了三种会员收费标准：初级会员缴纳 99 美元，一年可发一篇论文；升级会员 169 美元，每年可发两篇论文；研究会员 259 美元，可无限发文。如果一篇文章有多位作者，需所有作者购买会员资格才可享受套餐优惠。现在 *PeerJ* 发表规则稍有变化，单篇论文处理费用 1095 美元，姊妹刊 *PeerJ Computer Science* 单篇收取 895 美元。会员制保持不变，取消了"无限发文"规则，初级版、升级版和加强版价格上涨，分别为 399 美元、449 美元和 499 美元，对应一年年限内可以发表论文篇数为 1 篇、2 篇和 5 篇。需一文所有作者都购买会员资格才可享受套餐优惠的规则不变。

如此赤裸直白的商业办刊手法，连 *Science* 杂志都看不下去，它用一个满含讥讽的标题报道此事："**259 美元让科学家发文发到死！**"[①]

PeerJ 如此浓厚的商业做派主要和其风投背景有关，它由风投资本家 Tim O'Reilly 一手操办，从 O'Reilly Media 和 O'Reilly Alpha Tech Ventures 获得 95 万美元的注资，杂志主要经营合伙人是曾参与成功创办 *PLoS ONE* 的 Peter Binfield。[②]

eLife 的手法则更具欺骗性。

eLife 由世界著名私人研究基金会美国马里兰州霍华德·休斯医学会和伦敦惠康基金会（The Wellcome Trust in London）、柏林马普研究所（The Max Planck Society in Berlin）共同投建。头十年的资金计划分两期，第一期 2012—2017 年共提供 1800 万欧元，第二期 2017—2022 年共提

---

① Kai Kupferschmidt, "New Open Access Journal Lets Scientists Publish 'til They Perish!", http://www.sciencemag.org/news/2012/06/new-open-access-journal-lets-scientists-publish-til-they-perish, 2012-06-12.

② Erin Griffith, "PeerJ Raises $ 950K from Tim O'Reilly's Ventures To Make Biomedical Research Accessible to All", https://pando.com/2012/06/12/peerj-raises-950k-from-tim-oreillys-ventures-to-make-biomedical-research-accessible-to-all/, 2012-06-12.

供2500万欧元，共计投资4300万欧元（约合5600万美元）。[①] 有如此雄厚的资金支持，*eLife* 一开始的做法是，发表论文一律不收取论文处理费用。

eLife 首任主编由诺贝尔生理学或医学奖获得者细胞生物学家舍克曼（Randy Schekman）担任。舍克曼此前还担任过 *PNAS* 的主编（2006—2011）。上任新刊后不久，他在英国《卫报》上发文，高调宣称其研究团队此后将不再向 *Nature*、*Science* 和 *Cell* 投稿。[②]

他把此三大刊称为“奢侈杂志”，理由是这些高影响因子期刊为维护自身品牌往往把稿件刊用率压得很低，“就类似高端品牌设计师使用饥饿营销手法通过生产限量产品来维护自身品牌形象一样”，同时这些杂志还牵扯科学以外太多的东西——出版商的利益、研究者荣誉及基金申请等，“扭曲了科学进程，鼓励研究人员进行一些华而不实的研究，而忽视真正重要的研究工作”。接着就为刚刚创立的 *eLife* 摇旗呐喊，声称“奢侈杂志的缺陷或许能在任何人都可以免费阅读的开放杂志上得到弥补”。

舍克曼的上述言论听起来义正词严，很容易被解读为一位不满现状却富有情操的著名科学家，鼓起勇气对几大精英杂志发起反抗的“义举”，在当时备受媒体和学界关注。然而今天回头再看，会发现舍克曼这篇颇具煽动性的文章，更像是 *eLife* 为了打破期刊江湖原有格局所施展的某种手段：

先将三大高端杂志引为假想竞争对手以自抬身价，然后指责在这些高端杂志上发文困难，进而声称 *eLife* 是弥补这项缺陷的最佳选择。但是紧接着，*eLife* 在进入“SCI俱乐部”之后，就宣布开始对作者收取论文处理费用，每篇论文2500美元。[③]

---

① Ewen Callaway, “Open-Access Journal eLife Gets £25-Million Boost”, *Nature*, 2016-06-01, 534: 14–15.

② Nobel Winner Declares Boycott of Top Science Journals, https://www.theguardian.com/science/2013/dec/09/nobel-winner-boycott-science-journals,2013-12-09.

③ Declan Butler, “Open-Access Journal eLife to Start Charging Fees”, https://www.nature.com/news/open-access-journal-elife-to-start-charging-fees-1.20700, 2016-09-29.

从最初的高调免费发文到现今公然收取费用，其中充满了套路色彩——它很像是一些商业杂志惯用的手法：先不惜成本投巨资烧钱把招牌砸出来，成功占据市场份额后，立即转变经营手法收取费用。况且发文困难如果是因为甄选严格，这根本就不构成“缺陷”，所以舍克曼对三大刊的指责也是站不住脚的。此外，这两家期刊都在创刊后很快就被SCI 收录[①]，这也未尝不是引人遐想之处——许多期刊奋斗了多少年还进不了 SCI 呢。

四、扑朔迷离的开放存取期刊成本和利润

PLoS“避而不谈”实际成本

接下来需要正面探讨一个重要问题：期刊发表一篇开放存取论文，实际成本是多少？换言之，开放存取期刊的利润空间有多大？

由于事涉商业机密，很少有出版机构愿意正面回应此事。但 PLoS 公司在官网逐年提供的公司年度财务简表，提供了很好的样本，相关数据有十分丰富的解读空间，笔者尝试从若干个方面进行探讨和分析。

PLoS 旗下当前共有 7 家开放存取期刊（*PLoS ONE* 为其中之一），公司 2016 年度财务简表显示[②]，2016 年 7 家期刊共发表论文 2.6 万余篇（其中 *PLoS ONE* 发表 23819 篇），“总花费”为 3803.9 万美元，将“总花费”平摊到 7 家开放存取期刊发表的 2.6 万篇论文，能得到平均每篇论文的发表成本约为 1463 美元，换算成人民币约相当于 9500 元。

很显然，这已经大大偏离人们对在线论文发表成本的想象和常识。若进一步深究，可参看 PLoS 公司财务简表中开列的各项支出清单。以 2016 年度为例，出版总计花费 3803.9 万美元，各项支出分别如下：

（1）出版费 69%（2624.7 万美元），包括 34% 的编辑费（1293.3 万美元），21% 的生产费（798.8 万美元），14% 的技术费用（532.5 万美元）；

（2）常规及管理费 20%（760.9 万美元），包括员工工资、人力外

---

① 例如 *eLife* 创刊于 2012 年，2013 年即被 SCI 收录。

② 2016 Financial Overview, https://www.plos.org/financial-overview, 2017-11-20.

包费、法律和财会费、办公租赁费、银行手续费等；

（3）研发费 6%（228.2 万美元），包括内容管理系统及办公软硬件的更新换代等；

（4）出版资助费占 5%（190.1 万美元），对一些作者提供免费出版资助。

这样的账目表面看上去似乎很清楚，但若仔细参详，就会发现它实际并未提供生产开放存取论文的具体环节和实际操作过程。比如清单提供的“生产费用”高达近 800 万美元，根据常识，论文作者提交的都是电子文本，经过杂志编辑后（编辑费用已另外计算），上传到网络服务器，这么简单的“生产”过程，很难理解为何需要如此巨额花费？

更令人费解的是，*Nature* 杂志 2013 年讨论开放存取论文成本的文章《开放存取：科学出版的真实花费》中，特别提到“PLoS 和 BMC 在这个问题上避而不谈（尽管两家公司整体都在盈利）”。[①] 如果人们依据官网的财务简表就很容易获得相关数据，负责人受访时又何须对此“避而不谈”呢？

有意思的是，PLoS 成立之初，*Nature* 和 *Science* 曾不约而同表示，PLoS 公司收取的文章处理费用对维持旗下刊物正常运行是难以为继的。[②][③] 后来的事实证明，这样的判断和实际情形并不相符。一旦反应过来，两家期刊办起开放存取子刊来也就不甘人后了（参见本文第三节内容）。

开放存取期刊的利润空间

事实上，开放存取期刊发表一篇论文究竟需要多少成本，一直都扑朔迷离。据 *Nature* 上述文章的说法，只有少数新兴开放存取出版机构在这一点上愿意坦诚相告，比如 Hindawi 出版公司首席战略师彼得斯

---

① Richard Van Noorden, “Open Access: The True Cost of Science Publishing”, *Nature*, 2013-03-28, 495: 426-429.

② Declan Butler, “Open-Access Journal Hits Rocky Times”, *Nature*, 2006, 441: 914.

③ Science Editor-in-Chief Warns of PLoS Growing Pains, https://www.nature.com/nature/focus/accessdebate/6.html, 2004.

（Paul Peters）就告知，公司 2012 年旗下期刊共发表 22000 篇开放存取论文，每篇发表成本约 290 美元；伦敦 Ubiquity 开放存取出版公司的创立者霍尔（Brian Hole）表示“每篇论文成本约 300 美元”；*PeerJ* 杂志的现任主编宾福德（Binfield）也承认“期刊每篇论文花费是小几百美元”。

不过即便成本只是“小几百美元”，也是一笔不小的费用，而且它完全不能代表开放存取论文发表成本的下限，因为更多的开放存取期刊收费低廉，甚至不收取任何费用。

以爱思唯尔为例，目前它旗下拥有开放存取期刊约 500 种，其中超过 60% 期刊不收取论文处理费用，不到 10% 的期刊收费幅度在 1—1000 美元之间，20% 的期刊收费在 1000—3000 美元之间，10% 的期刊收费超过 3000 美元。

另两篇 2012 年发表的文献也反映了类似情况：2010 年 1370 种期刊上 100697 篇论文的平均论文处理费用为 904 美元，收费价格区间从 8—3900 美元不等。[①] 而 2011 年 6713 种完全开放存取期刊发表的 340000 篇论文，收费和不收费的比例为 49∶51，几乎各占一半。[②]

此外，如果开放存取论文发表成本如 PLoS 公司财务简表所显示的那样高昂，就很难解释本文开头所指出的事实——开放存取期刊和开放存取论文多年来一直在持续增长。根据拉克索（M. Laakso）研究小组的结论，自 2000 年以来，开放存取杂志以平均每年 18% 的速度在增加，开放存取论文以平均每年 30% 的速度在增加。至 2009 年，4767 种开放存取期刊总共发表论文已达 19 万篇，占全球论文总量的 7.7%。[③] 笔者把统计范围缩小到 SCI 论文，从本文表 1 可以看出，情况也基本一样。

开放存取期刊呈现出如此一派蓬勃兴盛繁荣生长的景象，老牌出版集团加足马力扩张地盘，新兴出版公司积极加入力求抢占市场份额，背

① David J. Solomon, Bo-Christer Björk, “A Study of Open Access Journals Using Article Processing Charges”, *Journal of the Association for Information Science & Technology*, 2012, 63(8): 1485-1495.

② Mikael Laakso, Bo-Christer Björk, “Anatomy of Open Access Publishing: A Study of Longitudinal Development and Internal Structure”, *BMC Medicine*, 2012, 10: 124.

③ Mikael Laakso, Patrik Welling, Helena Bukvova, Linus Nyman, Bo-Christer Björk, Turid Hedlund, “The Development of Open Access Journal Publishing from 1993 to 2009”, *PLoS ONE*, 2011.

后深层的缘由，除了因为发表论文的市场需求旺盛，也和论文发表成本低廉直接有关。

开放存取期刊迈入暴利行业

尽管PLoS宣称自己是非营利（not-for profit）公司，但2011年至2014年连续实现盈利，且盈利能力非常可观，利润率分别为17%、20.7%、21%、10.7%。

事实上，一些大出版公司目前已将科学出版打造成暴利行业，对此不妨参照一些人们熟知的行业进行对比。学者Alex Holcombe比较了2013年PLoS公司和几大国际知名企业的盈利率（参见表5），结果表明PLoS的盈利能力（21%），远超澳大利亚超市零售巨头Woolworths（7%）和宝马汽车公司（12%），与国际矿业巨头Rio Tinto（23%）几乎打平。Holcombe的统计还揭示，Springer、Elsevier和Wiley这样的国际学术出版公司，已经将业务做到暴利的程度，盈利能力完全不输炙手可热的苹果公司，这是相当出人意表的。[①]

表5　若干行业的盈利率比较（2013年）

公司	Woolworths	Rio Tinto	BMW	Apple	Springer	Elsevier	Wiley	PLoS
行业	超市零售业	矿业	汽车	数码	出版	出版	出版	出版
盈利率	7%	23%	12%	35%	34%	36%	40%	21%

至于从PLoS公司前述年度财务简表上看，2015年盈亏持平，2016年略亏损2%，相对应的是，PLoS公司旗下第一大刊*PLoS ONE*发文数也有大幅下滑之势，相较2014年的3万余篇，2015年下滑至2.8万篇，2016年进一步减至2.2万篇。杂志新主编黑贝尔（Joerg Heber）的解释是，*PLoS ONE*发文数大幅缩水是因为“杂志把投稿刊用率降低到了

① Alex Holcombe, “Scholarly Publishers and Their High Profits”, https://alexholcombe.wordpress.com/2013/01/09/scholarly-publishers-and-their-high-profits/ , 2013-01-09. Alex Holcombe, “Scholarly Publishers Profit Update”, https://alexholcombe.wordpress.com/2015/05/21/scholarly-publisher-profit-update/, 2015-05-21. *Nature* 杂志上的文章对相关内容的论述也有同样结论，参见Richard Van Noorden, “Open Access: The True Cost of Science Publishing”, *Nature,* 2013-03-28, 495: 426-429。

50%”，这听起来已经不是一个体面的解释——在正常的学术期刊运营中，高达 50% 的投稿刊用率已经是难以想象的“滥”了，可是在 *PLoS ONE* 的辩解中，它居然成了稿件刊用率的新低！但是事实真相究竟如何，局外人却很难实际进行验证。相较而言，Heber 的另一个解释倒是相当有说服力：随着更多的开放存取新期刊加入市场，竞争日趋激烈，导致稿源被大幅分流。[①]

PLoS ONE 当前最强劲的竞争对手当数 *Nature* 杂志旗下的开放存取子刊 *Scientific Reports*，该刊 2016 年影响因子 4.2，论文处理费用 1760 美元，明确打出“吸稿”口号：更高的影响因子，更短的审稿周期，更宽松的数据使用政策。对投稿作者而言，在收费相近而影响因子更高的情况下，*Scientific Reports* 当然拥有更高的性价比。2017 年该刊已超过 *PLoS ONE* 成为开放存取期刊中新的“第一巨刊”。

最后还有一个问题也值得注意：许多收费的开放存取期刊，在公告论文处理费用的网站页面上，在收费价格后都会附加“不包含增值税”或“增值税需另付”字样[②]，这意味着论文处理费用所产生的相应增值税部分（VAT）需由作者自理。能将增值税名正言顺规避转嫁给作者，是开放存取期刊相较订阅期刊一个隐蔽的好处。因为后者作为成品出售或订阅给读者时，很难向单个客户提出具体的增值税数额，所以传统的订阅期刊通常还得自己承担增值税。而 PLoS 出版公司官网的收费页面并未提供支付增值税的信息，这或许和它的“非营利”经营性质有关，因为这有利于它申请到免税资格。[③]

PLoS ONE 的收入模式代表了当前收费开放存取期刊的主流，主要由三块构成：发表收费（也就是论文处理费用，占总收入的九成以上）、赞助费用和广告收入。

---

① Phil Davis, “Scientific Reports Overtakes *PLoS ONE* As Largest Megajournal”, https://scholarlykitchen.sspnet.org/2017/04/06/scientific-reports-overtakes-plos-one-as-largest-megajournal/, 2017-04-06.

② Publication Charges, http://www.wileyopenaccess.com/details/content/12f25e0654f/Publication-Charges.html.

③ Exempt Organization Business Income Tax Return, https://www.plos.org/files/PLOS2016Form990T.pdf, 2016.

值得一提的是，除可直接从论文作者处收取费用外，各大基金会对开放存取的强力资助，也是各类出版机构和公司乐意积极启动开放存取期刊的重要动力。

2014年，欧盟/欧洲委员会（European Union/European Commission）主导的“研究和技术发展框架项目”，计划对第八期（2014—2020）的“地平线2020计划”（Horizon 2020 Projects）拨款800亿欧元。该基金允许各大出版商“在符合拨款协议规定的条款和条件下申请资助开放存取”。对各大出版集团而言，这就如同天上掉下了一块巨型馅饼，不过这对它们的游说能力也是巨大考验，一时间争夺800亿欧元基金的“战场”硝烟弥漫。[①] 为什么像 *PLoS ONE* 这样的开放存取期刊，愿意将自己的盈利情况“污名化”，甚至宣称自己亏损呢？这在商业上通常应该是企业极力试图掩盖的。这或许也可以从争夺“800亿欧元大馅饼”的战场策略去理解——宣称自己正在亏本做一件造福人类的事情，总比宣称自己正在从中盈利更有理由申请资助吧？

从开放存取走向“掠夺性期刊”

事实上，开放存取期刊的“作者付费模式”，很容易把事情引向另一个极端：发文越多就意味着赚钱越多，有发稿需求的作者很容易成为挨宰的肥羊，由此催生出一批专门以赚取“论文处理费用”为目的，却对文章质量不严格把关，甚至不经审稿就发文的开放存取期刊。在发表于 *Nature* 的文章中，卡罗拉大学图书馆管理员比尔（Jeffrey Beall）把这类期刊称为“掠夺性期刊”（predatory journal）。[②] 在实际操作过程中，“掠夺性期刊”常用以下欺骗手法[③]：

（1）对“论文处理费用”没有明码标价，先接受稿件后寄送账单；

（2）不经事前征询就将知名学者列入编委会，或干脆伪造编委会成

① Jop de Vrieze, “Horizon 2020: A € 80 Billion Battlefield for Open Access”, http://www.sciencemag.org/news/2012/05/horizon-2020-80-billion-battlefield-open-access, 2012-05-24.

② Jeffrey Beal, “Predatory Publishers Are Corrupting Open Access”, *Nature*, 2012-09-12, 489: 179.

③ Declan Butler, “Investigating Journals: The Dark Side of Publishing”, *Nature*, 2013-03-27, 495: 433-435.

员名单；

（3）期刊名通常对知名期刊进行“山寨”模仿，习惯冠以“国际”（international）、“全球”（global）、“世界”（world）等字样；

（4）网站主页挂出的办公地址（先进欧美国家）和要求汇款的账户银行地址（落后发展中国家）往往不相符；

（5）伪造国际期刊标准编号（ISSN）；

（6）伪装成 SCI 期刊，伪造假的影响因子。

2010—2016 年，比尔曾逐年推出“掠夺性期刊”的黑名单（Beall's Lists），在学界引起极大关注和讨论。但是这样的工作，无论是在理论建构上，还是在实际操作上，都极为艰巨。

与此相应，另一些研究揭露的数据也触目惊心：2010 年“掠夺性期刊”约为 1800 种（对应发文数 5.3 万篇），至 2014 年已激增至 8000 种（对应发文数 42 万篇）！① 可以毫不夸张地说，“掠夺性期刊”已经成为开放存取运动当前最大的灾难性后果。②

五、开放存取期刊怎样掠取中国的科研经费

讨论了开放存取期刊的利润之后，另一个问题自然会浮现出来：既然这是一门赚钱生意，近年中国作者在国外期刊上发表论文的数量又大幅增长，那么开放存取期刊如何赚中国作者的钱？这个问题的确不仅有学术意义，更有现实意义。

我们选择了八种颇有代表性的开放存取期刊作为统计分析对象。这八种期刊之所以入选，各有重要原因。

首先是 2017 年中国作者在其上的发文数量全都超过了 1000 篇；若干种是因为它们巨大的论文发表数量，比如在开放存取期刊中长居老大的 *PLoS ONE* 和后来居上的 *Scientific Reports*；而《肿瘤生物学》（*Tumor*

---

① Cenyu Shen, Bo-Christer Björk, “Predatory' Open Access: A Longitudinal Study of Article Volumes and Market Characteristics”, *BMC Medicine*, 2015-10-01, 13(1): 230.

② 对于掠夺性期刊，笔者有另文深入探讨和研究。

Biology）则因它在107篇中国作者论文被撤事件中的恶劣表现，以及近年的臭名昭著而特别入选——2016年它被施普林格集团从旗下期刊中清理出门，2017年7月它被科睿唯安从SCI期刊名单中清理出门。[1]

统计数据见表6（按2017年期刊发文数量排序）[2]：

表6　八种著名开放存取期刊发文、收费、影响因子及中国作者贡献费用一览表

刊物	2012年发文数	2012年中国作者发文数	2017年发文数	2017年中国作者发文数	2017年中国发文占比（%）	每篇收费（美元）	2017年中国作者贡献费用（美元）	2016年影响因子
Scientific Reports	804	154	25749	7596	29.5	1675	12723300	4.2
PLoS ONE	23456	3633	22373	3213	14.4	1495	4803435	2.8
Oncotarget	186	6	11364	9122	80.3	3400	31014800	5.1
Oncology Letters	529	262	1880	1290	68.6	1190	1535100	1.4
RSC Advances	1740	622	6676	4254	63.7	750	3190500	3.1
Medicine	35	0	3344	1778	53.2	1550	2755900	1.8
International Journal of Clinical and Experimental Medicine	47	12	2077	1979	95.3	1680	3324720	1.1
上列七种期刊2017年中国作者总篇数和贡献费用总值				29232			59347755	
Tumor Biology（2016）	454	109	1674	1097	65.5	1500	1645500	3.6

首先从表6的数据中可以看到，表中大部分期刊在这五年中发文数

① Alison McCook, "When a Journal Retracts 107 Papers for Fake Reviews, it Pays a Price", http://retractionwatch.com/2017/08/16/journal-retracts-107-papers-fake-reviews-pays-price/, 2017-08-16.

② 数据来源：Clarivate Analytics发布的web of science核心合集SCI和JCR数据库，采集日期：2018年1月22日。数据说明：（1）因2017年期刊影响因子尚未公布，表6中取2016年数值；（2）尽管SCI并未将*International Journal of Clinical and Experimental Medicine*杂志发表的文章归入开放存取，但该刊官网明确宣称该刊为开放存取期刊，http://www.ijcem.com/aboutus.html，表6从之；（3）表中左起第7列"每篇收费"来自各期刊官网2017年报价；（4）因*Tumor Biology*已在2017年被清除出SCI，表6中以2016年数据代之。

量都大幅增长，这和本文前面描述的总体趋势完全一致。*PLoS ONE* 的例外，如前所述是因为竞争对手大批进入，严重分流了稿源；后来居上的 *Scientific Reports* 则剧烈增长，从 2012 年的 804 篇增长到 2017 年的 25749 篇，增长了 32 倍。*International Journal of Clinical and Experimental Medicine* 增长了 44 倍多，*Oncotarget* 更是增长了 61 倍。

其次，在本文前面的讨论中我们已经知道，进入 SCI 几乎是开放存取杂志能够从前端收费中盈利的必要条件（极少数未进入 SCI 却也标明收费价格的期刊往往处于“有价无市”的状态中）。那么表 6 的数据清楚地显示：收费和影响因子的关系，基本上是赤裸裸的“一分钱一分货”的商业规则。大体上，“主流收费区间”在 1500—5000 美元之间，例如未进入表 6 的 *Nature Communications* 影响因子有 12.1，可以收 5200 美元，超出上限；而表 6 中影响因子 2.8 的 *PLoS ONE* 因为走大量发文的“广种薄收”路线，收取下限还要再优惠 5 美元。

最后，要了解这些开放存取期刊如何掠取中国的科研经费，从表 6 中可以看到触目惊心的数据。将左起第 5 列的数值（2017 年中国作者发文数）乘以左起第 7 列的数值（每篇收费），就得到左起第 8 列的数值（2017 年中国作者贡献费用）：

仅仅在表 6 中前七种开放存取期刊上，仅仅 2017 年一年，中国作者就贡献了近 6000 万美元，或者说 3.8 亿多元人民币！

我们还可以利用表 6 初步估算中国作者向国外开放存取期刊贡献费用的总规模：表 6 显示，2017 年中国作者在表 6 中前七种期刊上总共发表了 29232 篇论文，单篇论文的平均费用是 2030 美元；而 SCI 数据库显示，2017 年中国作者总共发表了 69051 篇开放存取论文，我们保守假定平均每篇的费用为 1700 美元，则 69051 × 1700=117386700 美元，**即 2017 年中国作者向开放存取期刊贡献的总费用约为 7.6 亿元人民币。**笔者还用同样的方法和同样的数据来源，估算了 2016 年中国作者向开放存取期刊贡献的总费用，同样约为 7.6 亿元人民币。由于我们采用了保守的估计，这显然只是总规模的下限。考虑到这些费用几乎全部是用科研经费报销的，所以这些都是中国纳税人的钱。

再看看表 6 中的左起第 6 列，2017 年中国作者在这八种期刊发文总数中的占比，臭名昭著的 *Tumor Biology* 高达 65.5%，*Oncotarget* 高达 80.3%，*International Journal of Clinical and Experimental Medicine* 更达到了惊人的 95.3%，简直就是为中国作者量身定制的美国期刊！

2017 年初，当中国作者 107 篇论文被撤销事件刚刚曝光时，笔者就在《光明日报》上发表了题为**"应该尽快公布'掠夺性期刊'黑名单"**的文章，明确主张：

> 有关部门（比如教育部）应该尽快公布一个国外"掠夺性期刊"的黑名单。《肿瘤生物学》就应该在名单上。对于黑名单上的期刊，在上面发表文章不算学术成果，版面费不得在科研经费中报销。[①]

当此后有关管理当局还在为"黑名单"的提法瞻前顾后犹豫不决时，有些基层单位的管理部门早已及时采取了应有的措施。例如表 6 中的 *PLoS ONE*、*Medicine*、*Oncotarget*、*Scientific Reports* 四种期刊，在中国一些科研机构和医院中已经有了**"四大水刊"**（缩写为 PMOS）的恶名。[②]

从"四大水刊"，到本文表 6 中的八种在中国疯狂吸金的开放存取期刊，再到已经引起国际上正直学者抨击的"掠夺性期刊"，其间的过渡是非常平滑的。

另据 2017 年 7 月 3 日发布的《中国国际科研合作现状报告》资料显示：2015 年我国当年的"国际合作论文"的发表数量已达 7.1 万篇，位列全球第三；这些国际合作论文中"受中国国内经费资助"的比例近年急剧上升，从"十一五"期间的 31.6%，倍增至"十二五"期间的 65.2%。例如 SCI 数据库显示，2015 年 *PLoS ONE* 发表的中国作者文章中约 37% 为"国际合作论文"。

种种迹象表明，中国的科研经费，正在以惊人的速度和规模，大量流入国外一些性质非常可疑的期刊囊中。考虑 DOAJ 当前收录的开放存

---

① 江晓原：《应该尽快公布"掠夺性期刊"黑名单》，《光明日报》，2017 年 4 月 27 日。

② 据说有些高校和医院已经规定不能报销在这"四大水刊"上发表文章的费用，这无疑是一个正确而有力的措施。参见在线文章《文章发在灌水杂志上，很丢脸吗？》，http://www.360doc.com/content/17/0709/07/19913717_669961508.shtml, 2017-07-09。

取期刊已超过一万种，及时重视这个问题，对中国的科研管理部门来说已经到了刻不容缓的地步。

六、结语：开放存取运动的本质

从今天的实际情形来看，“开放存取运动”最初描绘的乌托邦愿景，早已沦为出版商招揽生意的营销手段和宣传噱头，出版商在自己的官网放上《布达佩斯开放存取宣言》中那些冠冕堂皇的话语时，主要目的就是努力说服论文作者“慷慨赐稿”，因为伴随而来的将是滚滚不尽的“论文处理费用”。

毋庸讳言，科学期刊的出版很长时间一直是暴利行业，而且有愈演愈烈之势，爱思唯尔、施普林格等大出版集团都是如此，并因为这一点而备受指责。一些人士似乎是义愤填膺地指出：科学家辛辛苦苦做出了科研成果，为了发表它们要支付版面费（处理费用），发表之后又要以越来越高的价格将科学期刊买回来，这听起来不是很不公平吗？

于是，“开放存取运动”应运而生了。发表免费，阅读免费，让全世界所有的科研成果都可以被全人类免费共享，这样的乌托邦听起来不是既公平又美好吗？

但是，“开放存取运动”兴起到今天，已经超过二十年了，我们看到这个运动所许诺的乌托邦降临了吗？爱思唯尔、施普林格等大出版集团的期刊定价停止上涨了吗？它们的暴利状态改变了吗？都没有。

我们看到的，却是越来越多的开放存取期刊给大出版集团提供了新的利润增长点。在能够收费的开放存取期刊那里，阅读确实是免费了，但社会仍然在为这些期刊支付费用，只是从传统订阅期刊的“后端付费”（订阅或购买者支付期刊费用）改成了“前端付费”，期刊还未上线，作者的“论文处理费用”已经支付给期刊了。这还使期刊处于更为有利的地位，因为“前端付费”帮助期刊规避了几乎全部的财务风险。

所以“开放存取运动”的结果是，传统期刊的“奶酪”总体并未受损，期刊出版商却利用开放存取期刊找到了新的“奶酪”，大出版集团的暴利有增无减，锦上添花。

更需要警惕的是，开放存取期刊带来的新利润，是以严重伤害科学的学术生态为代价的，**因为这些利润实际上绝大部分来自发表低端甚至垃圾论文**，而这些急剧增长的开放存取论文的发表，使得科学发表的学术标准进一步降低和混乱——想想“259美元发到死”的期刊吧，这不是在彻底颠覆“发表”的基本意义吗？西方世界那些长袖善舞的玩家，洞悉了当今世界科学日益泡沫化、商业化的趋势，随之起舞，成功地从中渔利，却对科学未来的学术生态毫不顾惜。

大量发表低端论文的开放存取期刊，作者借它们实现稻粱谋，出版商借它们获取利润，**唯独广大读者是不需要它们的，因为这些低端论文几乎不会有读者**。现实形成了对《布达佩斯开放存取宣言》中乌托邦叙事的辛辣讽刺。

如果说，“开放存取运动”还没有在中国大行其道，开放存取期刊还没有在中国如雨后春笋般冒出来，这绝不应该被看成“未和国际接轨”的遗憾，反而应该看成中国科学期刊的幸运。而被我们许多人顶礼膜拜的“国际科学共同体”，面对“开放存取运动”这种极具欺骗性又极度商业化的乱流，如果还能够有抵抗能力或自我修复能力的话，开放存取期刊终将盛极而衰，我们中国科学期刊就不必去蹚这摊浑水了。

江晓原、穆蕴秋

原载《上海交通大学学报》第26卷第3期（2018）